公共管理系列教材

公共部门人力资源管理（第三版）

Human Resource Management in the Public Sector

滕玉成　于　萍　编著

中国人民大学出版社
·北京·

总　序

我们正处于变革的时代，在新的世纪里，基于迎接技术进步、全球化和国际竞争的挑战，世界各国的公共部门正在发生着重要的变化。正如欧文·E·休斯所言，“近年来所发生的变革比20世纪其他任何时期都要广泛得多”。可以说，我们已经进入一个“组织、管理和战略变革的新纪元”。

与此相应，中国公共管理领域也正发生着前所未有的变化，并将面临更大的管理创新和变革。市场经济体制的建立与不断完善，将使政府从以往的“全能”角色，向有限政府转变，须重新定位政府与市场的关系；信息技术特别是网络技术的发展与应用，将有力地推动政府信息化管理的进程；电子政务的应用在提高政府效率的同时，将有力地推动政府的组织和业务流程重组，并深刻地改变政府工作的理念；公民社会理论的兴起和非营利组织的发展，使公共管理的主体日趋多元化；对外开放的不断深入，将推动公共管理领域的对外交流与合作，引入许多新的管理手段、管理方式；公民的民主观念、法制观念的强化，将不断推动民主行政和依法行政的进程；等等。这诸多的变革是时代的要求，是全面建设小康社会，实现中华民族伟大复兴的需要，同时，它也将为公共管理学科的发展提供丰富的养料和广阔的空间。可以预见，伴随着不断推进的改革进程，公共管理学科将作为一门“显学”，在新的世纪里发挥重要的作用，也必将成为我国当代社会科学研究和教学的一个充满生机活力和具有远大前景的学科。

当然，我们也应看到，公共管理学科在我国还是一个新兴学科。从20世纪80年代恢复重建行政管理学专业，到目前形成一个独立的学科，总共只有20多年的时间。应该说，在不长的时间里，我国公共管理学科的发展是十分迅速的，许多高校纷纷设立公共管理类专业，为社会培养了一大批急需的公共管理人才，特别是MPA的设立极大地扩展了公共管理学科的影响，许多公共管理的新理论、新方法已落实到政府管理的实践中。但从另一个方面来看，整体上我们还处于发展的初期阶段，无论是专业设置、课程安排还是教材建设均尚在探索之中。特别是在作为公共管理类人才培养基础的本科教学中，教材建设比较薄弱。

著名管理学家亨利·明茨伯格（Henry Mintzberg）在谈及当下的管理教育时曾说过，“彻底重塑传统管理教育的时代已经来临”。在公共管理迅猛发展的背景下，公共管理教育工作者面临的任务十分艰巨。如何顺应国际潮流，实现公共管理教育的规范化、国际化；如何面对丰富的管理实践，实现公共管理教育创新，有针对性地培养更多、更优秀的公共管理人才，是我们必须面对的课题和使命。这套公共管理系列教材，就是我们面对这一任务推出的一个小成果。

这套教材是山东省公共管理学界同仁共同努力的结晶。同全国一样，公共管理学科在山东省发展迅速，目前已有16所高校先后开设了公共管理类专业。为加强沟通，推进学科建设，2001年12月，由山东大学发起召开了山东省第一届“公共管理研究与教学研讨会”，青岛海洋大学、青岛大学、山东经济学院、山东财政学院、山东师范大学、济南大学、山东科技大学、山东农业大学等十几所高校的教师齐聚一堂，就公共管理的理论与实践、学科建设、教学等进行了研讨。会上大家一致认为，在公共管理学科发展迅速的情况下，还应注重人才培养基础环节的建设。特别是考虑到目前本科教学中，教材的选定比较困难，如有的只针对MPA学员，有的缺乏系统性，有的由于出版时间较长，新的知识没能融入等，大家一致决定，共同编写一套适应本科教学需要和特点的公共管理系列教材。

在教材编写的过程中，我们重点注意了以下几个方面：一是以公共管理类专业的基础性课程和教学急需为选题重点。公共管理学科有四个二级学科，课程众多，我们重点选择了各专业通用的课程和目前尚无成熟教材的课程为对象，首批编写7本教材，以后再陆续增加。二是适应本科教育的特点，突出教材的系统性和规范性，力争使学生通过学习，打下一个扎实的基础。三是在内容的编排上，紧紧把握公共管理教育的潮流，体现出公共管理理论的最新进展，并增加了与管理实践相结合的教学内容。四是在体例设计上也力图有所创新和突破，提出了学习的重点，插入了许多现实性强、有本土特色的辅助材料，以增强本科教学的针对性，并引导学生作进一步的思考。

本套教材的编写主要是由山东大学、山东经济学院、山东财政学院、济南大学、山东科技大学、山东省行政学院等高校的教师完成的，大家面对共同的任务所体现出的责任心和合作精神令人钦佩和感动。

本套教材的编写得到了山东大学政治学与公共管理学院领导的大力支持。在编写过程中，北京大学、中国人民大学等高校的有关专家教授提出了宝贵的意见和建议。中国人民大学出版社的领导、刘晶编辑及其他同志对教材的出版给予了极大支持，并付出了辛勤劳动。在此，一并致以深深的谢意！

进入21世纪的公共管理学科方兴未艾，其发展有赖于公共管理学界同人和公共管理实践者的共同努力。本套教材的编写是我们的一个初步尝试，尽管我们做了大量的准备工作，在编写的过程中已经尽心竭力，但由于学识水平所限，肯定会有诸多不足和偏颇之处，诚望各位同行专家、读者批评指正。

曹现强

第三版前言

就公共部门人力资源管理的研究和实践来说，或是职业使然，一直存在着两种倾向，一是在理论层面，研究者们比较关注相关知识的积累与传播。这些知识通常具有相应的高度和深度，但可能具体操作性不是太强。二是在实践层面，人们关心的多是相关的技术、方法、工具等，追求简单、实用，好操作，最好能立竿见影，而无暇进行系统和深刻的理论分析。正如笔者在第二版最后一章的“资料”部分引用的明茨伯格的那段话：“我们可以把管理教育比作在高山的山脊上行走，四周冰雪皑皑。山脊的这一边是万丈悬崖，这是于事无补的学究式研究，我们不想掉进那里面去。山脊的那一边是直落而下的陡峭山坡，这是庸常的实际操作。要是往这边走，由于惯性的控制，你可能永远也别想停下来。我们看见很多管理项目都往那边滑下去了，就像在这边悬崖的下面，我们同样也能看见很多过于学术化的项目摔得粉身碎骨……所以，如果你要想走好这条道路，唯一可以停留的地方就是这条山脊，这是管理教育和管理发展汇合的地方，理论和实践相结合的地方。这不是一条容易走的路，你需要时时小心翼翼。但它同时也令人心旷神怡，因为未来更好的管理就在前面。”笔者的目标就是跟大家一起好好地沿着这道山脊一路走下去，追寻前面那令人心旷神怡的风景……如何跟大家一起走呢？就写在本次修订的这本书里——试图提供一部系统的关于公共部门人力资源管理理论总结与实用可操作的实践指导的教科书。

那是如何具体修改的呢？从原则上讲，即继续持之以恒地践行第二版制定的“国际化与本土化并举”、“理论与实践共进”的指导思想，以及修订“三原则”：第一，增加 4 年来的相关理论研究；第二，引入比较成熟的管理思想；第三，吸收 4 年来管理实践的新成就。具体言之，第一，删掉第二版的 1 篇（原第 3 篇公共部门人力资源获取与测评）、1 章（原第 8 章人力资源测评），最后该版共 4 篇、14 章，其中第 2 篇改为公共部门人力资源规划与招录。第二，重新撰写了第 3 章（我国公共部门人力资源管理的发展与改革）。第三，从逻辑结构到具体内容，进行调整、增删、改写的有第 1 章导论（原为公共部门人力资源管理的内涵与原理）、第 7 章人力资源招录（原为人力资源获取）、第 8 章绩效考核与管理（原为绩效管理）、第 9 章培训与开发（原为人力资源培训与开发）、第 10 章职业生涯管理、第 11 章薪酬管理、第 13 章人力资本管理、第 14 章公共部门人力资源管理的挑战与发展趋势。第四，重新编选了每章的阅读资料，修改增删了复习思考题。

此外，还有必要说明如下两点：第一，如上所说，本次修订仍继续坚持第二版提出的指导思想，但在改革开放 30 多年后的今天，需要特别强调的是，不论是"国际化与本土化并举"，还是"理论与实践共进"，都不应拒绝理论的指导，理论既要联系实践，实践更需要理论指导！坚决反对动辄以所谓的特殊情况——如国情、省情直到"单位情况"——"实际"，漠视理论的存在，否定理论的价值，拒绝理论的指导！我们既不能忘记已经上过的那么多不联系实际的理论的当，更应该从中吸取教训，尽量少吃点正在上演、也必然会持续上演一段时间的拒绝理论指导的实践的亏！第二，尽力平衡字数要求和欲表达的内容之间的矛盾。因此，在章节安排、内容撰写、资料和复习思考题的编选上，哪里详写，何处略述，多次斟酌增减，来回反复，但效果如何，尚待检验。

本版是在第二版的基础上进行修订的，除第 4 章、第 5 章、第 6 章分别由董一芬、庄海涛、赵卉编写修订外，其余各章由滕玉成编写修订。刘浩、李红宇、焦顺禹、牟维伟、刘冉、任生霞、田启凤、佘崇林、朱晓杰、翟福芳、崔世强、徐霄霞、张晓彤、赵欢、王芳、范议遥、张倩等参与了编写修订工作，在此向前两版编著者和参与修订的诸位表示诚挚的谢意！在修订过程中，我们参考了大量国内外的资料，除文内已注明的以外，尚借鉴了许多专家、学者的专著、教材、论文、案例与网站资料，在此，一并表示衷心的感谢！

承蒙大家厚爱，自第一版以来，一直收到不少读者的来信、邮件，真诚希望您继续赐教！同时由于我们水平有限，书中难免有不妥与疏漏之处，诚盼您继续批评指正！

公共部门人力资源管理尚有许多问题等待解决，我国公共部门人力资源管理的科学化之路还很漫长，这都需要我们继续进行持久深入的理论研究和实践探索，同时能够每隔三四年的时间对教材进行修订，及时反映研究探索的学术进步和实践发展，也向笔者心目中的"制度与文化协和、理论与实践共进、科学与人文兼具"的中西合璧的公共部门人力资源管理逐步靠拢！所以，感谢中国人民大学出版社提供这样难得的机会和一贯的支持，感谢谦和、负责、专业、认真的朱海燕女士和李慧平女士！

修改了近一年，写到这里，恰逢一元复始、万象更新，"更好的管理就在前面"……

滕玉成

2012 年春

第二版前言

当初，我在本书第一版前言里说：公共部门人力资源管理发展迅速。时光飘逝五载，虽然还是“发展迅速”四个字，其中体味却更加悠长。一者，从严格意义上说，人力资源管理毕竟不是一个学科，而是由管理学、法学、行为科学、经济学等共同研究和探讨的领域，它们的进步同时也在催发着人力资源管理的成长。二者，如亨利·明茨伯格所言，管理是科学、艺术与手艺的结合，在公共部门人力资源管理的研究者、教育者与实践者的共同努力下，公共部门人力资源管理正在丰富与完善。三者，国内外公共部门的改革实践本身就包含着人力资源管理的变革与发展，特别是我国公务员法的颁布实施、事业单位人事制度的改革、国有企业用人制度的改革等，都在深化着公共部门人力资源管理的实践，同时也在验证着理论的正确与否及其适用范围。四者，承蒙读者厚爱，五年来作者收到了很多来信，来信对本书给予了充分肯定与热情指教。所以，在中国人民大学出版社的精心安排与热心帮助下，就有了该书的第二版。为此，感谢公共管理分社的领导和编辑，特别是专业、认真、细致、谦和的李慧平女士。

我们继续坚持“国际化与本土化并举”、“理论与实践共进”的指导思想，制定了修订“三原则”：第一，增加五年来最新的学术和应用研究的理论成果；第二，融入五年来出现的新的管理理念；第三，吸收五年来管理实践的新成就。为此，我们对第二版做了如下修订：第一，将第二版改为五篇十五章。第二，新编著了四章，即第 3 章我国公共部门人力资源管理的发展与改革、第 11 章职业生涯管理、第 14 章人力资本管理与第 15 章公共部门人力资源管理的挑战及其应对与发展趋势。第三，由第一版的“节”充实、调整、改写为“章”的共四章，即第 1 章公共部门人力资源管理的内涵与原理、第 2 章人力资源管理的演进与变革、第 5 章工作分析与工作评价及第 6 章人员分类管理。第四，做了较大充实、改写的共四章，即第 9 章绩效管理（题目由“人力资源绩效评估”改为“绩效管理”）、第 10 章人力资源培训与开发、第 12 章薪酬管理（题目由“人力资源薪酬”改为

“薪酬管理”）与第 13 章公共部门战略性人力资源管理（题目由“战略性公共部门人力资源管理”改为“公共部门战略性人力资源管理”）。第五，其余三章，也依据上述指导思想和原则做了相应的充实、调整、改写。第六，重新编写了每章的阅读资料和复习思考题。

在修订过程中，我们参考大量国内外的资料，除已注明的外，尚借鉴了许多专家、学者的著作、教材、论文、案例与网站资料，在此，一并表示衷心的感谢！

第二版编著人员是：滕玉成：第 1 章、第 2 章、第 3 章、第 6 章、第 8 章、第 13 章、第 14 章、第 15 章；于萍：第 7 章、第 9 章、第 10 章、第 11 章、第 12 章；董一芬：第 4 章；庄海涛：第 5 章。本书由滕玉成拟订提纲，修改、统稿并最后定稿，并且选编了各章的阅读资料。

由于作者水平有限，书中难免有诸多不妥与疏漏之处，诚盼读者批评指正！

滕玉成

2008 年元旦

第一版前言

人力资源是第一资源，人力资源管理是组织管理的核心，世界范围内的公共部门人力资源管理（human resource management of public sector）改革方兴未艾，我国公共部门的人力资源管理也正在经历一场深刻的变革。科学、有效、合理的公共部门人力资源管理是建立和完善科学化、制度化和民主化的公共管理体制，应对经济、技术、信息和贸易全球化发展，以及由此引起的人力资源国际化，促进经济社会全面、健康和可持续发展的重要基础。

但是，毋庸讳言，与发达国家相比，我国的人力资源管理整体水平还是十分落后的，在国内，相对于企业人力资源管理来说，机关和事业单位的人力资源管理更是基本停留在传统的人事管理阶段，与经济社会进步的要求、自身发展的需要、社会公众的需求相比还存在相当的差距，我国公共部门人力资源管理要走的路还很长，任务还相当艰巨，需做的工作还很多。

本书是我们于西方“新公共管理”（“政府再造”）浪潮持久广泛推进、我国公共管理改革紧张进行、公共管理教育大力发展的背景之下，总结我国传统人事管理经验及近年来人力资源管理的新经验，吸收国外人力资源管理的理论和实践经验，为建立和完善适应国际潮流、适合中国国情的公共部门人力资源管理学科体系而进行的探索。本书的写作，本着既重理论更重操作、理论联系实际、定量分析与定性分析相结合的原则，对公共部门人力资源管理作了比较具体的论述。本书既可作为公共管理各专业的人力资源管理教材，又可用作公务员、企事业单位管理人员学习人力资源管理的理论与实践操作技术方法的自学用书，同时对从事公共部门人力资源管理教学和理论研究的人员具有一定的参考价值，也对工商管理各专业从事人力资源管理的教学研究人员与学生有一定的参考意义。

山东大学政治学与公共管理学院的各位领导对本书的编写给予了热情支持，特别是曹现强副院长对本书的结构、提纲和具体编写给予了精心指导。我国著名人力资源管理专家、中国人民大学劳动人事学院副院长孙健敏教授也给予了指导和帮助。在此谨向他们表示衷心的感谢！

在编写过程中，我们参考了国内外大量资料，除已注明的外，尚借鉴了其他专家、学者的论著、案例，在此，一并表示谢意！本书各章编写人员是（以撰写章节先后为序）：第 1 章，滕玉成；第 2 章，傅静；第 3 章，滕玉成、李红宇；第 4 章，于萍；第 5 章，佟月华、董一芬、宋坤；第 6 章、第 7 章，于萍；第 8 章，俞宪忠、庄海涛；第 9 章，崔开华、夏宁；第 10 章，滕玉成。滕玉成拟订编写提纲、统稿并最后定稿，同时又编写了各章的复习思考题，选编了各章的阅读材料。本书由滕玉成、俞宪忠任主编，于萍、佟月华任副主编。

公共部门人力资源管理发展迅速，由于我们水平有限，书中错误和不妥之处在所难免，诚盼同行专家和广大读者批评指正。最后，我们向《公共部门人力资源管理》的读者和批评者致敬！

作者

2003 年春

目　录

第1篇

公共部门人力资源管理的基本内涵与历史沿革

第1章

导　论

学习重点

作为开篇的第1章，本章重在讲述公共部门人力资源管理的含义、原理与职能等。学完本章，应掌握公共部门、人力资源、人力资源管理、公共部门人力资源管理等诸多概念，把握公共部门人力资源管理的目标、原理与职能，以及人力资源管理者的角色与胜任力模型，充分认识公共部门人力资源管理的环境及其与公共部门人力资源管理的关系。

1.1　公共部门人力资源管理的含义与目标

1.1.1　人力资源的界定及其构成

1. 人力资源的含义

何为资源？从字面上讲，资源是指资财或财富的来源，而资财就是某种可备利用、提供资助或满足需要的东西，所以，《辞海》把资源解释为“资财的来源”。经济学通常把为了创造物质财富而投入生产过程中的一切要素称为资源。法国经济学家萨伊（Jean Bzp-tiste Say）认为土地、资本、劳动是生产三要素；马克思认为生产力要素包括劳动对象、劳动资料、劳动者，前两者构成生产资料；当代西方经济学家除了承认土地、资本、劳动是生产要素之外，又加上企业家的才能、技术、信息等要素；目前国内普遍公认的生产要素包括劳动、资本、技术、管理。[①] 可见，无论怎样划分，在劳动者身上体现的“人力”始终是社会财富创造过程中的一项重要资源。为了更清楚地认识资源，可从多个角度对资源进行划分，如根据资源产生的渊源，可将其分为天然资源和再生资源；根据资源的形态，可将其分为物质资源和非物质资源；根据资源的生物特性，可将其分为人力资源和非人力资源。还有的将其分为人力资源、自然资源、资本资源和信息资源，这是一种广泛流传并得到人们普遍认同的分类。

现代意义上的“人力资源”（human resource）概念，是由彼得·德鲁克（Peter F. Drucker）于 1954 年在其《管理的实践》一书中首次提出的。在该书中，德鲁克提出了管理的三个更广泛的职能：管理企业、管理经理人员和管理员工及他们的工作。在德鲁克的管理思想中，最有价值的部分就是他把人当做企业最大的资源——“和其他所有资源相比较而言，唯一的区别就是他是人”，并且是经理们必须考虑的具有“特殊资产”的资源，这种资源拥有当前其他资源所没有的素质，即“协调能力、融合能力、判断力和想象力”[②]。由此看来，德鲁克的初衷是把人看成一种相对于其他资源更具有优势的“资源”，人力资源的素质是人的“特殊资产”。但对人力资源的界定一直存有争议，粗略统计一下国内的定义，不下十余种，人们从人口学、经济学、社会学、管理学、统计学等不同的角度给人力资源下了定义。我们认为人力资源是指已经投入和将要投入社会财富创造过程的、具有劳动能力的人的总和。之所以这样定义，是想强调如下几点：

（1）人力资源是社会财富创造过程中的一项重要因素，离开了人力资源，也就无所谓社会生产，也就没有社会财富的创造。

（2）一个国家或地区一定时期内人力资源的存量，表示该国或该地区该时期内人力资源的多少。人力资源的存量＝劳动人口数×人均劳动能力水平。

（3）一个国家或地区的人力资源有两种存在形式。一是正在被使用的人力资源，它由在业的劳动者构成；二是尚未被使用的人力资源，它由劳动预备军、待业人员等构成。还可以分为现实的人力资源和潜在的人力资源，前者包括正在从事劳动和投入经济运行的人口，以及由于非个人原因暂时未能从事劳动的人口；后者是指处于储备状态，正在培养成长，逐步具备劳动能力的，或虽具有劳动能力，但由于各种原因不能或不愿从事社会劳动的，并在一定条件下可以投入社会经济生活的人口总和，例如在校的青年学生、现役军人、从事家务劳动的家庭妇女等。

因此，人力资源既是天然资源，又是再生资源；既是物质资源，又是非物质资源。

2. 人力资源的特点

（1）生成过程的时代性。一个时代的政治、经济、教育和文化因素，决定了在这个时代中成长起来的人力资源的数量与质量。

---

① 参见胡锦涛：《高举中国特色社会主义伟大旗帜　为夺取全面建设小康社会新胜利而奋斗——在中国共产党第十七次全国代表大会上的报告》，39 页，北京，人民出版社，2007。

② Peter F. Drucker，*The Practice of Management*，New York：Harper & Brothers，1954，p. 264。需要说明的是，1955 年，毛泽东曾为收录在《中国农村的社会主义高潮》一书的《发动妇女投入生产，解决了劳动力不足的困难》一文所做的按语中称：中国的妇女是一种伟大的人力资源。必须发掘这种资源，为了建设一个伟大的社会主义国家而奋斗。这被认为是我国最早使用“人力资源”一词。

(2) 开发对象的能动性。这是指当人力资源作为生产要素的一部分进入生产过程后，即居于中心位置，起着主导作用，能够发挥引导、操纵、控制其他资源的功能。这是人力资源的一个根本特征，是人力资源区别于其他资源的本质所在。

(3) 使用过程的时效性。人力资源是一种存在于人的生命之中的资源，其形成、开发、配置、使用都要受到时间的限制。生命的周期影响着人力资源在各个时期的可利用程度。另外，从当代医学、生物学的角度看，人有生命周期，人力资源不能长期储而不用，否则会失去其应有的价值。

(4) 开发过程的持续性。与其他物质资源不同，人力资源的使用过程同时也是开发过程，而且这种开发过程具有持续性。

(5) 特殊资本性。这是因为人力资本既是投资的结果，同时又能创造财富，或者说，人力资源既是生产者又是消费者，具有两重性。一方面，人力资源同样具备资本的三个最突出的特点：1) 它是投资的结果和产物。2) 在一定时期内，它能够不断地给投资者带来收益。这种收益不一定直接地表现为货币形态，也可能以非货币的形式出现。3) 在使用中会出现有形磨损和无形磨损。另外，不同于一般实物资本的收益递减的规律，人力资本呈现出收益递增的规律，其收益份额大大超过了自然资源和资本资源。

(6) 高增值性。“人力资本 (human capital) 之父”——西奥多·舒尔茨 (Theodoe W. Sctultz) 认为：“土地本身并不是使人贫穷的主要因素，人的能力和素质却是决定贫富的关键。旨在提高人口质量的投资能够极大地推动经济繁荣和增加穷人的福利。”人力资源的经济价值正呈不断上升的趋势，人力资源投资收益率也在上升。

(7) 闲置过程的消耗性。与一般物质资源的一个明显区别是，人力资源在闲置过程中，为维持其本身的生存，必须消耗一定数量的其他物质资源，这意味着，即使一部分人力资源处于闲置状态，其组织或社会也必须付出必要的经济性补偿和物质保障。由此提出了人力资源管理中培训转岗、强化再就业措施，以及建立社会保障体系的问题。

(8) 再生性。1) 基于人口的再生产和劳动力的再生产，通过个体的不断替换更新和劳动力消耗—生产—再消耗—再生产的过程，人力资源被不断地再生产出来。2) 人的体能在一个生产过程中消耗之后，又可以通过休息和补充能量得到恢复。3) 知识可以通过培训学习等得到更新。当然，这种再生性不同于一般生物资源的再生性，除了遵守生物学一般规律之外，还受人类自身意识、意志的支配和文明发展活动的影响。

(9) 创造性。人类通过自己的知识智力，创造了工具，使自己的器官得到延伸和扩展，从而增强了自身能力，创造了丰富的生产资料和生活资料。这表明，人力资源具有极大的潜力，若予以挖掘，则可以使之变成财富。

(10) 社会性。在现代社会，个体素质能否提高和发挥作用，在很大程度上受组织结构、社会环境与民族文化的影响。从人类社会经济活动的角度看，人类劳动是群体性劳动，不同的劳动者一般都分别处于各个劳动集体之中，这构成了人力资源社会性的微观基础；从宏观上看，人力资源总是与一定的社会环境相联系的，它的形成、配置、开发和使用都是一种社会活动。从本质上讲，人力资源是一种社会资源，归整个社会所有，而不仅仅归属于某一个具体的社会经济单位。

3. 人力资源的构成

人力资源由数量和质量两个基本方面构成。

（1）人力资源数量。

这是一个国家或地区拥有劳动能力的人口的数量，包括实际就业人口、劳动年龄内的就业人口、家务劳动人口，以及正在谋求职业的人口等。它是标志人力资源总量的基础性指标，是人力资源量的特征。

人力资源数量又分为绝对数量和相对数量。从宏观上看，人力资源的绝对数量，指的是一个国家或地区中具有劳动能力、从事社会劳动的人口总数，它是由一个国家或地区劳动适龄人口减去其中丧失劳动能力的人口，加上劳动适龄人口之外具有劳动能力的人口得到的，反映的是一个国家或地区人力资源绝对量的水平。人力资源的相对数量又称人力资源率，是现实的人力资源数量在总人口中所占的比重，它是反映经济实力的更重要的指标。现实人力资源数量越多，就意味着就业人口越多，从而可能创造的国民收入也越多，表明该国家或地区的经济发展具有一定的优势。

为了便于清楚明了地了解人力资源数量构成情况，在此把人力资源数量构成概括为八个具体方面：

1）处于劳动年龄之内、正在从事社会劳动的人口，它占据人力资源的大部分，可称为“适龄就业人口”。

2）尚未达到劳动年龄、已经从事社会劳动的人口，即“未成年劳动者”或“未成年就业人口”。

3）已经超过劳动年龄、继续从事社会劳动的人口，即“老年劳动者”或“老年就业人口”。

4）处于劳动年龄之内、具有劳动能力并要求参加社会劳动的人口，这部分可称为“求职人口”或“失业人口”。

5）处于劳动年龄之内、正在从事学习的人口，即“就学人口”。

6）处于劳动年龄之内、正在从事家务劳动的人口。

7）处于劳动年龄之内、正在军队服役的人口。

8）处于劳动年龄之内的其他人口。

前三部分构成就业人口的总体；前四部分构成现实的社会劳动力供给，是直接的人力资源；后四部分并未构成现实的社会劳动力供给，是间接的、处于潜在形态的人力资源。

影响人力资源数量的因素主要有：人口总量及其再生产状况；人口的年龄构成；人口迁移等。

（2）人力资源质量。

这是一个国家或地区拥有劳动能力的人口的身体素质、文化素质、专业知识和劳动技能水平与劳动态度的统一。它是显示人力资源总体素质的指标，反映了人力资源质的因素。

人力资源质量综合体现在劳动者个体和人力资源整体的健康状况、知识水平、技能水平和劳动态度等方面，它可以用健康卫生指标（如平均寿命、婴儿死亡率、每万人口拥有的医务人员数量、人均摄入热量等）、教育状况（如劳动者的人均受教育年限、每万人中大学生拥有量、大中小学入学比例等）、劳动者的技术等级状况（如劳动者技术职称等级的比例、每万人中高级职称人员所占的比例等）和劳动态度指标（如工作满意度、工作努力程度、工作负责程度、与他人的合作性等）来衡量。

因此，与人力资源数量相比，人力资源的质量对于社会经济发展的作用更加重要。特别是随着科学技术的发展，提高一个国家或地区人力资源的质量是人力资源发展的重要目标和方向。而且，从人的全面发展的角度看，国家与社会也应着力提高人力资源的质量。

影响人力资源质量的因素主要有：人类体质与智能遗传；营养状况；教育状况（如国民教育发展水平、成人教育、早期教育等）；文化观念；经济和社会环境等。

4. 人口资源、劳动力资源、人力资源与人才资源及其关系

人口资源是一个国家或地区的人口总和，是一个最基本的底数，基本上是一个数量概念。

劳动力资源是一个国家或地区有劳动能力并在“劳动年龄”范围之内的人口总和，偏重于数量。

人才资源是一个国家或地区具有较强的管理能力、研究能力、创造能力和专门技术能力的人员的总和，重点强调质量方面。

人口资源与劳动力资源突出了人的数量和劳动者数量，人才资源则主要突出人的质量，而人力资源包含数量、质量两个方面，是数量与质量的统一。

1.1.2 人力资源管理的含义

国外对人力资源管理（human resource management，HRM）的界定，主要有以下三类：

一是由德鲁克、巴克（E. Wight Bakke）等人提出，比尔（M. Beer）、莱文（D. Lewin）和舒勒（R. S. Schuler）等人所发展的人力资源管理概念。他们认为，所谓人力资源管理，就是对组织中的人员加以有效管理，其目的在于使员工、企业及社会均能受益①；是管理人员所具有的一种广泛意义上的普通管理职能，其目的是为了对工作场所的个体进行适当的管理，具体包括理解、维持、开发、利用和协调一致。这一定义是建立在“人本主义”管理哲学的基础之上的，它把组织的所有员工都看成组织的一种有价值的资源，而不是把他们看成组织应该最大限度减小的成本开支。

二是由海勒曼（H. G. Henneman）、彼得森（R. Peterson）、特蕾西（L. Tracy）、罗宾斯（S. P. Robinson）、斯特劳斯（G. Strauss）、塞尔斯（L. R. Sayles）和德斯勒（G. Dessler）等人提出的概念。他们认为，人力资源管理是人事管理的一个新的名称，是由专业人员从事的员工管理。这一定义是建立在这样一种假设的基础之上的：现在的管理实践和管理活动是最好的和可以接受的，可以用来对员工进行有效的管理，并且这些管理实践是可以被不断丰富的。例如，根据这种观点，德斯勒就认为人力资源管理即人事管理，是指“为了完成管理工作中涉及人或人事方面的任务所需要掌握的各种概念和技术”②。

三是由斯托瑞（J. Storey）等人在20世纪80年代末提出的概念。作为员工至上学说的

---

① S. E. Jackon，R. S. Schuler，*Managing Human Resource*：*A Partnership Perspective*，South-Western College Publishing，2000，pp. 1-7.

② ［美］加里·德斯勒：《人力资源管理（第6版）》，2页，北京，中国人民大学出版社，1999。

信奉者和多元主义的拥护者，斯托瑞等人认为，从本质上讲，人力资源管理是为了躲避工会和掩饰管理控制方法的一种复杂的管理方式。他们认为，人力资源管理是用来显示管理人合法性的一种不同方法，而不是作为工具或手段存在的。

国内不少学者也都对人力资源管理做出了定义，在此不一一叙述。

综合上述国内外种种观点，我们认为，人力资源管理可以划分为宏观人力资源管理与微观人力资源管理两个方面。宏观人力资源管理就是对社会人力资源的管理，是政府的一项重要管理职能，是国家对人力资源整体的管理。它立足于社会经济发展的总体规划，有计划地投资于人力资源管理领域，开拓人力资源培养、继续教育的路径和专业，保证人力资源整体结构的适应性与合理性。其主要内容是：宏观的人力资源状况预测及计划、战略制定，就业政策的制定与就业管理，社会人力资源投资与投资政策制定，收入政策及其调节机制的设计，社会人力资源保护，组织并协调劳务输出与输入，人力资源管理法规的制定与实施等。

微观人力资源管理就是各个组织对其组织内部人力资源的管理，即对组织内部的人力资源进行规划、招录、配置、考核、培训、保障、维护等的价值理念、政策规定与实践活动的统称。人力资源管理是一个系统，包括相应的价值理念、管理体制、管理制度、运作机制、业务流程、技术方法等。

1.1.3 公共部门人力资源和公共部门人力资源管理的含义与特点

1. 公共部门人力资源与公共部门人力资源管理的含义

公共部门人力资源是整个社会人力资源的重要组成部分，公共部门人力资源管理也是整个社会人力资源管理系统的一部分，它们分别具有一般意义上的人力资源和人力资源管理的性质。但要得出公共部门人力资源与公共部门人力资源管理的定义，需先阐释和界定"公共部门"的含义，因为"公共部门"四个字在一定程度上决定了公共部门人力资源与公共部门人力资源管理所具有的特殊性。

在希克斯（U. K. Hicks）看来：公共部门（public sector）是指这样一种提供服务和产品的部门，其所提供的服务和产品的范围与种类不是由消费者的直接愿望决定的，而是由政府机构决定的，在民主社会，是由公民的代表来决定的。[①] 这一定义虽然没有概括公共部门的全部活动，但它揭示了公共部门的一个关键点，即公共部门是公共政治决策的产物，而非市场运作的结果。政府是以命令为基础的——它们能强制人们执行，市场则是自愿行为。斯蒂格利茨（J. E. Stiglitz）则认为，公共部门与私营部门（private sector）的重要区别在于两个方面：一是经营公共部门的负责人所拥有的职务的合法性直接或间接从政治选举过程中产生；二是政府被赋予一定的强制力，这种权力是私人机构所不具有的。简单地讲，公共部门与私营部门的核心差异在于其是否拥有合法的强制力，政府是社会中唯一可以合法使用暴力的机关。他进一步指出，虽然政府拥有这种强制权，但在民主社会中，"政府仍依赖于各方面的自愿服从"[②]。所以，公共部门是相对于私营部门而言的一种

① U. K. Hicks，*Public Finance*，Walwyn：James Nesbit，1958.

② J. E. Stiglitz，*The Economic Role of the State*，Cambridge，MA：Blackwell.

组织形态，它是以公共权力为基础的，这种公共权力产生于社会，并凌驾于社会之上，具有明显的强制性。公共组织存在的合法性受到公众的信任与支持，它们依法管理社会公共事务，不以市场取向或利润、营利为存在的目的，其目标是谋取社会的公共利益，对社会与公众负责，而不偏私于某个政党或集团的独特利益。因此，其产出是维持社会存在与发展的公共物品、公共秩序与安全、社会价值的分配。这样的界定，一般将拥有公共权力、执行国家法律、管理社会公共事务、裁决各种纠纷等职能的部门，视为主要的公共部门。在一个国家中，国家立法机关、行政机关、司法检察机关等，即构成国家政权的组织体系。

虽然可以把公共部门和私营部门看成分离的，但无论是从经济的角度还是从其他角度分析，将它们视为相互排斥的领域都是武断的。虽然界定二者的标准随着国家的不同和时代的差异而有所区别，但二者之间一直存在着大量的互动，严格的一分为二的划分更多的是一种误导。第二次世界大战后，随着行政权的扩大，政府管理经济与社会各方面事务的形式也发生了重大变化。政府由传统的“守夜人”和社会生活的仲裁者，直接进入了人们社会生活的各个方面。政府直接投资兴办国有企业，提供公共物品；直接开办公立学校，使更多的平民子女接受国民教育；授权委托其他社会组织，分担一部分社会事务管理责任。因而，具有原公共部门一部分内在性质的组织范围明显扩大了。特别是在新公共管理（new public management，NPM）运动的影响下，民营化、外包、公民参与及非营利组织（non-profit organization，NPO）或第三部门（the third sector）兴起等，公、私部门的界限愈趋模糊。在广义上，公共部门既包括国家政权组织，尤其是管理社会公共事务的行政组织，也包括由政府直接投资，在所有制形式上属于国有的国有企业、科研院所、公立学校、公立医院和得到行政授权的其他机构等。

然而，在今天公共部门人力资源管理界，对公共部门做出清晰的界定是很困难的。在国外，许多国家仍把公共部门视为行使公共权力的政府，有的正逐步把第三部门纳入公共部门的视野，如美国。据吴志华等在亚马逊英文网上书店所进行的在线搜索，国外关于公共部门人事管理或人力资源管理的著作和教材，几乎都是论述政府系统的公务员管理。唯一例外的是派恩斯（Joan E. Pynes），他认为：“近来，公共事务和行政管理学院全国联合会重新定义了‘公共行政管理’中‘公共’一词，这使得该词的含义也包括了非营利领域……公共行政管理领域内的实践者和研究人员已经越来越专注于非营利性机构的管理。虽然许多公共行政管理课程都增加了非营利性领域管理的内容，但目前还没有一本公共人事的教科书是阐述非营利性领域内问题的。”① 国内也是很难达成共识，例如：孙柏瑛认为公共部门包括了国家政权组织系统、第三部门及国有企业和公共公司（public corporation）。② 吴志华认为“公共部门人力资源管理，在国外是指公务员的管理及其制度，国内是指公务员制度和事业单位对人管理的制度”③。萧鸣政则认为“在现代社会中，公共领域和非公共领域成为社会管理的两大基本领域。在公共领域，代表社会公共利益、承担社会

① ［美］琼·E·派恩斯：《公共和非营利性组织的人力资源管理》，Ⅺ页，北京，清华大学出版社，2002。

② 参见孙柏瑛主编：《公共部门人力资源开发与管理》，8～10页，北京，中国人民大学出版社，2006。

③ 吴志华等：《公共部门人力资源管理》，10页，上海，复旦大学出版社，2007。

公共事务的政府和非政府组织是主要组织形式，其运行遵循着公共生活的制度和规则。在非公共领域，企业构成其主要组织形式，作为市场主体，其运行遵循着市场的制度和规则。按照这两大领域及其主体组织形式，我们可以把人力资源的管理分为公共部门人力资源管理和企业人力资源管理两大类型"①。胡象明则主张"公共部门应该既包括'纯粹的'公共部门即政府组织，也包括'准'公共部门即第三部门"②。虽然有争议，但综合以上分析，结合我国实际情况，我们基本赞同孙柏瑛的观点，可以把公共部门划分为如下主要类型：

（1）拥有公共权力，依法管理社会公共事务，提供公共产品与服务，以谋取社会公共利益为目的的组织体系。这包括国家各级立法机关、行政机关、司法机关和检察机关等国家政权组织系统。

（2）由上述组织委托或授权的，从事公共服务，为社会公众提供科学、文化、教育、医疗卫生等公共产品，不以营利为目的的组织体系。这包括国有或民营的医院、学校、疗养院、养老院、幼儿园、文化馆、图书馆、美术馆、博物馆、科研机构、社区公益组织、社会工作志愿者组织等。

（3）由政府出资组建，生产物质产品，以营利和国有资产增值为目的的企业化运营的组织体系。这包括国有企业和公共公司。

因此，我国公共部门人力资源就是指在党政机关组织、国有企事业单位及民营非营利性组织中的各类工作人员的总和，这些工作人员既包括公务员，也包括参照公务员管理的工作人员；既包括各类专业技术人员，还包括其他员工，如工人等。

公共部门人力资源管理（human resource management in public sector）也包括宏观和微观两个方面。前者是指公共部门对社会人力资源供求状况进行宏观和中长期统计、预测、规划，制定人力资源管理的基本制度、政策规定、管理权限和管理标准，维护对人力资源的基本管理秩序。后者是指每个具体的公共部门，依法对本部门内人力资源进行的规划、招录、使用、人员分类、培训开发、员工发展、绩效管理、薪酬管理、奖惩维护等实践活动及其所依据的价值理念、制度政策等的总和。当然，宏观与微观的两个方面不是截然分离的两个体系，而是有机地结合在一起的，它们互为条件、相互保障，共同组成公共部门人力资源管理系统。

就学科性质而言，公共部门人力资源管理主要是研究和探讨微观的公共部门人力资源管理。

2. 公共部门人力资源与公共部门人力资源管理的特点

公共部门的性质决定了公共部门中的人力资源具有人力资源一般性以外的特殊性，即公共部门人力资源的政治性和道德品质要高于人力资源的平均水平。公共部门的人力资源掌握公共权力，执行着国家制定的法律法规和大政方针，在社会价值的权威性分配中起着重要的作用，其行为的过程和结果，直接关系到公共部门的公共形象与合法性。因此，在

---

① 萧鸣政：《人力资源开发与管理——在公共组织中的应用》，37页，北京，北京大学出版社，2005。

② 胡象明：《关于公共部门的界定与公共管理学的研究范围——兼谈公共管理学与行政管理学的关系》，载《武汉大学学报（社会科学版）》，2001（5）。

公共部门人力资源的招录、使用和开发过程中，对政治素质和道德素质的要求，构成其自身性质中极其重要的部分。

公共组织本身的特性和公共部门人力资源的特点，决定了公共部门人力资源管理有其独特性。这主要表现为：受到政治因素的影响很深、深受法律规章和规则程序的限制、目标追求大且广泛的公共利益、绩效难以衡量、决策程序冗长、较不受市场竞争的影响、预算有限且受限制、公务员身份保障。① 董克用认为，公共部门人力资源管理的特点表现为：公共性、服务性、公开性、复杂性、稳定性、高资本性。②

1.1.4 公共部门人力资源管理的目标

公共部门的战略目标是公共部门人力资源管理的出发点和归宿点。在舒勒和胡博（V. L. Huber）看来，人力资源管理活动直接影响到组织目标的实现，有效的人力资源管理目标是和组织目标相一致的，是为组织目标服务的。他们把这一和组织目标相一致的人力资源管理目标分为三个层次，即直接目标、具体目标和最终目标。直接目标是通过人力资源管理活动来吸引员工、留住员工、激励员工和再培训员工；具体目标是提高员工生产率、改善工作质量、遵从法律的要求、获取竞争优势、增强员工的灵活性；最终目标是通过组织中有效的人力资源管理来维持组织的生存、促进组织的发展和利润的增长、提高组织的竞争力和适应外部不断变化环境的灵活性③。而公共部门人力资源管理的目标，是紧紧围绕公共部门的社会管理和社会服务的公共管理目标的，因此，公共部门人力资源管理的目标应定位于：招录与开发公共管理工作需要的各类人才，建立公共部门与从业人员之间的良好合作关系，以高效管理和优质服务满足社会经济发展的需要，并满足从业人员个人成长和发展的需求。

如果把组织视为一个资源转换器，那么，人力资源管理就是如何选择和控制进入组织的人力资源，然后加以开发利用，使之发挥应有的作用，最后根据战略的发展需要保留或排出人力资源。在这一转换过程中，人力资源管理就是要实现求才、用才、育才、激才和留才的目标。

（1）求才。这是指人力资源管理部门等通过各种渠道，借助各种方法，为公共部门寻求和吸收优秀的人力资源。一方面，它要求建立和完善劳动力市场，扩展人力资源来源的社会基础；另一方面，通过统一的人力资源标准、优秀的双向选择机制、良好的人力资源规划、合理的选拔和晋升体制，保证公共部门既能从社会中广泛获取优秀人才，又能从内部及时得到优秀人才。求才的关键是培育良好的组织形象。

（2）用才。对已经选聘的人才，公共部门要真正关心，真心尊重，充分信任，大胆使用，尽最大可能地发挥其潜能，做到人尽其才。组织只有用好人，才可能求得人才、留得人才。用才的关键是真正践行以人为本。

（3）育才。公共部门在使用人力资源的同时，还要通过建立健全员工教育培训体系，

---

① 参见吴琼恩等：《公共人力资源管理》，10～11页，北京，北京大学出版社，2006。

② 参见董克用：《公共组织人力资源管理及其特点》，载《中国人力资源开发》，2004（9）。

③ R. S. Schuler，V. L. Huber，*Personnel and Human Resource Management*，5th ed.，MN：West Publishing Co.，1993，p. 32.

借助个人开发、职业生涯管理等，进一步开发人力资源的潜力，使其在适应社会发展与组织发展需要的同时，也能够实现自己的职业生涯规划。育才的关键是落实“管理即教育”。

（4）激才。这要求公共组织凭借目标管理、绩效管理、薪酬管理、晋升政策、奖惩机制等，形成良好的激励机制，最大限度地调动人的主动性，发挥人的创造性。激才的关键是发挥组织文化的凝聚力。

（5）留才。留住所需要的人才，组织才可能兴旺发达。为此，人力资源管理需要建立完善的人力资源保障、激励机制，给他们以成长、发展的空间和动力。留才是对上述几项管理任务实现状况的综合评价，如果管理部门没有完成渴望求才、合理用才、科学育才等管理任务，就无法期望公共部门能够留住人才。留才的关键是极大地满足人们的需要。①

1.2 公共部门人力资源管理的原理与职能

1.2.1 公共部门人力资源管理的基本原理

公共部门人力资源管理的原理有很多，以下从实用角度介绍八个基本原理：

1. 以人为本

以人为本原理即人本原理，是指人是管理的出发点和归宿，一切管理活动必须以调动人的积极性和创造性为根本。人本原理是近百年来管理理论和管理实践的总结，它要求尊重人、关心人、爱护人，要求组织必须在观念层面、制度层面、政策层面、组织文化、工作环境等各个方面真正落实以人为本。

2. 开发先导

重在开发是现代人力资源管理的显著特征，人力资本理论揭示了人力资源开发对于经济增长的积极作用，人力资源的质量差异是一个国家或地区经济收益异常悬殊的主要原因。可以这样讲，人力资源管理就是以开发为先导，以整体优化人力资源管理系统为目标，以相关学科（如经济学、管理学、心理学、社会学、统计学等）的交叉应用为研究手段，以调动人的主观能动性为核心的管理原理、管理思想、管理技术、管理过程和管理方法。

3. 系统动力

通过物质的、精神的或其他方面的鼓励和褒扬，激发人的工作热情的理论被称为系统动力原理。它包括物质动力原理、精神动力原理和信息动力原理。

4. 能级对应

能级是指人的能力大小的分级。能级大表示能力强、本领大。不同的行业，能级的标准也不一样，科学研究有能级，管理也有能级。能级对应原理是指在人力资源管理中，要根据人的能力安排工作，使能力和职位良好匹配，人尽其才，物尽其用。因此，能级原理

① 参见赵曙明：《人力资源开发与研究》，26 页，北京，中国人事出版社，1998。

要求建立一定的秩序、规范和标准。该原理的基本内容有：(1) 承认人具有能力的差别。(2) 按能级层次建立和形成稳定的组织形态。(3) 不同能级应表现为不同的权力、物质利益和荣誉。(4) 人的能级必须与其所处的管理级次动态对应。(5) 人的能级不是固定不变的，能级原理承认能级本身的动态性、可变性与开放性。(6) 人的能级与管理级次之间的对应程度，标志着社会进步和人力资源使用的状态改变。

能级对应原理揭示了组织内的人力资源能级结构必须是一个稳定的结构。这种结构上小下大，呈正三角形。稳定的能级结构如图1—1所示。该图中处于操作层的人数最多，随着层次上升，管理人员逐步减少，最高层必须有顶点，即要有权威的个人或小组，具有决策权、财权、人事权和权威性，能够负责指挥全系统的高效运行。非稳定的能级结构在人力资源管理中也有表现，如倒三角形结构、菱形结构和梯形结构。倒三角形是最典型和最基本的非稳定结构，其余两个都是其组合变化。

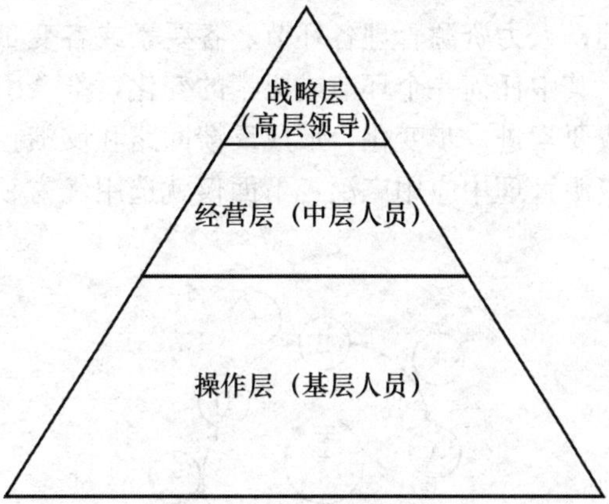

图1—1 稳定的能级结构图

5. 竞争强化

竞争强化原理是指通过各种有组织的非对抗性的良性竞争，培养和激发人们的进取心、毅力和创新精神，使其全面施展自己的才华。该原理的基本内容是：(1) 组织同类系统的竞争，从而发现能主持全局工作的战略性人才。(2) 通过组织系统内管理人才的竞争，以发展和选拔各层次的优秀管理人才。(3) 通过组织系统内各类技能的竞争，以发现技术人才。(4) 通过组织开发新产品、新服务的竞争，以发现创造型和开拓型人才。

无疑，无论什么公开竞争，都必然涉及许多矛盾。因此，管理者必须坚持竞争的公开性、公平性；强调竞争手段的合法性；鼓励员工对竞争过程的参与；提倡、支持、引导员工向竞争对手学习，以共同前进，实现对落后员工的转化；及时发现问题，合理解决竞争中产生的矛盾。

6. 反馈控制

系统动力学中的反馈环是指两个以上的因果关系键首尾相连而成环形，即形成因果关系反馈环。假设系统中有两个要素A和B，且A是原因，B是结果，用一个从A到B的箭头线来表示A、B间的因果关系。该箭头线称为因果关系键。如果A增长或减少，B也因此增长或减少，就称A、B间有正因果关系，并用“+”号标于因果关系键上，称正键

[见图 1—2(a)]；如果 A 增长或减少，B 反而减少或增长，就称 A、B 间有负因果关系，并用“一”号标于因果关系键上，称为负键 [见图 1—2(b)]。

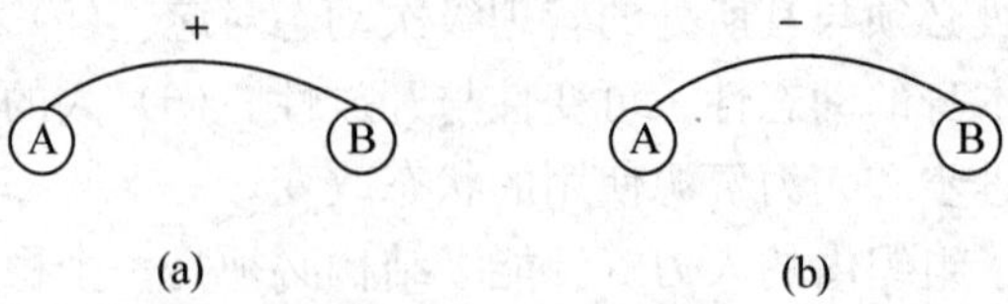

图 1—2　正键和负键

因果关系反馈环分为正反馈环和负反馈环两种。正反馈环是指一个反馈环中，任意一个变量的变化最终会使该变量的原变化趋势加强。这是一种具有自我强化效果的因果反馈环。负反馈环是指一个反馈环中任意一个变量的变化最终会使该变量的原变化趋势减弱。这是一种能自我调节行为并使原变化趋势受到控制而渐趋于稳定的因果反馈环。

借鉴系统动力学原理，人力资源管理各环节、各要素或各变量形成前后相连、首尾相顾、因果相关的反馈环，其中任何一个环节或要素的变化，都会引起其他环节和要素发生变化，最终又使该环节或要素进一步变化，形成反馈回路和反馈控制运动，这就是反馈控制原理。反馈环在人力资源管理中应用广泛，下面仅就选用优秀领导者的正反馈环一例说明之，如图 1—3 所示。

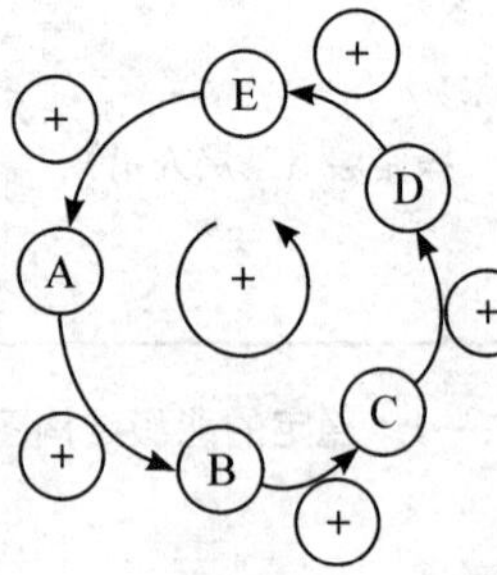

图 1—3　选用优秀领导者的正反馈环

注：图中字母代表的含义分别是：A——优秀领导者的人数；B——杰出人才被重用的人数；C——生产力；D——教育投资；E——杰出人才数。

被选用于领导职位的优秀人才多，杰出人才被录用、被重用的人数必然增多；杰出人才被重用的人数增多，生产力必然提高，用于教育投资的也增多；教育投资提高了，学校培养的优秀人才必然增多，被提拔到领导职位的优秀领导人数在同方向的变动就加强了。

7. 弹性冗余

“弹性”通常意味着有一个“弹性度”，超过这个“度”，弹性就要丧失。人力资源也是如此，否则，将导致员工身心交瘁，疲惫不堪，精神委顿，造成人力资源的巨大损失。所以，必须留有充分的余地，保持必要的弹性，不能超负荷和带病运行，此为弹性冗余原理。该原理的基本要点是：(1) 劳动强度要适度、有弹性，不做力不能及的事情，以保持劳动者的身体健康。(2) 脑力工作要适度、有弹性，以保持旺盛的精力、清醒的智力和敏捷的思维。(3) 劳动时间、工作定额要适度、有弹性，并按国家规定执行。(4) 中短期目标要适度、有余地，要使全体员工经过努力能够达到，以提高员工对前途的信心，使之处于最佳工作状态。

人力资源管理的弹性冗余原理，是坚持在充分发挥和调动员工的能力、动力和潜力的基础上，主张松紧合理，张弛有度，使人们更有效、更健康、更有利地开展工作的积极弹性，坚决反对无所作为、消极怠工、怕苦怕累、自怨自艾，甚至贪图安逸的消极弹性。

8. 互补增值

由于每个个体存在多样性和差异性，因而存在着人力资源整体中的能力、性格、见解等多方面的互补性。发挥了每个个体的优势，人力资源系统的功能方为最优，这就是互补增值原理。其基本内容是：知识互补、气质互补、能力互补、性别互补、年龄互补、技能互补。

运用互补原理要注意消除内耗。管理者在选人、用人、协调人等管理人的过程中应注意理想、事业、气质、品德和修养等方面的和谐，形成最佳组合阵容。同时应遵循动态平衡的原则，保证合适的人才流动，实现人力资源的相互选择和重新组合，以达到互补增值之目的。

1.2.2 公共部门人力资源管理的主要职能

自从巴克的著作《人力资源功能》于1958年出版以来，关于人力资源管理的职能就一直存有争议。美国人力资源管理协会（Society for Human Resource Management，SHRM）确定的人力资源管理的六大领域是：人力资源规划、甄补和选用，人力资源发展，报偿与福利，安全与健康，员工与劳工关系，人力资源研究。美国培训与发展协会（American Society for Training & Development，ASTD）通过人力资源管理轮表达了人力资源管理的职能（见图1—4）。[①] 罗纳德·克林格勒（Donald Klingner）和约翰·纳尔班迪（John Nalbandian）将人力资源管理的职能分为人力资源规划、人力资源获取、人力资源开发和纪律与惩戒四部分。[②] 赵永乐按照人力资源管理各职能在整个人力资源管理中的地位的不同，将人力资源管理职能分为人力资源管理基础系统、人力资源管理核心系统和人力资源管理一般职能系统。[③] 那么，应如何确定人力资源管理的职能呢？应注意两点：第一，人力资源管理的目的是提高个人的工作业绩和组织的业绩，最终是提高组织的业绩。组织的业绩主要取决于个人的工作业绩。影响个人工作业绩的主要因素是个人特点、组织特点和工作特点，这三个因素的相互联系和作用决定了组织业绩的好坏。因此，人力资源管理职能就可围绕个人、工作和组织确定。第二，不论怎样划分人力资源管理的职能，都只是为了研究的方便，实际上，人力资源管理的各种职能是高度联结和整合在一起的，是互相影响和交叉的。据此，我们认为公共部门人力资源管理的主要职能如下：

---

① 参见张成福、党秀云：《公共管理学》，187页，北京，中国人民大学出版社，2001。

② 参见［美］罗纳德·克林格勒、约翰·纳尔班迪：《公共部门人力资源管理：系统与战略（第4版）》，5页，北京，中国人民大学出版社，2001。

③ 参见赵永乐等：《人力资源管理概论》，83～85页，上海，上海交通大学出版社，2007。

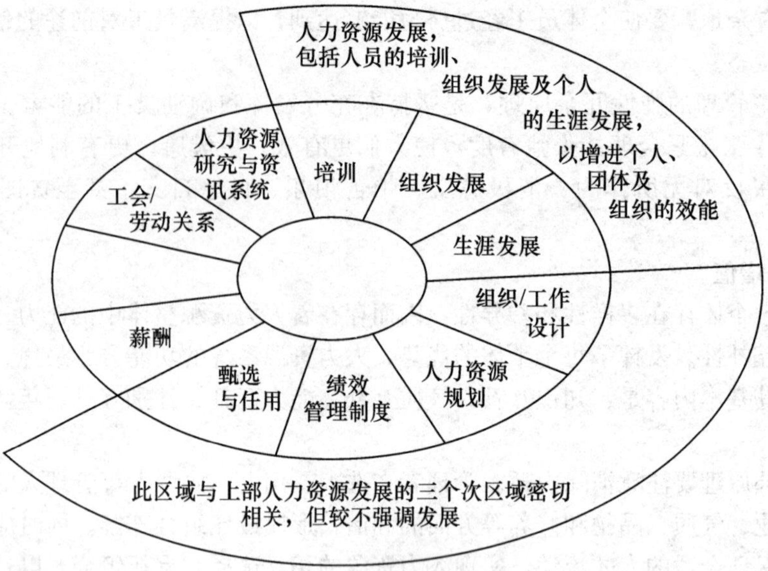

图 1—4　人力资源管理轮

1. 人力资源规划

人力资源规划是指公共部门按组织目标对人力资源给出数量上、质量上的明确需求，并付诸实施的一系列程序、措施、政策和时间顺序，还包括对人员实行分类管理，建立起组织中每个职位的具体任职资格。在本书中，这一内容将在第 2 篇公共部门人力资源规划与招录中予以介绍。

2. 人力资源招录

人力资源招录是指公共部门从组织内外招募、甄别、选拔和录用合格人员，在本书中，这一内容也在第 2 篇中予以介绍。

3. 人力资源开发

人力资源开发是指为了保证员工拥有与职位相匹配的知识和技能，并在此基础上进一步提高工作绩效，实施绩效管理，同时使员工得以不断满足个人成长发展需求的一系列政策、方法和程序等。在本书中，相关内容将在第 3 篇公共部门人力资源激励发展与保障维护中予以介绍。

4. 人力资源保障

人力资源保障是指为维持员工的工作能力、保障员工权益而制定的一系列政策、措施等，主要包括薪酬福利、权利与义务、健康与安全、劳动关系、纪律与奖惩。在本书中，相关的薪酬管理也在第 3 篇中介绍。

5. 人力资源研究

人力资源研究是公共部门人力资源管理的一个重要职能，这一职能越来越受到人们的重视。每一个组织所面临的人力资源管理问题都是具体的和特殊的，发展出一套适合本组织的目标、任务、环境、工作特点、员工特点等的人力资源管理系统是必要的，也是可行的。

另外，对于公共部门人力资源管理向战略性人力资源管理与人力资本管理的战略转变、新公共管理下人力资源管理的变化以及对公共部门人力资源管理未来发展趋势的预测等内容将在第 4 篇公共部门人力资源管理的战略转变与发展趋势进行较为详尽的分析与总结。

1.3　公共部门人力资源管理环境及其与公共部门人力资源管理的关系

1.3.1　公共部门人力资源管理环境

从 1964 年理查德·法默（Richard N. Farmer）和巴里·里奇曼（Barry M. Richman）开创性地提出了比较管理理论模式，把管理过程同组织外部环境区别开来，并将环境制约因素归纳为教育的、社会的、政治法律的和经济的四种变量以来，人们愈加认识到环境对组织内部管理的制约作用。广义地讲，环境是无限的，作为组织管理的一个重要的和关键的子系统，公共部门人力资源管理的环境要素包括了公共部门内外对人力资源管理活动施加影响的每一个因素。理查德·L·达夫特（Richard L. Daft）在分析组织环境时指出，“组织环境就可以定义为存在于组织边界之外的并对组织具有潜在或部分影响的所有因素”，并作出了任务环境和一般环境的分类。任务环境和一般环境的区分在于其对组织的影响是直接的还是间接的，具有直接影响的是任务环境，具有间接影响的是一般环境。[①] 孙柏瑛和祁光华提出，“所谓公共部门人力资源管理的环境，是指直接地或间接地影响或作用于公共部门人力资源管理系统及其活动的各种要素的总和”，并包括一般环境和交关环境。[②] 由此，我们以公共组织的边界为准，把公共部门人力资源管理环境划分为外部环境和内部环境两大部分。

1. 公共部门人力资源管理的外部环境

公共部门人力资源管理的外部环境是公共部门以外的、影响公共部门人力资源管理的所有因素。它主要包括以下几个方面：

（1）人口、教育环境。

人口环境即一个国家或地区可向公共部门提供的人力资源的性质、数量、质量、分布、结构等。高质量的人口是获得高素质公共部门人力资源的基础。教育环境即该国家或地区对教育的重视程度和公民的平均文化水平，教育制度的完善程度和专业化程度，以及受过高等教育和专门训练的人所占的比例。该环境对公共部门人力资源的来源和构成的影响明显而巨大。

（2）文化环境。

文化环境即国家的社会历史背景、意识形态、价值观念和社会准则等，以及由此生成的社会人际关系、交往方式的总和。它能在两方面对公共部门人力资源管理产生影响。一方面，公共部门人力资源来自一定社会的文化环境中，他们所具有的价值观念和行为准则会促使公共部门人力资源管理选择特定的管理模式；另一方面，公共部门及其管理者所接

---

① 参见［美］理查德·L·达夫特：《组织理论与设计精要》，38～39 页，北京，机械工业出版社，1999。

② 参见孙柏瑛、祁光华：《公共部门人力资源管理》，13 页，北京，中国人民大学出版社，1999。

受与形成的社会意识形态、价值观念、领导方式会作用于公共部门人力资源管理的实践过程。公共部门人力资源管理必然是在特定的社会文化环境下生成、发展、成熟起来的。

（3）科学技术环境。

科学技术环境即全社会科学技术的发展、进步和创新水平，以及科学技术作为新的知识或技术手段被全社会认识、重视并广泛应用的程度。它关系到公共部门人力资源管理使用新的技术方法的可能性，涉及公共部门人力资源接受新观念、新事物的认识水平、接受能力及其本身的科学技术素养。尤其在当代，技术创新正在以迅猛的速度向前发展，信息技术特别是和网络相关的信息技术已经使所有形式的组织发生了众多的变化。

（4）经济环境。

经济环境即国家的经济制度、所有制形式、经济发展水平、国民生产总值、人均纯收入、外汇储备、国民生活水平及经济发展后劲等。这是公共部门人力资源培训开发和其他所有人力资源培训开发的物质基础。应特别指出的是，经济变化使聘用和就业的方式发生了改变，其中一个主要的变化是许多企业从传统产业转向服务业、电信业和信息业。这种转变已使一些组织不得不减少员工的数量，其他一些组织则必须吸引和留住以前它们就需要的具有不同能力的人才。此外，来自全球竞争者的压力也迫使许多企业停产、采用新的管理方式、提高劳动生产率和降低劳动成本以使自己变得更具竞争力。

（5）社会环境。

社会环境即国家的社会结构、社会制度、社会阶层的变化和发展，以及社会组织、社会控制、社区发展、社会变迁和社会管理水平等。无疑，这对公共部门人力资源管理的影响巨大而深远。

（6）国际环境。

从一般意义上讲，不论公共部门还是私营部门，从来没有像今天这样受到国际环境的重要影响，可以说，所有的国内部门都会受到国际因素的影响，我国公共管理面临的国际压力是巨大而空前的。因为每一个国家均越来越开放，信息技术越来越发展，国际合作越来越密切，而不论是对抗还是合作，世界上某一个角落的政治、经济、技术、军事等的变动将会迅速波及全球，我们就是要在这样的国际环境下确定政府和市场的边界与功能。各国人力资源管理的共同趋势，以及特定国家在全球系统下的角色变动是一个重要的国际因素。正如系统科学那句名言所说：纽约市一只蝴蝶翅膀的振动会引起新加坡上空的一场暴风雨。

2. 公共部门人力资源管理的内部环境

公共部门人力资源管理的内部环境即公共部门内部影响公共部门人力资源管理的因素，是直接影响公共部门人力资源管理活动的各种要素的总和。它与公共部门人力资源管理的互动关系极为明显和重要，主要包括以下四方面：

（1）政治制度与行政体制。

政治制度包括国家政权组织的组织形式及相互关系、政治体制、政治结构、政治权力集中或分散的程度、政治组织的性质及政党政治的状况等。行政体制则包括行政权力的性质、政府首脑的权力、行政组织与其他政权组织的关系、行政权力的划分结构等。公共部门人力资源管理与国家政治制度和行政体制的关系紧密相连。具体而言，政治制度与行政体制对国家管理权力划分的原则和方式，决定了人力资源管理的体制及其人事管理权的划分方式，决定了高中级公务员的产生与任用方式。可以说，它是国家政治制度和行政体制的表现形式之一。另外，公共部门人力资源管理通过选人、用人、发展人，有效地维护了国家政治体系与行政体系的稳固和运作。

（2）公共组织的目标与改革发展。

公共组织的目标是公共部门人力资源管理一切活动的直接起点。从本质上说，公共组织的人力资源管理是为组织目标的实现服务的，它不是为了管理而管理，而是因组织目标的存在而存在，随组织目标的变化而变化的，其人力资源的数量、结构以及培训开发方向，都是以公共部门的工作性质与发展趋势为标准来定位的。归根结底，其最终目标就是为组织的发展提供适宜的人力资源。公共组织目标确定的依据是其应在社会生活中承担的职能和扮演的角色。在今天，公共组织必须适应社会发展的需要，不断探索在市场环境中对社会的应有作用。在组织的改革与发展中，公共组织的目标随着职能的变化会发生必要的调整，公共部门人力资源管理必然要适应组织目标调整的需要。

（3）法治环境。

公共部门人力资源管理并非一种单纯的技术行为，而是一种社会性行为，在劳资关系、工作时间、工资标准、劳动合同、劳动安全、教育培训、社会保险等方面都涉及法律问题。只有依法办事，才能切实维护人力资源管理部门和员工双方的合法权益，因此，公共部门人力资源管理必须依法进行。

（4）组织文化环境。

组织文化是组织中所有成员所共享并作为公理传承给组织新成员的一套价值观、指导信念、理解能力和思维方式，是组织在长期发展过程中，把组织内部全体成员结合在一起的行为方式、价值观念和道德规范。埃德加·施恩①（Edgar H. Schein）认为文化由以下三个相互作用的层次组成：一是物质层，即可以观察到的组织结构和组织过程等；二是支持性价值观，包括战略、目标、质量意识、指导哲学等；三是基本的潜意识假定，即潜意识的一些信仰、知觉、思想、感觉等。正是公共部门人员的管理理念、态度、价值观、进取心、竞争性与人员间的凝聚力、团队精神，以及成员对组织的归属感、承诺度等，制约着每个组织成员的态度和行为方式，也决定了员工对人力资源管理法律、法规、政策、措施的态度与接受程度，进而影响到公共部门人力资源管理的效率和效果。对此，还是丹尼尔·雷恩（D. A. Wren）说得好："管理思想既是文化环境的一个过程，也是文化环境的产物。"②

1.3.2 公共部门人力资源管理环境与公共部门人力资源管理的关系

1. 公共部门人力资源管理环境决定和制约人力资源管理活动

（1）公共部门人力资源管理环境影响人力资源管理目标的建立及其实现程度。

（2）公共部门人力资源管理环境能够影响组织结构建设。

（3）公共部门人力资源管理环境决定或影响人力资源管理的理念、过程、行为和方法。

---

① 又译为沙因。

② ［美］丹尼尔·雷恩：《管理思想的演变》，12页，北京，中国社会科学出版社，1986。

2. 公共部门人力资源管理必须主动适应环境及其变化

这意味着人力资源管理要适应环境提供的有利或不利条件，因地、因时制宜，扬长避短，提高管理的成效。同时，人力资源管理要随环境的变化而变化，通过调整其目标、组织结构和行为方式，满足环境提出的要求。

3. 公共部门人力资源管理系统具有反作用

公共部门人力资源管理系统不是完全消极、被动地对环境作出反应，而是对环境具有反作用。显而易见，公共部门人力资源管理的高效，能使公共部门获得并不断开发出高素质的人力资源，从而对社会经济的发展产生促进作用；反之，如果公共部门人力资源管理不善，无法调动工作人员的积极性或是优秀人才短缺或大量流失，就会阻碍公共管理活动的有效运行，甚至会给组织形象和政权合法性带来极大的负面影响，阻滞社会经济发展。

1.4 公共部门人力资源管理者的角色与胜任力

1.4.1 公共部门人力资源管理者的角色

克林格勒和纳尔班迪把公共部门人力资源管理者的角色分为技术人员、专业人员、人力资源管理专家和斡旋者。技术人员又包括人员配备专家、工作分析员或职位分析员、考试与测评专家、工资及福利专家、弱势群体保护专家、培训和开放专家、雇员帮助计划主管、风险经理和合同专家等。①

戴维·沃尔里奇（Dave Ulrich）描绘了当代人力资源管理承担的四种主要角色。图1—5就是其所提出的“以有效的产出而言，所描绘的人力资源管理人员为了真正成为经营伙伴，所必须扮演的四种主要角色”。纵轴和横轴表示一个有竞争力组织中的人力资源管理的方向和行为。方向是从长期/战略性到短期/可操作性，行为是从管理流程到管理人。该图基本反映了人力资源管理的四个主要角色：管理战略性人力资源、管理组织的机制结构、管理员工的贡献程度、管理转型与变化。

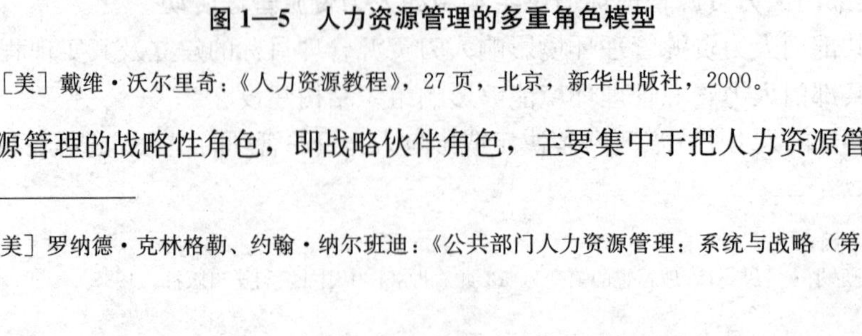

图1—5 人力资源管理的多重角色模型

资料来源：[美] 戴维·沃尔里奇：《人力资源教程》，27页，北京，新华出版社，2000。

人力资源管理的战略性角色，即战略伙伴角色，主要集中于把人力资源管理的战略和

① 参见 [美] 罗纳德·克林格勒、约翰·纳尔班迪：《公共部门人力资源管理：系统与战略（第4版）》，72～81页。

行为与组织战略结合起来，通过有效的人力资源管理来提高组织实施战略的能力，把组织的战略转化为人力资源管理活动，并通过人力资源管理活动所提供的有效产出来帮助组织实现其战略目标。

人力资源管理的管理组织的机制结构角色，即职能专家角色，是人力资源管理的一个传统角色。它要求通过人力资源管理来设计和提供有效的人力资源流程及组织内部人员的培训、奖励、晋升，以及其他涉及组织内部人员流动的事项。作为承担管理组织的机制结构角色的人力资源管理，必须保证有效地设计和实施这些组织的流程，以使其有效产出即行政效率达到最高。

对人力资源管理人员来说，承担提高员工的贡献即员工的支持者这一角色，意味着要把精力投入到员工日常的问题、关注点和需求上。通过对人力资源这一智力资本的有效管理和开发，提高员工对组织的贡献。管理员工贡献程度的主要活动是积极地倾听和反应，并找到适宜的方法给员工提供所需的资源来满足其不断变化的需求。

组织的转型是指组织内部基层文化的变化，作为承担管理转型与变化角色即变革的倡导者的人力资源管理人员，在实施转型的过程中，既是组织文化的捍卫者又是组织文化的传播者。管理转型与变化的有效产出是组织应变的能力。在转型的组织中，通过人力资源管理活动来帮助员工抛弃旧的文化，并接纳新的文化来促进事业的发展。作为变化的推进器，人力资源管理帮助组织确定一个推进变化的流程。人力资源管理在实现其所承担的角色职能的同时也形成了其管理的职能，实现了角色所承担的职能即实现了人力资源管理职能。

1.4.2 公共部门人力资源管理者的胜任力

人力资源管理是一个领域，因此对其从业人员而言，要求是具有较高的专业知识和能力。沃尔里奇用一个三角模型（见图1—6）来描述企业人力资源管理从业者为担当上述四个角色应掌握的四种技能。第一，掌握业务。要求人力资源从业人士成为企业核心经营、管理层的一部分，了解并参与基本的业务活动，具备强烈的战略业务导向。第二，掌握人力资源。人力资源管理要确保基本的理论和实践相互协调，并担当起行政职能。第三，个人信誉。人力资源从业人士应具备良好的人际影响能力、问题解决能力和创新能力。第四，掌握变革。要求人力资源管理懂得如何领导企业变革与重组。

依据麦格兰根（Mclagan）的研究，人力资源管理专业人员的知识和能力可分为4类35项。这4类分别是技术知能、组织知能、人际关系知能和知识技能。[①] 赵曙明采用团体施测获得的数据表明，第一，从管理层级上看，高层人力资源管理者在决策能力、情绪能力、自我效能、社交能力、沟通能力、领导能力上的平均数显著高于中层和基层人力资源管理者的平均数，而中层和基层人力资源管理者之间在这些胜任力[②]上的差异未见显

① 参见张成福、党秀云：《公共管理学》，190～191页。

② 对于competency一词，国内有不同翻译，常见的是胜任力、胜任特征、资质和素质。所谓胜任力，是能将某一工作（组织或文化）中卓越成就者与表现平平者区分开来的个人特征。戴维·麦克利兰（David McClelland）尤其强调对胜任力的测量，提出了20多种胜任力，如获取信息、分析思考、概念思考、策略思考、人际理解和判断、帮助/服务定向、对他人的影响、对组织的知觉、建立和管理人际关系、发展下属、指挥、小组工作和协作、小组领导等相关技能。

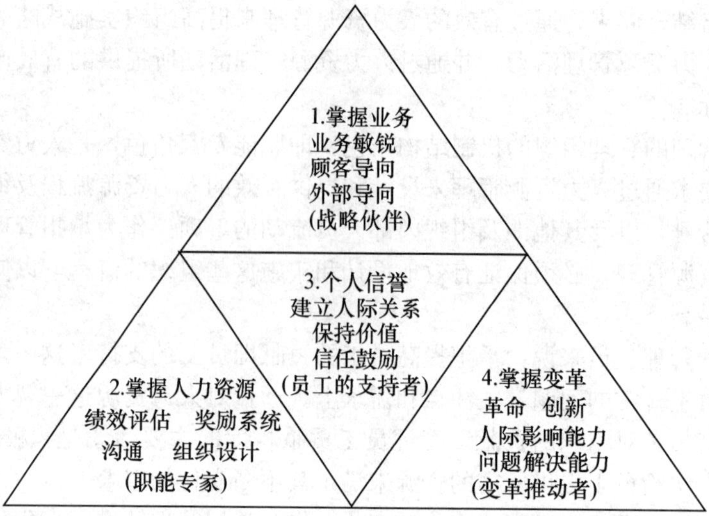

图 1—6 人力资源管理者能力模型

著，这说明高层人力资源管理者的上述能力都显著强于中层和基层人力资源管理者，在这些胜任力上有更高的水平和自我评定；而中层和基层人力资源管理者在这些胜任力水平和自我评定上没有显著的差异。另外，高层人力资源管理者的变革能力较强，中层人力资源管理者的变革能力较弱，但基层人力资源管理者也有较强的变革能力。第二，从学历上看，大专及以下学历的人力资源管理者比本科及以上学历的人力资源管理者具有更强的领导能力。第三，从年龄段上看，41 岁以上年龄段的人力资源管理者的决策能力高于 31～40 岁年龄段的人力资源管理者。第四，从地域上看，不同地区的人力资源管理者在决策能力和领导能力上存在极其显著的差异。① 原劳动和社会保障部职业技能鉴定中心等曾利用职位分析问卷，获得了我国企业人力资源管理人员的基本胜任力模型（见表 1—1）。

表 1—1 人力资源管理人员的基本胜任力模型

知识		技能		工作风格	
基础要求	专业要求	基础要求	专业要求	基础要求	专业要求
1. 劳动法规 2. 人力资源管理 3. 劳动经济学 4. 计算机 5. 统计和调查 6. 写作 7. 组织行为学 8. 研究方法	1. 战略与规划 2. 招聘与配置 3. 岗位分析 4. 员工培训 5. 职业生涯管理 6. 绩效管理 7. 薪酬管理 8. 劳动关系管理 9. 工作安全健康 10. 组织文化	1. 学习能力 2. 沟通 3. 协调 4. 辅导 5. 阅读理解 6. 客户服务 7. 洞察力 8. 调查统计	1. 判断决策 2. 计划 3. 专业知识应用 4. 发展关系	1. 自我控制 2. 分析性思维 3. 独立性 4. 成就动机 5. 应变 6. 关心他人 7. 可靠性 8. 团队合作 9. 主动性	1. 影响他人 2. 创新 3. 正直诚信 4. 战略性思维

① 参见赵曙明：《我国管理者职业化胜任素质研究》，184～190 页，北京，北京大学出版社，2008。

但需要说明的是，不论依据哪一种模型，公共部门人力资源管理者都需要掌握多种知识、能力或技能，当然，没有一位人力资源管理者能够拥有以上全部知识、能力或技能，然而也没有一个人力资源管理部门能够在完成本职工作时可以忽略这些知识、能力或技能。

资 料

新华经参仕邦人力资源指数报告

为了反映我国基层劳动者供求和工资变化情况，由新华社经济参考报社与广州仕邦人力资源公司共同组建的新华经参仕邦人力资源研究院，以2010年1月为基期，对全国15个城市（北京、长沙、成都、重庆、广州、杭州、昆明、南京、上海、沈阳、深圳、天津、武汉、无锡、郑州）四个重点行业（交通运输、仓储和邮政业，金融业，批发和零售业，制造业）的劳动力供求、工资等情况进行了调研分析，编制了“新华经参仕邦人力资源指数”。该指数初期发布劳务用工聘用量增长率（简称聘用量）和劳务用工人员劳动报酬指数（简称劳动报酬），然后逐步增加其他人力资源分指数，以反映我国部分城市和部分行业人力资源供求等变动情况。2011年6月的指数情况如下：一是劳务用工总量虽然同比仍有增长，但是与上月环比，却多呈减少态势，与我国整体经济增速趋缓相吻合。二是广州、深圳、无锡等地四个行业劳务用工聘用量无论是同比、环比均出现了下降局面，表明东南沿海地区部分城市用工紧张的局面仍未得到有效缓解，用工荒仍在一定程度存在。从行业来看，交通运输、仓储和邮政业近期劳务用工聘用量大幅增长，在我国呈现“井喷”式发展。三是虽然多数城市劳务用工人员工资总额在提升，但是扣除物价因素后，实际工资多数呈下降态势。全部15个城市四个行业，实际工资仅增长1%；与2010年6月比，实际工资下降5%。这表明普通劳动者的工资增幅没有“跑得过”物价增幅，实际收入在下降。四是从行业看，送货员、货运司机等新型工种工资增长较快，而传统制造业工资则有下降态势，反映出我国基层人力资源市场出现了新的现象。

资料来源：新华经参仕邦人力资源研究院：《新华经参仕邦人力资源指数报告》，见中国经济网，2011-09-29。

表1—2　人力资源管理的有效性评价指标体系

一级指标	二级指标	指标释义
组织基础	组织目标 组织结构 组织环境	目标明确性、员工了解程度、组织与个人目标一致性 管理体系、规章制度、职能结构 内外环境状况、员工对组织环境的感受
组织效率	工作效率 信息沟通 成员合作 人际关系	个人与组织工作效率 组织内外信息的横向和纵向沟通效果 组织内外部、成员之间的合作状况 组织内部成员的感情沟通、人际关系对工作的影响

续前表

一级指标	二级指标	指标释义
管理方式	参与管理 基层管理 中高层管理	员工参与管理的方式、机会和作用 基层管理状况及员工对其评价 中高层管理状况及员工对其评价
员工满意度	薪酬制度 关心员工 内在满意 精神与期望	工资、津贴、奖金、福利、劳保状况 关心员工的做法及员工对其的评价 员工对工作、报酬、环境、自我发展的满意程度、自豪感 员工精神状况、对未来的期望
开发与利用	用人机制 人员培训 激励	用人机制是否健全、合理与适应组织发展要求 培训能否满足组织发展需要及员工的评价 激励效果及其满足组织发展需要的程度

资料来源：赵步同、彭纪生、顾远东：《国企民企外企人力资源管理绩效的比较研究》，载《科技管理研究》，2008（4）。

大学人力资源指数

调查结果表明：我国大学人力资源指数的总体平均分值是2.86，低于国际人力资源指数的标准分值3.31，说明目前我国大学人力资源管理状况总体上来说是比较好的，如表1—3所示。但问题是，像绩效考核和激励制度这些人力资源管理的核心内容、整体表达教职员工对自己的工作及其相关环境评价的工作满意度，以及组织文化却排在后面。缺乏合理性的考核与激励、评价较低的工作及其软硬环境、认同度较低的大学文化①……这是大学吗？是！同时这也是整个社会的缩影。

表1—3　　10分大学人力资源分指数顺序表

序号	因素	平均分	序号	因素	平均分
1	战略与规划	2.33	6	沟通参与	2.94
2	人际关系	2.52	7	工作满意度	2.94
3	归属感和自豪感	2.56	8	绩效考核	2.98
4	个人才能发挥	2.69	9	激励制度	3.25
5	对管理者评价	2.73	10	组织文化	3.62

注：采用统计学中的标准利克特5点计分法（Likert 5-Point Acale），分值越小说明越赞同该项目。

资料来源：滕玉成、李俊：《大学人力资源指数的调查与分析》，载《江苏高教》，2008（4）。

复习思考题

1. 如何理解人力资源的一般含义？它有何特点？

---

① 根据该调查，在一定程度上讲，大学教职员工尚未形成基本认同的大学理念，缺乏共同的精神文化追求。[参见滕玉成等：《教工对大学文化的评价调查与分析》，载《江苏高教》，2009（5）。] 同时，教职员工与学生之间对大学文化的认知和评价，也在绝大多数指标上存在显著性差异。[参见滕玉成等：《从大学文化评价的差异看对学生社会化的影响》，载《中国青年研究》，2008（3）。] 显而易见，“大学人”尚未就自己大学的“大学文化”达成共识。

2. 人力资源构成是指什么?
3. 公共部门人力资源有何特点?
4. 公共部门人力资源管理是指什么?它有何特点?
5. 公共部门人力资源管理的目标是什么?
6. 公共部门人力资源管理有哪些基本原理?请结合实际加以说明。
7. 如何界定公共部门人力资源管理的职能?
8. 影响公共部门人力资源管理的环境因素有哪些?
9. 如何理解公共部门人力资源管理与其环境之间的关系?
10. 公共部门人力资源管理者扮演何种角色?有哪些胜任力?
11. 人力资源管理与组织绩效之间存在怎样的关系?

第2章

人力资源管理的起源与演进

学习重点

从人力资源管理的历史演化中，分析现代人力资源管理产生的原因，以及每个发展阶段对人的管理的要求与应对措施，寻找其中的基本逻辑，这是本章的价值所在。学完本章，应了解人力资源管理兴起的原因，以及其各演变阶段的特点，把握公务员制度产生的原因，掌握人力资源管理与传统人事管理的异同。

2.1 人力资源管理的产生与演变

对人和事的管理是伴随着组织的出现而产生的，这可以追溯到非常久远的年代。当然，组织的性质、规模、目标不同，人和人与人和事之间关系的内容和处理方式也随之不同，如部落、军队、政府、党团、企事业单位等的人际关系和处理方式就大相径庭。但不管何种组织，构成管理关系两端的必然是管理者和被管理者，也就必然产生如何管理的问题。以经济活动的组织来说，在历史的不同阶段，管理者分别是奴隶主、土地所有者、资本家、业主、主管、工头和经理等，而被管理者主要是奴隶、农奴和工人等不同形式的劳动者。上述这些管理者如何支配、指挥、役使、管理被管理者也即劳动者的问题，就形成了劳动管理（labor management）。在人事管理（personnel management 或 personnel administration）概念出现之前，劳动管理已经存在了很长时间。劳动管理与人事管理有不同的特点，但从管理对象和管理方式来看，两者又存在某种渊源，因此，又可把劳动管理看做人事管理的前期形式。人事管理作为一种管理体制出现于工业革命之后（有的学者认为出现在第二次世界大战之后[①]），并在 20 世纪五六十年代逐步推广和完善，而 20 世纪七八十年代之后，随着现代科学技术的高度发展和知识经济的来临，人事管理又发展到更新的阶段——人力资源管理阶段。[②] 劳动管理、人事管理、人力资源管理是同一个历史过程的不同阶段。对这些历史阶段的划分，存在不同的观点。有的学者按照人事技术和主要人事思想与观点的发展来划分，如弗伦奇（W. L. French）认为，早在 20 世纪初，现代人力资源管理的内容就已经形成，其后的发展主要在观点和技术方面，并将人力资源管理历史划分为科学管理运动、工业福利运动、早期工业心理学、人际关系运动时代、劳工运动、行为科学与组织理论时代六个阶段。舒勒和杰克逊（S. Jackson）则将其分成了员工福利（1900—1910 年）、任务效率（1910—1920 年）、个性区别（1920—1930 年）、工会化和生产率（1930—1940 年）、经济安全（1940—1950 年）、人际关系（1950—1960 年）六个阶段。罗兰（K. M. Rowland）和费里斯（G. R. Ferris）根据人力资源的功能，将其分成了工业革命时代、科学管理时代、工业心理时代、人际关系时代和工作生活质量时代五个阶段。卡肖（W. F. Cascio）从功能的角度将其分成了档案保管（20 世纪 60 年代）、政府职责（20 世纪 70 年代）、组织职责（20 世纪 70 年代末和 20 世纪 80 年代）和战略伙伴（20 世纪 90 年代）四个阶段。福姆布龙（Fombrun）、蒂奇（Tichy）和德兰纳（Deranna）依据人力资源管理所扮演的角色，将其分成了操作性角色时代、管理性角色时代和战略性角色年代。还有学者依据人力资源管理的内容，将人力资源管理历史分为现场事务管理、档案业务管理和指导协调管理三个阶段。孙健敏将其分成了六个阶段，即工业革命时代（19 世纪末之前）、科学管理时代（19 世纪末至 20 世纪 30 年代）、人际关系时代（20 世纪 30—40 年代）、行为科学时代（20 世纪 40 年代末至 70 年代）、权变理论时代（20 世纪 70—90 年代）、战略管理时代（20 世纪 90 年代至今）。[③] 闻效仪将其则分成了人事管理的萌芽（1880—1915 年）、人事部门的出现（1916—1920 年）、福利资本主义时代（1921—1928 年）、大萧条及新政（1929—1938 年）、“二战”及工会主义（1939—1945 年）、人力资源管理的产生（1946—1970 年）六个阶段。[④] 为了叙述的方便，本章先介绍人力资源管理的演变，再简单叙述公务员制度的发展，最后就公共部门传统人事管理与现代人力资源管理做一比较。

2.1.1　缘起：福利人事与科学管理

工业革命在 18 世纪末始于英国，19 世纪席卷了美国：机器取代了工匠、能源取代了人力、工厂取代了手工业作坊。工厂体系的出现是人事管理的基础，它将一无所有的劳动力与工厂主和生产材料结合起来，使生产力迅速扩张。随着工厂规模的扩大和生产的程序化，管理和监督众多的工人变得很有必要。在一些场合，工厂主与管理者二任兼一，工厂主对工人的管理活动完全是专横的、家长式的个人行为。在另一些场合，工厂主委派工头

---

① 参见梁裕楷、袁兆祥、陈天祥：《人力资源开发与管理》，2 页，广州，中山大学出版社，1999。

② 有的学者认为，“人事管理”一词自 20 世纪 60 年代后期为“人力资源管理”所取代，参见 DeCenzo, A. David，Stephen P. Robbins，*Human Resource Management*，New York：John Wiley & Sons，Inc.，1999。

③ 参见孙健敏主编：《人力资源管理》，11～13 页，北京，科学出版社，2009。

④ 参见闻效仪：《人力资源管理的历史演变》，9 页，北京，中国社会科学出版社，2010。

管理员工，工头的任务是对工人加以控制和监督。无论是工厂主本人也好，工头也好，对工人的控制方式大都是暴力的和非人道的，无视工人的工作条件与安全条件。所谓的员工管理也就是工人雇用、职位调动、工资设定、纠纷处理、工人解雇等。这种管理方式几乎贯穿整个 19 世纪，工人与工厂主的冲突激烈，工人的工作条件与生活条件极差。需要特别指出的是，工业革命在提高了劳动专业化水平和生产力水平的同时，也对生产过程的管理，尤其是对生产中员工的管理提出了更高的要求，从而出现了专门的管理人员，负责对员工的生产进行监督和对与员工有关的事务进行管理。从这一时期开始，人事管理被组织尤其是企业接受，人事管理作为一种管理活动也正式进入了企业的管理活动范畴。可把这一时期看做现代人事管理的开端。

19 世纪末至 20 世纪初，西方发达国家实现了从农业社会向工业社会的转变，工业社会的规模也由小变大，大机器生产已是社会生产的主要方式。与大机器生产相适应，出现了庞大复杂的生产组织即大机器工业工厂。随着企业组织规模的扩大，企业组织的功能也出现了以分工和专业化为特征的变化。公司的所有权与管理权逐步分离，工厂已雇用了薪酬管理人员。但是，人事管理没有得到相应的进步和提高。企业发展的重点仍然是扩大生产规模、改进机器和生产技术，而不是改善工厂的管理，包括对员工的管理，绝大多数工厂仍然坚持对工人实行控制型的专横管理，工头仍然奉行非人道的野蛮管理方法。这种状况使得工人对低薪、高强度、无保障的劳动极度不满，进一步激化了工人与管理者之间的冲突。19 世纪后期出现了数次经济萧条与金融恐慌，机器进步使工厂对技术工人的依赖减少，普通劳动力剧增，工资一跌再跌；同时，移民与农村人口涌入城市，更使失业率居高不下，工资水平再一次下降。为了保护自己的利益，工人开始了罢工和联合抵制，工会崛起，劳资关系空前紧张。所以，如何管理好大机器生产组织中的人、提高生产的效率，便成为这一时期管理的中心问题。

为此，不少企业被迫采取各种各样的福利措施来吸引工人。如美国“沃尔瑟姆制”工厂就通过建立寄宿所来吸引女工，并竭力营造工厂生活在道德和教育方面的优越性。其后为增进工人对企业的忠诚，消除一年中的工作单调性和加强个人间的关系，企业也开始采取多种福利措施以留住工人，如经常利用传统的节日组织工人进行郊游和野餐等。

劳工问题的解决措施导致福利人事概念的形成和发展。所谓福利人事，即由组织单方面提供或赞助的、旨在改善组织员工及其家庭成员的工作与生活的一系列活动和措施。在美国，一些公司纷纷设立了“福利秘书”的职位。福利秘书通过建议改善工作环境、住房、医疗、教育和娱乐设施等来给工人提供工作福利帮助。工作福利是指非法律规定和生产必需的能使员工的心理和社会生活得到改善和进一步提高的一切活动。这些福利秘书就是现在的人力资源管理经理的前身，他们在组织与雇员当中起着稳定阀的作用。如固德瑞奇（B. F. Goodrich）公司于 1900 年成立了雇佣事务部，但其职责仅仅是招聘。1902 年美国国家收银机公司（National Cash Register Company）建立了第一个职能全面的劳动部门。它的职责主要是：工资管理、处理矛盾、改善雇佣和工作环境、改进卫生条件、保管记录、促进工人发展等。直到今天，我们仍能从人力资源管理中找到传统福利人事的影响。如组织设置澡堂和餐厅，提供医疗保健服务，修建各种娱乐和健身设施，兴办员工托儿所，甚至派福利代表到员工家中嘘寒问暖，提供营养和卫生方面的咨询等。

可见，福利人事是在“关心工人”和“改善工人境遇”的观点的基础上建立起的一种有关“工人应如何被对待”的思想体系，其基本信念是“福利工作是能强化诚信和提高工人士气的善举”，这会改善劳资关系，并有希望促进生产率的提高。然而，福利人事提高生产率的作用在实践中并没有得到显现。

同样关注劳工问题的泰勒（Frederick W. Taylor）认为，劳动组织方式和报酬体系是生产率问题的根本所在。他是从工作管理的角度进行研究的。他呼吁劳资双方都要进行一次全面的思想革命，以和平代替冲突，以合作代替争论，以齐心协力代替相互对立，以相互信任代替猜疑戒备。建议劳资双方都应将眼睛从盈余分配转到盈余的增加上，通过盈余的增加，使劳资双方没有必要再为如何分配而争吵。

科学管理理论首次运用了科学的工作分析方法，并提出了以金钱为主要激励要素的激励理论。一般说来，这一时期人事管理的主要目的是激励、控制和提高员工尤其是新员工的劳动生产率水平。实施科学管理成为人事管理的主要工作。人事管理人员开始进行时间和运动姿势及特征的研究，并以此为基础来进行工作分析，通过工作分析制定工作说明书。在员工招聘和选择中，开始考虑员工的体力、脑力和工作相匹配的问题，生理和心理测验逐渐成为员工招聘的一种辅助手段。虽然在今天看来，科学管理及其相关理论由于时代的局限存在许多不合理的成分，但是，它第一次将科学管理的观念引入到人事管理中，揭示了人事管理和劳动生产率及工作绩效之间的关系，说明通过有效的管理可以提高员工的劳动生产率和工作绩效，从而达到提高组织绩效的目的。

总之，运用福利人事来坚持“工人应如何被对待”的信仰与价值观，运用科学管理来提高生产率使企业得以生存与发展，福利人事与科学管理的融合使企业管理的研究者和实践者认识到，过去由一线管理人员直接负责招聘、挑选、培养、薪酬、考核、任命、奖励等工作的做法，已不能适应企业组织规模扩大的现实，企业要做好对人的管理这项工作，必须要有专业人士为一线管理人员提供建议，这为人事管理作为参谋部门而非直线部门的出现奠定了基础。1910 年，实行泰勒制的典范——普利茅斯出版社成立了人事部，任命简·威廉斯为首任人事部经理。其职责就是通过工作分析确定适当的人选，训练和引导工人，保存工作记录，每月接见每个工人一次，每 6 个月为增加工资评定效率等级，听取意见，照顾出了事故或者生病的工人，管理储藏流行杂志和技术书籍的图书馆，为家庭提供财务咨询，提供餐厅及其他服务。从此，人事管理作为一个独立的管理职能正式进入了企业管理的活动范畴。

2.1.2　演化：人事管理

人事管理是为企业对人员的管理提供支持的一种雇佣体系，它关注的焦点在于建立、维护和发展特定的体系，从而提供一种雇佣体制框架。这种体系作用于员工受雇于企业的整个过程，从受雇（招募与选聘等）、雇佣关系管理（奖励、评估、发展、劳资关系、申诉与违纪等），到雇佣关系的结束（退休、辞职、减员和解雇等）。

随着《心理学与工业效率》一书于 1912 年的出版，雨果·芒斯特伯格（H. Münsterberg）开创了工业心理学这一领域。他指出，只有对人的行为进行科学的研究才能鉴别一般模式和解释人的个体差异。有意思的是，芒斯特伯格看到了科学管理和工业心理学的关系：二者都致力于通过科学的工作分析和提高个体技能与各种各样的工作相适应的程度，来影响工作效率。

早期关于人事管理的论文常发表在《年报》（*The Annals*）和《管理杂志》（*Engineering Magazine*）这两本杂志上，1916 年，《年报》出版专刊讨论了“工业管理中的人事和雇佣问题”。第一本以“人事管理”为书名的教科书出版于 1920 年，该书归纳出在雇佣、报酬、纪律及其他相关领域的一些流行做法。

20 世纪 30 年代梅奥（G. E. Mayo）等人的霍桑实验为人事管理的发展开拓了新的方向。霍桑实验证明：员工的生产率不仅受工作设计和员工报酬的影响，而且受许多社会和心理因素的影响。因此，有关工作中的人的假设发生了变化，工业社会学、人际关系学、工业关系学和行为科学等新兴学科应运而生，大量的研究成果在人事管理领域得到了广泛运用，并推动了人事管理的迅速发展。设置培训主管，强调对员工的关心和支持，增强员工和管理人员之间的沟通等人事管理的新方法被很多企业采用，人事管理人员负责设计和实施上述各项方案，人事管理的职能被极大地丰富了。这些结论致使在组织运作与实现组织目标的同时，对人的因素有了新的重视，但同时也导致了家长式管理的加强。霍桑实验并非没有遇到批评，有些学者对实验过程、结果分析及其所归纳的结论都进行了抨击。但是，从历史的角度来看，这项研究是否具有可靠的学术性或论证是否言之有据都无关紧要，重要的是它促进了对人的因素的研究。

工业社会学将企业作为一个社会系统，研究组织化的员工问题，并强调社会系统的相互作用。在工业社会，企业是一个社会系统，而社会系统是以相互作用、相互依赖但变化不定的各个单位的一种集合体为特征的，它要求在各个组成部分之间保持平衡。当这一思想被运用于人事管理领域时，员工参与、工会与管理层合作、员工代表计划等进入了人事管理研究者与实践者的视野。

人际关系学以“管理应该更多地关心人而不是关心生产”为核心观点，认为从工艺技术方面来解释工作的意义和以讲求效率的经济逻辑作为衡量绩效的基础，会把个人的社会需求挤到次要的地位，最终会降低个人在工作中进行协作的能力。因此，人际关系学强调管理的社会和人际技能而不是技术技能；强调通过团体和社会团结来重建人们的归属感；强调通过工会、参与领导，以及将工厂中的正式组织与非正式组织结合起来使权力平均化。根据这一学说，沟通才是人事管理的主要任务与必备技能，员工满意度成为衡量人事管理工作的重要标准。

工业关系学认为，管理层与工人在关于如何分配由先进的技术化社会所创造的盈余上存在着必然的矛盾，这种工业化冲突的解决不在于人际关系，而在于克服管理层和有组织的工人之间的利益争夺与意识形态上的冲突，工业化的和谐只有通过集体的讨价还价，以及专业的工业关系专家参与才可能实现。因此，工业关系专家登上了人事管理的舞台，劳资冲突化解、集体谈判等又成为了人事管理的职责。

20 世纪 50 年代，行为科学理论正式问世。过去的人际关系理论建立在过于简单的员工行为分析的基础上，它强调组织只有理解员工的需要，才能提高员工满意度和生产力。而行为科学的研究发现，组织中员工的行为是多种多样、复杂多变的，不能仅仅认为组织中员工的行为方式就是人际关系。组织本身对员工的表现具有塑造、控制和协调的作用，而员工的行为还要受到员工所处的职位和技术要求的影响。与泰勒在科学管理中所做的相似，他们也借助科学的方法来研究组织行为。但是不同于人际关系运动的成员，行为科学理论家专注于对组织内的人际行为进行客观性研究。行为科学的研究重点是对组织中人群的行为进行分析，在方法上吸收了心理学、社会学、人类学等有关学科的成就，目的在于使管理者懂得从人的需要和动机出发去管理人、激励人，完善人的群体关系和集团作用。在行为科学理论中，满足人的需要从而激励人的行为，使之提高劳动生产率，是一个核心问题。行为科学理论最大的进步在于，它强调员工不是机器，而是有需要、有动机、有个性的组织成员。员工的需要、动机、个性与组织的因素，均会影响员工的行为，因此应当激励员工的积极行为，克服消极行为，使企业提高劳动生产率。不同于古典人力资源的监督性或强制性管理，在行为科学理论阶段，它强调的是人力资源的行为管理，即从人的需要出发，对人的行为进行积极的引导或激励。行为科学的发展使人事管理中对个体的研究与管理扩展到了对群体与组织的整体研究与管理，人事管理的实践也因此发生了很大的变化。行为科学对人事管理理论与实践的影响在 20 世纪六七十年代达到了顶峰。

尽管霍桑实验带来了整个管理学界在 20 世纪前半叶对人的因素的关注，也促进了人事管理的发展，但这一时期所确定的人事管理内容仍是杂乱的。人事管理没能形成一个科学、严格的定义，而是将以人为中心的管理活动合并在一起统称为人事管理。

在 20 世纪六七十年代，西方发达国家涉及人事和工作场所的相关立法急剧增加，并且立法的关注点也从工会与管理层间的问题转向了员工关系。随着各项法律的出台，企业很快就意识到，卷入与员工或雇佣有关的司法诉讼的花费巨大。于是，大量的律师走进了人事部，规范一线经理管理行为的合法性，尽可能地为企业避免司法诉讼，以及直接处理有关的司法诉讼等成了人事管理的新职能。

20 世纪 80 年代是一个充满了持续而快速的组织变革的时代，敌意接管、杠杆收购、兼并、剥离等事件层出不穷，人事管理也进入了企业更高的层次，从关注员工道德、工作满意度转变为关注组织的有效性。高级的人事主管开始参与讨论有关企业未来发展方向、战略目标等问题，工作生活质量、工作团队组织、组织文化等成为人事管理的重要内容。

总之，人事管理的发展是一个以从各处随意取材的方式对变化的问题和挑战不断适应的过程。在这一过程中，人事管理的职能丰富了、地位提升了，人事经理也开始跻身于企业高级管理人员之列，但人事管理依然没能形成完整而严密的理论体系，仍是一系列对人的管理活动的集合。

2.1.3　蜕变：从人事管理到人力资源管理

巴克在《人力资源功能》一书中，详细阐述了人力资源的问题，把管理人力资源作为管理的普通职能来讨论。在他看来，人力资源管理的职能对组织的成功来讲，与其他管理职能是一样重要的。根据巴克的观点，人力资源职能包括人事行政管理、劳工关系、人际关系与行政人员的开发等各个方面。1964 年，皮格尔斯（P. Pigors）、迈尔斯（C. A. Myers）和马姆（F. T. Malm）等人的《人力资源管理：人事行政管理读本》一书出版。该书强调这样一种观点：管理人是管理的中心，是第一位的。他们把“人力资源管理”看成比人事管理更广泛和更全面的一个概念。从 20 世纪 50 年代开始到 60 年代初，人事管理开始向人力资源管理转变。

20世纪70年代变化巨大：(1)“人事管理”广泛地被“人力资源管理”取代。这种取代不仅是术语上的变化，而且具有十分丰富的实质性意义。(2) 管理的东西方交流。随着第二次世界大战后日本经济的迅速发展，西方国家注意到了日本的管理对日本企业发展的特殊贡献，并从中汲取经验。20世纪70年代末至80年代初，美国公司开始学习日本一些成功的管理做法，例如无工会的人力资源管理活动、全面质量管理等。在这种交流中，美日的共识是，员工是企业的主要资源，只有对他们进行有效管理，才能形成企业的竞争优势。(3) 人力资源管理体系取代了产业关系体系。产业关系体系从20世纪中叶流行到20世纪70年代后，终于被现代人力资源体系取代。其后人力资源管理的职能一直在变化，被认为是组织在今天的竞争环境下生存和发展的重要因素。(4) 注意提高员工的生活质量。人力资源管理必须通过工作设计、员工职业生涯管理等工作，努力提高员工对组织的满意度。同时，要重视对人力资源的投资，这种投资既体现在对员工的教育培训上，也体现在调整员工的观念、态度、价值认识等方面。

其中，1972年，美国管理协会（AMA）出版了由达特尼克（R. L. Datnik）编著的《改革人力资源管理》一书。稍后，在20世纪70年代中期，大多数教科书里的“人力资源管理”定义的内容与人事管理所做的工作非常接近。有人已把二者等同起来。1979年，彼得森、特蕾西的《人力资源系统》一书出版。但仍未解决是人事管理还是人力资源管理的问题。随后，海勒曼、施瓦伯（D. Schwab）、弗塞姆（J. A. Fossum）和戴尔（L. Dyer）等人用人事管理、人力资源管理基本解决了这个问题。

1984年，亨特（J. W. Hunt）设想了人事管理重点的转移，引起人事管理有关人员的广泛注意，最终导致了人事管理向人力资源管理的转变。同年，德兰纳等人提出了“人力资源管理圈”。1987年，哥斯特（D. Guest）侧重分析了人力资源管理与人事管理的区别。美国联邦政府审计总署（Government Accountability office，GAO）于1987年发表了一份《人力资源管理：促进生产力的政府机构实务状况》报告书，这反映了当时“人事管理”已逐渐被“人力资源管理”一词取代的趋势。

首部产生巨大影响的人力资源管理著作是哈佛商学院教授比尔等人1984年出版的《管理人力资本》。他们指出，传统的人事管理定义狭窄，人事管理活动是针对各自特定的问题和需要，而不是针对一个统一、明确的目标做出的反应，造成了人事管理职能之间及其与其他管理职能之间相互割裂，互不相关。竞争压力的变化已要求企业在人力资源问题上有一个定义更广泛、更全面和更具有战略性的观点，要求从组织角度对人予以更多的关注，在对人员的管理上采取更长远一些的观点，把人当做一项潜在的资本，而并不仅仅把人看做一种可变的成本。因此，比尔等人的人力资源管理包括了影响企业与员工之间关系的所有管理决策与行为，其人力资源管理模式包括五个基本构件：利益相关者的利益、具体情况要素、人力资源管理政策选择、人力资源产出和长期效果。

在这一模式中，首先，比尔等人把员工看做企业中与股东、管理层地位平等的一个主要利益相关者，这一观点显示了人力资源管理协调管理层和员工间利益冲突的重要性，大大扩展了人力资源管理涉及的范围，并暗示直线经理（特别是总经理）应承担更多的人力资源管理职责。其次，比尔等人认为，人力资源管理政策和实践的设计与实施，必须与大量的、重要的具体情况因素相一致，这些具体情况因素包括劳动力特征、企业经营战略和条件、管理层的理念等。通过这些具体情况因素，比尔等人将人的问题与经营问题有机地结合起来，并使人力资源管理具有了战略价值。再次，比尔等人把多而分散的人事管理行为归为四个人力资源政策领域：员工影响、人力资源流动、报酬体系和工作体系，而且它们之间需要一定程度的一致性。最后，比尔等人指出，人力资源管理政策与实践的评估应是分层次的，人力资源管理政策与实践的直接效果可以用员工的能力、员工的承诺、人力资源管理政策的一致性和人力资源政策的成本收益来评估，而人力资源管理政策与实践的长期效果则应从组织有效性、员工福利和社会福利三个方面来考察。

比尔等人的人力资源管理模式提供了一个很有价值的分析框架，学术界对该模式所包含的变量评价较高，认为该模式既反映了雇佣关系中所涉及的商业利益，也反映了雇佣关系应该实现的社会责任。然而比尔等人并没有明确地指出人力资源管理究竟与人事管理有什么不同，这一问题直到 1992 年才由斯托瑞给出了答案。① 斯托瑞通过对人力资源管理内在特征的分析，找出了人力资源管理与人事管理的不同点，并将这些不同点分为四大类：信念与假设、战略方面、直线经理和关键手段。人事管理致力于建立一种对员工进行规范与监管的机制，以保证企业经营活动低成本地有效运行。而人力资源管理则将员工视为能创造价值的最重要的企业资源，致力于建立一种能把人的问题与企业经营问题综合考虑的机制。因此，如果说人事管理是管理的一种职能的话，那么，人力资源管理则无疑是一种新的管理模式。

具有标志性意义的是，1989 年 9 月 1 日，具有 41 年历史的美国人事管理学会正式更名为美国人力资源管理协会。1990 年 1 月，其出版发行的杂志《人事管理者》和《人事新闻》分别更名为《人力资源》和《人力资源通讯》。

从 20 世纪中期以后，尤其是到了 20 世纪八九十年代，人力资源开发理论有了长足的发展。该理论的核心是不能将劳动力看做机器，也不能仅仅将劳动力看做被动地接受管理的对象。劳动力是资源，即丰富的具有能动性的人力资源。因此，人力资源管理应当是一种开发性的管理，应将人力资源挖掘出来，转化为巨大的生产力和社会发展的动力。人力资源管理应当研究采取何种方式来达到开发人力资源的目的。为此，近年来人力资源管理理论的研究，综合了经济学、管理学、数学、社会学、人口学、心理学乃至物理学等各学科的知识和研究方法，研究范围也拓展到以社会人力资源的开发与管理为宏观背景，来研究组织的人力资源管理。可以说，人力资源管理从最早的监督性或强制性管理，到行为管理，再发展到开发性管理，是人力资源管理不断走向科学的一个进步过程。

从历史的纵向来看，卡肖认为，现代人力资源管理产生的源泉可以归结为九个相互关联的因素：(1) 工业革命带来的快速的技术变革，使劳动力的专业化与工业革命的联系更加密切；(2) 自由的集体谈判，对雇主和工会的活动形成了一定的限制和约束；(3) 科学管理运动的推动；(4) 早期的工业心理学；(5) 公务员服务委员会的成立；(6) 私营企业对人事管理的态度，以及人事专家的出现；(7) 人际关系运动；(8) 行为科学；(9) 20

① J. Storey, *Developments in the Managment of Human Resource*, London: Blackwell, 1992.

世纪六七十年代的立法。①

谢晋宇等人则提出，美国人力资源管理是下述五种力量共同作用的结果：（1）从雇佣关系管理中所产生的矛盾和冲突中产生；（2）由于工作组织规模的扩大而带来的与劳动相关的管理越来越专业化；（3）利用人际关系等学说来看待对雇员的管理，使管理人的科学越来越科学化；（4）人力资源管理的实际工作者和理论研究者的苦心经营；（5）近30年来，发达国家与就业相关的法律法规的系统化。② 实际上，根据上面美国人力资源管理历史的演进，不难发现这些原因或动力，也就是说美国人力资源管理是以下诸多因素形成合力的结果：工业革命、劳工运动、科学管理运动、人际关系运动、行为科学的发展运用、立法、管理者和研究者的努力。

2.1.4 趋向：战略性人力资源管理和人力资本管理

一般认为，德兰纳、福姆布龙和蒂奇于1981年发表的《人力资源：一个战略观》一文是战略性人力资源管理（strategic human resources management，SHRM）或战略性人力资源管理研究领域诞生的标志，稍后，其他学者也相继提出了该理论。比尔等人在《管理人力资本》一书中提出的观点被认为是最有影响的战略人力资源管理理论。不过比尔等人并没有明确地提出战略的概念。而由此至今的几十年间，关于战略性人力资源管理的研究呈爆炸式增长。其中，1992年，赖特（P. M. Wright）和麦克马汉（G. C. Mcmahan）界定了战略性人力资源管理：即使组织达成自身目标的有计划的人力资源调度和活动的模式，并指出它在职能和关注焦点两方面与人力资源管理有所不同。同年，舒勒从六个方面阐述了战略性人力资源管理活动。1995年，胡斯里德（M. Huselid）提出了被后人称之为具有"通用性"的战略人力资源管理研究方法。

近一个时期以来，战略管理的一个显著变化就是从关注企业绩效的环境决定因素转为强调企业的内部资源、战略与企业绩效的关系。如企业能力理论认为，与外部条件相比，企业的内部因素对于企业获取市场竞争优势具有决定性的作用。从企业资源基础的理论出发，许多学者相信，传统的竞争优势来源（如技术、财务资源的获得）已不再是以稀缺的、不可模仿的和不可替代的方式为企业创造价值。由于人力资源的价值创造过程具有路径依赖和因果关系模糊的特征，其细微之处竞争对手难以模仿，所以，企业的人力资源将是持久竞争优势的重要来源，有效地管理人力资源而不是物质资源，将是企业绩效的最终决定因素。这一研究显著提高了人力资源在形成竞争优势方面的地位，促进了从提高企业竞争力的角度对人力资源管理的研究，并直接导致战略性人力资源管理的兴起。

战略性人力资源管理把人力资源管理视为一项战略职能，以"整合"与"适应"为特征，探索人力资源管理与组织层次行为结果的关系。其着重关注：（1）人力资源管理应完全整合进组织的战略；（2）人力资源管理政策在不同的政策领域与管理层次间应具有一致性；（3）人力资源管理实践应作为日常工作的一部分被直线经理与员工接受、调整和运用。关于战略性人力资源管理详见第4篇第12章"公共部门战略性人力资源管理"。

---

① Wayne F. Cacsio，*Managing Human Resources*，New York：McGraw-Hill，1995.

② 参见谢晋宇、吴国存、李新建编著：《企业人力资源管理开发与管理创新》，177页，北京，经济管理出版社，2000。

人力资本观点的起源很早，到 20 世纪 60 年代，舒尔茨明确提出并界定了这一概念，即体现在人身上的知识、能力与健康。由于仅把员工视为人力资源的看法存在明显不足，再加上知识经济时代的到来，组织对于能够创造绩效价值的员工的渴求与依赖，强化了人力资本观点的流行。人力资本与组织的核心竞争力密切相关，并有一套管理的目标、原则、衡量标准，详见第 4 篇第 13 章“人力资本管理”。

由上可见，首先，人力资源管理的演化显示出人在组织中的重要性越来越被研究者与实践者深刻认识。人力资源管理取代人事管理，并最终走向战略性人力资源管理、人力资本管理是一种历史必然。其次，由于人力资源管理在保证组织走向成功的同时还能够帮助员工发展与成熟，因而从长期来看，人力资源管理能达到手段与目的的统一。但从短期来看，人力资源管理将始终是一种手段而不会是目的，因此，衡量人力资源管理的最终标准仍是组织的绩效。再次，人事管理关注的是组织运作过程中人的问题，而人力资源管理关注的是与人有关的组织运作问题。因此，与人事管理相比，人力资源管理的定义更加宽泛、全面，且具有战略性，这必然会对组织绩效产生更大的影响。最后，把人力资源管理视作一种管理模式，表明其必将涉及组织运作的每一个层面与角落，必将包括所有与员工相关联的组织的管理行为。因此，人力资源管理也不只是人力资源管理部门的专权，所有管理人员都应承担相应的人力资源管理职责。[①] 表 2—1 表达了有关学者对这种演进与变革的理解和归纳。

表 2—1　　国外对人的管理的概念演变

发展阶段	劳工管理	人事管理	人力资源管理	战略性人力资源管理	人力资本管理
年代	20 世纪 30 年代	20 世纪 30 年代至 70 年代	20 世纪 70 年代至今	20 世纪 80 年代后期至今	20 世纪 90 年代至今
时代背景	工业经济	工业经济	从工业经济走向知识经济	知识经济	知识经济
管理对象	体力雇工	体力和脑力雇员	脑力和体力雇员	知识员工	知识员工
管理目标与特点	● 组织目标 ● 着重今日	● 组织利益 ● 着重当前 ● 缺乏整体框架	● 着重组织目标 ● 兼顾现在与未来 ● 着重环境 ● 着重绩效	● 着重组织目标 ● 着重环境 ● 着重战略	● 兼顾组织与员工 ● 创新 ● 绩效

资料来源：吴志华等：《公共部门人力资源管理》，4 页，上海，复旦大学出版社，2007；吴琼恩等：《公共人力资源管理》，4 页，北京，北京大学出版社，2006。

2.2　公务员制度的形成与变革

2.2.1　公务员制度的产生及其原则

公务员是公共部门人力资源的重要组成部分，公务员制度（civil service system）是公

① 参见张弘、赵曙明：《人力资源管理的演变》，载《中国人力资源开发》，2002（3）。

共部门人力资源管理的重要制度，为此，有必要单独介绍一下公务员制度的形成与变革。从撰写体例方面考虑，有关中国公务员制度的情况详见本篇第3章“我国公共部门人力资源管理的发展与改革”。

目前世界上有60多个国家和地区程度不同地实行公务员制度。作为政府行政管理的一种基本制度和国家政治制度的重要组成部分，公务员制度最早形成于19世纪中叶。“公务员”一词来源于英语，原文为civil servant，翻译为中文，有的译为“公务员”，有的译为“文职人员”或“公职人员”，有的译为“文官”。日本在第二次世界大战前采用“文官”的称谓，战后改称“公务员”。按照约定俗成的原则，英美等国对公务员仍采用“文官”的称谓。公务员有广义和狭义之分。广义的公务员，是指政府中行使行政权力和承担政府公务的所有工作人员，既包括通过选举产生的政府官员，也包括常任制的、非选举产生的政府公务人员。狭义的公务员，特指非选举产生的政府公务人员，他们一般通过公开竞争考试被择优录用，在无过失的情况下，一经录用，即可长期任职而不与内阁共进退。

中世纪以前的欧洲各国，还没有公务员或文官的概念。后来，西欧各国君主在市民阶层的支持下，先后建立了统一的中央集权政府。这时，出现了由君主直接任命并协助君主进行统治、对君主负责的文职人员，他们成为欧洲国家最早的文职官员，但并不是现代意义上的公务员。当时的官吏制度主要是“恩赐官职制”（包括君主专制的恩赐制和资产阶级权贵的个人恩赐制）和“政党分肥制”。前者是指文职官员的任命，由国家的最高统治者根据门第和私人关系予以恩赐。后者是随着资产阶级两党制的正式形成而出现的。在两党制下，执政党的更迭和内阁的变动比较频繁，本着“战利品归胜利者所有”的观念，每一个党正式执政并组成内阁后，就会相应地任命大批本党成员担任政府公职，撤换一批官员，从而形成了政府行政人员中经常性的大换班，造成了肥缺分赃、营私舞弊的恶风，埋没了真正的人才，使政府管理效率低下。无论前者还是后者，都有利于封建残余势力和资产阶级贵族，但因此形成了任人唯亲、效率低下的社会现象，损害了整个资产阶级特别是后起的工业资产阶级的利益，并且引起了广大公众的强烈不满，有时甚至形成严重的政治危机。为了建立一个廉洁、稳定、高效的政府，以保护整个资产阶级的利益并促进资本主义生产的发展，从19世纪50年代开始，先是在英国，而后在世界上许多国家逐渐形成公务员制度。这些国家公务员制度的形成大致有三种情况：

（1）在反对“恩赐官职制”和“政党分肥制”的过程中，逐步确立了公务员制度。其突出代表是英国。英国是现代公务员制度的发源地。在封建专制制度下，英国国王集立法和行政大权于一身，所有的官吏都是国王的臣仆，一切听命于国王。资产阶级革命之后，重要官员的任命权大都被议会中占多数席位的党派掌握。针对“恩赐官职制”和“政党分肥制”的弊端，1853年，英国明确提出对公职人员实行考试任用制度。1854年《关于建立英国常任文官制度的报告》，系统地提出了以考试任用制度取代“恩赐官职制”和“政党分肥制”的吏治改革建议，从而形成了英国公务员制度的根本特征。

（2）主要在反对“政党分肥制”的过程中确立了公务员制度。其代表是美国。1801年，托马斯·杰弗逊（Thomas Jefferson）就任总统后，创立了民主党，开始任命一批自己的人；1829年，安德鲁·杰克逊（Andrew Jackson）就任总统后，任命大批本党成员担任政府公职，撤换了大约 20%的官员以安插同党。从 1840 年开始，美国社会各界反对“政党分肥制”的舆论日甚，国会和总统也开始在小范围内进行小规模的考任制试验。1883 年，国会通过《文官制度法》(Pendleton Act，通常称为《彭德尔顿法》)，提出建立公开考试、择优用人的制度，并以此为基础确立了美国的文官制度。

(3) 总结和仿效英、美等国公务员制度，建立起自己的公务员制度，如法国、日本、德国等。公务员制度的建立与各国的社会发展相适应，反映了社会进步和社会政治发展的客观要求。它在百余年的发展中，吸取了不同国家人事管理的经验和教训。各国在实施公务员制度过程中做过许多技术方面的修改，但其基本的原则和内容相对稳定，形成了现代文官制度的基本特色。

西方发达国家的公务员制度，经过长期的改革与发展，基本形成了如下原则：

(1) 功绩主义。以能力、绩效作为公务员任用、薪酬及升迁的标准，实行任人唯贤的原则，即不以亲疏、党派、个人或家庭背景等因素来评价公务员，这对提高公务员素质、奖优惩劣及提高行政效率发挥了积极的作用。

(2) 公平竞争。选拔公务员采用公开、公平的考试及择优录用；任用与升迁也应评估其相关的能力、知识与技术，且必须确保所有人都获得了公平机会后，再做最后的决定，以吸引更多人才。

(3) 法治精神。由于行政行为大多具有强制性，并与人民的权利义务相关，因此必须有各种法令规范行政行为或人力资源管理之作为，并“依法行政”。

(4) 追求效率。政府的各项人力资源管理活动包括招募人才、同工同酬、奖优惩劣、培训及一系列的职位分类、职责规范等，都是试图追求行政效率。此外，如美国《文官制度改革法》中也明文规定，应该有效率及有效能地运用工作人力。

(5) 政治中立。公务员要在党派政治中保持中立，限制参加政党的政治活动，不得偏袒某一政党，也不能卷入政治斗争之中。同时，公务员也被禁止运用权力干涉或影响选举结果。这些做法均有助于公务员能够公正地履行职责，避免党同伐异，并确保国家机器的正常运转，不论政党、政权如何更迭，也能维持国家与行政体制的稳定。

(6) 权利保障。公务员制度承袭理想型官僚组织的要求：得以保有终身职位，并具有宪法或其他法令保障的各项权利；当权利遭受到侵犯时，可提出申诉或行政诉讼，以争取并保障自身权利；保障公务员不会因合法揭露弊端而遭到报复。凡此种种，皆为使公务员能够安心且放心地做好工作。

(7) 专业管理。现代公共管理公务已日趋专业化，不具有工作所需的专门知识和技能是不能胜任的。而人力资源管理工作更需要专业知识和技能，从人员分类、工作设计、人力资源规划，到求才、育才、用才、留才，乃至于沟通、解决问题，无一不属于专业工作，这些知识和技能的获得，必须经过相当长时间的正规教育与持续的学习、培训，方能达成。

(8) 公务伦理。由于公务员制度属于一个庞大的官僚体制，具有层级节制的现象，而且行政经费与薪酬皆来自人民，因此，为了增进公务员的诚信、责任、应对进退有序，并避免贪污腐败的产生，各国或地区皆制定有《公务员基准法》、《政府伦理法》(或《行政伦理法》)、《公务员服务法》等法令。如美国《文官制度改革法》中也明文要求，所有员工均应维持高标准的正直行为，以及对于公共利益的关怀。[①]

下面简单介绍一下英美两国公务员制度的建立和发展。

2.2.2 英国文官制度的建立和发展

现代意义的文官制度在英国的建立，可以追溯到东印度公司的改革。1765 年英国驻印度总督鉴于英属印度殖民地吏治的腐败，着手从两个方面进行整顿：一是禁止公司职员公开受贿舞弊；二是直接从伦敦选送官员到印度任职。从 1813 年起，凡是英籍文官必须先进修四个学期的历史、语文和印度法律等课程。其目的显然是为了加强英国对印度的殖民统治。英属印度殖民地的吏治改革推动了英国国内文官制度改革运动的发展。

1840 年，英国议会就政府开支严重浪费的问题质问财政部，议员认为：政府中许多职位纯粹是为了保持古老格式而设立的，以至于人浮于事。与此同时，随着政党政治的发展，政府中的一般官吏经常受到党派的庇护。拉关系、讲门第、卖官鬻爵之类的政治丑闻屡见不鲜，政府声名狼藉。新兴的资产阶级日益认识到，建立资产阶级自己的文官队伍以取代封建贵族的统治已势在必行。1853 年，英国财政大臣格莱斯顿（William Gladstone）委派诺斯科特爵士（Sir Stafford Northcote）和屈维廉爵士（Sir Charles Edward Trevelyan）两人调查英国任用官吏的情况，次年两人提出的报告（即著名的《关于建立英国常任文官制度的报告》，通常称为《诺斯科特-屈维廉报告》）指出，在英国想做官的多是庸碌无能之辈，凡是在公开竞争的职业中站不住脚的或不想积极努力的，才安于在行政部门里混日子；能进到政府里做官的人大都同大臣有关系。报告建议设立一个考试委员会，按照才能和教育程度录用应考的年轻人。这份报告还就文官制度的改革提出了四项后来逐步得到实现的重要原则性建议：

（1）将政府的行政事务工作分为智力工作和例行工作两大类，前一类指行政管理和政治性职务，由通过以大学课程为基础的考试选用的人员完成；任用例行工作人员也要考试，但只要求具有中学文化程度，大量的办公室工作由后一类人员完成。1876 年，枢密院宣布试图建立一个文书人员系统，但这种意图在 40 多年之后方得以实现。1920 年，全国文官被统一分为行政、执行、文书和事务人员四个等级。

（2）凡初任人员都应按规定的年龄从学校毕业，通过竞争考试表明具有通才智力后才能被择优录用。1855 年英国成立文官事务委员会，举行统一考试，从各部提名的候补人员中择优选拔，四年以后又规定，只有经这个委员会录取而被使用的人员才享有在退休后领取退休金的权利。1870 年枢密院又宣布，除外交、内政两部外，其他各部的缺职均应由公开竞争考试合格的人员担任。

（3）对各部人员实行统一管理，各部之间人员可以互相转调和提升。实际上直到 1919 年，英国才真正做到了文官全国一体化。

（4）高级文官职位的提升以上级的年终考核报告为依据，低级事务人员的提升则多以年资为基础。

根据以上四项原则建立起来的制度，把政府官员分为两大类：一类是随内阁更迭而进

① 参见吴琼恩等：《公共人力资源管理》，10～11 页。

退的政务官，另一类是事务官即文官。事务官不参加政党活动，若无过失即终身任职，年老退休后依法享有领取退休金的权利。这种常任文官制度在资产阶级两党轮流执政的条件下，可以保证行政工作的效率和基本关系的连续性。

英国现代文官制度从 1870 年正式确立，在此后的百余年间，英国文官制度几经改革，其中有影响的就有八次。20 世纪最有影响的改革就是 1968 年政府基于富尔顿委员会（Fulton Committee）提出的《富尔顿报告》而进行的文官制度改革。经过 150 多年的发展建立起来的以竞争考试、通才教育、政治中立、职务常任等为原则的制度，至今仍然是英国文官制度的主要支柱，并且看不出有什么变革会使这些原则动摇。正是这些原则，使这支几十万人的队伍促进和实现了权力在两党之间有秩序地更换，巩固和加强了资产阶级的统治，并为许多国家所效仿。

英国文官制度发展的历史表明，现代意义的文官制度是资产阶级工业竞争的产物，是议会政府制度不可缺少的组成部分，也是西方国家较为典型、较为完备的一种用人制度。

2.2.3　美国文官制度的建立和发展

美国现代人事制度的建立可追溯到 1883 年的《彭德尔顿法》。在 19 世纪六七十年代，美国要求改革官员任命制度的运动日益高涨。在第 20 任总统詹姆斯·加菲尔德（James Garfield）被刺致死以后，改革运动更加高涨。美国国会于 1883 年通过了《文官制度法》，开始实行以通过公开考试择优任用官员的“功绩制”为主要内容的现代文官制度。《彭德尔顿法》是以英国文官制度为蓝本，结合美国自身的经验而制定的，具有美国的特点。其要点是：

（1）通过“竞争性考试”选拔公职人员，并且从低级公务员开始，这是功绩制原则的核心，也是这部法律的中心思想。

（2）相对的职业保障，凡通过文官考试而被录用的人员，不得因政治原因（指政党关系）被免除公职。

（3）文职人员在政治上保持中立，禁止“强制任何人采取政治行为”（主要指强迫公职人员向政党或其候选人捐助竞选基金或为之竞选）。

《彭德尔顿法》要求竞争性考试“具有务实性”，并同文职人员要履行的职责相联系。该法还规定公职人员的录用考试和提升考试，在公职的任何一级，对任何人开放。该法拒绝给予文官以绝对的职业保障，规定可以免除文官的职务。以上几点与英国的文官制度是有差异的。《彭德尔顿法》对联邦政府文职人员的招聘、考试、试用期，以及考试中作弊、行贿受贿的惩处都做了规定。它还规定成立一个两党的文官委员会来实施这一法律，委员会由三人组成，委员由总统任命、参议院批准，任期六年，委员会的主要工作是拟订人事法规，举办文官考试，防止政治腐化，受理人事诉讼。

《彭德尔顿法》实行了近一个世纪后，于 1978 年第一次作了重大修改。这是因为自 1883 年以来，美国政府的规模、职能和工作的复杂性都有了很大发展，该法规定的文官制度不再适应变化了的情况。1978 年 10 月美国国会通过的《文官制度改革法》（the Civil Service Reform Act）于 1979 年 1 月生效。该法对美国联邦政府的人事制度进行了重大改革，改革的核心是推进按工作表现付酬的功绩制，以提高政府工作的质量和效率，它第一次确定了联邦政府人事制度应遵循的九条功绩制原则。与以前的法律相比，这九条原则提出了两点新内容：强调利用报酬来鼓励政府雇员工作的积极性；保护揭发政府工作缺点和弊病的人。按《文官制度改革法》进行的重要改革主要有以下三个方面：

（1）建立"高级行政职位"（senior executive service，SES）。

这包括一般职（GS）序列中的GS—16、GS—17、GS—18三个职等的公务员。他们介于政治任命官与其他公务员之间，一般都是联邦机构内的部门负责人或项目负责人。高级行政职位成员的一般资格由联邦人事管理局（U. S. Office of Personnel Management，OPM）规定，更具体的资格由各用人机构规定，候选人的资格由各机构设立的审查委员会审查，资格合格证由人事管理局颁发，被任命者试用期为一年。对于担任高级行政职位的人，要从其在提高效率、节约开支、减少文牍工作、提高其部属工作效率和符合既定行动目标等方面的表现进行考核，考核总评语分为三类："完全满意"、"最低限度的满意"、"不满意"。政府对于高级行政职位成员给予优厚报酬。根据人事管理局的材料，在1979年7月已设立了7 677个高级行政职位的职务，并已任命6 950人。

（2）推行功绩工资制。

对部分中上级官员实行按工作表现付酬的办法，以鼓励和酬劳表现优异的官员，这些人包括高级行政职位的7 000人，以及一般行政等级中13～15等的11万人，功绩工资从1981年开始实行。

（3）改革评估考核制度。

规定联邦机构各单位的主管人员必须在1981年10月1日前书面提出每项职务的关键内容，而不是依照笼统的考核表格评价他们的工作。各单位在作出培训、奖励、提升、降级、留用、重新委派工作、开除等人事决定时，必须以考核为依据，但只有在给予雇员合理的时间和机会改进其工作表现以后，方可免职或降级。

除以上三点外，《文官制度改革法》还第一次承认了联邦雇员组织起来，进行集体谈判和通过工会参与涉及他们的决定的权利。

资料

我们尚未知的

在这些涉及的领域内，在未来，我们将看到就此引发的各种辩论、对话和实验措施：

人力资源的角色：人力资源在未来会扮演什么角色？

人力资源管理工作的重心：什么应该是重心？

人力资源管理方法：有哪些新的人力资源管理方法？

对人力资源的管理：我们如何完成人力资源工作？

人力资源管理中价值创造法则

人力资源战略必须支持组织战略；

人力资源管理不是管理计划，而是管理关系；

人力资源部门必须是一个期望变革并了解变革必要性的组织；

人力资源人员应当是员工利益的大力倡导者，同时要明白：组织决策必须平衡互相冲突的一系列因素；

人力资源的有效性依赖于其对事不对人的问题处理方式；

人力资源决策者必须认识到，不断学习与技能增强对组织贡献的重要意义。

资料来源：[美] 大卫·约里克、迈克·洛塞、格里·莱克编：《未来人力资源管理：48 位世界思想领袖谈人力资源管理变革》，451～456 页、206～210 页，北京，机械工业出版社，2003。

2.3　公共部门人力资源管理与传统人事管理的异同

从人事管理到人力资源管理这种名称的变化究竟意味着什么？这种改变是否引起了人事管理活动主要方面的变化，如人员配备、绩效考核、薪酬管理、培训开发、安全及公共关系？斯托瑞认为在人事管理和人力资源管理之间有 27 个方面的不同点。而莱格（Karen Legge）认为，人力资源管理与传统人事管理既有相似之处，也有差异，这可从规范层面和实务层面来做比较。这些相似之处主要是：首先，二者皆强调要努力整合人事管理/人力资源管理和组织目标达成之间的关系；其次，二者都视人事管理/人力资源管理为属于直线部门管理者权限职责范围内的管理活动；再次，二者均强调要促进员工个人能力的充分实现，借此增进员工的工作满意度，以实现组织目标；最后，二者都强调"把正确的人放到正确的位置上"，而且这是整合人事管理/人力资源管理与组织目标的重要手段。这些差异之处主要是：第一，人事管理活动主要是针对非管理职位的员工的，而人力资源管理更强调管理层级方面的人力资源规划与发展等活动；第二，人力资源管理更强调人力资源管理部门与其他部门的整合问题；第三，人力资源管理强调组织文化的塑造与变革领导是高级主管的主要管理任务。① 如果说人事管理是组织管理的一种职能，那么，人力资源管理则无疑是一种新的组织管理模式。我们认为，公共部门人力资源管理与传统人事管理的主要区别如表 2—2 所示。

表 2—2　　公共部门人力资源管理与传统人事管理的主要区别

项目	人力资源管理	人事管理
观念	视员工为有价值的重要资源	视员工为成本负担
目的	满足员工自我发展的需要，保障组织的长远利益实现	保障组织的短期目标
导向	注重过程	注重成果
模式	以人为中心	以事为中心

① Legge, Karen, *Human Resource Management: Rhetorics and Realities*, London: Macmillan Press Ltd., 1995.

续前表

项目	人力资源管理	人事管理
视野	广阔、远程性	狭窄、短期性
性质	战略、策略性	战术、业务性
深度	主动、注重开发	被动、注重管好
功能	系统、整合	单一、分散
内容	丰富	简单
地位	决策层	执行层
工作方式	参与、透明	控制
与其他部门的关系	和谐、合作	对立、抵触
本部门与员工的关系	帮助、服务	管理、控制
对待员工的态度	尊重、民主	命令式、独裁式
角色	挑战、变化	例行、记载
部门属性	效益部门	非效益部门
管理人员	通才	专家
劳动关系	平等的、和谐的	从属的、对立的

复习思考题

1. 试分析现代人力资源管理的产生和演变。
2. 熟悉公务员制度的形成与变革。
3. 公共部门人力资源管理与传统人事管理有哪些异同？试举例说明之。

第3章 我国公共部门人力资源管理的发展与改革

学习重点

我国公共部门对人的管理的现代化之路崎岖而漫长，且又充满焦灼与期待，公共部门人力资源管理改革的压力与难度同样巨大。因此，学完本章，应了解我国公务员制度的探索历史和事业单位人事制度的改革历史，把握我国公务员制度的主要特点与持续完善的方向，以及事业单位人事制度存在的问题与深化改革的方向，了解我国公共部门人力资源队伍建设的目标与要求。

3.1 我国公务员制度的确立与完善

3.1.1 我国公务员制度的确立

我国公务员制度，是在继承和发扬了中国共产党和国家干部人事工作的优良传统的基础上，总结吸收了近几十年来干部人事制度改革的经验，同时借鉴了外国公务员制度中一些有益的科学管理办法。它的建立经历了一段漫长而曲折的历程。

在我国数千年的历史进程中，出现了许多官吏选拔制度，如世卿制（分封制、宗法制）、恩荫制（葆子、任子、荫袭）、荐举制（乡举里选、保举、察举、九品中正制、访举）、征辟制（征召、辟除）、捐纳制（卖官、纳赀）、军功制（军功爵制、吏进）、考试制（科举、制举）、舍选制（学选）和特恩制等。其中世卿制、荐举制和考试制是古代官吏的主流选拔方式，影响至今。沿历史顺序看，先秦实行的是世卿制。而自秦朝开始，我国建立了高度中央集权的统一的封建帝国，废除了世卿世禄制，建立了官僚制。皇帝独揽一切国家权力，从中央到地方的所有官吏都是皇帝的奴仆。在人事管理方面，凡官职设置、入仕途径、用人标准、管理办法等，都由皇帝亲自决定，过去各诸侯国自行任免官员的制度则随着郡县制的建立而消失，从宰相到县令都由皇帝任命和撤换，从而奠定了国家统一任命和调配官员的基本体制。汉代选拔录用官员的办法主要是“察举”，魏晋南北朝时期的主要办法是“九品中正制”。但这些办法实施起来弊端明显，因为“人物难知”、“爱憎难防”、“情伪难明”。为此，早在西汉时就断断续续地实行过对被推荐者进行“策试”的办法。南北朝时策试越来越多。但开始时策试比较简单，采用一问一答的口试，以后渐渐发展为笔试。到了隋朝，废除了“九品中正制”，直接采用考试办法选拔官员。唐朝的考试制度进一步完善，当时考试科目较多，分科举士，遂称为“科举”。到宋代，科举制度发展到鼎盛时期，对扩大应试者范围、增加录取人数、简化录取程序、增加考试等级、限定主考官的权力及考试规则等，都有了具体而明确的规定，而且越来越严密。明代科举制度又有了新的发展，大致分为童试、乡试、会试、殿试四级。清朝继续实行科举制度，作为选拔和任用官吏的主要途径，至光绪 31 年（1905 年），科举制度才被废止。应注意到，历代封建王朝都十分注重官吏制度建设，形成了一套以官吏选拔、品位、俸给、考课、奖惩、监察、育才、致仕等制度为核心内容的完整制度，对封建王朝的稳定和发展起到了巨大作用。但这套系统的官吏制度为封建专制服务的目的决定着它不可能具有现代公务员制度的功能。当然，科举制度其实就是考试录用制度。

在 1949 年以前的国民政府时期，公务员制度建设受到高度重视，并形成了一套系统的制度，其主要标志是：(1) 具有完善的公共人事管理机构，包括考试院、公务员惩戒委员会和监察院。(2) 具有完善的公务员考选制度，包括《考试法》(1929 年)、《典试法》(1929 年) 和《监试法》(1930 年)。《考试法》是考选基本法，后二者是考选程序基本法。另外，政府还制定了公务员考选基本法的附属法规、单行考选法规和一些特别考选法规等。(3) 具有完善的公务员铨叙制度，包括考试、任用、俸给、考绩、服务、奖惩、退休、抚恤、登记等方面的制度。国民党退踞台湾地区以后，原先公务员制度的整体框架基本保留下来并继续运行。

新民主主义革命时期，中国共产党高度重视干部工作，强调并坚持“德才兼备”和“任人唯贤”，制定了一整套严密的干部队伍纪律，明确了党管干部的原则，对干部的培训培养，主要采用“从战争中学习战争”的办法等。这一时期党的干部人事工作主要根据党中央的有关政策和各级党委的有关规定进行。

自中华人民共和国成立至 1993 年 10 月，政府的人事管理一直沿用干部人事管理制度。该干部人事制度，是在革命战争时期干部制度的基础上，借鉴苏联的人事管理经验逐步建立和发展起来的，带有明显的战争痕迹和时代烙印。这一时期大体可分为三个阶段：

(1) 创立和发展阶段，自 1949 年 10 月至 1966 年“文化大革命”前。这段时间，从上到下建立了管理机构，制定了一些管理制度，如干部的录用、任免、调配、奖惩、工资、福利、退休退职制度等。虽然各方面的制度还不够健全和完善，但初步适应了实际需要，取得了不小的成绩。

(2) 挫折倒退阶段，自 1966 年 5 月至 1976 年 10 月。在这期间，各级人事机构相继被撤销，人事干部被遣散，有效的管理制度被否定，人事工作遭到了严重的破坏。

(3) 法制化建设阶段，自1976年10月至1993年10月。这段时间，恢复了人事管理机构和一些行之有效的规章制度。特别是1984年以后，随着经济体制改革的全面展开和政治体制改革的不断发展，干部人事制度改革也进入了深入发展的新阶段，1993年8月14日，国务院发布《国家公务员暂行条例》(该条例自1993年10月1日起施行)，这标志着我国公务员制度的建立。

自2006年1月1日起施行的《中华人民共和国公务员法》(简称《公务员法》)则标志着我国公务员制度以国家立法形式得以确立，同时也开启了公务员制度进一步完善的新时期。

3.1.2　我国公务员制度的基本精神与主要特点

1. 公务员制度的基本精神

(1) 始终把坚持党的基本路线作为建立和推行公务员制度的根本指导思想。

(2) 全面体现党管干部原则，贯彻执行干部队伍“四化”方针和德才兼备原则。

(3) 贯穿公开、平等、竞争、择优、法治和监督约束与激励保障并重的原则，实行分类管理，提高管理效能和科学化水平。

(4) 总结和完善干部人事制度改革的新鲜经验，吸收和借鉴国外公务员制度的有益经验。

2. 公务员制度的主要特点

(1) 我国公务员是指依法履行公职、纳入国家行政编制、由国家财政负担工资福利的工作人员，比西方国家公务员的范围要宽泛。《公务员法》将公务员定义为“依法履行公职、纳入国家行政编制、由国家财政负担工资福利的工作人员”。因此，我国公务员的范围包括：中国共产党和各民主党派机关工作人员；各级人大机关工作人员；各级国家行政机关工作人员；各级政协机关工作人员；法官；检察官等。

(2) 我国公务员队伍是中国共产党的干部队伍的重要组成部分，要接受党的领导，坚持社会主义方向，不搞政治中立。

(3) 我国《公务员法》坚持党管干部原则，确立由公务员主管部门负责公务员的综合管理工作。

(4) 我国实行共产党领导的多党合作和政治协商制度，对公务员没有政务类和事务类的划分。

(5) 我国公务员与其他类别的工作人员，可根据工作需要和本人条件，进行相互交流调配，不搞封闭的管理系统。

(6) 我国公务员的任用，坚持任人唯贤、德才兼备的原则。①

3.1.3　我国公务员制度持续完善的方向

虽然我国公务员制度建设已取得了一定的成绩，但这仅仅意味着公务员制度进入了一个新的发展阶段而已。第一，从公务员制度本身看，虽然经过几十年的改革，人事制度中

---

① 参见任进：《我国公务员法的基本精神和中国特色》，载《中国党政干部论坛》，2005 (6)。

的弊端有些已经基本消除，有些其严重程度有所降低，但毋庸讳言，我国公务员制度毕竟脱胎于计划经济时期的传统人事制度，特别是那些几十年来仍未克服的弊病，会不可避免地存留在新的公务员制度之中，况且，其几十年难以克服本身就提醒我们必须予以高度重视，需花大气力解决这些遗传性顽疾。第二，走中国特色社会主义道路，也是新的探索，公务员制度应及时反映和吸收改革开放的新成果，反映社会大众的基本要求。第三，国际环境的变化，全球化知识经济体系的发展，时代的进步要求，先进的管理理念、管理技术手段方法等，都要求乃至逼迫我们及时跟进这些变化，完善公务员制度。第四，《公务员法》的配套法规建设任务还相当艰巨，尚不说这些配套法规还需要实践的检验。而且，与西方发达国家改革的结果相比，我国公务员制度存在着如下缺陷：法制仍然不健全，录用制度未能真正实现公正，考核制度偏重定性考核、存在主观随意性，工资制度不合理，合同聘用制的推行步履艰难①，所以，我国公务员制度持续发展、不断完善的空间和动力是巨大的。

（1）公务员制度的持续完善，应注意平衡好三种关系。

1）传统与创新的关系。任何制度的发展不会隔断自己的历史，总会有一些延续传统的东西，而延续乃至维护某些必要的传统，不等于传统的存在形式可以一成不变，恰恰需要推陈出新。例如，我国公务员管理体制及方式建构，既要体现党管干部的原则，又要在党管干部的体制及方式上有所创新，以与公务员管理的要求相适应。

2）统一与多样的关系。在二者的关系中，我国公务员制度更强调统一，这对维护新制度的权威来说是必要的。但需要研究和实践探索的是，如何在保持必要的统一性的同时，突破传统人事制度中那种“一刀切”式的统一模式，为公务员制度适应对象的多样性，以及公务员制度环境的变化留有弹性空间，避免过分偏重统一而导致陷于一种管理模式、方法、政策适用所有情况的困境。

3）规范与弹性的关系。制度本质上是一套规范体系，应规范和保障制度的稳定性，但制度的稳定性与环境的易变性之间存在矛盾，这一矛盾在社会变迁速率大大加快的当今时代更为突出。避免这一矛盾的途径就是在公务员管理的某些单项制度的再设计及规范中，尽可能避免出现规定得过细、过死和过于统一的情况，以便为日后进一步探索公务员管理模式预留空间，增强公务员制度适应环境变化的灵活性。②

（2）公务员制度的持续完善，应适应服务型政府建设的需要。党的十七大报告提出加快行政管理体制改革，建设服务型政府，为此，要加强公务员的职业化体系建设、伦理精神重塑、心理契约重构、角色重新定位等，其关键是提高公务员的素质和能力。③

---

① 参见周洲：《公务员制度改革的现实困境及出路》，载《福建论坛（人文社会科学版）》，2010年专刊。

② 参见吴志华：《美国公务员制度的转型及其启示》，载《中国行政管理》，2005（12）；吴志华等：《公共部门人力资源管理》，32～33页。

③ 参见吴江：《服务型政府与公务员能力建设》，载《中国行政管理》，2004（11）；高学栋、刘士竹：《建设服务型政府与公务员素质的要求》，载《中国行政管理》，2005（6）；景亭：《服务型政府视角下公务员制度的缺陷与重构》，载《江苏社会科学》，2007（3）；吕建华：《服务型政府构建下的公务员角色定位的理性思考》，载《湖北社会科学》，2009（10）；朱立言：《服务性政府建设对公务员心理契约的影响及重构途径》，载《行政论坛》，2010（4）；徐元善：《服务型政府视角下乡镇公务员伦理精神的缺失与重塑》，载《理论探讨》，2011（1）。

(3) 公务员制度的持续完善，应重点推进公务员分类管理，探索聘任制公务员制度[①]，有效应对“政府雇员制”的挑战。[②]

(4) 公务员制度的持续完善，应坚持和发展党内民主、体现功绩主义的精神，并重在完善公务员法律体系、考试录用制度，考核制度中引入绩效考核方法，建立制度化的工资增长机制，科学推行合同聘用制，实施多元化的雇佣政策。[③]

(5) 公务员制度的持续完善，应继续向私营部门学习借鉴现代人力资源管理经验。主要包括：引入现代人力资源管理的精神理念改造公务员制度；借鉴现代人力资源管理体系，优化公务员管理的体制和机制；引进现代人力资源管理的先进技术、手段和方法，这涉及人员分类、招募甄选、绩效管理、薪酬管理、人力资源规划、培训分析与评估、晋升与退出、社会保障与健康卫生安全等。

3.2　我国事业单位人事制度的问题与改革

3.2.1　我国事业单位人事制度改革的回顾

事业单位是我国宪法规定的六大类组织之一，也是民法通则规定的四类法人之一，是一种具有鲜明中国特色的社会组织。经过几十年的发展，我国的事业单位分布广泛，人才密集，已经成为教育、科技、文化、卫生等各项社会事业发展的基础和骨干力量。目前，全国事业单位共126万个，拥有工作人员3 089万人，其中专业技术人员约占事业单位工

① 2007年，国家人事部决定在上海浦东和广东深圳率先开展聘任制公务员试点；2008年，《温州市行政机关公务员聘任制试行办法》引发热议；2010年2月，《深圳市行政机关公务员分类管理改革实施方案》及《深圳市行政机关行政执法类公务员管理办法（试行）》、《深圳市行政机关专业技术类公务员管理办法（试行）》和《深圳市行政机关聘任制公务员管理办法（试行）》出台。广东省在“十二五”期间将进一步推进公务员分类管理，试行聘任制公务员制度，增强公务员管理的弹性。相关研究参见胡仙芝、余茜：《从政府雇员制到公务员聘任制》，载《江苏行政学院学报》，2009（5）；徐敏：《当代中国公务员聘任制度的交易成本分析》，载《当代财经》，2009（8）。

② 政府雇员制是在西方发达国家再造政府的改革中出现的一种制度。它借鉴企业用人制度，通过市场化运作与契约式合同管理，雇用专业技术人才完成政府工作。其目的是通过使用不受传统公务员制度保护的例外雇员来缩小政府规模，适应公共管理的市场化改革趋势。20世纪80年代以后，英国、澳大利亚、日本等国针对某些特殊职责或专业性很强的政府职位实行了公务员的合同制管理模式。在日本，有12%的政府工作人员属于合同制聘用的政府雇员。美国政府中属于常任的政府工作人员的比例已经从20世纪30年代的87.9%降低到近年来的55%，特别是在州政府一级，合同制政府雇员的比例还要高。除大范围地使用合同制雇员外，许多国家的政府根据工作中遇到的特殊情况，在许多执行性的工作岗位中大量聘用临时人员，甚至采用小时工、业余制的形式聘用工作人员，如澳大利亚的一些城市，临时性的政府雇员占政府所有工作人员的比例已经达到1/3。2002年，政府雇员制被吉林省率先引人，已形成吉林模式、珠海模式和深圳模式。相关研究参见国家行政学院国家合作交流部：《西方国家行政改革述评》，97、233页，北京，国家行政学院出版社，1998；郑羽：《“政府雇员制”，令人关注的话题》，载《决策探索》，2003（8）；陈尧：《政府雇员制：公务员制度改革的新趋势》，载《理论与改革》，2004（4）；郑迎春：《政府雇员制：中国公务员制度改革的新尝试》，载《社会主义研究》，2006（6）；陈天祥、曲向华：《我国政府雇员制的实施效果和改进对策》，载《中国行政管理》，2007（10）；蒋嵘涛、廖英奇：《中国政府雇员制的现状与发展研究》，载《管理现代化》，2010（1）。

③ 参见罗旭华、陈利萍：《中国国家公务员制度的建设与反思》，载《云南行政学院学报》，2010（6）；周洲：《公务员制度改革的现实困境及出路》，载《福建论坛（人文社会科学版）》，2010年专刊；吴丽娟、郑志平：《西方国家公务员制度改革的启示》，载《理论探索》，2011（5）。

作人员总数的67%，占全国专业技术人员总量的44%。① 大体涉及25种行业类别，包括教育、科研、勘察设计、勘探、文化、卫生、体育、新闻出版、农林牧水、交通、气象、地震、海洋、环保、测绘、信息咨询、标准计量、知识产权、进出口商检、物资仓储、城市公用、社会福利、经济监督、机关后勤及其他，其中，教育单位48万个，从业人员1 400万人；卫生单位10万个，从业人员400万人；文化单位8万个，从业人员150万人；科研单位8 000多个，从业人员69万人。② 事业单位大约占全国非经营性国有资产的2/3，以及各级政府综合预算经常性开支的1/3。全额拨款单位、差额拨款单位、自收自支单位的比例分别是65%、15%、20%。按实有人数计算，全额拨款、差额拨款和自收自支事业机构中的工作人员分别占总数的60%、21%和19%。③

从1978年至今，事业单位人事制度改革持续进行，也取得了一定的成绩，但是，相对于企业和机关的改革，事业单位人事制度改革是严重滞后的；相对于事业单位的发展和社会的要求来说，事业单位人事制度改革远远难以满足需要，可以说，事业单位人事制度的改革已经极大地制约了我国科教文卫事业的发展。2005年世界银行的报告《中国：深化事业单位改革，改善公共服务提供》指出：中国需要在重新界定政府在服务提供中的职能的基础上，进行深入的事业单位改革；全面改革事业单位势在必行。事业单位人事制度的改革不仅是事业单位改革的一个有机组成部分，而且涉及政府职能转变、政事分开、政府与市场中介组织分开、社会保障体系的建立等，事业单位人事制度必须加快改革。

事业单位人事制度的改革已完成了以下三个阶段，即改革的初步探索阶段（1978—1987年）、改革的逐步推进阶段（1987—1993年）和改革的深入探索阶段（1993—1998年）。现在正在进行的是改革的加快推进阶段（1998年至今）。该阶段的主要标志为：一是党的十五大报告提出要深化人事制度改革，引入竞争激励机制，建立一套干部能上能下、能进能出、充满活力的管理体制，形成一套法制完备、纪律严明的监督体系。二是1999年在天津召开了全国专业技术人员暨事业单位人事制度改革工作会议，提出了事业单位人事制度改革的总体要求。三是1999年召开的全国技术创新大会提出要实施科教兴国战略，推动了事业单位整体改革的发展。四是2000年中共中央办公厅印发了《深化干部人事制度改革纲要》，提出以推行聘用制度和岗位管理制度为重点，深化事业单位人事制度改革的总体要求。中组部、原人事部印发了《关于加快推进事业单位人事制度改革的意见》，对改革进行了部署，并会同科技部、卫生部、教育部发布了一系列推进科研、卫生事业单位和高校人事制度改革的实施意见，在事业单位全面推行聘用合同制度和公开招聘制度。2002年，国务院转发原人事部《关于在事业单位试行人员聘用制度的意见》，为事业单位试行聘用制度提供了政策依据。党的十六大报告又提出了"探索和完善党政机关、事业单位和企业的干部人事分类管理制度"。2003年，中共中央、国务院《关于进一

① 参见《王晓初副部长指出要深化事业单位人事制度改革促进社会事业科学发展》，见人力资源和社会保障部网，2011-12-14。

② 参见黄文平：《落实科学发展观，推进事业单位改革和公益事业发展》，见 http://www.chinaorg.cn/new/02_sz_news/2006-10/10/content_5069665.htm，2006-10-10。

③ 参见范恒山：《关于中国事业单位改革几个重要问题的思考》，载《中国经贸导报》，2004（12）。

步加强人才工作的决定》明确要求，以推行聘用制度和岗位管理制度为重点，深化事业单位人事制度改革，研究制定事业单位人事管理条例。五是党的十七大报告和党的十七届二中全会通过的《关于深化行政管理体制改革的决定》都明确提出，要分类推进事业单位人事制度改革。党的十七届四中全会通过的《中共中央关于加强和改进新形势下党的建设若干重大问题的决定》要求，推进事业单位人事制度改革，制定符合事业单位特点的人事管理办法。2009 年，中共中央办公厅印发了《2010—2020 年深化干部人事制度改革规划纲要》，对深化事业单位人事制度改革作了明确部署。2010 年，中央下发了《国家中长期人才发展规划纲要（2010—2020 年）》，在体制机制创新中，对事业单位人事制度改革工作提出了明确要求。党的十七届五中全会通过的《中共中央关于制定国民经济和社会发展第十二个五年计划的建议》也要求，积极稳妥推进科技、教育、文化、卫生、体育等事业单位分类改革。2011 年 3 月，《中共中央、国务院关于分类推进事业单位改革的指导意见》发布；7 月，国务院办公厅又出台了《关于事业单位分类的意见》等 9 个配套文件；11 月，国务院法制办就《事业单位人事管理条例（征求意见稿）》公开征求意见。

总结近几年的改革，一是聘用制度推行面不断扩大。截至 2011 年年底，全国签订聘用合同的事业单位工作人员占 80%。二是岗位设置管理制度实施工作全面推开，各地区和部门正在加快制度入轨。目前，全国有 30 个省区市已经开始实施，其中 10 个地方基本完成；国务院系统已有 119 个部门开始实施，占应实施岗位设置工作部门的 76%。三是公开招聘制度稳步实施。据不完全统计，5 年来，全国参加事业单位公开招聘的有 1 100 多万人，实际聘用 154 万多人。四是事业单位人事管理法规建设步伐加快。目前，国务院法制办正在加紧修改《事业单位人事管理条例》。

3.2.2　我国事业单位人事制度存在的问题及深化改革的方向

我国事业单位人事制度改革也面临着一些突出问题：一是进展不平衡；二是新的用人机制尚未真正建立；三是一些重点难点问题还需要在深化改革中研究解决；四是规范管理有待进一步加强。① 卢秋帆认为其难点主要集中于：一是整个社会保障体系不能满足人事制度改革的需要；二是无法可依；三是思想保守，用人机制转换困难；四是缺乏合理的内部评价体系和社会化人才评价体系。②

究其原因，除了改革本身的复杂性及改革本身理论准备不足外，刘晓苏认为根本原因在于政府的制度供给不足：一是事业单位性质定位模糊；二是事业单位体制关系仍未理顺；三是人事制度改革中的政府制度供给意愿不足。因此，破解事业单位人事制度改革难题，推进事业单位人事制度改革的路径主要涉及以下三个层面：一是厘清事业单位的性质定位；二是理顺事业单位的体制关系；三是强化政府制度供给意愿。③

《国家中长期人才发展规划纲要（2010—2020 年）》指出：克服人才管理中存在的行政化、“官本位”倾向，取消科研院所、学校、医院等事业单位实际存在的行政级别和行

---

① 参见人力资源和社会保障部事业单位人事管理司：《事业单位人事制度改革回顾与展望》，载《中国人才》，2011 (3)。

② 参见卢秋帆：《事业单位人事制度改革的难点及其对策》，载《人才资源开发》，2007 (6)。

③ 参见刘晓苏：《事业单位人事制度改革问题透析及路径选择》，载《天津社会科学》，2010 (5)。

政化管理模式；在科研、医疗等事业单位探索建立理事会、董事会等形式的法人治理结构；建立与现代科研院所制度、现代大学制度和公共医疗卫生制度相适应的人才管理制度；鼓励地方和行业结合自身实际建立与国际人才管理体系接轨的人才管理改革试验区。《中共中央、国务院关于分类推进事业单位改革的指导意见》强调深化事业单位人事制度改革，重在以转换用人机制和搞活用人制度为核心，以健全聘用制度和岗位管理制度为重点，建立权责清晰、分类科学、机制灵活、监管有力的事业单位人事管理制度；加快推进职称制度改革；对不同类型事业单位实行分类管理，依据编制管理办法分类设岗，实行公开招聘、竞聘上岗、按岗聘用、合同管理。到 2015 年，全面建立聘用制度，完善岗位设置管理制度，普遍推行公开招聘和竞聘上岗，建立健全考核奖惩制度。到 2020 年，形成健全的管理体制、完善的用人机制和完备的政策法规体系。为此，事业单位人事制度改革重在机制建设。一是合同用人机制；二是公平竞争机制；三是绩效评价机制；四是分配激励机制；五是人员退出机制；六是监督管理机制。①

2012 年 1 月 10 日，人力资源和社会保障部发布了《关于认真贯彻落实分类推进事业单位改革有关文件精神的通知》，一要抓紧部署贯彻实施。按照“分类指导、分业推进、分级组织、分步实施”的方针，坚持从实际出发，分别对事业单位人事制度改革、收入分配制度改革、养老保险制度改革做出安排部署。二要着力完善以下政策措施：在人事制度改革方面，要以转换用人机制、搞活用人制度为核心，以健全聘用制度和岗位管理制度为重点，逐步建立和完善权责清晰、分类科学、机制灵活、监管有力的事业单位人事管理制度。在收入分配制度改革方面，要以完善工资分配激励约束机制为核心，健全符合事业单位特点、体现岗位绩效和分级分类管理要求的收入分配制度。在社会保险制度改革方面，要进一步完善事业单位及其工作人员参加基本养老、基本医疗、失业、工伤等社会保险政策，建立起独立于单位之外、资金来源多渠道、保障方式多层次、管理服务社会化的社会保障体系。三要扎实推进以下重点工作：要深化人事制度改革，全面推行聘用制度，抓紧完善聘后管理。全面实施岗位管理制度，尽快实现岗位设置管理制度的入轨运行。全面推行公开招聘制度，尽快实现公开招聘全覆盖。会同有关部门开展事业单位公开招聘检查，遏制和防范进人上的不正之风，规范用人行为。要深化收入分配制度改革，在巩固义务教育学校、公共卫生与基层医疗卫生事业单位实施绩效工资成果的基础上，全面推进其他事业单位绩效工资实施工作。加强事业单位特殊岗位津贴补贴的规范管理，研究拟订事业单位高层次人才激励机制、工作人员兼职兼薪管理指导意见和主要领导激励约束机制等政策。要加快社会保险制度改革，山西、上海、浙江、广东、重庆五个事业单位养老保险改革试点省市，要在确保社会稳定的前提下，以事业单位分类、人事制度、收入分配制度改革为基础，开展计发办法测算论证和试行职业年金的准备工作，抓紧拟订试点方案，报国务院审定后适时启动试点工作。

---

① 参见人力资源和社会保障部事业单位人事管理司：《事业单位人事制度改革回顾与展望》，载《中国人才》，2011（3）。另外，最近一段时间各地公布了“十二五”规划，几乎都明确提出了事业单位人事制度改革的具体任务和目标。例如广东省将全面开展事业单位岗位设置和人员聘用工作，推动岗位管理制度和聘用制度入轨运行；全面实行公开招聘制度；制定出台事业单位岗位设置和人员聘用管理、竞聘上岗、考核、奖惩、申诉、辞聘、解聘等管理办法。

3.3　我国公共部门人力资源队伍建设的目标与要求

党的十七大报告再次强调要“建设人力资源强国”，人力资源问题确实是决定中国现代化建设事业成败的关键，因此，实施人才强国战略无疑是正确的抉择，但这同时又是一项重大而紧迫的战略任务。《2010—2020年深化干部人事制度改革规划纲要》、《国家中长期人才发展规划纲要（2010—2020年）》，对今后干部人事制度改革、国家中长期人才发展，做出了十年规划。

3.3.1　深化干部人事制度改革

《2010—2020年深化干部人事制度改革规划纲要》是2000年《深化干部人事制度改革纲要》颁布实施以来，为适应新形势新任务的需要，进一步推进干部人事制度改革，根据党的十七大和党的十七届四中全会的有关部署和要求所制定的。

1. 深化干部人事制度改革的指导思想和基本目标

深化干部人事制度改革的指导思想是：高举中国特色社会主义伟大旗帜，坚持以邓小平理论和“三个代表”重要思想为指导，深入贯彻落实科学发展观，按照加强党的执政能力建设和先进性建设的要求，坚持党管干部原则，坚持德才兼备、以德为先用人标准，坚持民主、公开、竞争、择优方针，坚持科学化、民主化、制度化方向，解放思想、勇于创新，着力解决领导班子和干部队伍建设中的关键问题、干部人事工作中的重点难点问题和干部群众反映强烈的突出问题，树立坚定信念、注重品行、科学发展、崇尚实干、重视基层、鼓励创新、群众公认的正确用人导向，提高选人用人公信度，把各方面优秀人才集聚到党和国家事业中来，为实现全面建设小康社会奋斗目标提供坚强的组织保证。

深化干部人事制度改革的基本目标是：通过坚持不懈的努力，逐步形成广纳群贤、人尽其才、能上能下、公平公正、充满活力的中国特色社会主义干部人事制度，培养造就一支适应推进中国特色社会主义伟大事业和党的建设新的伟大工程要求的高素质干部队伍。扩大干部工作民主，提高干部群众参与度；健全竞争择优机制，促进优秀人才脱颖而出；完善干部管理制度，增强干部队伍的生机和活力；加强干部选拔任用监督，有效遏制用人上的不正之风；深化分级分类管理，健全干部人事制度体系。

2. 党政干部制度改革重点突破项目

党政干部制度改革重点突破项目是：规范干部选拔任用提名制度，健全促进科学发展的党政领导班子和领导干部考核评价机制，推行差额选拔干部制度，加大竞争性选拔干部工作力度，逐步扩大基层党组织领导班子成员公推直选范围，坚持和完善从基层一线选拔干部制度，建立健全干部职务与职级并行制度，健全调整不适宜担任现职干部制度，探索建立拟提拔干部廉政报告制度，深入整治用人上的不正之风，实行干部工作信息公开制度。

在党政干部制度改革重点突破项目的带动下，逐步健全干部选拔任用、考核评价、管理监督和激励保障机制，整体推进党政干部制度改革。

3. 统筹推进国有企业、事业单位人事制度改革

（1）深化国有企业人事制度改革。

这就要坚持党管干部原则，以改革和完善企业领导人员管理制度为重点，逐步完善与公司治理结构相适应的企业领导人员管理体制，健全符合中国特色现代国有企业制度要求的企业人事制度。其主要任务是：健全中央和地方党委对国有重要骨干企业领导班子和领导人员的管理体制，积极探索建立符合现代企业制度要求的企业领导人员管理办法，依法落实董事会和企业经营管理者的选人用人权；完善企业领导人员选拔方式，把组织选拔与市场化选聘结合起来；建立企业领导人员任期制；着眼促进科学发展，建立以任期目标为依据，全面反映企业经济责任、政治责任、社会责任及企业领导人员履职表现、廉洁从业情况的综合考核评价机制；健全以考核评价为基础，与岗位职责和工作业绩挂钩，精神激励与物质激励并重，短期激励与中长期激励相结合的企业领导人员激励办法；规范和完善企业领导人员薪酬管理办法；健全企业领导人员监督约束机制，建立企业领导人员责任追究制度；深化企业内部人力资源管理改革；推进国有金融机构人事制度改革，建立符合中国特色现代金融企业特点的人事制度。

（2）深化事业单位人事制度改革。

这就要按照加快推进事业单位分类改革的总体要求，以健全聘用制度和岗位管理制度为重点，创新管理体制，转换用人机制，形成权责清晰、分类科学、机制灵活、监管有力，符合事业单位特点的人事制度。其主要任务是：健全事业单位领导人员选拔任用制度，完善委任、聘任、选任等任用方式，制定符合不同行业特点的事业单位领导班子和领导人员综合考核评价办法；健全以合同管理为基础的事业单位用人机制，探索不同行业、不同类型事业单位实行聘用合同制度的具体办法；完善岗位设置管理制度，全面推行公开招聘和竞聘上岗；建立健全以聘用合同和岗位职责为依据、以工作绩效为重点内容、以服务对象满意度为基础的事业单位工作人员考核办法；完善事业单位收入分配制度，健全事业单位社会保障制度；建立事业单位人员编制总量调控体系，进一步加强和规范机构编制管理；加快事业单位人事管理法规体系建设，制定事业单位人事管理条例。

3.3.2 规划国家中长期人才发展

《国家中长期人才发展规划纲要（2010—2020 年）》是根据党的十七大提出的更好实施人才强国战略的总体要求，着眼于为实现全面建设小康社会奋斗目标提供人才保证而制定的。

1. 指导方针、战略目标和总体部署

（1）指导方针：服务发展、人才优先、以用为本、创新机制、高端引领、整体开发。

（2）战略目标：培养和造就规模宏大、结构优化、布局合理、素质优良的人才队伍，确立国家人才竞争比较优势，进入世界人才强国行列，为在 21 世纪中叶基本实现社会主义现代化奠定人才基础。一是人才资源总量稳步增长，队伍规模不断壮大。二是人才素质大幅度提高，结构进一步优化。三是人才竞争比较优势明显增强，竞争力不断提升。四是人才使用效能明显提高。其中到 2015 年、2020 年，人才资源总量分别达到 15 625 万人、18 025 万人；主要劳动年龄人口受过高等教育的比例分别达到 27%、28%；人力资本投资占国内生产总值分别达到 13%、15%；人才贡献率分别达到 32%、35%。

（3）总体部署：一是实行人才投资优先，健全政府、社会、用人单位和个人多元人才投入机制，加大对人才发展的投入，提高人才投资效益。二是加强人才资源能力建设，创新人才培养模式，注重思想道德建设，突出创新精神和创新能力培养，大幅度提升各类人才的整体素质。三是推动人才结构战略性调整，充分发挥市场配置人才资源的基础性作用，改善宏观调控，促进人才结构与经济社会发展相协调。四是造就宏大的高素质人才队伍，突出培养创新型科技人才，重视培养领军人才和复合型人才，大力开发经济社会发展重点领域急需紧缺专门人才，统筹抓好党政人才、企业经营管理人才、专业技术人才、高技能人才、农村实用人才与社会工作人才等人才队伍建设，培养造就数以亿计的各类人才、数以千万计的专门人才和一大批拔尖创新人才。五是改革人才发展体制机制，完善人才管理体制，创新人才培养开发、评价发现、选拔任用、流动配置、激励保障机制，营造充满活力、富有效率、更加开放的人才制度环境。六是大力吸引海外高层次人才和急需紧缺专门人才，坚持自主培养开发与引进海外人才并举，积极利用国（境）外教育培训资源培养人才。七是加快人才工作法制建设，建立健全人才法律法规，坚持依法管理，保护人才合法权益。八是加强和改进党对人才工作的领导，完善党管人才格局，创新党管人才方式方法，为人才发展提供坚强的组织保证。

推进人才发展，要统筹兼顾，分步实施。到 2015 年，重点在制度建设、机制创新上有较大突破。到 2020 年，全面落实各项任务，确保人才发展战略目标的实现。

2. 主要任务

这包括突出培养造就创新型科技人才，大力开发经济社会发展重点领域急需紧缺专门人才，统筹推进各类人才队伍建设。

3. 体制机制创新

这包括改进完善人才工作管理体制和创新人才工作机制。

4. 重大政策

这包括实施促进人才投资优先保证的财税金融政策、产学研合作培养创新人才政策、引导人才向农村基层和艰苦边远地区流动政策、人才创业扶持政策、有利于科技人员潜心研究和创新政策、更加开放的人才政策、促进人才发展的公共服务政策、知识产权保护政策，实施推进党政人才、企业经营管理人才、专业技术人才合理流动政策，实施鼓励非公有制经济组织、新社会组织人才发展政策。

5. 重大人才工程

这包括创新人才推进计划、青年英才开发计划、企业经营管理人才素质提升工程、高素质教育人才培养工程、文化名家工程、全民健康卫生人才保障工程、海外高层次人才引进计划、专业技术人才知识更新工程、国家高技能人才振兴计划、现代农业人才支撑计划、边远贫困地区、边疆民族地区和革命老区人才支持计划、高校毕业生基层培养计划。

资料

其一

● 治平尚德行，有事尚功能。

曹操

● 知人之事，自古为难，故考绩黜陟，察其善恶。今欲求人，必须审访其行。若知其善，然后用之。设令此人不能济事，只是才力不及，不为大害。误用恶人，假令强干，为害极多。但乱世惟求其才，不顾其行。太平之时，必须才行俱兼，始可任用。

魏徵

● 亮尝自校簿书，主簿杨颙直入，谏曰："为治有体，上下不可相侵。请为明公以作家譬之。今有人，使奴执耕稼，婢典炊爨，鸡主司晨，犬主吠盗，牛负重载，马涉远路。私业无旷，所求皆足，雍容高枕，饮食而已。忽一旦尽欲以身亲其役，不复付任，劳其体力，为此碎务，形疲神困，终无一成。岂其智之不如奴婢鸡狗哉？失为家主之法也。是故古人称'坐而论道，谓之王公；作而行之，谓之士大夫。'故丙吉不问横道死人而忧牛喘，陈平不肯知钱谷之数，云'自有主者'，彼诚达于位分之体也。今明公为治，乃躬自校簿书，流汗终日，不亦劳乎！"亮谢之。及颙卒，亮垂泣三日。

司马光

● 政有缓急难易，人有强柔短长，用违其才，虽能者亦难以自效，虽贤者亦或致误公；用当其才，即中人亦可以有为，即小人亦每能济事。因材、因地、因事、因时，必官无弃人，斯政无废事。

爱新觉罗·胤禛（雍正）

● 办大事者以多选替手为第一义。满意之选不可得，姑且取其次，以待徐徐教育可也。

● 为政之道，得人、治事二者并重。得人不外四事：曰广收、慎用、勤教、严绳。治事不外四端：曰经分、纶合、详思、约守。

● 司马温公曰："才德全尽，谓之圣人。才德兼亡，谓之愚人。德胜才，谓之君子。才胜德，谓之小人。"余谓德与才不可偏重。譬之于水，德在润下，才即其载物溉田之用；譬之于木，德在曲直，才即其舟楫栋梁之用。德若水之源，才即其波澜；德若木之根，才即其枝叶。德而无才以辅之，则近于愚人；才而无德以立之，则近于小人。世人多不甘以愚人自居，故自命每愿为有才者；世人多不欲与小人为缘，故观人每好取有德者，大较然也。二者既不可兼，与其无德而近于小人，毋宁无才而近于愚人。自做之方，观人之术，皆以此为衡可矣。

曾国藩

● 领导者的责任，归结起来，主要地是出主意、用干部两件事。

● 政治路线确定之后，干部就是决定的因素。

毛泽东

● 我的工作方法是尽量少做工作。

邓小平

其二

单纯模仿……是愚蠢透顶的。必须找出既符合美国传统，又能发挥美国长处的解决办法来。要正确认识我们的竞争对手，同时也有必要了解有助于解决问题的我们自己的经验。

资料来源：[美] 埃兹拉·沃格尔：《日本的成功与美国的复兴——再论日本第一》，10 页，北京，生活·读书·新知三联书店，1985。

绝大多数（管理）概念适用于美国、加拿大、英国、澳大利亚，以及其他讲英语的国家。但是，如果把这些概念应用于印度、中国、智利，以及其他在经济、政治、社会和文化环境方面与上述国家有显著差异的国家，就必须作某些修正。

资料来源：[美] 斯蒂芬·P·罗宾斯：《管理学（第 4 版）》，15 页，北京，中国人民大学出版社，1997。

在引进西方管理理论较早的日本，其发展的具体进程正如金井寿宏教授所做的如下描述：第 1 代为欧美理论的输入；第 2 代为“普遍原理”在日本的应用与验证，以及日本特有概念的创造；第 3 代为构筑来自于管理第一线的理论；第 4 代为对于个人的深入记述。

德鲁克曾说过：各大国的管理学不尽相同，它受本国传统的强大影响：美国的竞争对手关系的传统；欧洲大陆的重商主义的传统；日本的家族传统；英国的俱乐部传统……；日本的管理并没有西方化，它吸取了管理学思想，拼命抓住工具和技术，时时都在侧耳细听。但日本在使用管理学及其概念、工具和技术时都保留着日本的风格。

资料来源：林新奇：《国际人力资源管理》，8～9 页，上海，复旦大学出版社，2005。

如何实现人力资源管理的中国化或本土化，或者如何构建中国化的人力资源管理体系？一方面，“管理是文化的产儿”，脱离民族文化的人力资源管理，在理论上是站不住脚的，在实践上也是行不通的，对于与西方发达国家文化有着极大差异的中国来说，尤其如此。因此，寻求本民族文化背景下的人力资源管理理论和技术是一个十分迫切的课题；另一方面，即使是那些超越地域限制和文化局限的普遍原理和准则，用千年流传下来的国人熟悉的概念、逻辑来建立起自己的理论体系，会更有利于指导自己的管理实践，所以，挖掘传统文化的现代价值，借鉴前人的思想，是必不可少的重要一环。况且，华夏文化源远流长，其中就包含了丰富的人力资源管理的思想、理论、观点、思路等，本文即选取对中国文化影响深远的先秦儒家思想，研究其与现代微观人力资源管理的契合点，从中寻找借鉴之处。

资料来源：滕玉成、李文明：《先秦儒家思想与现代人力资源管理构建》，载《孔子研究》，2005 (1)。

其三

全世界都追求管理合理化，但是各个地方所认定的合理标准，并不一致。美国人发展出一套合理化的标准，运用在管理上，就成为美国式管理。日本人依据他们自己的一套合理化标准，构成了日本式管理。我们中国人，也有我们自己的合理标准，所以成为中国式管理……20 世纪 50 年代，美国式管理风靡全世界。20 世纪 70 年代，日本式管理号称世界第一……20 世纪 70 年代，实际上中国式管理的优长已经相当明显地表现出来……中国人所擅长，是管理哲学，而不是管理科学。中国式管理，本来就是以中国哲学来妥善运用西方所发展出来的管理科学。

中国式管理的三大主轴：第一，以人为主：主张有人才有事，事在人为，唯有以人为主，才有办法把事做好。中国式管理，可以说是人性化管理。第二，因道结合：认为制度化管理，不如以理念来结合志同道合的人士，大家有共识，比较容易同心协力，把一盘散沙，聚集起来发挥巨大的力量。第三，以理而变：合理解决，一直被视为比依法办理更为合乎道理的方式。中国式管理，也可以说是合理化管理。

资料来源：曾仕强：《中国式管理》，242～243 页、1 页，北京，中国社会科学出版社，2006。

东方管理学是研究古今中外管理的理论与实践及其运行规律的现代管理科学的重要学派之一，它是一门融合东西方管理思想精华的新学科。东方管理学根植于东方管理文化，汇集了东西方各族人民的智慧，其研究的主要范围涵盖着渊源于亚洲黄河和长江流域，印度恒河、印度河流域与两河流域，以及非洲尼罗河流域的一切人类管理活动的精华，它也是东方各民族在漫长的历史生产和生活实践活动过程中创造并积累下来的……从渊源上看，东方管理的历史相比较西方管理要长得多……从内容上看，东方管理要比西方管理丰富得多……从目标上看，东方管理比西方管理更注重实现人与自然、人与社会、人与人的关系的和谐发展。

资料来源：苏东水：《东方管理学》，3～4 页，上海，复旦大学出版社，2005。

一个理想的中国管理，应该是管理哲学时代的理想典型。

“C 理论”以中国的《易经》哲学为基础，以阴阳五行为主干，融合中国古代哲学的诸子百家，统合现代东西方的各种管理理论与学说，从而形成一个具有中国特色与时代特色的崭新的管理哲学系统。

资料来源：成中英：《C 理论：中国管理哲学》，6 页、31 页，北京，中国人民大学出版社，2006。

中国式管理陷入了如下的误区：把非科学因素掺入管理科学、对西方现代管理的简单否定、纯粹从古代思想中寻找源泉、所提倡的管理思想脱离现代企业管理实践、将一些特殊的原则普遍化。

中国管理的理论漏洞：忽视事实、不求甚解、颠倒是非、权威导向、思想肤浅。

资料来源：张羿：《中国式管理批判》，序言 2～3 页、51～59 页，北京，中国时代经济出版社，2007。

我们发现，“中国式管理”已经被人化了浓妆，变得连中国人自己都不认识了。那么，“妆”来自何处？第一层妆：披“国学”的虎皮，拉“传统”的大旗。第二层妆：迫不及待地“自立门户”，急不可耐地“立言著说”。

资料来源：杨继刚：《给中国式管理卸妆》，载《企业管理》，2011（5）。

复习思考题

1. 了解我国公务员制度的发展历史。
2. 熟悉我国公务员制度的特点，并与欧美发达国家公务员制度作一比较。
3. 分析我国公务员制度存在的问题及持续完善的方向。
4. 分析我国事业单位人事制度存在的问题与深化改革的方向。
5. 了解我国公共部门人力资源队伍建设的目标与要求。
6. 评价“中国式管理”或“中国式人力资源管理”。

第2篇

公共部门人力资源规划与招录

第4章 人力资源规划

学习重点

公共部门欲实现自己的愿景、使命和价值追求，必须在未来的不同时期都具有数量合适、质量恰当、结构合理的人力资源，人力资源规划正是立足于此，从战略角度出发，科学地预测人力资源供求关系，有效地配置人力资源，并以此指导人力资源管理的各个环节和各项活动。学完本章，应掌握人力资源规划的内容和方法，以及人力资源战略规划的含义、程序，了解发达国家宏观人力资源战略规划。

4.1 人力资源规划的含义与程序

4.1.1 人力资源规划的含义与作用

公共部门人力资源规划，是组织根据其在一定时期内的战略目标，科学预测组织在未来环境变化中对人力资源在数量、质量和结构上的需求状况，制定出满足该需求的实施步骤、相应政策、经费预算等的管理活动。

公共部门人力资源规划可分为宏观与微观两大部分。宏观的人力资源规划是从整个公共组织系统和人员队伍出发，在分析组织的机构和预算状况走势的基础上，确定一个时期内对人员的总体需求状况，以求组织的职位与人员数量、素质结构在总量上达到基本均衡。为此，公共部门要对组织现有人员的数量和质量（存量）予以把握，并依据组织的发展趋势，预测未来几年内组织对人员的需求情况和需求方向。这一规划过程具有战略性，应是公共部门自身战略发展规划的重要组成部分。另外，各公共组织人事主管部门还要针对每年人员进出及内部流动情况，作出年度人力资源需求与分配计划。

微观的人力资源规划，是指各公共部门根据本部门职位的需要和部门预算情况及人力资源发展方向，在工作分析的基础上，确定本部门在一个时期或一个财政年度内，对人力资源的需求状况，制定出人力资源招录与配置的计划，为部门的其他人力资源管理职能奠定基础的活动。微观的人力资源规划是宏观人力资源规划的基础和有机组成部分，从程序上说，只有微观人力资源规划的信息汇集，才可能制定出宏观的公共部门人力资源规划；从结果上说，微观人力资源规划所包含的信息的准确性，决定了宏观人力资源规划预测的科学性。因此，各部门人力资源规划的过程，实际上集中体现了公共部门不同层次人力资源规划管理的过程。

为了适应组织对未来发展战略的要求，人力资源管理必然采取相应的对策。引入人力资源规划，尤其是战略规划，就是对组织发展作出的积极主动的回应。人力资源规划的本质就在于，为适应组织现在与未来发展的要求，预测和确定组织需要多少数量、什么质量、何种结构的人力资源。因此，正是人力资源规划明确了组织应招录什么样的人力资源，应开发和使用哪些类型的人力资源，应采取何种培训开发将员工塑造成为组织未来所需要的人才。人力资源规划的应用，不仅仅是现代管理技术方法的进步，更意味着人力资源管理理念与价值的更新，即标志着现代人力资源管理由只重视员工数量转向数量与能力素质结构并重；由注重短期利益转向注重组织的持续成长和战略发展。随着公共部门的发展，公共部门人力资源规划的作用也变得越来越突出，具体而言，主要表现为政治作用、行政作用、经济作用、有利于人力资源管理技术的科学化、满足员工的个体价值需求。

4.1.2 人力资源规划的种类

除上文提到的宏观和微观的公共部门人力资源规划的分类外，人们通常把人力资源规划分为总体规划和业务计划，这同时也是人力资源规划的内容。

1. 总体规划

总体规划是以组织的战略目标和未来发展趋势为依据，围绕规划期内人力资源管理的总目标、总方针和总政策，按照实施步骤、时间安排、经费预算等若干思路进行设计。如果整个组织面临大的变动或需要重组，必须考虑组织结构及职位的重新分析，并在完全确定的基础上进行总体规划。

2. 业务计划

（1）补充计划。这通常包括人员补充的类型、数量、结构比例和要达到的绩效；人员的来源、任职资格、工资待遇和社会保障；文件的拟订、广告与新闻发布、公开报名、笔试与面试、调任、转任与轮换；招聘、选拔的费用预算等。

（2）使用计划。这包括各部门的“三定”（定编、定岗、定员）方案及其职位分类与设置标准、绩效目标、交流和调配制度目标等；任职资格考核办法、聘任与解聘制度及其规范、年度考核制度与奖惩措施；各项制度、措施和办法的时间安排；薪酬预算等。

（3）培训开发计划。这包括培训开发的目标（如提高人员的政治、业务素质，减少非正常流动的频率，增强组织的凝聚力，激励与提高工作满意度等），培训开发的相关政策或办法（促进开发的政策、员工的终身教育办法、发挥职工“长处”或“优势”的特殊教育措施等)，不同培训开发的时间安排（短期、中期、长期)，教育、培训、进修、考察、调研经费的预算等。

(4) 绩效考核与激励计划。这主要包括激励政策、薪酬政策，考核体系的完善，公正与公平的评价机制的建立；分步实施的时间安排；增加工资、奖金、福利的费用匡算等。在具体的规划中，根据情况还可增加若干项目，但规划的名称和内容必须与本单位的实际情况相吻合，与总体目标相一致。

实际工作中，业务计划的内容很多，除上述计划外，还有晋升计划、团队建设计划、劳动关系计划、老职工安排计划等。

此外，从人力资源规划的时限来看，人力资源规划也可划分为长期规划或战略规划(5 年或 5 年以上)、中期规划或战术策略规划（2～5 年）和短期规划或作业规划（1～2 年)。短期规划，特别是年度规划已成为公共部门比较制度化的工作程序，而战略规划和中期规划目前仍是公共部门比较薄弱的环节。当然，这些规划应与组织的其他规划相互联结。长期规划要考虑组织的发展目标和各种内外环境因素，预计未来组织对人员的需求并估计远期的人力资源数量，其重点在于分析问题，而不在于进行详细的预测。中期规划要对人力资源的需求、供给情况作详细预测，然后根据预测的情况来制定具体的行动方案。短期规划要涉及一系列的具体操作实务，要求任务具体明确，措施便于实施。

4.1.3 人力资源规划的程序

1. 确立目标

这是人力资源规划的第一步，主要根据组织的目标来制定，这一步相当重要。目标分为“硬性”与“软性”两种。“硬性”目标包括人员年龄结构、学历层次、职称比例、人力总成本、一线人员占全部员工的比例等一些可以量化的结构性或有确定性指标的目标。“软性”目标包括工作满意度、员工成熟度、员工职位适合度、领导者素质与形象的提升程度、组织效能的提高程度、组织文化建设目标的达成等不易量化（但可以用调查表等手段定量与定性结合描述）的目标。

2. 收集信息

需收集的信息主要包括组织内外环境的变化趋势、战略方向、人力资源现状等，不仅要了解现实情况，更要认清潜力与存在的问题。为此，需调查分析内、外人力资源的供需状况。外在人力资源的供需状况包括劳动力市场的结构，市场供给与需求现状，教育培训政策，劳动力职业观、择业心理等。对于内在的人力资源供需与利用情况的调查分析，通常是人力资源规划中最重要的部分，一般包括现有员工的一般情况（如年龄、性别、知识、经验、能力、潜力、兴趣、需求、绩效等)，培训情况，人力资源流动情况，人力资源结构与现行的人力资源政策等。这些信息是人力资源规划的基础，为此，许多组织都建立了人力资源信息系统，以便随时更新修正，并为管理工作服务。

3. 预测供需

本阶段是人力资源规划中较具技术性的关键部分，是在上述收集的人力资源信息的基础上，采用经验判断、统计方法及预测模型等进行预测。主要目的是得出各计划期人力资源的余缺情况，即“净需求”。当然这与所实施或假定的人力资源政策相关，并对组织的管理风格产生重大影响。

4. 制定规划

首先制定人力资源的总规划，而后根据总规划制定各项具体的业务计划及相应的人力资源政策。各项业务计划相互关联，在规划时要全面考虑。这是人力资源规划中比较具体细致的阶段。

5. 实施、评估与反馈

这是将人力资源的总规划与各项业务计划付诸实施，根据实施的结果对规划进行评估，并及时反馈评估结果，修正人力资源规划。

由于组织内外存在诸多不确定因素，造成组织战略目标的不断调整，也导致人力资源规划不断变更，因此人力资源规划应当滚动进行，不断修正。这是一个长期的动态过程。

通常，人们往往只注重人力资源规划的制定与实施，而忽视人力资源规划的评估工作。事实上，规划要想取得成功离不开对它的评估，如果不对规划进行评估，就不可能知道规划的正确与否，不可能知道其缺陷所在，也就不可能有效地指导整个人力资源管理工作，规划也就失去了其应有的价值。当然，评估的结果应及时反馈，使规划得以及时修正。下面这些具体问题是人力资源规划者在评估时应该注意到的：

（1）规划者熟悉人力资源问题的程度及对它们的重视程度。

（2）规划者与提供数据和使用人力资源规划的人力资源、财务部门及各业务部门的工作关系。

（3）有关部门之间信息交流的难易程度。

（4）决策者对人力资源规划得出的结果、行动方案和建议的使用程度。

（5）人力资源规划在决策者心目中的价值如何。

除了这些因素可以提供重要参考外，在评估时规划者还要对如下几个因素进行比较：实际招录人数与预测的人员需求量、劳动生产率的实际水平与预测水平、实际的与预测的人员流动率、实际执行的行动方案与规划的行动方案、执行行动方案后的实际结果与预测结果、劳动力和行动方案的成本与预算额、行动方案的收益与成本。

在对人力资源规划进行评估时，一定要保证客观、公正和准确；同时要进行成本—效益分析，因为一项人力资源规划往往要花费大量资金，没有效益的规划就是失败的规划；最后要注意的是，评估时一定要征求部门负责人和基层管理人员的意见，因为他们是规划的直接受益者，有多数人赞同的规划才是好规划。

4.2 人力资源需求预测

人力资源需求预测，是以与人力资源需求有关的某些组织因素为基础，来估计未来某个时期组织对人力资源的需求。在进行预测之前，先要了解某一工作将来是否确实有必要，该工作的定员数量是否合理，现有工作人员是否具备该工作所要求的任职资格条件，未来的工作任务是否会发生变化等。在此基础上，再对人力资源需求作出预测。需求预测的方法分为两大类：定性方法和定量方法。

4.2.1　人力资源需求预测的定性方法

人力资源需求预测的定性方法主要有德尔菲法（Delphi Method）、访谈法、经验判断法等，其中使用较多的是德尔菲法。德尔菲法是邀请某一领域的一些专家或有经验的管理人员对某一问题进行预测，有时也称为专家预测法或天才预测法。该方法在管理中的应用始于20世纪40年代末，由美国兰德公司（RAND）的“思想库”发展而来。

德尔菲法与一般的主观判断方法并不相同。一方面，它吸取和综合了众多专家预测的智慧，以克服个人预测可能出现的信息量小、判断不够准确的缺点。另一方面，它不采用集体讨论的方式。因为，若专家们面对面地进行集体讨论，会使一些人由于受身份、地位差别等因素的影响而不愿批评他人，乃至放弃自己的合理意见。故在德尔菲法中，使用一个“中间人”或“协调员”在专家之间收集、传递、归纳反馈信息。德尔菲法往往要经过几轮的预测，使专家的意见渐渐趋向一致，有较高的预测准确性，如上海一家大型集团公司曾同时采用此方法和定量分析方法预测某一时期的专门人才数，结果两种方法得到的结果十分相近。德尔菲法的主要步骤如下：

（1）提出要求，明确预测目标。向专家提供有关情况和资料，征求专家意见及补充资料。

（2）提出预测问题。由专家对调查表所提问题进行评价并说明理由，然后由协调人员对专家意见进行统计。

（3）修改预测。要求每位专家根据反馈的第二轮统计资料，再次进行判断，并要求持异议的专家充分陈述理由。

（4）再次（最后）进行预测，请专家提出其最后的意见及根据。

在使用德尔菲法时，需注意：（1）被调查专家要有一定的数量，一般不少于30人，且返回率不低于60%，否则缺乏广泛性和权威性。（2）给专家提供充分的信息使其能作出判断。（3）提高问题的质量；不要问那些与预测目的无关的问题；所提问题，应是所有专家都能答复的问题，且应保证所有专家都能从同一角度去理解，避免造成误解。（4）在进行之前，首先应取得参加者的支持，确保他们能认真地进行每一次预测工作，以提高预测的准确性。同时也应向组织高层说明预测的意义和作用，取得决策层和其他高级管理人员的支持。（5）只要求专家作粗略的数字估计，而不要求精确。

该法的难点在于如何提出简单明了的问题，如何将专家的意见归纳总结。为此，可以采用名义小组讨论法，即请专家或有经验的管理人员围在一张桌旁，每人根据现有的信息与资料，列出一张问题清单，“中间人”再将所有专家提出的问题一一列出，由各位专家予以归纳。

4.2.2　人力资源需求预测的定量方法

人力资源需求预测的定量方法也有多种，主要介绍如下几种：

1. 工作负荷预测法

该法是根据工作分析的结果计算出劳动定额，再按未来的产品生产量目标计算出总工作量，然后折算出所需人数。劳动定额是产品生产过程中劳动消耗的一种数量标准，是指在一定的生产技术和劳动组织条件下，员工为完成一定量的工作所必须消耗的工时，或者在规定的时间内所必须生产的合格产品的数量，前者即为工时定额，后者即为产量定额。按照上述原理，则：

$$\text{每年(月)所需员工数}=\frac{\text{每年(月)所需工作总量}}{\text{每年(月)每位员工所能完成工作量数}}=\frac{\text{每年(月)所需工作总时数}}{\text{每年(月)每位员工所能完成工作时数}}$$

2. 成本分析预测法

该法是从成本的角度进行预测，其公式如下：

$$NHR=TB/[(S+BN+W+O)\times(1+a\cdot T)]$$

式中，NHR 为未来一段时间内需要的人力资源数量；TB 为未来一段时间内人力资源预算总额；S 为目前每人的平均工资；BN 为目前每人的平均奖金；W 为目前每人的平均福利；O 为目前每人的平均其他支出；a 为组织计划每年人力资源成本增加的平均百分数；T 为未来一定年限。

3. 发展趋势分析预测法

该法和成本分析预测法有相似之处，只是前者着眼于发展趋势分析，后者着眼于人力资源成本分析。其公式如下：

$$NHR=a\cdot[1+(b-c)\cdot T]$$

式中，NHR 为未来一段时间内需要的人力资源数量；a 为目前已有的人力资源数量；b 为组织计划平均每年发展的百分比；c 为组织计划人力资源发展与组织发展的百分比差异，主要体现组织在未来发展中提高人力资源效率的水平；T 为未来一定年限。

4. 回归预测法

运用回归预测法预测，仍然是以组织某些因素与人力资源数量之间的关系为基础，但由于是通过数理统计方法建立回归方程进行预测，所以，这具有相对较高的精确性。

（1）一元线性回归预测法。

如果仅考虑公共部门某一因素对人力资源需求的影响，就可以采用一元线性回归进行预测。如当人力资源的历年数据呈较有规律的近似直线趋势分布时，可求得回归方程 $y=\alpha+\beta x$，其中因变量 y 为人力资源需求量；自变量 x 为公共部门提供的产品或服务数量；α 是需要根据公共部门过去的数据进行推算的未知系数，表示当 $x=0$ 时，y 的数值，即长期趋势的基期水平；β 为趋势斜率，即 x 每变动一个单位时的增减量。α 和 β 的估算的方法有多种，其中，根据最小二乘法计算的公式是：

$$\alpha=\frac{\sum y}{n}-b\frac{\sum x}{n},b=\frac{n(\sum xy)-(\sum x)(\sum y)}{n(\sum x^2)-(\sum x)^2}$$

运用此法，需满足一定的条件，即人力资源的增减趋势保持不变，内外环境保持不变，因而此法虽较简单、实用，但有较大的局限性。

（2）多元线性回归预测法。

上述方法虽简单实用，但要求严格，而实际情况要复杂得多，因为影响公共部门人力资源需求的因素远远不止一个，像职能、人员素质、管理的技术手段等的变化都会对人力资源数量产生影响，因此，如果考虑两个或两个以上因素对公共部门人力资源需求的影响，则必须使用多元线性回归预测法和多元非线性回归预测法。多元线性回归预测的基本公式可表达为 $y=\alpha_0+\alpha_1x_1+\alpha_2x_2+\cdots+\alpha_ix_i$，其中，$y$ 为人力资源需求量，x_1，x_2，…，x_i 为影响人力资源需求量的若干因素，α_0，α_1，α_2，…，α_i 是根据过去的数据进行推算的未知系数。所以，找出和确定人力资源需求随各因素的变化趋势，就可推测出将来某确定年份的人力资源需求量。用文字叙述，其基本步骤如下：

1）确定适当的与人力资源需求量有关的若干因素。这些因素应与组织的基本特征直接相关，而且它的变化必须与所需的人力资源需求量变化成比例。

2）找出历史上这些因素与人力资源数量之间的关系。例如，医院中病人数量与护士数量的比例关系，学校中学生数量与教师数量的比例关系等。

3）计算劳动生产率。

4）确定劳动生产率的变化趋势，以及对趋势的调整方式。为此，必须收集该时期的具体产出和人力资源数量的数据，依此计算出平均每年生产率变化和组织因素的变化，这样就可预测下一年的变化。

5）预测未来某一年的人力资源需求量。

显而易见，这种方法不以时间作为预测变量，能够考虑组织内外许多因素对人力资源需求的影响，预测结果相对准确，但该法非常复杂。可问题还不仅如此，如果历史数据显示某些因素与人力资源需求量之间不是一种线性关系，那就得用多元非线性回归预测法。由于该法计算难度大，因此在实际应用时，通常要利用一些数学方法将其转化成线性回归进行计算。

4.3 人力资源供给预测

人力资源供给预测，是对未来一段时间内组织内部和外部的人力资源供给情况进行的预测。在完成了人力资源需求预测之后，接下来就要了解该部门能否得到足够的人员去满足这种需求。对任何一个组织而言，人力资源的总体供给预测都是其必备的信息储备。因为它提供了社会中人力资源的结构、劳动力市场的流动状况及组织所需人力资源的来源。通过供给预测，组织可以了解规划的合理程度，有效地配备各种资源，降低成本支出，提高资源的使用效率。相比较而言，人力资源供给预测的范围更广，更富有前瞻性。它超越了个人偏见和一个组织的界限，面对的是整个社会及其教育体系和劳动力市场，是全方位获取信息。人力资源供给预测，包括人力资源内部供给预测和人力资源外部供给预测。

4.3.1 人力资源内部供给预测

根据公共组织内部人力资源信息，预测可供给的人力资源，以满足未来一定时期人力资源的需求，即为人力资源内部供给预测。任何一个组织在其发展过程中，由于内部流动和人员流失而出现职位空缺是常有的事，大部分空缺往往通过内部的人员轮换、转任、调配、晋升等方式加以填补。尤其是公务员职位和专业技术职位，大多数情况下都由组织内部具有一定经验及相应资格的人员担任。所以，在进行人力资源内部供给预测时，应充分利用组织内的人力资源信息系统，认真分析组织现有人力资源的整体结构，全面了解组织现有人员的个体情况，并由此预测现有人力资源可满足组织未来需求的程度。内部供给预测的方法也可分为定性方法和定量方法两种，前者的典型代表是人员继承法，后者的典型代表是马尔可夫转移矩阵法，下面分别介绍这两种方法。

1. 人员继承法

人员继承法又称人员接替法，是对现有人员的状况进行调查、评价后，列出未来可能的继任者。该法为国内外许多组织所采用，而且被认为是一种把人力资源规划与组织战略目标有机结合起来的较为有效的方法。它同我国公共组织实施的后备干部选拔和培养计划有相似之处。该方法涉及的内容主要是对人员的总体评价，包括能力、绩效、潜力和发展计划，如现职和所有接替人员的现有能力、绩效和潜力，其他关键职位上的现职人员的能力、绩效和潜力及对其评定的意见等。下面以管理人员为例，说明其大体做法：

（1）制定一份组织各层次部门管理人员职位的继任计划。

（2）每一管理职位确定 1～3 名继任候选人，继任候选人通常从下一级现职管理人员中物色。

（3）每年对现职管理人员和继任候选人作一次评估，以评定现职管理人员的实际表现和作为继任候选人的晋升潜力，并由此排列出候选人的候选次序。

（4）当管理职位出现空缺时，由具备晋升条件的继任候选人替补。

图 4—1 为一幅典型的继承图。字母和数字是对其绩效和晋升可能性的评估。A 表示现在就可提拔，B 表示还需要一定的开发，C 表示现职位不很合适。对其绩效的评估在此分为四个等级：1 表示绩效突出，2 表示优秀，3 表示一般，4 表示较差。通过这样一张图（还可延续下去），既可以使组织对其内部管理人员的情况非常明了，又能体现出组织对管

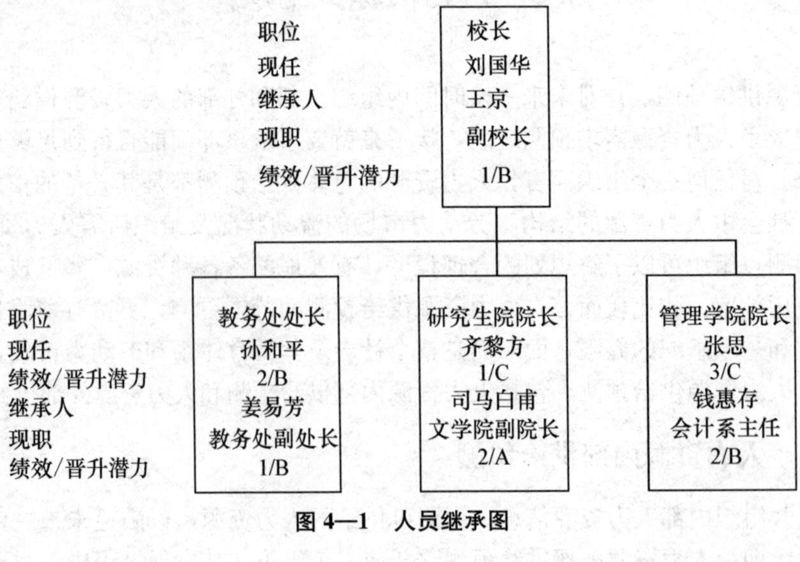

图 4—1　人员继承图

理人员职业生涯发展的关注。如果出现人员不能适应现职或缺乏后备人员的情况，组织就可尽早地做好准备工作。所以，有些组织认为该法非常有用，甚至认为它是人力资源规划最重要的部分。

在实际操作中，候选人可为多人，也可以暂时空缺。人员继任类似于财产、王位继承，可以是“直系亲属”，也可以是“非直系亲属”。职位候选人不一定来自本单位或本部门，其工作业绩也不一定是最佳的，但他最具备胜任该工作的能力或潜力。当然，还可采用表 4—1 所示的表格来表示人员继承情况。

表 4—1　人员继承表

职位：校长				
姓名	晋升可能性顺序	现职	绩效	晋升潜力
王京	(1)	副校长（分管教学）	1	B
孙和平	(2)	教务处处长	2	B
齐黎方	(3)	研究生院院长	1	C
张思	(4)	管理学院院长	3	C

2. 马尔可夫转移矩阵法

马尔可夫（Matov）转移矩阵法最早在荷兰军队中使用，后扩展应用于企业，它用定量方法预测具有相等间隔的时刻点上各类人员的数量，基本思想是找出过去人员变动的规律，以此推测未来的人员状况。这是一种动态的预测技术，其前提条件是：假定各类人员都是严格地由低向高移动，不存在越级现象，而且转移率是一个固定的比例。这样，一旦各类的人数、转移率和补充人数给定，未来人力资源分布就可得出。

该法可用以下公式来描述：

$$n_i(t)=\sum_{j=1}^{k}n_j(t-1)\cdot P_{ij}+r_i(t)\quad(i,j=1,2,\cdots,k)\tag{4—1}$$

式中：$n_i(t)$ ——时刻 t 时 i 类的人数；

P_{ij} ——从 j 类向 i 类转移的人员转移率；

$r_i(t)$ ——在时间（$t-1$，t）内 i 类人员的补充数量；

k ——工作分类数。

若 i 类中存在人员外流，则 $\sum_{j=1}^{k}P_{ij}<1$。

将式（4—1）写成矩阵方式，定义：

$$N(t)=[n_1(t),n_2(t),\cdots,n_k(t)]$$
$$K(t)=[r_1(t),r_2(t),\cdots,r_k(k)]$$
$$P=\begin{bmatrix}P_{11} & P_{12} & \cdots & P_{1k}\\ P_{21} & P_{22} & \cdots & P_{2k}\\ \cdots & \cdots & \cdots & \cdots\\ P_{k1} & P_{k2} & \cdots & P_{kk}\end{bmatrix}$$

则式（4—1）可改写为：

$$N(t)=N(t-1)\cdot P+K(t)\quad t=1,2,\cdots \tag{4—2}$$

可以说，马尔可夫转移矩阵法是一种基本的定量方法，时间序列法、线性规划法、计算机仿真技术等都是建立在该法基础之上的。

4.3.2 人力资源外部供给预测

当组织内部供给不能满足人力资源需求时，就必须到组织外部寻找可以供给的资源。外部供给预测是一种宏观资源环境分析，一般通过三种途径：一是关注每年有关学校毕业生的人数及其专业方向。二是各地劳动力市场的情况及其公布的统计资料，主要是分析市场上职业流动的原因、流向及未来趋势，本组织在吸引人力资源方面所具有的优势与劣势等。三是该组织的外部形象塑造与所处环境中可以直接利用的人员素质、数量。人力资源外部供给预测，说起来容易，做起来很难，而且往往形成一种悖论，即需要的人力资源，尤其是资格条件要求较高的管理职位或专业技术职位的人员供给有限，成为“抢手货”；相反，不需要或需求量很小的“大路货”却比比皆是。

需要指出的是，人力资源外部供给预测的影响因素有很多，预测时应考虑以下十点：

（1）本地区人口总量与人力资源率。它决定了该地区可供给的人力资源总量。

（2）本地区人力资源的总体构成。它决定了在年龄、性别、教育、技能、经验等层次与类别上可供给的人力资源的数量与质量。

（3）本地区的经济发展水平。它决定了对外地劳动力的吸引力。

（4）本地区的教育水平，特别是政府与有关组织对培训和再教育的投入，它直接影响供给的人力资源的质量。

（5）本地区同一行业劳动力的平均价格、与外地的相对价格、当地的物价指数等。

（6）本地区劳动力的择业心态与模式、本地区劳动力的工作价值观等。

（7）本地区的地理位置对外地人口的吸引力。

（8）本地区外来劳动力的数量与质量。它对本地区劳动力的供给同样有很大影响。

（9）本地区同行业对劳动力的需求也会影响本地区对本组织人力资源的供给。

（10）另外，还有许多本地区外的因素对当地人力资源供给有影响，如全国人力资源的增长趋势、全国对各类人员的需求与供给（包括失业状况）、国家教育状况、国家劳动法律法规等。

4.4 人力资源战略规划

4.4.1 人力资源战略规划的含义与公共部门战略的确立

1. 人力资源战略规划的含义

人力资源战略规划或基于战略的人力资源规划，出现于20世纪90年代。从20世纪70年代开始，人力资源规划开始广泛成为国外许多大企业和政府机构的活动，其中一个明显的变化是，人力资源规划上与战略规划相联系，下与制定具体的行动方案相结合。企业采用了多种技术工具以确保战略方法的务实性，开发出能将人力资源规划与战略计划结合的方法。20 世纪 90 年代之后，随着经济结构的重大调整与市场环境的快速变化，企业需要更多地关注人力资源战略；同时，全球化导致竞争在跨企业、跨地区、跨国家的环境中进行，政府需要从宏观角度对人力资源进行规划，所以，美国等发达国家纷纷制定宏观人力资源战略规划。但就国内来说，存在企业人力资源规划与人力资源战略之间关系的界定问题。目前学术界主要有两种观点：一是组织的人力资源规划包含了组织的人力资源战略。因此，就可把人力资源规划分成“广义的”和“狭义的”两种：广义的人力资源规划包含人力资源“战略计划”与“战术计划”两个方面。前者是人力资源战略，后者是人力资源规划或人力资源计划。另一种观点认为“计划”与“规划”应有的区分性显得不够，故而赞成将“人力资源规划”与“人力资源战略”视为两个完全独立的概念，并且“人力资源战略”是“人力资源规划”的基础，“人力资源规划”是“人力资源战略”的具体延伸与实施。[①] 二者之间的关系主要表现为：（1）人力资源战略是人力资源规划的前提；（2）人力资源规划是人力资源战略的延伸；（3）缺乏“战略”的人力资源规划会失去规划的方向目标；（4）缺乏“规划”的人力资源战略只能变成空谈式的观点，会被束之高阁，难以“落地”；（5）人力资源战略与人力资源规划相辅相成、缺一不可，是一项有先后次序的工作；（6）人力资源战略与人力资源规划是层面不同的工作，其中“人力资源战略”的工作层面要高于“人力资源规划”的工作层面。从它们的关系中可以看出，人力资源战略与人力资源规划同样重要，虽然两者相辅相成，缺一不可，但有先有后。“战略”是高瞻远瞩的东西，是从宏观层面把握事物发展趋势、本质特征的一种预测性的分析与观点，更多地表现为一种思想，它强调的是整体性、长远性、全局性，是人在行动前的一种“基本性的谋划”；“规划”是“战略”的一种实施方案、实施方法，是贯彻“战略意图”的比较具体的、可行的行动措施，它更多地表现为一种方案，强调的是计划性、可操作性、可行性等，战术层面的内容更多一些。

2. 公共部门战略的确立

人力资源战略规划是组织人力资源战略整体框架的重要组成部分，要求规划主体在组织愿景、组织目标和战略规划的指引下，站在战略的高，针对人力资源活动的特点，把握人力资源的需求与供给，动态地对人力资源进行统筹规划，努力平衡人力资源的需求与供给。因此，确立公共部门的发展战略是前提。

申克尔（D. E. Schendel）与霍佛（C. W. Hofer）于 1979 年提出的战略管理理论的概念基础和范式，被认为是战略管理（strategy management）诞生的标志。到 20 世纪 90 年代，战略管理研究领域出现了差异更细微的学派，明茨伯格等将十种不同的战略思维方式归纳为战略形成的十大流派，即设计学派、计划学派、定位学派、企业家学派、认识学派、学习学派、权力学派、文化学派、环境学派与结构学派。保罗·C·纳特（Paul C. Nutt）和罗伯特·W·巴可夫（Robert W. Backoff）分析了公共部门兴起和发展战略管理的原因是：新成立或成长中的组织、稳定资助的需要、扩张的欲望、对组织扮演更多角

① 参见黄亨煜：《基于战略的人力资源规划》，载《中国人力资源开发》，2006（7）。

色的要求、监事会的教育、领导的更换、法令对计划的要求、整合的需要、协调行动、墨守成规、政治威胁和远景目标。[①] 陈振明认为导致公共部门引入战略管理的内外因素主要有：复杂的不确定性环境的挑战、政府改革的产物、新公共管理主义的推动与私营部门战略管理的示范性影响。[②]

纳特和巴可夫提出了根据环境的类型来确定的高行动性战略、低行动性战略、行动与回应度的结合与战略转换等。戴维·奥斯本（David Osborm）和彼德·普拉斯特里克（Peter Plastrik）基于自己的战略定义——“我们所说的战略，并不是指详尽的计划……是指利用关键的杠杆作用支点进行根本变革，使得变革的‘涟漪’（ripple）波及整个组织，并影响其他方面……政府再造者所面对的挑战（无论是在英国、美国，还是在其他地方）都是利用杠杆作用（leverage）将很少的资源积聚为巨大变革的良机。讲究战略意味着运用一切可能的杠杆作用，以一种能够变革每个人的行为模式的方式来改变制度中的动力机制”[③]，提出了“五C战略”，即核心战略（core strategy）、后果战略（consequences strategy）、顾客战略（customer strategy）、控制战略（control strategy）与文化战略（culture strategy）。劳伦斯·琼斯（Lawrcnce R. Johnes）和弗雷德·汤普逊（Fred Thompson）提出了“五R战略”：重构（restructuring）、重建（reengineering）、重塑（reinventing）、重组（realigning）与重思（rethinking）。

但是，公共部门引入战略管理也引来了不少批评，问题的焦点还是公共部门与私营部门、公共部门管理者与私营部门管理者的差异，这确实是公共部门应用战略管理必须正视的，也正如明茨伯格等在分析战略的利弊时谈到的：“任何关于战略的讨论都是以达成‘战略是一把双刃剑’的共识而宣告结束。因为与战略相关的每一种优势，总是伴随着一种缺陷……战略对组织的作用就如同眼罩对马的作用：战略可使组织直线前进，但却失去了观察周围的眼光，采用和不采用战略和战略管理过程对组织都很重要。”[④]

4.4.2 西方发达国家宏观人力资源战略规划[⑤]

从发展变迁的视角看，西方发达国家的人力资源规划，从微观领域发展到宏观领域经历了一个比较长的过程。即使在20世纪70年代，政府组织开始制定并实施人力资源规划时，仍局限于一个微观组织的政府内部。到20世纪90年代，一方面，企业人力资源规划的技术更趋成熟，而且企业越来越关注人力资源战略的选择，以便能有效地应对外部环境的变化，有力地支撑组织总体战略目标；另一方面，外部环境的迅速变化也给政府部门提出了严峻的挑战。由于政府的宏观管理职能，其微观组织的人力资源管理活动可能影响到整个宏观结果，所以，政府也迫切需要改进其人力资源管理体系。更重要的是，由于全球

① 参见［美］保罗·C·纳特、罗伯特·W·巴可夫：《公共和第三部门组织的战略管理：领导手册》，8～16页，北京，中国人民大学出版社，2001。

② 参见陈振明：《公共管理学原理》，370～374页，北京，中国人民大学出版社，2003。

③ ［美］戴维·奥斯本、彼德·普拉斯特里克：《摒弃官僚制：政府再造的五项战略》，30页，北京，中国人民大学出版社，2002。

④ ［美］亨利·明茨伯格等：《战略历程：纵览战略管理学派》，12～13页，北京，机械工业出版社，2002。

⑤ 参见曾湘泉、杨伟国：《宏观国外人力资源战略规划》，载《职业技术教育》，2007（12）。

化竞争的复杂多变，作为一个区域的管理机构的政府也面临着优化资源、应对环境挑战的压力，而由于以知识为基础的经济结构的出现，以及宏观人力资源管理的外部性收益，政府从宏观角度对人力资源管理进行科学规划，以促进宏观经济的发展就势所必然了。所以，从 20 世纪 90 年代起，以美国为代表的发达国家纷纷制定区域性或部门性的人力资源战略规划，以有效指导宏观人力资源管理。

1. 制度框架

在西方发达国家，任何政府行为都必须具备制度上的保证，人力资源战略规划的制度保障主要来源于三个方面：

(1) 直接来自法律的要求或者直接提交立法机构批准。如美国纽约州 2000 年制定的未来五年的人力资源规划直接来自联邦立法的要求。该规划是纽约州执行《劳动力投资法》(Workforce Investment Act，WIA) 的规划，由纽约州劳动力投资委员会 (Workforce Investment Boards) 负责执行。

(2) 作为政府整体改革计划的一个组成部分。如加拿大渥太华市的人才规划。2001 年，为了保持和增强渥太华市的竞争优势，重新合并的渥太华市制定了一个名为“精明增长”(smart growth) 的改革计划，并由此产生了渥太华市增长管理战略——《渥太华 20/20》，其中《渥太华人才规划 2020》是其一个子规划。

(3) 履行公共部门人力资源管理部门的法定职责和义务。如美国联邦人事管理局制定的《美国联邦人事管理局战略计划 2002—2007》等。

2. 愿景目标

不管宏观人力资源战略规划是处于什么样的制度背景而制定的，最重要的是该规划必须确立与政府目标相一致的愿景目标，因此，在所有的人力资源规划中，愿景与战略目标都要详细而又清楚地表达出来。美国明尼苏达州为其人力资源体系确立的愿景是：为了明尼苏达州全体公民的利益，而对全州的管理者和雇员施加积极的影响。加拿大渥太华市人才规划设定的愿景是：作为渥太华人，我们想创造一个有效的“一人式”(one table，one voice) 模式来充分利用劳动力的机会和迎接劳动力的挑战；通过一种集成的方式来采取行动。该规划设计了一个 20 年的远景目标行动指南，明确了未来五年的战略优先权，着重强调了下一年的行动方案。加拿大不列颠哥伦比亚省公共部门雇员关系委员会在其计划中确立的愿景是：委员会在促进公共部门取得显著成绩方面是一个关键的合作者，它通过联系我们的委托机构，提供优质的人力资源服务。该委员会通过卓越的服务、卓越的工作环境和卓越的人员，提供人员管理和人力资源服务方面的指导，以支持公共部门取得显著的成绩。委员会的目标是：

(1) 劳动力调整——劳动力从今天的业务实践 (business practice) 向未来的业务实践的迅速转变。

(2) 公共部门更新——创新建立和保持专业化的公共服务水平来满足不列颠哥伦比亚省的需要。

(3) 人力资源组织和实践——确保人力资源实践是最新的和最有效的，以及公共部门是最高效的、有组织的。在与政府战略计划的一致性方面，委员会的目标直接与所有的政府权力相联系，因为一个强大的、有效的公共部门是以政府实施它的权力和目标为基础的。委员会的目标直接与政府在一种“创新、有魄力、以结果导向和责任的方式”下运作相联系。委员会的目标与远见和不列颠哥伦比亚省政府建立的管理原则——战略计划相一致，特别是那些要求“责任、磋商和道德规范的高标准”、“关注政府部门的有效性”与“创新和以目标为导向的公共部门”的原则。委员会就是确保在公共部门所有层次中的人力资源管理和监督方面提供负责的和优秀的服务。

3. 战略选择

在人力资源战略规划的愿景与战略目标确定后，通常进行适当的内外环境分析，以明确所面临的外部挑战及现行政策的能力不足，并在此基础上明确改进的方向，选择合适的战略。可以说战略是为了实现愿景目标，根据特定的内外部环境所选择的行动计划与方案。[①] 如加拿大不列颠哥伦比亚省公共部门雇员关系委员会在其规划中极为细致地确定战略，以确保规划所设定的愿景目标能最终实现。其三大目标被进一步细化为子目标，并根据子目标来确定相应的战略，从而保证目标与实现目标的战略的一致性。例如，该委员会把上述目标细化为六项子目标，并为每一项子目标确定了不同的战略。

4. 实施评估

宏观人力资源规划需要一种技术，能够将目标转化为可测量的指标或者提出测量目标的改进，即对目标完成的情况进行绩效考核，进而对不太理想的绩效进行控制与改进，以尽可能地到达目标的要求，从而形成一个完整的绩效管理过程。因此，对战略实施的评估与对绩效管理的强调极为突出。如纽约州强调绩效管理体系的建立，特别是绩效改进，因此，对规划的最终责任更清晰，对规划的执行更有力，也有助于战略目标的实现。在其人力资源五年规划中，绩效管理的五个核心方面被明确规定。

（1）对 15 种核心指标和两种顾客满意度指标来说，州政府和地区委员会将通过协商共同决定它们的绩效目标的分级。

（2）确保州有到位的综合数据系统和报告过程对规划执行过程进行跟踪。纽约劳工局已经选定了一站式操作系统（OSOS），作为 WIA 要求的案例管理/WIA 报告系统。

（3）确定州用于评价求职者和雇主的顾客满意度的系统。纽约州使用问卷调查来评估顾客满意度，并已经使用了大量不同种类的顾客满意度调查问卷来寻求改进机会。

（4）确定将采取的确保与主要参与者的合作关系和持续改进全州劳动力投资系统的措施。州长在州委员会的协助下，负责制定综合的州绩效标准并给各地区委员会提供反馈。与州和地方所有的参与者之间协商及讨论是发展绩效系统的重要部分，将保证合作和持续的绩效改进。

（5）确定州委员会和地区委员会绩效考核方法，以及对达不到预期标准的绩效的纠正措施（包括处罚与技术支持）。州委员会和地区委员会进行绩效考核的方式，是对参与者和各个地区在实现绩效标准方面的进展进行监督。

（6）纽约州推荐服务战略，以确保顾客对所提供的服务的种类和质量的满意度，以及保持这些服务的易接受性和有效性。

---

① 关于战略的选择制定详见本书第 12 章公共部门战略性人力资源管理的有关内容。

矫正措施主要包括：

（1）确认低绩效地区。

（2）确认导致实际绩效低于标准绩效的因素。

（3）提供技术支持，包括对制定绩效改进计划的支持，或制定地区修改计划的支持。

（4）如果实际绩效持续低于标准绩效，州长必须考虑采取矫正措施，可能包括：第一，任命和组建新的地区委员会；第二，禁止再使用那些已经证明为绩效不合格的特定服务提供者或一站式系统参与者；第三，采取其他的州长认为适合改进地方绩效的措施。州政府可能进一步使用那些从审查和监督项目过程中得到的信息，以确保州劳动力发展系统能实现州的战略愿景和目标。

与微观组织相比，宏观人力资源战略规划的特点是：

（1）具备法律上的保证。

（2）具备一个完整的逻辑结构，该结构普遍遵循战略管理的最优实践，主要包括愿景目标、战略选择与实施评估三个相互关联的部分。

（3）极为关注战略层面的内涵，而将传统意义上主要关心人员供给与需求预测的人力资源规划融入战略之中，或者仅仅关注人力资源供求的总体趋势，而不进行极为复杂细致的定量分析；规划技术发展的重点是根据愿景确定战略目标、实现目标的战略选择，以及战略实施的评估。

另外，宏观人力资源战略规划并不存在一个最佳的固定不变的形式，规划形式的确定完全取决于制定规划的法律框架、目标与战略。

4.4.3 人力资源战略规划程序

图 4—2 显示了人力资源规划的程序：

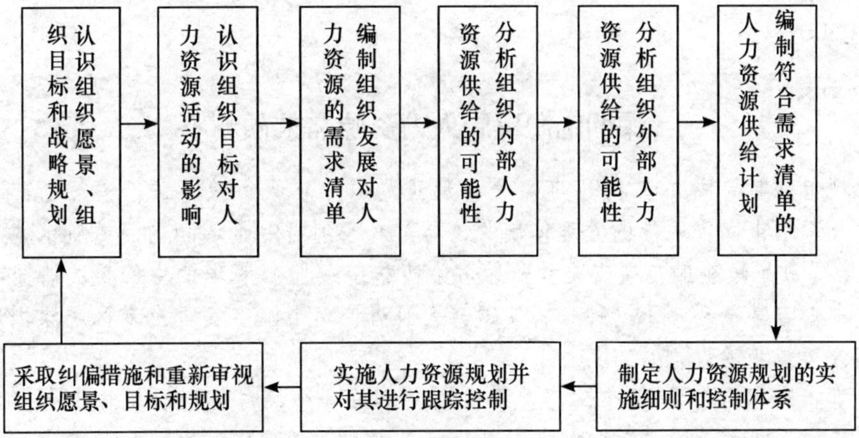

图 4—2 人力资源战略规划程序示意图

资料来源：《基于战略的人力资源规划流程》，见中国人力资源开发网，2005-03-31。

（1）认识组织愿景、组织目标和战略规划。只有在充分认识组织愿景、组织目标和战略规划的基础上制定的人力资源规划方案，才能够有效地协调人力资源活动和组织活动，保证人力资源规划的实施能够促进组织实现其愿景和目标。

(2) 认识组织目标对人力资源活动的影响。充分认识到组织目标对人力资源活动的影响，从而有针对性地开展相应的人力资源规划活动，制定相应的人力资源规划方案，以协调和支持战略规划的实施，从而促成组织愿景和组织目标的实现。

(3) 编制组织发展对人力资源的需求清单。在编制未来人力资源需求清单时，应当运用统筹的方法，系统、动态地考虑由于职位变动和组织发展而导致的人力资源需求变化。

(4) 分析组织内部人力资源供给的可能性，编制内部人力资源供给清单。

(5) 分析组织外部人力资源供给的可能性。当组织内部的人力资源供给无法满足组织未来的人力资源需求时，应当审视组织外部的人力资源供给，编制外部人力资源供给清单，从而主动地利用组织外部的条件来支持战略计划的实施。

(6) 编制符合需求清单的人力资源供给计划。在充分认识组织未来人力资源需求和组织内部与外部人力资源供给可能性的基础上，着手编制人力资源供给计划，平衡组织未来人力资源的需求与供给。

(7) 制定人力资源规划的实施细则和控制体系。人力资源规划的实施本身需要一套严格的实施细则和控制体系，这样人力资源规划的实施才能够具备相应的控制方法、控制标准及纠偏措施。

(8) 实施人力资源规划并对其进行跟踪控制。人力资源规划的实施细则，以及控制体系建立以后，就可以着手进行人力资源规划的实施，在实施过程中应当进行实时跟踪控制，保证人力资源活动不偏离战略规划的轨道。

(9) 采取纠偏措施和重新审视组织愿景、目标和规划。人力资源规划是一个具有闭环特征的程序，因此在实施过程中应当对其进行及时跟踪，及时发现偏差，并及时采取相应的纠偏措施，从而保证人力资源规划与战略规划保持协调一致，提高自身运作的有效性。

资 料

深圳市海事局人力资源需求预测

深圳市海事局成立于1996年，是部属正局（厅）级行政单位，实行以交通部为主，并与深圳市双重领导的管理体制。该局是对深圳沿海水域和内河通航水域总长度2.4万米码头岸线船舶交通安全和船舶污染实施统一监督管理的主管机关，同时承担深圳分中心日常事务，下辖蛇口、盐田、大亚湾、南山、宝安5个港区。深圳港是世界第四大集装箱港口。

深圳市海事局内设13个部门，下辖基层单位6个，另有附属机构1个。处室可划分成三块：机关综合处室、机关业务处室、基层业务部门。

机关综合处室主要包括局办公室、党组工作部、计划基建处、财务会计处、人事教育处、机关事务管理站、工会、信息化工作办公室、纪检监察处、服务中心及经济实体。其人事特征与其他政府机构有相似之处，人力资源配置主要受制于政治、行政的需要。

机关业务处室主要包括危管防污处、通航管理处、船员管理处、船舶监督处、法规规范处。其人员配置与海事业务增长之间有一定联系，但不如基层业务部门与业务量联系得那么紧密。

基层业务部门主要包括大亚湾海事处、盐田海事处、蛇口海事处、南山海事处、宝安海事处 5 个海事处和 1 个快速反应基地，以及 1 个附属机构。各机关业务处与各基层业务部门属于业务指导关系。6 个基层业务部门是深圳市海事局对深圳辖区水域和船舶实施安全监督管理的对外执法部门，肩负着水上交通安全和海域环境保护两大重任，人员配置具有较高的事务性特征，人员需求量大致与辖区水运业务的增长有较密切的关系。

随着深圳市海事局所承担的业务量的快速增长，人员数量经历了由急剧增长到逐渐趋于平缓增长的过程，其人员变化见表 4—2：

表 4—2　　深圳市海事局 1998—2005 年人员数量变化表　　单位：人

年份	1998	1999	2000	2001	2002	2003	2004	2005
总人数	210	205	212	223	249	256	265	273
在编	176	175	187	200	223	227	213	235
临时聘用	31	29	25	23	26	29	34	38

对海事局基层业务部门人员数量有较大影响的主要是海上交通流量。2001—2005 年，海上交通流量以年均 13.7%的速度增长（见表 4—3）。

表 4—3　　2001—2005 年深圳市海事局辖区海上交通流量数据表　　单位：艘次

年份	2001	2002	2003	2004	2005
过往船舶艘次（大致）变化情况	150 000	175 000	185 000	200 000	200 000
船舶进出口艘次变化情况	124 834	136 462	174 134	220 254	259 662
海上交通流量	274 834	311 462	359 134	420 254	459 662

问题：假定海事局基层业务部门的人员数量占海事局总人员数量的 52%，如果 2006 年海上交通流量增加到 490 000 艘次，在不考虑其他因素的情况下，请计算深圳市海事局基层业务部门的人员需求量。

资料来源：陈天祥：《公共部门人力资源管理及案例教程》，110～112 页，北京，中国人民大学出版社，2008。

复习思考题

1. 如何理解人力资源规划的含义、地位和作用？
2. 人力资源规划主要有哪些种类？其基本程序是什么？
3. 熟悉工作负荷预测法、成本分析预测法、发展趋势分析预测法的计算方法。
4. 试对以下某组织的历史数据（见表 4—4）进行分析后，按一元线性回归预测法预测其今后三个月所需的人员数量。

表 4—4

2010 年	1 月	2 月	3 月	4 月	5 月	6 月	7 月	8 月	9 月
某组织人员数	18	21	20	24	25	27	30	31	34

5. 用马尔可夫转移矩阵法预测某组织 A、B、C 三个部门在第四年的人员数。若已知从第 i 部门（含外部）转移到第 j 部门（含流出）的人员转移比例的政策，如表 4—5 所示（政策年年不变，转移机会人人均等，而且以后每年年初招聘进入的人数等于上年年末流出的人数）：

表 4—5

	A 部门	B 部门	C 部门	流出到外部
A 部门	0.8	0	0.1	0.1
B 部门	0.1	0.5	0.1	0.3
C 部门	0.1	0.2	0.5	0.2
外部获取	0	0.1	0.9	0

若初始年 A 部门有 10 人，B 部门有 20 人，C 部门有 30 人，可以从外部招聘 10 人，那么第四年 A、B、C 三个部门各有多少人？

6. 掌握人力资源战略规划的内涵和公共部门战略的类型。

7. 熟悉人力资源战略规划的程序与国外宏观人力资源战略规划。

8. 对目前我国党政机关和事业单位的人力资源规划，你有何评价与建议？

第5章

工作分析与工作评价

学习重点

工作分析与工作评价是人力资源管理的两块基石之一，科学、周密、细致及符合组织现实和未来发展的工作分析与工作评价夯实了整个公共部门人力资源管理的基础。学完本章，应掌握工作分析与工作评价的主要概念和术语、国内外常用的收集工作信息的方法、工作说明书的编写，以及工作评价的技术等。

5.1 工作分析与工作评价的含义与功用

5.1.1 工作分析与工作评价中的若干术语与概念

1. 要素

要素是指工作中不能再继续分解的最小动作单位。例如削铅笔、从抽屉中拿出文件等。

2. 任务

任务是指为了达到某种目的所从事的一系列活动。它可以由一至多个要素组成，例如包装工人盖上瓶盖。

3. 职责

职责是指由一个人担负的一项或多项任务组成的活动。职责有时也叫责任。它可以由一至多个任务组成。例如打字员的职责包括打字、校对、简单维修机器等一系列任务。需要特别说明的是，在此，职责或责任不是指工作责任感。

4. 职位

职位是指在一定的时期内，组织为每一个人所规定的任务与相应的职责。例如人力资源处处长就是一个职位。职位是任务与责任的集合，是人与事有机结合的基本单位，在一个特定的组织中，职位的数量是有限的，但职位与人是一一匹配的，组织中有多少职位，就有多少员工。

5. 职务

职务由一系列性质相同或近似的职位构成，但一项职务也可能仅涉及一个职位。如政府机关某处处长是一个职务，副处长也是一个职务（可能有两个及以上副处长职位）。需要说明的是，即使在人力资源管理领域，人们也常把“职位”与“职务”混同交换使用。

6. 工作

工作有三种含义：(1) 泛指体力和脑力劳动活动；(2) 指职业；(3) 特指若干项专门任务。在此，工作由一组相同或近似的任务组成。

7. 工作族

工作族又称工作类型，是指两个或两个以上的工作任务相似或要求的工作人员特征相似的一组工作。例如生产工作和销售工作就是两个工作族。

8. 职业

职业是指在不同组织、不同时间内从事相似活动的一系列工作的总称。例如教师、工程师、工人、农民等都是职业。从一般意义上看，“工作”和“职业”的主要区别在于其范围不同，“工作”的范围较窄，一般对组织内而言；而“职业”的范围较宽，是跨组织的，一般对整个行业而言。

9. 工作分析

工作分析是指组织采取有关方法，对各职位的特征、性质、任务、责任及任职资格等进行调查研究，并加以科学的系统描绘，最后作出规范化记录的过程。也称职位分析。

10. 工作评价

工作评价是指组织在工作分析的基础上，以统一的标准，从职位的任务、繁简难易程度、责任大小、工作环境和条件及任职资格出发，对职位进行系统衡量、评比和估价，确定各职位的相对价值。也称职位评价。

5.1.2 工作分析与工作评价的功用

工作分析、工作评价无疑是人力资源管理活动的基础而关键的工作，而在西方把工作分析、工作评价和职位分类合称为工作研究，它产生于19世纪末的美国，由泰勒和吉尔布雷斯夫妇（Frank Gilbreth and Lillian Gilbreth）首创。工作研究是采用科学的方法，以人、原材料、机器设备构成的作业系统为研究对象，从空间和时间上进行分析研究、改进工作设计的一系列活动。在泰勒等人科学研究的基础上，产生了工作分析和工作评价制度，并首先在工商企业中推广应用。20世纪60年代以后，在欧美的工商企业中，工作分析、工作评价制度得到广泛采用。就一个现代组织而言，人力资源管理的关键就是在合理制定人力资源规划的基础上，运用相关的手段和方法，实现组织职位与人员的有效匹配，而匹配的前提必须是对“人”和“职位（事）”两个方面的要素都进行全面而彻底的分析和把握。对职位的了解和把握正要借助工作分析等，所以工作分析、工作评价与职位分类是现代人力资源管理的基础，其在人力资源管理中的作用也正是由此展开的：(1) 有利于人力资源规划；(2) 是人员招录、任用、晋升的前提；(3) 使组织机构实现精简、统一、效能的目标；(4) 为人员教育、培训、开发提供客观依据；(5) 实现绩效管理的科学化；(6) 合理公平地确定薪酬；(7) 有效地激励员工；(8) 有助于实现职业生涯管理。

5.2　工作分析

5.2.1　工作分析的内容

工作分析是工作评价和职位分类的基础，包括工作描述和工作规范两大部分。一般包括对以下七个问题的调查分析，即何人（who）、何事（what）、何时（when）、何地（where）、如何（how）、为何（why）、为何人（for whom）。

1. 工作描述

工作描述主要包括对工作特征的揭示与概括、工作名称和代码等的选择与表达；对工作任务、工作职责、工作内容、工作程序或步骤、工作关系、工作强度等的分析；对工作材料、工作对象与工作环境的分析。也称工作内涵、工作说明，又称职位描述。

2. 工作规范

工作规范主要包括从事该工作的人员应基本具备的教育程度、知识水平、工作经验、操作技能、职业道德、身体素质、心理素质等。又称任职资格。

5.2.2　工作分析的程序

工作分析既是一项有组织的政策性很强的工作，又是一项全面的技术性很强的评价过程。这一过程大致可分为四个阶段：准备阶段、调查阶段、分析阶段、完成阶段。这四个阶段相互联系、相互影响。

1. 准备阶段

本阶段的主要任务是了解情况，确定样本，建立联系，设计调查方案并明确调查方法。具体工作如下：

(1) 明确工作分析的意义、目的、方法、步骤。

(2) 了解工作分析的主要任务、主要职责及工作流程。

(3) 向有关人员宣传、解释，建立友好合作关系。

(4) 确定调查对象，选择样本，明确调查方法，设计调查方案。

(5) 培训调查分析人员。

2. 调查阶段

本阶段的主要任务是对工作过程、工作环境、工作内容和工作人员等做全面调查。具体工作如下：

（1）编制调查问卷和提纲。

（2）综合运用各种方法收集工作信息。

（3）根据工作分析的目的，有针对性地收集有关工作的特征及所需各种数据。

（4）重点收集工作人员必需的特征信息。

（5）要求被调查的员工对各种工作特征和人员特征的发生率与重要性做出等级评定。

3. 分析阶段

本阶段的主要任务是分析、总结调查收集到的关于工作的内涵、工作对员工的要求的结果。具体工作如下：

（1）仔细审核已收集到的各种信息。

（2）创造性地分析、发现有关工作和工作人员的关键成分。

（3）归纳总结出工作分析的必需材料和要素。

（4）对照最初列出的主要任务，针对工作分析提出的问题，提出改进建议，重新划分工作范围、内容、职责等，确保所提出的问题都得到解决。

4. 完成阶段

本阶段的主要任务就是根据所收集的信息、调查的结果、分析和总结的结论及改进建议，编制工作说明书等管理文件；将上述管理文件用于实际工作，并注意收集应用的反馈信息，不断完善管理文件；对工作分析进行评估。

5.2.3 收集工作信息的主要方法

工作分析是一项技术性很强的工作，其科学性在很大程度上取决于工作信息收集方法的科学与否，下面介绍几种常用的方法：

1. 资料法

资料法是指利用现有的资料收集工作信息的方法。从降低工作分析成本的角度出发，这是首选的方法。当然，前提是资料的真实性、科学性和关联性较好。

2. 观察法

观察法是指工作分析者通过感官或利用其他工具，现场观察记录任职者的实际工作情况，以收集工作信息的一种方法。观察法简便易行，但使用时应注意：

（1）观察前应准备较详细的提纲和行为标准。

（2）被观察的工作应相对静止，即在一段时间内，工作内容、工作程序及其对任职者的要求不会发生明显的变化。

（3）尽可能不引起被观察者的注意，至少不应干扰任职者的正常工作，并且取得任职者的理解、合作。

（4）应注意工作行为本身的代表性，有些行为在观察过程中可能未表现出来。

（5）观察法适用于大量的、标准化的、周期短的、以体力劳动为主的工作，而不适用于以脑力劳动为主的工作。

观察法的优点是，可使工作分析者借助于对工作的直接观察，更多更深入地了解工作要求。其缺点在于难以衡量以脑力劳动为主的工作；另外，对于负责处理紧急、偶然、突发事件的工作来讲，也不宜用该法收集工作信息。

3. 问卷调查法

问卷调查法是指通过被调查人员填写已编制好的问卷收集工作信息的方法。被调查人员主要是任职者，有时也包括该职位的上级主管。被调查人员一般要对工作行为、工作特征和工作人员特征的出现频率、重要性、难易程度等评定等级。

问卷调查法可分为一般工作分析调查法和指定工作分析问卷调查法。前者适用于各种职位，调查问卷的内容具有普遍性。后者只适用于指定的工作，调查问卷的内容具有特殊性，一份问卷只适用于一种工作。下面介绍几种著名的问卷调查法：

（1）管理职位描述问卷法（management position description questionnaire，MPDQ）。

MPDQ 是一种以工作为中心的工作分析方法，是对管理者的工作进行定量化分析的方法，适用于不同组织内管理职位的分析。它涉及管理者所关心的问题、所承担的责任、所受的限制，以及管理者的工作所具备的各种特征，共有 13 类工作因素、197 项问题。这 13 类工作因素为：1）产品、市场与财务规划；2）与其他组织和人员的协调；3）组织内部管理控制；4）组织的产品与服务责任；5）公众与顾客的关系；6）高级咨询；7）行为的自治；8）财务委托的认可；9）员工服务；10）员工监督；11）工作的复杂性与压力；12）高层财务管理责任；13）海外员工人力资源管理责任。

（2）职位分析问卷法（position analysis questionnaire，PAQ）。

PAQ 是一种以人为中心的工作分析方法，是一种结构化的、定量化的工作分析法。它共有 194 个项目，包括 187 项工作元素、7 个与薪酬有关的问题。这 187 项工作元素与 7 个问题共分为 6 个类别，如表 5—1 所示。

表 5—1 **PAQ 工作元素的分类**

类别	内容	例子	项目数
信息输入	员工在工作中从何处得到信息？如何得到？	如何获得文字和视觉信息？	35
思考过程	在工作中如何推理、决策、规划？信息如何处理？	解决问题的推理难度	14
工作产出	工作需要哪些体能活动？需要哪些工具与仪器设备？	使用键盘式仪器、装配线	49
人际关系	工作中与哪些有关人员有关系？	指导他人或与公众顾客接触	36
工作环境	工作中物理环境与社会环境是什么？	是否在高温或与内部其他人员冲突的环境下工作	19
其他特征	与工作相关的其他的活动、条件或特征是什么？	工作时间安排、薪酬方法、职务要求	41

对每个工作元素都要用 6 个标准进行衡量：使用程度；对工作的重要程度；工作所需的时间；发生的概率；适用性；其他。用这 6 个方面的工作元素与 6 个度量标准，就可决定一个职位在沟通、决策、社会责任、熟练工作的绩效、体能活动及相关的条件这 5 个方面的性质。根据这 5 个方面的性质，工作与工作之间就可相互比较和划分工作族。PAQ 无须修改就可用于不同的组织、不同的工作，这样就使得各组织间的分析比较更加容易，这种比较将使组织的工作分析更加准确与合理。

(3) 任务清单法（task inventory questionnaire，TIQ）。

TIQ 是工作分析专家将工作中所有可能要完成的任务清单问卷发放给任职者及其主管人员，针对每项任务进行“是否需要完成”、“重要性”、“所用的时间”三个方面的责任调查。该方法特别适合“组工作”（group jobs），即所有的员工都完成相似的任务或需要相似的技能。

(4) 体能分析问卷（physical abilities analysis questionnaire，PAAQ）。

PAAQ 是一种对工作中所需的特定的能力要求——体能要求的分析问卷。这种分析常用于以体力为主的工作。它将人的体能分为 9 种，每种能力从最强到最弱分为 7 级，这 7 个等级是：极度具备、明显具备、具备、略微具备、不具备、明显不具备、极度不具备。这 9 种能力是：动态力量、躯干力量、静态力量、爆发力量、局部灵活性、动态韧性、躯体协调性、躯体平衡性与耐力。

(5) 能力要求方法（ability requirement approach，ARA）。

ARA 假定，完成一项工作所需要的技能可以按照更基本的能力加以描述。例如，击中一个棒球的技能可以按照诸如反应时间、腕力和眼—手协调之类的基本能力加以描述。当然，与 PAAQ 相似的是，不同的工作要求的能力种类是不一样的，或者说对同一种能力，不同的工作要求的等级是不一样的，这需要专业人士给以评定。ARA 包括 5 个大类的 52 种能力，这是一个全面的、以研究为基础的关于所有可能的人类能力的清单：

1）心理能力：口头理解、书面理解、口头表达、书面表达、观念流畅、独创性、记忆、问题敏感性、数学推理、数字快捷、演绎推理、归纳推理、信息整理和范畴灵活性。

2）知觉能力：闭合速度、闭合灵活性、空间定向、形象化和知觉速度。

3）心理动力能力：控制精确、多肢协调、反应定向、速度控制、反应时间、臂—手稳定性、手工灵巧、手指敏捷、腕—指速度、腿臂运动速度、选择性注意和时间分享。

4）生理能力：静止力量、爆发力量、动态力量、躯干力量、伸展灵活性、动态灵活性、总的身体协调、总的身体平衡和耐力。

5）感官能力：近视力、远视力、视觉色彩辨别、夜视力、周边视力、深度知觉、炫目敏感度、一般听力、听注意力、声音定位化、语言听力和语言清晰性。

问卷调查法的主要优点有：一是收集工作信息速度快，用时少，被调查人员可以在工作之余填写调查表。二是调查面广，工作分析者可以调查所有任职者。三是适用面广，对简单体力劳动工作、复杂管理工作均可适用，而对远距离调查更显出其优越性。四是调查的结果可以数量化，并由计算机处理，从而进行多方式、多用途的分析。但是，该法同样也存在一些缺点：一是设计调查问卷的技术要求高、耗时多、费用高。二是由于人们认知能力的差异，工作分析者、问卷设计者和被调查人员对同一问题的理解会不一致，解释也就不一致，影响调查结果的真实性。三是不容易了解被调查人员的态度和动机等较深层次的信息。四是在获得被调查人员的积极配合方面也有所欠缺。

4. 参与法

参与法是指工作分析者通过直接参与要分析的工作，从而细致、深入地体验、了解、分析工作的特点和要求。又称工作实践法。

参与法的优点主要表现为：一是可以准确地了解工作的特点和对任职者的要求。二是可以克服即使是有经验的员工也不总是很了解自己工作的缺点，同时可以克服有些员工不善于表述的缺点。三是可以了解一些观察不到的内容。参与法的缺点也很明显，因为现代组织中的许多工作高度专业化，分析者往往不具备从事某项工作的知识和技能，因此就无法参与；另外，对于一些危险的工作，也不适合使用该法。因此，参与法适合对一些比较简单的工作的工作分析，或者与其他方法结合起来运用。

5. 面谈法

面谈法是指工作分析者通过与任职者及其主管人员面对面地谈话，以收集工作信息的方法，也称访谈法。根据面谈对象的不同，可分为个别员工面谈、集体面谈、主管面谈。面谈的内容应突出重点，除了解一般情况外，应围绕以下内容，就工作中的重点、难点进行调查：

（1）工作目标。组织为什么设立这一工作，根据什么确定此职位的报酬。

（2）工作内容。任职者在组织中有多大作用，其行动对组织产生的后果有多大。

（3）工作的性质和范围。这是采访的核心。工作分析者主要了解该职位在组织中的关系，其上司、下属的职能关系，所需的一般技术知识、管理知识、人际关系知识、需要解决问题的性质及自主权。

（4）所负责任。涉及组织、战略决策、控制、执行等方面。

面谈法还可以被用来核实调查问卷的内容，讨论填写不清之处；了解工作人员的相互评价；详细讨论问卷中建议部分的内容，使之更加具体；调查了解组织中各级人力资源考核方法等。

面谈法的优点有：一是既可以获得标准化工作的信息，又可以获得非标准化工作的信息。二是既可以获得体力工作的信息，又可以获得脑力工作的信息。三是由于任职者本身也是自己行为的观察者，因此，其可以提供外人不易观察到的情况。四是给任职者和管理者提供了一个机会，使其了解工作分析的重要性，更容易接受工作分析的结果；使管理者倾听任职者的意见、建议和怨言，发现问题。五是具有其他方法不可替代的作用，特别是在对工作不能直接观察、对工作不甚了解或工作耗时太长的情况下，其作用更大。但是，该方法同样也存在缺陷：一是需要专门技巧，工作分析者要接受专门训练，耗时多，成本较高。二是收集到的信息容易失真，除了工作分析者缺乏面谈技巧外，任职者不肯合作或故意夸大工作职责是其主要原因。

6. 工作日志写实法

工作日志是一天中工作活动的记录。工作日志写实法是指任职者将一天中所从事的工作活动，如实地记录下来，然后由分析者根据工作日志的内容对工作进行分析的方法。该法的基本依据是从事某项工作的人最了解该项工作的情况和要求。又称工作日志法、任职者自我记录分析法。

工作日志写实法的优点突出表现为所收集的信息一般较真实可靠，同时可以检验面谈法等所收集的资料信息的真实程度。它对于高水平与复杂工作的分析，显得比较经济和有效。但该法的缺点主要是任职者也许不能真实记录工作活动，因此，必须由该任职者的上级主管对记录的内容进行必要的检查和矫正。

7. 功能性工作分析法

功能性工作分析法（functional job analysis，FJA）是假设每一种工作的功能都反映在它与数据、人和事三项要素的关系上，故可由此而对该项工作进行分析的方法。该法由美国培训与职业服务中心（U. S. Training and Employment Service）制定。它以任职者所需发挥的功能与应尽的职责为核心，列出了需加以收集与分析的信息类别，规定了工作分析的内容。

FJA 有几个基本假设：

（1）完成什么事件与员工应完成什么事件应有明确的界限。

（2）每个工作均在一定程度上与人、事、信息相关。

（3）事件需要用体能完成，信息需要思考才能处理，对于人则需要运用人际关系方法。

（4）虽然员工的行为或他们所执行的任务多种多样，但所要完成的职能是非常有限的。例如，员工与机器（床）有关的职能有进料、机器维护、机器操作、制造产品等，与公共汽车有关的职能是驾驶与控制车辆。这些职能在难度和内容上有较大差异，但每一种职能只在相对较窄或特定的范围内，依赖员工的特性与资格达到预期的绩效。

（5）与人、事、信息相关的职能，根据从复杂到简单的顺序按等级排列，复杂的职能包含了简单的职能。例如，编辑数据包括了比较、复制、计算，但不包括分析等。

按照该方法，工作分析应包括工作特点分析与任职者特点分析。工作特点包括任职者的职能，工作的种类，以及材料、产品、知识范畴三大类。任职者的职能是指任职者在工作过程中与人、事、数据打交道的过程。任何工作都离不开人、事、数据这三个基本要素，而每一要素所包含的各种基本活动，又可按复杂程度分为不同的等级（见表 5—2），例如，在任职者与数据打交道时，包括 7 种基本活动，最简单的“比较”活动为 6 级，而最复杂的“综合”活动为 0 级；与人打交道的基本活动有 9 类，最简单的“接受指示”为 8 级，最复杂的“监控”为 0 级；在对事的处理活动中，从简到繁有 8 个等级，“处理”为 7 级，“创建”为 0 级。分析者在分析收集的信息时，可以按以上标准给每项工作打分，并以此为依据，对工作加以详细的描述。工作的种类是指某项工作所属的工种，如焊接、钳工等，分析者在确定了工种之后，要对此工种的特点及涉及的设备与工具加以描述。材料、产品及知识范畴是指此项工作中用于加工的原材料、最终产品及涉及的自然科学或社会科学知识范畴。

表 5—2　　任职者的基本职能

数据	人	事
0 综合	0 监控	0 创建
1 协调	1 谈判	1 精密作业
2 分析	2 教育	2 运营与控制
3 编辑	3 监督	3 驾驶与运行
4 计算	4 安抚	4 操作
5 复制	5 劝说	5 供应
6 比较	6 交流	6 进料及取货
	7 服务	7 处理
	8 接受指示	

任职者的特点包括正确地完成工作所必备的培训、能力、个性、身体状况等特点。其中培训包括所受到的常规教育及职业培训；能力包括职工的智力、动作协调性及手的灵活性等；个性中的适应性、果断性、压力承受能力等是某些工作所要求的；身体状况包括视力、身高、体重、握力、血压等。

在美国，功能性工作分析在公共部门应用广泛，它强调对任职者的行为进行分析，而且对工作内容的描述详细完备，又可以将任职者所做的工作与组织的目标联系起来，这是该法的优点。其突出缺点是工作繁杂、费时费力。

8. 关键事件法

关键事件是指使工作成功或失败的关键事件，或者是对工作特别有效或无效的工作行为。关键事件法是指通过对关键事件的收集、归纳、分析，从而达到对整个工作进行分析的目的的方法。又称典型事例法。它是在第二次世界大战中由军队开发出来的关键事变技术（critical incident technique，CIT）发展而来的。

该法要求任职者、管理人员或熟悉该工作的人员记录工作行为中的关键事件，包括导致事件发生的原因和背景，任职者特别有效或多余的行为，关键行为的一般后果，任职者自己能否支配或控制行为后果等。在大量收集这些关键事件后，再对其进行分类，分析其发生的频率、重要程度、对任职者的能力要求，并总结出工作中的关键特征和行为要求。

关键事件法的优点是能直接描述人们在工作中的具体活动，可以揭示工作的动态性，所以，这种方法获得的资料适用于大多数工作分析。其缺点在于：一是收集、归纳、分类要耗费大量的时间；二是关键事件所描述的是特别有效或无效的行为，很难对一般的工作行为形成总的概念，但后者恰恰是工作分析的主要目的。

9. 实验法

实验法是指工作分析者控制一些变量，通过引起其他变量的变化来收集工作信息的方法。实验法分为两种，即实验室实验法和现场实验法，二者的区别在于实验的场地不同。

由上可见，收集工作信息的方法很多，没有一种方法是万能的，各有优劣，但有的分析者认为 FJA 是最有用的方法，而 PAQ 是最实际的方法。① 自然这是一家之言，只有根据实际情况，将各种方法结合起来使用，才能对工作内涵和任职资格有一个详细、全面、准确的了解。当然，这些方法对于一个已经运行多年的组织来说是有效的，对一个新建组织而言，则需要先选择一些主要部门、关键职位进行工作分析，做出一些“雏形”，取得一些经验后再逐渐全面推开。

5.2.4 工作说明书

工作说明书是工作分析的直接成果，它以书面形式描写、确定了某一职位的工作内涵和任职资格，是组织进行人力资源管理的基本管理文件。又称职位说明书。它以“事”为

---

① 参见［美］劳伦斯·S·克雷曼：《人力资源管理——获取竞争优势的工具》，85 页，北京，机械工业出版社，1999。

中心，对职位进行全面、系统、深入的说明，为工作评价、人员分类及组织其他人力资源管理活动提供依据。其形式一般不受标准化原则的制约，内容繁简程度不一，形式多样化，组织可根据实际需要编制。但一般要做到简洁、清楚、充分，即要用普通人能够理解的、简练的语言完整准确地描述与工作有关的重要信息。工作说明书主要包括以下内容①：

1. 工作识别

工作识别包括工作名称、工作等级、工作编号、定员标准、所属部门与直接上级职位，以及编写人、编写日期、审批人等。又称工作认定、工作基本资料等。

2. 工作概要

工作概要是对该职位的工作任务、职能、活动的概括描述。又称工作摘要。

3. 工作职责

工作职责应根据工作任务分条说明。

4. 工作关系

工作关系主要是指组织内各职位之间横向与纵向的联系。一要清楚指出该职位的上下级关系，即所受的监督和所实施的监督。二要说明该职位与其他职位的关系，即职位之间的横向联系，有时要包括与组织外部的关系。通过纵向和横向的描述，可以清楚地看出该职位在组织系统中的确切位置。

5. 工作内容与工作要求

工作内容是指任职者要从事的具体的任务事项。该职位应该做什么，不该做什么，该如何做，应逐条进行规定，力求具体易操作。工作要求是指对该职位应达到的标准和规格作出的规定，这是绩效管理的依据之一。

6. 工作权限

工作权限必须与职位相配套，正确的权限应该是责权利统一，权利之间相互制约、相互协调。

7. 工作时间

工作时间包含班制设计和工作时间长度界定两方面。常见的班制有长白班、三班倒、两班倒、四班三运转、四六班制和四八班制等。工作时间长度有周标准工时、月标准工时和年标准工时等指标。

8. 工作环境和条件

工作环境和条件主要包括工作的物理环境、心理环境、安全状况、职业危害性等。

9. 任职资格

除以上内容外，有的工作说明书还包括绩效标准、工资福利、转任与升迁方向等。

---

① 根据原人事部制定的《国家公务员职位分类工作实施办法》的规定，国家公务员职位说明书包括七个方面的内容：（1）职位名称。（2）职位代码：指每一个职位的代表号码。（3）工作项目：列出职位按照职责应担负的全部工作项目。（4）工作概述：按照工作项目简要说明工作的内容、程序、职责及权限。（5）所需知识能力：完成本职工作所需的学识、才能、技术和经验。必须以职位的工作需要为依据，不是按现有人员的情况认定。（6）转任和升迁的方向：职位上的任职人员按照业务一般要求可以转任和升迁的方向。（7）工作标准：每个工作项目所应达到的质量和数量的基本标准。填写职位说明书的范围包括：（1）各层次非领导职位。（2）国务院各工作部门内司长级职位及其以下职位。（3）地方政府各工作部门行政领导副职及其以下职位。

资料

陕西省咸阳市民族宗教事务局民族科科长工作（职位）说明书

职位名称	民族科科长	职位代码	——————
工作项目	1. 主持本科日常管理工作； 2. 负责民族工作； 3. 完成领导交办的其他工作。		
工作概述	本职位在局长、主管副局长领导下工作。 1. 负责科内的行政管理、人员的思想教育等日常工作； 2. 负责贯彻落实党和国家有关民族工作的法规和政策，开展法律、法规宣传教育，调解民族纠纷，依法保障少数民族群众的合法权益； 3. 指导各县（市）、区民族工作；负责全市民族团结进步创建活动的开展及总结表彰评选先进工作； 4. 负责发展少数民族经济、文化教育、扶贫等，开展少数民族文化、体育活动； 5. 负责调查研究民族方面的有关情况和问题，向领导提出政策性意见和建议； 6. 负责管理民族识别及民族成分鉴定、更改工作； 7. 负责办理人大代表、政协委员有关民族方面的建议和提案； 8. 负责组织民族志的编纂工作； 9. 完成领导交办的其他工作。		
工作标准	1. 承办的业务符合有关法规和政策，起草、审核的文稿符合逻辑，文字精练通顺；审核的各类公文正确规范； 2. 工作计划做到有布置、有检查、有结果，了解汇报情况真实准确，分析问题全面客观，提出解决问题的办法切实可行； 3. 工作认真负责，科内制度健全，遵纪守法，廉洁自律。		
所需知识能力	1. 大学本科及以上文化程度，任副科长或职责程度相当职务两年以上； 2. 熟悉和掌握党和国家有关民族方面的法规政策； 3. 具有较高的政策水平、语言表达和组织协调能力。		
转任和升迁方向	1. 转任同级职位； 2. 升任副局长或职责程度相当职位； 3. 由副科长或职责程度相当职位升任。		

资料来源：见咸阳民族宗教网。

5.3 工作评价

在完成工作分析和工作说明书之后，下一步工作就是工作评价。工作分析和工作评价通常被看做两种独立的活动。类似寻求解决工作的职责、权限、任职资格等，一般被看做工作分析，而类似寻求解决工作职责大小程度、工作的重要程度等，一般被看做工作评价。显然，这两种活动的目的与要求都不尽相同，可以对它们进行独立研究与操作。然而从人力资源管理的整个过程来看，它们彼此又是紧密相连的。工作分析活动中有工作评价，工作评价活动之中少不了工作分析。任何一种工作分析，都是在一定价值观下的分析活动，摆脱不了工作评价的影响；而任何工作评价都是针对一定事实的评价，也离不开工作分析的基础。因此把工作分析与工作评价联系起来系统阐述与操作也许更有益处。作为一个整体，工作分析与工作评价，是采用科学方法收集、分析工作信息，再按工作的性质、繁简、难易和任职资格，分别予以分类与评定的过程。

5.3.1 工作评价的特点

（1）工作评价的中心是客观存在的“事”，而不是现有工作人员。工作评价虽然也会涉及任职者，但它是以职位为对象，即以职位所担负的工作任务为对象进行的客观评比和估价。

（2）工作评价是衡量组织内各类职位的相对价值的过程。在工作评价过程中，根据预先确定的评价标准，对职位的主要影响因素逐一进行评比、估价，由此得出各个职位的量值。

（3）工作评价是对性质基本相同的职位的评判，最后按评定结果，划分出不同的等级。

5.3.2 工作评价的程序

（1）按工作性质，将组织的全部职位划分为若干大类、中类或小类，当然，职位类别层次的多少应视组织的具体情况而定。

（2）收集有关职位的各种信息，既包括职位过去的信息和现在的信息，又包括现有的文字资料和现时的“活”的资料。

（3）建立专门的组织机构，培训专门的人员，使专门人员系统掌握工作评价的基本理论及具体的实施办法。

（4）制定具体工作计划，确定详细实施方案。

（5）在收集资料的基础上，找出与职位直接相关的各种主要因素。

（6）制定统一的评价标准，设计相关问卷和表格。

（7）先对几个重要职位进行试点评价，以便总结经验，发现问题，采取对策，及时纠正。

（8）全面实施工作评价的各项具体操作。

（9）撰写各个职位的评价报告书。

（10）对工作评价工作进行全面总结。

5.3.3 工作评价的方法

工作评价的方法有很多，除排序法、分等法、评分法、因素比较法这四种常用的基本方法之外，还有决策分组法、传递评价法、尤威科欧尔形象法等。我们主要介绍前四种方法。人们通常将排序法和分等法归为非量化分析方法或非解析法，将评分法和因素比较法归为量化分析方法或解析法。二者的主要区别是，前两种方法不把职位划分成评价因素来分析，后两种方法则是职位内评价因素之间的比较。这四种方法已经使用了半个多世纪，尤其前三种方法在很多国家被广泛使用。人们不断地以各种方式改进和完善这些方法，以增强其准确度和功效性，但是其逻辑结构基本没有什么变化。

1. 排序法

排序法是由工作评价人员凭自己的判断，将组织内所有职位，按其相对价值，由高到低进行排列。又称序列法、排列法。它是一种最简单的工作评价方法。其具体程序是：

（1）由有关人员组成评价小组，并做好各项准备工作。

（2）收集有关职位方面的资料、数据。

（3）确定评价标准。对本组织同类职位的重要性逐一作出评判，最重要的排在第一位，次要的、再次要的依次往下排列。

（4）将经过所有评价人员评价的每个职位的结果加以汇总，得出序列号，最后评价出职位相对价值的顺序。

排序法的优点是简单方便，省时省力。但其缺点也非常明显，突出表现在，由于评价完全凭借评价人员的经验、认识和对职位的熟悉程度，缺乏严格的、详细的评价标准，从而严重影响评价结果的准确性。例如当某一职位受特殊因素的影响（如在高温、高空、高寒、有毒的环境下工作）时，该职位的相对价值易被高估；而对数量大、种类多、性质近的职位，如要对车工、铣工、磨工排出顺序是很难的，即使排出，其可靠性也值得怀疑；同时对于那些不相似、无关的职位而言，比如司机和打字员，究竟哪个更重要，有时同样难以确定。因此，排序法只适用于规模较小的组织，对拥有成百上千个职位的大规模组织很难奏效。

2. 分等法

分等法是将职位分成若干等级，然后在每一等级内选出一至两个关键职位，并附上工作描述和工作规范，接着评价每一职位，并逐一与各级的关键职位比较，相似的编为同一等级，最后排列出各级的高低。亦称分类法。其具体程序是：

（1）由有关人员组成评价小组，收集有关资料、数据。

（2）将职位进行分类，如可分为专业技术类、管理类等。这样，职位的分等就可在同类职位内进行，分等工作就变得简单易行。

（3）确定等级数量与等级定义。不同性质的组织，影响其职位重要程度的因素也不同。美国联邦政府就以下面八大因素来评价工作的重要程度：工作的难度与多样性、监督他人和被监督的程度、所循例规的程度、需要创造力的程度、工作关系类型、职责、经验与所需知识。然后明确等级定义，即对所分的等级进行概念性的明确描述。

（4）将工作说明书与等级定义相互比较，如果两者内容相符，表明该职位属于该等级，就将该职位归入该等级。例如，假定某一工作说明书的内容与等级定义中第五级的定义一致，则该职位属于第五等级。

分等法实际上是排序法的改进，只不过比排序法多了一份等级说明而已，仍具有简单易行、费用较低的优点，同时由于在进行等级定义时参考了指定的工作因素，故而比排序法更准确、客观。但是等级定义是一项艰难复杂的工作。分等法比较适用于工作内容变化不大的组织，特别流行于公共部门中。如美国、加拿大等国的政府部门的工作评价用的多是分等法。但对工作内容变化较大的组织来说，这一方法在使用时面临诸多问题。

3. 评分法

评分法是将影响工作的主要因素进行排列和评分，采用一定点数（分值）表示每一因素，经过加权求和，最后得到各项职位的总点数。每一职位的总点数就是该职位的价值指标。因此评分法亦称分数法、计点法、点数法。其具体步骤是：

（1）确定工作评价因素。这是与执行任务直接相关的重要因素。可从以下四个方面考虑：1）工作的复杂难易程度；2）工作责任；3）劳动强度与环境条件；4）作业紧张、困难程度。显然，不同的职位，具体的影响因素也不同。一般而言，无论何种性质的职位，比较普遍采用的评价项目包括：

1）劳动负荷量。这是指执行任务时的能量代谢率。其衡量标准可参照国家标准。

2）工作危险性。这是指该职位所伴随的危险性，以及其后果的伤害程度，引起职业病的可能性。其衡量标准为该职位的技术安全统计指标和国家发布的职业病目录。

3）劳动环境。这是指该职位的自然和物质环境因素。其衡量标准为温度、湿度、照明、空气、噪声、振动、通风、色彩等环境监测指标。

4）脑力劳动紧张、疲劳程度。这是指完成该职位规定的任务时，脑力劳动及精神上的负荷量。其衡量标准为工作单调程度，工作速度和要求的精密度，工作要求的决策反应机敏程度，工作注意力集中程度与持续时间。

5）工作复杂繁简程度。其衡量标准是工作任务牵涉面的深度和广度。

6）知识水平。这是指该职位必需的文化基础和理论知识。其衡量标准为参加各类正规学校学习的时间、获得的学位等。

7）业务知识。这是指与该职位有关的必要的专业知识。其衡量标准为有关知识的广度和深度。

8）熟练程度。这是指该职位所需技能的熟练程度及掌握该技能的困难程度。其衡量标准为一般掌握该项技能，以及达到某种水平所需要的时间。

9）工作责任。这是指该职位在管理上，以及对物、财所负的责任。其衡量标准为该职位的职责范围、权限，以及发生责任事故后的损失程度。

10）监督责任。这是指该职位对下级的指导及监督考查的责任。其衡量标准为该职位要求的组织能力、给予他人监督的责任大小。

所选择的评价因素越多，评价所需的时间就越长、难度也越大，因此，所选择的因素一般以4～12个为宜。例如，英国的银行在进行工作评价时通常考虑六项因素：经验、复杂性、独立性和进取心、工作人员的监督、对避免银行损失承担的责任和私人联系。

（2）评定各评价因素的相对价值权重。因素确定后，就要评定各因素的相对价值权重，而同一因素对不同职位的重要性是不一样的，因而要仔细研究评定这些因素的相对价值权重。首先确定总分数，如果因素多，总分可以相对提高。然后，根据各评价因素在职位中的重要性评定其分值和百分比，即相对价值权重。

（3）将各评价因素区分出不同级别，并评定其等级和分值。

（4）根据每个职位的工作说明书决定每项评价因素的分值，然后相加即得到该职位的总分，该总分就是该职位的价值体现。最后按分值的多少排列出来，形成一个工作等级结构。若需要制定薪酬，用货币数值直接代替分值，就可以形成工资的等级系列。

评分法也是一种应用很广泛的薪酬评价方法，其优点在于：一是通过清楚明确的因素界定进行系统比较，减少了主观决定的成分，评价结果更加客观；二是具有广泛的适应性，可用于任何职位。其缺点在于评分方案的制定费时、费力，因素的选择、确定较难，权重的分配带有一定的主观性。因此，该法适用于职位类别和数目多的复杂组织，对规模较小的组织来说，评分法不一定是最佳的选择方案。

4. 因素比较法

因素比较法是按选择的工作评价因素，对职位进行分析排序，以评价其工作价值。其具体步骤是：

(1) 从全部职位中选择 15～30 个主要职位。当然其所得到的劳动报酬（工资总额）应是公平合理的（必须是大多数人公认的）。

(2) 选定工作评价的因素。一般包括以下五项：智力条件、技能条件、工作责任、身体条件、工作环境和条件。

(3) 分别比较每一个主要职位的每个影响因素，并按程度高低进行排序。排序方法与上文介绍的排序法完全一致。

(4) 给各因素分配薪酬待遇。这是因素比较法比其他方法复杂之处。需要特别说明的是，不同的评价人员对每个因素在职位中的价值可能作出不一致的评价，这就需要评价小组进行协调，达成共识。

(5) 比较 (3)、(4) 两次排序得出的结果，删除有争议的职位。将按因素排序的结果与按因素的薪酬待遇排序的结果进行比较，有时会遇到对某一职位的某一因素，按评价因素排序和按薪酬待遇排序结果不一致的情况，评价小组应重新协商，使二者的顺序一致，也可通过调整不同因素的薪酬比例来消除不一致；实在无法调整修正，就要删除该职位，按步骤 (1) 重新选择一个有代表性的职位。

(6) 排列其余职位。将组织中未评价的其余职位，与现有已评价完毕的主要职位对比，某职位的某因素与哪个主要职位的某因素相近，就按相近的职位工资分别计算工资，累计后就是该职位的工资。

当所有职位的月薪酬标准确定以后，按其价值归级列等就可以编制出职位系列等级表。

因素比较法实际上是评分法和排序法的综合，是被广泛应用的工作评价方法，其优点突出表现为：一是所选定的工作评价因素较少，各因素又无上限，从而避免了重复，扩大了适用范围。二是先确定主要职位的系列等级，然后以此为基础，将其余各职位同主要职位相比较，所以，该法简便易行。三是赋予了各因素货币值，工资结构可以在评价中自然得出，减少了工作量。其缺点主要表现在：一是所选工作评价因素不一定对组织中所有的职位都适用。二是各评价因素的相对价值在总价值中所占的百分比完全靠评价人员的判断确定，这就必然会影响评价的精确度。三是程序复杂。四是由于作为对比基础的主要职位的薪酬额只是过去或现行的标准，因此，随着社会生产的发展、劳动生产率的提高，特别是消费品价格的上涨，组织总要适当增加员工的薪酬，而在增加薪酬时，只能选择给所有的职位增加相同的百分比。

复习思考题

1. 什么是工作分析、工作评价？它们的功用主要有哪些？

2. 工作分析的内容有哪些？

3. 工作分析的程序主要包括哪些阶段？

4. 收集工作信息的主要方法有哪些？试对其中一个方法以实例说明之。

5. 一份规范的工作说明书应包括哪些内容？试编制一份你熟悉的某职位的工作说明书。

6. 工作评价的一般程序有哪些？

7. 工作评价的方法有哪些？试对其中一个方法以实例说明之。

8. 你对目前我国党政机关和事业单位的工作分析、工作评价有何评价与建议？

第6章

人员分类管理

学习重点

同工作分析与工作评价一样，人员分类也是人力资源管理的基础工作，但与私营部门相比，公共部门人员分类更具有特殊的价值。学完本章，应掌握人员分类管理的主要概念，品位分类、职位分类与官职并立职位分类的内涵、特点及优缺点，把握品位分类、职位分类的区别与人员分类管理的发展趋势，掌握职位分类的标准、程序，了解英国品位分类与美国职位分类的发展走向，掌握我国公务员的职位分类，把握我国事业单位人员分类管理的发展方向。

6.1 人员分类管理的含义与作用

人员分类是指将组织中的人员或职位按工作性质、责任轻重、任职资格及工作环境等因素分门别类，设定等级，形成一定的官职序列，为人力资源管理的其他环节提供依据的程序方法。又称人事分类，基本分为三类：品位分类、职位分类、官职并立职位分类。

一般来说，无论哪一种人员分类方法，分类的对象均是公共部门中的工作人员或职位，它所要解决的问题大致包括两个方面的内容：一是横向的职位划分，即把各种不同的职位，按照内容和性质等，划分为若干种类；二是纵向的等级划分，即依照某种标准或数种标准，把所有职位划分成若干高低不同的等级。但由于文化背景、历史传统和社会结构的不同，各国在分类的具体原则上存在着差别，因而形成了不同的分类方法。

在人员分类中，常用到职系、职组、职门、职级与职等几个概念。所谓职系（series），是指工作性质和特征相同或充分相似，而责任轻重和繁简难易程度不同的职位的集合。职系是最基本的职位业务分类，一个职系就相当于一种专门职业。

所谓职组（group），是指工作性质相似的若干职系的集合。例如，高等教育是个职组，教师与图书、资料、档案就是其中的两个职系。

所谓职门（service），是指工作性质和特征相似的若干职组的集合。凡是属于不同职门的职位，它们的工作性质完全不同。

所谓职级（class），是指在同一职系内，按工作的性质、繁简难易、责任轻重、任职资格等，将职位划分为高低不同的等级。例如，高等教育职组中的教师职系，教授、副教授、讲师、助教就是其中的四个职级。在同一职系中划分不同职级，对管理工作有着非常重要的意义，所谓同级同薪、提级提薪，就是以职级为基础的。

所谓职等（grade），是指针对不同的职系，把工作的繁简难易、责任轻重、任职资格等相同或充分相似的职级划为同一等级，这些等级就构成了职等。职等与职级的区别在于，职等不是同一职系内不同职位之间的等级划分，而是不同职系之间的相同或充分相似的职位之间的等级比较归类。例如在高等教育职组内，教师职系的讲师与图书、资料、档案职系的馆员属于同一职等；或者，上述教师职系中的讲师与新闻职组中的广播电视播音职系中的一级播音员属于同一职等。

与工作分析和工作评价一样，人员分类也是人力资源管理的基础，科学的人员分类有利于公共部门合理配置人力资源，提高人力资源管理的效率，调动人力资源的工作积极性。

我国自古以来的人员分类方法基本上属于品位分类。自魏晋以来，官阶就称品，朝廷官吏分为“九品十八级”，以后各代逐步完善，品级也逐步增多，且品级同俸禄挂钩。但是，在封建社会，品位主要是特权和身份的标志，同现代意义的品位分类有着根本上的区别。随着文官制度在西方的建立和发展，品位分类由封建社会的注重特权和身份发展到注重任职资历条件，再发展到现代的工作内容和资历并重，逐步完善成熟。英国是现代品位分类最典型的国家。

尽管我国品位分类的历史很久远，国家也明确规定实行职位分类制度，但与西方发达国家相比差距甚大，仍处在将西方工作分析、工作评价和人员分类的基本原理和方法应用于人力资源管理实践以探索形成自己的管理制度的阶段。

6.2 品位分类

6.2.1 品位分类的含义及其特点

品位分类（rank classification）中的“品”，在中国古代是指官阶，“品位”是指按官位高低、职务大小而排列成的等级；英文中“rank”是指由高低大小排列而成的等级，品位分类就是以公共部门人力资源的职务或等级高低为依据的人员分类管理制度。品位分类具有如下特征：

（1）品位分类是以“人”为中心的分类体系。品位分类的对象是人与人格化的职务等级，以及人所具有的其他资格条件。任职年限、德才表现等通用资格条件是晋升的主要依据。可见，品位分类是人在事先。

（2）分类和分等相互交织。在品位分类中，分类实际上同职务、级别的分等同时进行，因此，品位分类通常采用先纵后横的实施方法，即先确定等级，然后再分类别。

（3）职类划分较为简单。品位分类对职位的分类以职务划分的形式表现出来。在一个机关内部可能有数百个职位，但职务数不多。所以，总体而言，以品位分类为基础建立起来的人力资源框架结构比较简单。

（4）强调人员的综合管理能力。品位分类注重“通才”，不注重人员所具备的某一方面的特殊知识和技能。人员的调动、交流、晋升受所学专业及以往工作性质的限制较少。

（5）官、职相对分离。在品位分类中，官等是任职者的固有身份，可以随人走，官等和所在职位不强求一致，还可以有官等而无职务。这种官、职相对分离源于品位分类中的官等结构所具有的独立性。薪酬取决于官等而不取决于所从事的工作。

（6）品位分类在等级观念比较深厚的国家较为盛行。

6.2.2 品位分类的优缺点

1. 品位分类的优点

（1）分类线条粗犷，没有严格的程序和依据，不依赖社会分工的细化、经济发展的程度、管理现代化和科学化的客观条件，简单易行，结构富于弹性。

（2）人员的流动范围广，且不影响其薪酬和地位，工作适应性强。

（3）有利于“通才”的培养，便于人力资源培训开发。

（4）强调年资，官职相对分离，人员不致因职位调动而引起地位、待遇变化，有利于队伍的稳定。

（5）注重学历背景，有利于吸收高学历人才。

（6）使根据工作所需要的特定技能来配置人力资源成为可能。

（7）注重按行政首长和上级主管部门的意图实施人力资源管理，有利于实施集中统一的领导，树立行政权威，落实工作任务尤其是临时性的工作任务。

2. 品位分类的缺点

（1）人在事先，易出现因人设岗、机构臃肿的现象。

（2）分类不系统、不规范，职责、权力划分不够清楚、明确，往往使管理带有主观随意性，不利于严格地实行科学管理。

（3）限制了学历低、资历浅，但能力强、水平高的人才的招录和发展。

（4）轻视专业人才，不利于业务的专业化发展，影响工作效率的提高。

（5）过分强调年资，加剧了人员的保守性，并易形成官本位倾向。

（6）以官阶定待遇，导致同工不同酬，不利于对人员的激励。

（7）在民主与法制不健全的情况下，人事制度的腐败问题难以解决。

6.2.3 英国实行品位分类的主要情况

实行品位分类的国家主要有英国、法国、德国、意大利、韩国、新加坡、阿根廷等。下面简要介绍一下英国的品位分类情况：

1. 形成时期（1854—1870 年）

在这个时期，文官被分为两个层次和两大等级，即执行政策的上层和办理日常事务的下层；文官的等级结构也划分为第一和第二两大等级。这一时期初步形成了英国文官分类制度的框架。

2. 发展时期（1870—1970 年）

在这个时期，文官分类制度发生了三次较大的变化。第一次变化是将过去文官的两大级改为三级，这种三级的结构虽比两大等级的简单划分迈进了一步，但仍未能解决日益复杂的文官管理问题。第二次变化是将文官结构由三级增设为四级，原第一级改为行政级，中间级改为执行级，另外两级是事务级及助理事务级。每级人员都从受过相应教育的毕业生中选拔。这次改革后确立的文官四级结构稳定了较长时间。第三次变化具有一个新的特点，即大量的工业人员和专业人员成为了英国文官结构中的相对独立部分，文官分类结构的规模扩大了，包括工业人员和非工业人员两大部分。非工业人员是指在行政机关工作的文官，包括两大类：一类是专业人员，其中又分为法律、会计、邮政等七类，每类都根据不同的条件划分为不同的等级；另一类是一般行政人员，仍分为四个等级。

3. 改革时期（1970 年至今）

1970 年以后，随着社会的发展，政府职能日益扩大，专业分工越来越细，英国公务员的分类原则已越来越多地吸取美国职位分类的精神，使英国文官的分类结构发生了比较大的变化，开始以公务员所任工作的性质、难易程度、责任大小和任职资格作为分类的基础，实行以职门和职组为主的新的分类结构。1971 年，英国政府采纳了《富尔顿报告》的建议，取消了原来的等级划分，开始建立和实施“公开结构”，全国文官统一分为 10 个部类 19 个职组。撒切尔政府对分类制度进行了较大规模的改革，如文官职位公开结构扩大化。1979 年，公开结构仅包括最高级 1～3 级，1984 年扩大到 4～6 级，1986 年又增加了主管级。1996 年，组建了高级文官组织，该组织包括所有执行机构的执行长官，以及 5 职级及以上的负有重要管理和政策责任的高级文官，向社会公开高级文官的空缺职位等。高级文官组织成员单独与部门签订合同，根据职位说明、职位重要性及业绩结付酬金。由上可见，英国的改革实际上是一个不断吸收职位分类的优点的过程。

6.3 职位分类

6.3.1 职位分类的含义及其特点

职位分类（position classification）是按业务性质，首先将组织中的所有职位分为若干职门、职组、职系，然后按责任大小、工作难易和轻重、任职资格，将相同性质的职位再分为若干职级，并对每一职位的名称、职责等项内容加以详细规定和说明，以此作为人力资源管理依据的人员分类制度。科学合理的职位分类，通过立法可以成为政府的专门制度。例如美国联邦政府的职位分类制度。

1. 职位的特点

（1）职位是指事而不是指人。

（2）职位存在于担任它的任职者之先。人员变动对职位没有影响。职位变动则一般要求对工作人员作相应的调整，没有合适的人选时，职位可以空缺。

（3）职位的数量是有限的，是由组织机构的规模、职能、任务、经费预算和社会的政治经济状况，以及科学技术发展状况等多种因素决定的。

（4）每一职位有一定的名称、内容、责任、工作标准、任职资格和晋升转任路径或通道等。一旦确定后具有相对稳定性，除非具有充分理由并经上级主管部门同意，不得随意变动。

（5）职位并不意味着任职者具有某种终身不变的身份和终身享有的待遇，任职者只有在担任某一职位时才具有相应的权力，享有相应的报酬。同一职位在不同时间可由不同的人担任，同一人员在不同时间可以担任不同的职位。

（6）职位可以按一定的标准和方法划分为若干职系、职等等。

2. 职位分类的特点

（1）以“事”为中心的分类体系。职位分类首先重视职位的性质、责任大小、繁简难易程度，其次才是人所具备的资格条件。职位分类是事在人先。

（2）有一套严格的分类程序。它从工作分析入手，对适用职位分类的每一职位进行详细的调查，了解其工作性质、任务、责任等；在此基础上对职位分类和分级；最后制定出各种相关的规范性文件，将职位分类的结果以法规的形式制度化，作为人力资源管理活动的依据。

（3）分类方式先横后纵。即先进行横向的职系、职组、职门区分，然后再依据工作的难易、繁简和责任大小的程度提取纵向等级。

（4）注重人员的专业知识和技能。职位分类注重“专才”，人员的任职调动、交流和晋升，一般在同一职系至多在同一职组范围内进行，跨职系、跨行业的流动和升迁很少。

（5）官等和职等合一。在职位分类中，官位与职位相连，不随人走，严格实行以职位定薪酬的规则，追求同工同酬。若职位发生变化，官等薪酬均取决于新职位的工作性质。

（6）实行严格的功绩制。在职位分类制度中，功绩制是人员升迁和薪酬增加的唯一标准。

（7）职位分类比较适合民主观念浓厚的国家。

3. 职位分类与品位分类的区别

职位分类与品位分类是两种典型的人员分类制度，它们有着显著的区别：

（1）分类标准不同。职位分类以事为标准，事在人先，以事择人；品位分类则以人为标准，人在事先，以人择事。

（2）分类的依据不同。职位分类根据职位的性质、繁简难易、责任轻重和任职资格条件进行，对事不对人；品位分类则根据人员的资历、学历和贡献程度，对人员进行分类，对人不对事。

（3）适用范围不同。职位分类适用于专业性、机械性、事务性强的职位，因为这类职位的工作量较容易定量化，而且比较固定；品位分类则适用于工作经常变化、工作效果不易量化的职位，如领导责任较大、需要发挥个人积极性与能动性的工作，以及机密性、临时性等工作。

6.3.2 职位分类的程序与主要内容

职位分类是一项巨大的系统工程，主要包括前期准备、职位调查、职位分析、职位评价、职位归级、复核与后续管理等步骤。其中，对职位的横向和纵向分类、制定职级规范是两个重要环节。

1. 职位的横向和纵向分类

（1）职位横向分类。

这是一个由粗到细的过程。凡工作性质大致相近的职位列为同一职门；在每一职门中，其工作性质更相近者列为同一职组；在每一职组中，其工作性质充分相似者列为同一职系。在职系区分完毕后，制定职系说明书。

职系说明书是说明每一职系工作性质的书面文件，其作用是为区分职系提供依据，其内容只包括工作性质，而有关工作的难易程度、责任轻重、任职资格均不涉及。每个职系都应有说明书。职系说明书主要由以下内容构成：

1）职系名称及编号。这用于职系的称呼，文字宜简要，并需显示出该职系工作的性质，如土木工程职系等。为方便管理，通常用某种符号或数字进行编号。编号一般由两部分构成，前部分代表职组，后部分代表职组内的职系。

2）一般叙述。这是指职系说明书中开头的叙述，其文字通常分为两部分，第一部分常以“本职系所包括的职级”开头，第二部分说明本职系各职级职位所需要的知识和技能等。

3）主要业务的列举。这是将该职系包括的各种业务择要予以列举，以便他人能从中了解该职系有关情况。

需要说明的是：一是区分职系时，必须与社会上各种职业的专业分工相协调，尤其需要同组织中各种业务的专业发展情形相适应。二是职系区分得过细或过粗均不适宜。凡行政性的工作，区分宜较粗；凡技术性的工作，区分宜较细；凡规模大、分工较细的组织，可做较细的区分；凡规模小、分工不明确的组织，可做较粗的区分。三是当某一职位所处理的工作涉及两个及以上职系时，为使其只属于某一个职系，通常要遵循以下三个原则：1）程度原则。当一个职位的工作性质，分属两个以上职系，而职责程度不相当时，以程度较高的职系为准确定其应属职系。2）时间原则。当一个职位的工作性质，分属两个以上职系，而职责程度相当时，以时间较多的职系为准确定其应属职系。3）选择原则。当一个职位的工作性质，分属两个以上职系，而职责程度相当，且时间亦相等时，以主管之选择为准确定其应属职系。

（2）职位纵向分类。

这是在横向分类的基础上，根据工作繁简难易、责任大小及任职资格等，对同一职系中的职位划分出不同的职级，以及对不同职系中的职位统一职等。

1）分别对每一职系中的每个职位，按工作的繁简难易、责任大小及任职资格等，进行分析和评价，并按照一定的顺序，或从“简”、“轻”、“低”到“繁”、“重”、“高”，或按相反顺序，将因素相似的职位划分为同一职级。由于各个职系的工作特点不同，职位数目也不相同，所以各个职系里划分职级的多少也是不等的。例如，出版职组中的校对职系可划分为一级校对、二级校对和三级校对 3 个职级；而医疗卫生职组中的护理职系可划分为主任护师、副主任护师、主管护师、护师和护士 5 个职级。

2）鉴于各个职系中的职级数是不等的，各个职系中最高或最低职级中的职位，其工作的繁简难易、责任大小及任职资格等也就不尽相同，从而产生了一个问题，即各职系的职级无法直接进行横向比较，不利于统一管理。为此，必须对所有职系划分统一的职等，即根据工作的繁简难易、责任大小和任职资格等，对各职系的职级进行分析和评价，将因素相似的职级归入同一职等，如图 6—1 所示。将职级统一职等的基本目的，是为了对职位进行统一管理，即无论在哪一个职系中处于什么职级，都可以和其他所有职系的职级相比较。处于同一职等的职位，虽然工作性质千差万别，但工作的繁简难易、责任轻重及任职资格等均是相似的，因而，其报酬待遇也应该是相同的。如在美国三级看护为第五职等，一级内科医生也属于第五职等，其薪金相同。

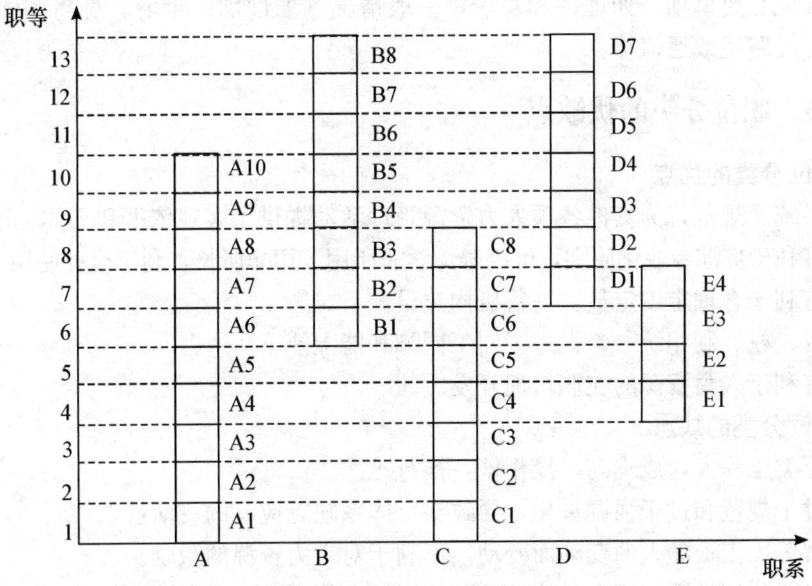

图 6—1　职位纵向分类之职级列等

2. 职级规范的制定

根据上述分类分级结果，制定职级规范。职级规范是规定与叙述每一职级的工作性质、难易程度、责任轻重及任职资格的书面文件。

其作用主要在于：(1) 确定每一职级的范围，明确各职级本身的特点和各职级之间的界限。(2) 作为进行归级指导的依据。(3) 统一规定各职级的名称。(4) 作为一种规范性性文件。职级规范按照职级分别规定与叙述，设定多少职级，就有多少职级规范。

职级规范大致由以下六部分构成：

(1) 职级名称。这是一个职级规范的缩影，是了解职级规范内容最简洁的窗口，如初级速记员、高级土木工程师等。这自然要求职级名称务必简明扼要，让人一眼就能看出该职级工作的性质及程度。

（2）职级编号。这是代表一个职级的号码，通常由职位类别、系列（职组、职系）、级别（职等）等部分组成。

（3）职级特征或职责。这是职级规范中最重要的部分。一份标准的职级规范必须在职级特征项目下，就该职级职位的工作性质、繁简难易及责任轻重三个方面，表明它与任何其他一个职级的区别，或不同于任何其他一个职级的特征。一般应首先列举该职级所包括的主管职责，然后说明该职级的职责内容，其中包括在何种层级与职位人员监督下处理工作、受何种监督、需要监督何种层级与职位人员工作、如何给予监督等。

（4）工作举例。所列举的工作通常只叙述处理的工作名称及处理方式，如“缮写文稿”。所选择的工作举例，务必既是该职级大部分职位所普遍处理的工作，又最能代表该职级职位之特性的工作，且是该职级职位所经常处理的工作。

（5）任职资格。包括任用资格和所需专门知识，后者包括普通教育及专门教育的程度、所需的经验种类及时间等。

（6）其他必要事项，如证件和身份，一般情况（如性别、年龄、身高、体重等），晋升阶梯或升迁路径或通道等。

6.3.3 职位分类的优缺点

1. 职位分类的优点

（1）系统、规范，为其他各项人力资源管理活动提供了客观依据和具体标准。

（2）有利于贯彻专业化原则，可以避免学非所用、用非所长，利于合理使用人力资源。

（3）有利于合理定编定员，完善机构建设。

（4）责、权、利相统一，促进了同工同酬和能上能下。

（5）有利于人力资源的在职培训开发。

2. 职位分类的缺点

（1）分类工程大，成本高，操作繁，推行难。

（2）过于规范和过于强调量化，导致整个体系缺乏应有的灵活性。

（3）官等、工资随人的变动而变动，不利于对人力资源的激励。

（4）专业化精神限制了人员流动，不利于综合管理人才即通才的培养。

6.3.4 美国实行职位分类的主要情况

实行职位分类的国家有美国、加拿大、泰国、菲律宾等。美国是职位分类的起源地，也是实行职位分类最典型的国家。下面简要介绍一下美国的职位分类情况。

1. 酝酿时期（1836—1923 年）

1836 年，美国联邦政府 5 个部所雇用的 336 名书记员，因感到工资待遇与工作不公平，曾向国会提出请愿书。此后联邦政府一直在寻求使工作与薪酬合理结合的办法。1896 年，美国联邦文官委员会在工作报告中明确指出：实行以职务与责任为基础的分类制度是必要的，并在 1903 年建议政府机关实施该制度。1905 年，罗斯福总统设立部务规程委员会，开始进行有关分类和工作评价的研究。但职位分类制度最先产生于地方政府。1905

年，芝加哥市政府确定了对职位进行分类的原则，即通过对职位进行分析和评价，给职位分类分级，凡处于同一等级的职位，由于其工作的轻重程度相当，因此应给其任职者支付相等的报酬。该市于 1911 年制定了《职位分类法》，经伊利诺伊州议会通过后，于 1912 年正式实行职位分类。1919 年，美国国会成立了工资分类调整委员会，次年该委员会向美国国会提交了报告，提出实行职位分类，并建议文官委员会负责职位分类的实施，这个报告对美国联邦政府制定第一个职位分类法起到了很大的推动作用。

2. 推行时期（1923—1949 年）

1923 年美国国会正式通过了《职位分类法》（Classification Law），鉴于职位分类实施机构的重要性，又成立了人事分类委员会，着手训练专业人员。该法根据职责程度将有关职位分为 5 个职类（职门）、44 个职等。1931 年又做了调整，将公务职位划分为 7 个职类、81 个职等。1940 年，国会将职位分类范围扩展到各部的附属机构。

3. 改进时期（1949—1978 年）

1949 年，美国国会对 1923 年的《职位分类法》做了较全面的修改，将公务员的职位划分为 2 个职门、27 个职组、569 个职系。1958 年为 23 个职组、524 个职系；1965 年减为 22 个职组、439 个职系。1977 年又将职系调整为 437 个。①

4. 新发展时期（1978 年以后）

1978 年 10 月，美国国会通过了《文官制度改革法》。这次改革的涉及面很广，对职位分类来说，最重要的有两点：一是高级文官改革；二是力图使职位分类制度更加灵活简便，给管理人员以更大的自主权（参见本书第 2 章“2.2.3 美国文官制度的建立和发展”相关介绍）。亦即在职位分类时，出现了重视人的因素的趋势。20 世纪 90 年代，作为克林顿总统重塑政府（reinventing government）第一批报告之一的“重塑人力资源管理报告”提出了对职位分类制度的调整。在该报告的“改革一般职（GS）分类和基本薪酬制度”部分所提出的五项措施中，有三项涉及简化分类制度有关的内容：1）废除 15 职等的分类标准；2）授予行政机构分类决定权；3）简化标准的分类制度。调整后，在一般职序列职位分类的横向结构上，共分为 23 个职组、420 个职系。

资料

香港特别行政区公务员行政主任职系的职系管理（节选）

香港特别行政区政府的行政主任职系，为认同这一职系抱负的优秀人士，提供一

① 美国 1977 年的 22 个职组分别是：（1）综合职组，包括 28 个职系；（2）社会科学、心理学和福利职组，包括 29 个职系；（3）人事管理和劳工关系职组，包括 16 个职系；（4）一般管理和文书事务职组，包括 40 个职系；（5）生物学职组，包括 33 个职系；（6）会计预算职组，包括 20 个职系；（7）医疗和公共卫生职组，包括 46 个职系；（8）兽医学职组，包括 3 个职系；（9）工学职组，包括 31 个职系；（10）法律职组，包括 24 个职系；（11）美术工艺职组，包括 21 个职系；（12）商业和工业职组：包括 25 个职系；（13）著作权、特许和商标职组，包括 10 个职系；（14）自然科学职组，包括 26 个职系；（15）保管职组，包括 5 个职系；（16）统计职组，包括 10 个职系；（17）设备职组，包括 9 个职系；（18）教育职组，包括 7 个职系；（19）调查职组，包括 26 个职系；（20）质量管理职组，包括 4 个职系；（21）采购职组，包括 8 个职系；（22）运输职组，包括 16 个职系。

份既饶富趣味又具挑战性和工作满足感的职业。

行政主任是专业管理人员，特别擅长资源和系统管理。他们会被调派到各个政府部门或决策局工作，肩负多类职务，也有机会与不同背景和专长的人士共事。他们会得到有系统的培训，配合不同阶段的事业发展，以成为资源和系统管理的专才。

我们欢迎具备领导潜能和有责任心的优秀人才加入行政主任职系。他们除了要有良好的分析力和判断力，良好的人际关系和沟通技巧外，还要具备多方面的才能和富创意的思维。最重要的是认同职系的抱负——服务香港社会，为公营机构提供最高质素的专业管理服务。

● 抱负和使命

行政主任职系的抱负，是服务香港社会，为公营机构提供最高质素的专业管理服务。

行政主任职系的使命，是致力策划、管理和检讨所服务机构的资源和系统，从而有效达致这些机构的整体工作目标。

● 职责范围

人力资源管理：包括人力策划及接任计划、招聘、晋升、工作表现管理、培训及发展、品行及纪律等人力资源管理职能。

财政资源管理：包括规划、分配和管理财政资源，以及控制收支情况，确保公帑用得其所。

行政支援：

一般行政：提供多项行政服务，包括办公地方的安排、楼宇管理、部门交通服务等。

政策支援：协助搜集背景资料、汇报和分析资料，以及与有关各方联络，以便制定政策。

系统/项目规划与发展：包括内部审计及系统发展职务，以及协调工程项目的规划和推行。

直接为市民提供服务、委员会和议会支援服务，以及活动统筹：包括提供发牌和注册服务、调查投诉个案、处理市民查询、为委员会和议会提供秘书支援服务、为活动及选举提供行政及后勤支援等。

● 职系架构、编制和晋升机会

行政主任职系有6个职级，编制超过2 000个职位。晋升准则取决于同事的品格、才能和工作表现（见表6—1）。

表6—1　　职系架构及编制

职级	于2011年9月30日编制
高级首席行政主任（首长级薪级表第2点）	21
首席行政主任（首长级薪级表第1点）	44
总行政主任（总薪级表第45至49点）	222
高级行政主任（总薪级表第34至44点）	719
一级行政主任（总薪级表第28至33点）	992
二级行政主任（总薪级表第15至27点）	634
职位总数	2 632

● 聘用条款及服务条件

获聘任为二级行政主任的人士会按公务员试用条款受聘，试用期为三年。二级行政主任的入职薪酬为总薪级表第 15 点。成功通过试用期后，将获考虑按当时适用的长期聘用条款聘用。

除月薪外，行政主任亦可享有各项附带福利，包括例假及医疗及牙科福利；在适当情况下，更可享有房屋福利。

● 入职条件

行政主任的基本入职条件如下：持有香港任何一所大学颁授的学士学位，或具备同等学力；及在综合招聘考试能力倾向测试试卷考获及格成绩；及通晓中、英文。申请人须符合语文能力的要求，即在综合招聘考试两份语文试卷（中文运用及英文运用）取得二级成绩（或具备同等成绩）。

（注：申请人须在招聘考试中考获及格成绩。）

资料来源：《香港特别行政区政府公务员职系管理》，见香港特别行政区政府公务员事务局网。

6.4　官职并立职位分类与人员分类管理的发展趋势

6.4.1　官职并立职位分类及其主要特点

1. 官职并立职位分类的含义

官职并立职位分类，是品位分类与职位分类相结合的一种人事分类制度。它将品位分类的官等与职位分类的职等相并立。我国台湾地区就实行该制度。这种制度引起了很多职位分类专家的兴趣，不少人认为它代表了人员分类制度的发展方向。其主要特点是：

（1）人与事并重。官职并立职位分类在划分类别时，既依据职位的工作性质、责任大小、难易程度和任职资格，又依据个人的学历、资历、贡献等条件。

（2）适用范围的限制小。职位分类适合于工作比较固定、工作量相对饱满并且容易量化的职位。品位分类适合于工作经常变化、工作效果不易量化的职位。而官职并立职位分类却没有这些限制。

2. 官职并立职位分类的优点

官职并立职位分类兼具品位分类和职位分类二者的优点，主要表现在：

（1）职位划分既系统，又简便；既便于严格的科学管理，又便于实行。

（2）通才、专才并重。

（3）既规范，又富有弹性。通过正确界定职位分类与品位分类的适用范围和覆盖面，在职位分析评价体系中兼顾品位因素和职位因素，一方面对人员的选拔和升迁调转途径作出严格的规定，另一方面根据实际情况采取措施加强人力资源的流动，调动和发挥人力资源的积极性、主动性与创造性。

当然，这种分类出现较晚，许多方面都有待于在实践中去丰富和完善。品位分类和职位分类相结合，各自原有的一些特点渐趋模糊，二者的界限已不再泾渭分明，可以这样讲，严格的品位分类与职位分类在实际上已不存在，两者已结合在一起。当然，这种结合方式是多种多样的。

6.4.2 人员分类管理的发展趋势

1. 人员分类管理制度呈逐步简化的趋势

当今世界的竞争是科学技术与管理的竞争，效率的高低已成为衡量公共部门的主要标准之一，因此，许多国家都着力于简化人员分类制度，以提高公共部门人力资源的管理效率。加拿大的公务系统原有 72 个职组、102 个分组，每个职组都有一套分类标准和工资标准，操作起来很烦琐，较难适应当今社会发展的需要。因此，加拿大政府本着通用、简化的原则对其进行了改革。废除了原有的 72 套分类标准，代之以一种能够适应所有公共部门工作特征的评价体系，使人员分类更加简易，更具灵活性，还大大降低了成本，提高了公共部门人力资源管理效率。1986 年 7 月 7 日，美国里根政府提出了公务员制度简化方案，将 437 个职系改革为数目更少的“职业通道”，主管人员可以根据职业通道灵活地分配工作，同时废除 18 个职等，在每个职业通道中设置 4～5 个等级，每个等级只确定工资幅度，主管人员按照所属公务员的工作表现确定其报酬，废除等级工资制而实行功绩工资制。虽然这一法案未经国会通过而成为法律，但它表明了一种发展趋势。20 世纪 90 年代的克林顿政府也一直致力于“简化职位分类”，也就是将原来过细的职位设置、狭窄的职位定义、烦琐的分类程序进行简化。但由于受联邦公务员法律的限制，只能在小范围内试点进行。美国南卡罗来纳州取消了 70%的职位，佐治亚州甚至取消了职位分类。这一连串职位改革的共同宗旨是，简化职位分类程序，改变过去由政府统一进行职位分类的做法，由更了解自己组织状况的用人单位进行自我职位分类。

2. 品位分类和职位分类呈融合、互补的趋势

随着专业化分工的不断发展，许多专业性、技术性工作进入政府部门。品位分类原有的注重通才的粗犷型分类方法已不能适应现代社会的需求。因此，原来实行品位分类的国家纷纷吸收职位分类的先进方法，使分类管理更加系统化、规范化，如前面介绍过的英国。日本在 1951 年至 1955 年之间先后公布了 412 个职系的分类方案、272 个职系的分类方案和 126 个职系的分类方案，1960 年又提出简化后的 8 个职组、71 个职系的分类方案①，1969 年提出 77 个职系的分类方案。这些方案中职级最少为 2 级，最多为 10 级。但由于多种多样的原因，职位分类始终未能正式定案。所以，日本的职位分类制度至今未能按照原来的设想全部实行。日本政府一直以 1950 年颁布的《一般职员工资法》作为职位

① 日本 1960 年的 8 个职组、71 个职系的分类框架为：（1）行政职组：包括 28 个职系；（2）税务职组：只有国税一个职系；（3）警察职组：包括 9 个职系；（4）海事职组：包括 7 个职系；（5）教育职组：包括 5 个职系；（6）研究职组：包括 5 个职系；（7）医疗职组：包括 8 个职系；（8）技术职组：包括 8 个职系。

分类的替代措施，人们称之为“工资分类”[①]，这实际上是介于职位分类和品位分类之间的名义上的职位分类。美国在其职位分类制度的改革中，将一般职中的 GS15 至 GS18 职等改为品位分类，取消了职等，只设工资级别，实行级随人走，以便于高层官员的职位流动。同时，改变了原来人员只能在职系内流动的状况，允许公务人员像品位分类那样跨职系流动，竞争上岗。

6.5 我国公共部门的人员分类

自 1949 年到 20 世纪 80 年代，我国公共部门人员分类的特点是集中统一，党政不分、政企不分、政事不分，无论是党群机关、政府机关、立法机关、司法机关的工作人员，还是企事业单位的管理人员和专业技术人员，都统称为“干部”。人员分类中的等级划分主要依据职务职级、资历深浅、学历高低和工资多寡，这实际上是一种特殊的“品位分类”。1993 年的《国家公务员暂行条例》明确规定“国家行政机关实行职位分类制度”，原国家人事部于 1994 年制定实施了《国家公务员职位分类工作实施办法》。此后，党群机关、检察机关、审判机关等也实施了相应的分类方案。2002 年，党的十六大报告中提出“探索和完善党政机关、事业单位和企业的干部人事分类管理制度”，为此，中央出台多个纲要、决定等对公务员和事业单位工作人员的分类管理提出了明确的指导思想和建设路径。《公务员法》的实施为公务员职位分类管理奠定了基础，《2010—2020 年深化干部人事制度改革规划纲要》再次强调：健全综合管理类公务员管理办法，建立专业技术类、行政执法类公务员职务序列和管理办法；根据公务员队伍建设和管理的需要，探索增设新的职位类别，以完善公务员职位分类制度。与此同时，事业单位人员分类制度的改革也在积极推进。

6.5.1 我国公务员的职位分类

1. 公务员职位分类的原则

在研究和制定我国职位分类实施方案时，既要考虑职位分类及人员分类的发展趋势和国际上通行的职位分类制度的经验，又要防止不切实际地照搬照抄；既要遵循职位分类原理，保持职位分类的固有特征，又要从我国国情出发，继承和发扬我国干部人事制度的优良传统，使职位分类与我国实际相结合。因此，我国职位分类必须考虑以下实际情况：(1) 我国是一个实行品位等级制度历史悠久的国家，品位的观念在人们的头脑中根深蒂固。(2) 全国各地的自然条件、历史文化和社会经济发展水平差异很大，从中央到地方机构层次多。(3) 机构、职位的设置及职能的配置还不十分稳定。而且，社会保险和劳动力流动等社会调节机制还未完全建立。(4) 实行职位分类的基础薄弱。职位分类是从国外借

---

① 虽然日本的《一般职员工资法》确定的是一种工资分类表，但工资表所适用的人员范围、各个工资表所设立的工资等级和各个工资等级所列的职务名称等，仍以原来设计的职组职系的区分、各职组的职级职等的区分、各个职组职系职级的列等标准为基础，只是做了适度修改。所以，从工资法中可以看出日本中央政府的公务职位结构框架。

鉴来的，人们对之知之不多，实行这种制度的理论准备不足，实践经验缺乏，专业队伍尚未形成。据此，我国的职位分类制度的建立与完善必须遵循以下基本原则：

（1）兼顾原则。一是实行职位分类，必须以事为中心，但同时要兼顾品位因素，这也完全符合当前国际上职位分类逐渐向重视人的因素方面发展的趋势；二是在坚持统一的职位分类标准的前提下，充分考虑到中央和地方，以及不同地区之间的公共部门在工作性质、工作特征方面的差异，兼顾统一性和特殊性。

（2）系统原则。任何一个完善的组织机构，都是一个相对独立的社会系统，因此，在考虑设置一个职位时，应把它置于整个组织系统之中，从总体上分析它在这个组织系统中所发挥的作用，并以此为标准决定该职位是否设置。为此要具体考虑以下几个因素：一是所有职位总体上是否能保障职位之间的相互合作，是否能保证实现组织机构的任务和目标；二是所有职位在组织机构子系统各层次中，安排得合理与否；三是每一职位与上下左右职位之间的相互关系是否协调；四是组织机构中所有职位的设置是否能体现经济、科学、合理的原则。

（3）最低职位数量原则。任何一个组织，其职位的数量都是有一定限制的。这种限制，通常是由这一组织在整个组织体系中的地位、作用、所承担的任务、职权范围、人员培训的需要及经费预算等多种因素决定的。根据这些因素所决定的职位数的总量，称作这一组织的编制。为了使一个组织以最少的经费获得较大的效益，其职位数量必须根据最低职位数量原则来确定。

（4）渐进原则。实施职位分类，必须在标准、制度统一的前提下，统筹规划，循序渐进，分步到位，逐步完善，不搞一刀切。

（5）动态原则。实施职位分类必须实行动态管理，在职位分类构架相对稳定的前提下，分类结果要随着职位的工作内容变化而调整，以适应现实和发展的需要。

（6）法制原则。在实行职位分类的初期，要重点强调其规范化、标准化和法制化的特点，有关职位分类法规由国家统一颁布，组织人事部门对职位分类工作依法进行统一管理，并对职位分类程序、实施步骤和有关文件实行标准化管理。

2. 公务员的职位类别

我国《公务员法》第 14 条规定，“国家实行公务员职位分类制度。公务员职位类别按照公务员职位的性质、特点和管理需要，划分为综合管理类、专业技术类和行政执法类等类别。国务院根据本法，对于具有职位特殊性，需要单独管理的，可以增设其他职位类别。各职位类别的适用范围由国家另行规定”。第 19 条规定，“公务员的职务应当对应相应的级别……公务员的级别根据所任职务及其德才表现、工作实绩和资历确定”，可见我国公务员的分类制度实际上是以职位分类为主、职位分类和品位分类相结合的人员分类。

（1）综合管理类是指机关内从事规划、咨询、决策、组织、指挥、协调、监督等综合管理及机关内部管理工作的职位。这是公务员职位的主体，所占比例最大。

（2）行政执法类是指机关中直接履行行政监督、行政处罚、行政强制和行政稽查等现场执法职责的职位。这些职位主要集中在公安、海关、税务、工商、质检、药监、环保等部门，且只存在于这些政府部门中的基层单位。

（3）专业技术类是指机关中从事专业技术工作，履行专业技术职责，为实施公共管理提供专业技术支持和技术手段保障的职位。

此外，还有法官、检察官职位。

3. 公务员的职务序列、层次与级别

公务员职务分为领导职务和非领导职务。领导职务是指具有组织、管理、决策和指挥职能的职务，其层次分为：国家级正职、国家级副职、省部级正职、省部级副职、厅局级正职、厅局级副职、县处级正职、县处级副职、乡科级正职、乡科级副职。非领导职务是指不具有领导职责的职务，在厅局级以下设置，其中综合管理类的非领导职务分为：巡视员、副巡视员、调研员、副调研员、主任科员、副主任科员、科员、办事员。

按照《公务员职务与级别管理规定》，公务员级别由低至高依次为二十七级至一级。领导职务层次与级别的对应关系是：（1）国家级正职：一级；（2）国家级副职：四级至二级；（3）省部级正职：八级至四级；（4）省部级副职：十级至六级；（5）厅局级正职：十三级至八级；（6）厅局级副职：十五级至十级；（7）县处级正职：十八级至十二级；（8）县处级副职：二十级至十四级；（9）乡科级正职：二十二级至十六级；（10）乡科级副职：二十四级至十七级。副部级机关内设机构、副省级市机关的司局级正职对应十五级至十级；司局级副职对应十八级至十二级。

综合管理类公务员非领导职务与级别的对应关系是：（1）巡视员：十三级至八级；（2）副巡视员：十五级至十级；（3）调研员：十八级至十二级；（4）副调研员：二十级至十四级；（5）主任科员：二十二级至十六级；（6）副主任科员：二十四级至十七级；（7）科员：二十六级至十八级；（8）办事员：二十七级至十九级。副部级机关内设机构、副省级市机关的巡视员对应十五级至十级；副巡视员对应十八级至十二级。

4. 公务员职位分类的特点

有的学者认为，我国公务员职位分类具有先进性、科学性、实用性和独创性的特征，具体表现为：（1）职位分类和品位分类结合，各适其用。（2）以事为中心，兼顾人的因素，如职等双规（职位分类中的职等是由职位职等和人员职等的双重等级构成）；一职多等；等随人走；调转灵活。（3）项目合一，直接评分，即职位调查项目与职位评价项目合二为一，并在此基础上，直接进行评价。（4）职位评价与人员评价分步进行。（5）全国统一，分级管理。①

但是，也有观点认为：（1）公务员范围的扩展，从形式上看，是把《国家公务员暂行条例》时期规范效力层级面临的冲突理顺了，但在实质上，引发了一些宪政层面、法治层面的问题。例如，它模糊了立法、行政、司法之间的基本功能的确定，背离了实现民主与法治的目标，强化了党的组织政府化和国家化的色彩。（2）继续把公务员的职务分为领导职务和非领导职务，使得由于二者划分不合理所带来的一切在技术层面、宪政层面的混乱、冲突继续存在，不利于社会主义民主和法治的进一步发展。（3）综合管理类、专业技术类和行政执法类的划分，有利于对公务员的管理，但是，没有区分政务类和事务类公务员，从而使得对这两种性质不同的公务员的管理难以区别对待。②

---

① 参见孙柏瑛主编：《公共部门人力资源开发与管理》，205～207页。

② 参见皋华萍：《论公务员分类制度》，9～11页，苏州大学硕士学位论文，2005。

6.5.2 我国事业单位的人员分类

2006年，原人事部公布了《事业单位岗位设置管理试行办法》与《〈事业单位岗位设置管理试行办法〉实施意见》，提出“事业单位要按照科学合理、精简效能的原则进行岗位设置，坚持按需设岗、竞聘上岗、按岗聘用、合同管理”。《事业单位人事管理条例（征求意见稿）》规定：事业单位根据功能、职责任务和工作需要，按照精简、效能的原则和国家有关规定合理设置岗位，制定岗位设置结构比例和等级标准。岗位应当有明确的名称、职责任务、工作标准和任职条件。岗位按照下列程序设置：（1）事业单位制定岗位设置方案；（2）主管部门审核；（3）事业单位人事综合管理部门核准或者备案；（4）事业单位在听取工作人员意见后，由负责人员集体讨论制定岗位设置的实施方案；（5）组织实施。

1. 岗位类别

事业单位岗位分为管理岗位、专业技术岗位和工勤技能岗位三种类别。

（1）管理岗位是指担负领导职责或管理任务的工作岗位。管理岗位的设置要适应增强单位运转效能、提高工作效率、提升管理水平的需要。

（2）专业技术岗位是指从事专业技术工作，具有相应专业技术水平和能力要求的工作岗位。专业技术岗位的设置要符合专业技术工作的规律和特点，适应发展社会公益事业与提高专业水平的需要。

（3）工勤技能岗位是指承担技能操作和维护、后勤保障、服务等职责的工作岗位。工勤技能岗位的设置要适应提高操作维护技能，提升服务水平的要求，满足单位业务工作的实际需要。

另外，根据事业发展和工作需要，经批准，事业单位可设置特设岗位，主要用于聘用急需的高层次人才等特殊需要。

2. 岗位等级

根据岗位性质、职责任务和任职条件，对事业单位管理岗位、专业技术岗位、工勤技能岗位分别划分通用的岗位等级。其中，管理岗位分为10个等级，即一至十级职员岗位。专业技术岗位分为13个等级，包括高级岗位、中级岗位和初级岗位。其中高级岗位分7个等级，即一至七级；中级岗位分3个等级，即八至十级；初级岗位分3个等级，即十一至十三级。工勤技能岗位包括技术工岗位和普通工岗位，其中技术工岗位分为5个等级，即一至五级。普通工岗位不分等级。特设岗位的等级根据实际需要，按照规定的程序和管理权限确定。

3. 岗位结构比例及等级确定

根据不同类型事业单位的职责任务、工作性质和人员结构特点，实行不同的岗位类别结构比例控制。对管理岗位、专业技术岗位、工勤技能岗位实行最高等级控制和结构比例控制。管理岗位的最高等级和结构比例根据单位的规格、规模、隶属关系，按照干部人事管理有关规定和权限确定。专业技术岗位的最高等级和结构比例（包括高级、中级、初级之间的结构比例，以及高级、中级、初级内部各等级之间的比例）按照单位的功能、规格、隶属关系和专业技术水平等因素综合确定。工勤技能岗位的最高等级和结构比例按照岗位等级规范、技能水平和工作需要确定。特设岗位的设置须经主管部门审核后，按程序报地区或设区的市以上政府人事行政部门核准。事业单位的岗位总量、结构比例和最高等级应保持相对稳定。

4. 岗位聘用

事业单位聘用人员，应在岗位有空缺的条件下，按照公开招聘、竞聘上岗的有关规定择优聘用。按照管理岗位、专业技术岗位、工勤技能岗位的职责任务和任职条件聘用人员。事业单位人员原则上不得同时在两类岗位上任职，因行业特点确需兼任的，须按人事管理权限审批。

复习思考题

1. 什么是人员分类、品位分类、职位分类？
2. 品位分类和职位分类的区别有哪些？
3. 品位分类和职位分类各有何特征、优缺点？
4. 职位分类的标准、程序有哪些？
5. 什么是官职并立职位分类？它有何特征和优点？
6. 如何理解英国品位分类、美国职位分类的发展走向及人员分类管理的发展趋势？
7. 我国公务员实行职位分类的原则是什么？
8. 我国公务员职位分类有何优缺点？
9. 分析我国公务员分类管理存在的问题及对策。
10. 如何理解和评价我国事业单位人员分类管理？

第7章

人力资源招录

学习重点

公共部门人力资源招录是组织为了实现其愿景、战略和目标，以人力资源规划和工作分析、工作评价、人员分类为前提，通过招募、甄选、录用、评估等一系列活动，获取合适的人选补充组织内的空缺职位或储备人才。学完本章，应掌握公共部门人力资源招录的原则与程序、招募的内外渠道比较与甄选的技术。

7.1 人力资源招录的含义与价值

7.1.1 人力资源招录的含义

公共部门人力资源招录是组织为了实现其愿景、战略和目标，以人力资源规划和工作分析、工作评价、人员分类为前提，通过招募、甄选、录用等一系列活动，获取合适的人选补充组织内的空缺职位或储备人才。

招募是组织为了吸引更多更好的候选人来应选而进行的有关活动，主要包括人力资源招录计划的制定与审批、信息的发布、候选人登记等。

甄选是组织从"人—事"两个方面出发，凭借有关技术，为空缺职位挑选出尽可能合适的任职者的活动。甄者，审查也；选者，选择也。这是人力资源招录中最关键的一步，也是技术性最强的一环，故而难度也最大。

录用是对甄选出的合格人员作出聘用决策的环节，处于委派或配置之前。主要涉及员工的初始安置、试用、正式录用。

需要说明的是，对公务员和事业单位工作人员的招录，我国相关法律法规分别称之为“录用”和“招聘”，但实际上都涵盖了这里所说的“招录”的所有活动。

7.1.2 人力资源招录的前提与原则

公共部门人力资源的招录有两个前提。一是人力资源规划。公共部门人力资源能否合理招录和有效配置，首先取决于是否拥有科学的人力资源规划。二是工作分析和工作评价。由工作分析和工作评价得出的工作说明书等文件，为录用配置提供了主要的参考依据，同时也为候选人提供了关于该职位的详细信息。负责招录的部门要根据职位空缺情况和职位要求，提出招录的职位、名额和报考资格条件，拟订录用计划。

公共部门人力资源招录的原则主要包括双向选择，平等竞争，效率优先，遵守法律，因事择人，重能力、重动机，用人所长，任人唯贤与能力阈限等。

7.1.3 人力资源招录的价值与复杂性

公共部门人力资源招录是公共部门人力资源的入口管理，即对进入公共组织的人员进行选择、把关，是公共部门在任何发展时期都会发生的重要管理行为。一般情况下，公共部门人力资源招录主要在以下几种情况下提出：组织战略目标的调整与组织结构的变化；新成立部门，需配备相应人员；人员队伍结构不合理，需要裁减多余人员，补充短缺人才；晋升、退休等造成的职位空缺等。因此，有效的人力资源招录在公共部门人力资源管理中具有重要的意义：（1）为组织不断充实新生力量，实现组织内部人力资源的合理配置，进而为组织发展提供人力资源保障；（2）为组织获得一些高素质的人员；（3）增加人员稳定性，提高人员保持率，减少人员流失；（4）降低员工初任培训开发的费用；（5）提高公共部门的效率；（6）是组织对外宣传的一条有效途径。

公共部门的人力资源招录实非易事，而是一项复杂的工作，其复杂性主要源于以下几个因素：

（1）环境因素。公共部门招录人力资源的数量与质量受所处环境的制约。因此，公共部门要用动态的观点看待人力资源的构成和可用性，为此，要立足本组织，面向国内和国际人力资源市场，树立大范围的人力资源招录观。

（2）人口因素。国家或地区间人口数量的多寡、素质的高低，以及人力资源本身的类型和结构等，都对人员的外部供给产生重大影响。

（3）法律法规与政策因素。公共部门人力资源招录必须依据相关的法律法规与政策。

（4）人为因素。一方面，甄别一个人的素质和能力不是一蹴而就的事情。另一方面，公共职位是一种稀缺资源，在其分配过程中存在着影响人力资源招录功能实现的价值冲突。例如少数有权力的人为了牟取私利，干扰或者插手招录工作。由此可见，能否招录到合格的、尤其是合适并有潜力的人力资源，是衡量人力资源管理部门业绩的主要依据之一。

《2010中国选才调查报告》显示：较多企业选才目标并不清晰，而运用网络吸引候选人已成趋势。在选才过程中，非正式的、非结构化的评估占主导，但选拔流程并没像其他业务流程一样得到妥善管理。2010 年虽然招聘人数增加，但招聘工作仍面临着不少挑战。① 对任何组织来说，人力资源的招录都是一个恒提恒新的议题。

7.1.4 人力资源招录的程序

公共部门人力资源招录的一般程序大致包括制定招录计划、招募、甄选、录用及评估等基本步骤。其中制定招录计划主要包括：根据人力资源的需求预测分析，确定招录人员的类型及数量；根据人力资源的供给预测分析，确定招录人员的标准、招募对象、范围和策略；制定招录工作的经费预算；落实招录工作组织，即确定招录工作人员的构成和职责分配，并对工作人员进行必要的培训，安排工作日程等。

《公务员录用规定（试行）》第 5 条规定，录用公务员，应当按照下列程序进行：发布招考公告；报名与资格审查；考试；考察与体检；公示、审批或备案。必要时，省级以上公务员主管部门可以对上述程序进行调整。录用特殊职位的公务员，经省级以上公务员主管部门批准，可以简化程序。《公开选拔党政领导干部工作暂行规定》规定了公开选拔工作应当遵循的程序：发布公告；报名与资格审查；统一考试（包括笔试和面试）；组织考察，研究提出人选方案；党委（党组）讨论决定；办理任职手续。

《事业单位公开招聘人员暂行规定》规定了事业单位招聘人员的程序：制定招聘计划；发布招聘信息；受理应聘人员的申请，对资格条件进行审查；考试、考核；身体检查；根据考试、考核结果，确定拟聘人员；公示招聘结果；签订聘用合同，办理聘用手续。《事业单位人事管理条例（征求意见稿）》规定：事业单位新进人员，应当公开招聘。国家政策性安置、按照人事管理权限由上级任命、涉密岗位等确需使用其他方式的，按照国家有关规定执行。公开招聘不得设置歧视性条件，并采取考试与考察相结合的办法，择优聘用。考试内容包括招聘岗位所需的专业知识、技能；考察内容包括思想政治表现、道德品质及与应聘岗位相关的专业素养、业务能力。公开招聘按照下列程序进行：（1）制定招聘计划；（2）发布招聘信息；（3）审查应聘人员资格条件；（4）考试、考察；（5）体检；（6）确定拟聘名单并予以公示；（7）按照规定备案或者报批；（8）订立聘用合同，办理聘用手续。事业单位内部应当通过竞聘上岗的方式产生岗位人选。竞聘上岗采取个人自荐、民主推荐、组织推荐等方式，根据岗位的不同特点，运用笔试、面试、民主测评等方法。关于聘用合同，《事业单位人事管理条例（征求意见稿）》规定了应当具备的条款：（1）单位的名称、地址、法定代表人或者其委托的单位代表；（2）工作人员的姓名、住址、居民身份证或者其他有效身份证件号码；（3）聘用合同期限；（4）岗位名称、类别、等级、职责任务；（5）工作地点；（6）工作时间和休息休假；（7）工资福利和社会保险；（8）法律、法规规定的其他事项。另外，事业单位可以与新进人员约定试用期。试用期一般不超过 6 个月。新进人员属初次就业的，试用期可以延长至 12 个月。试用期包括在聘用合同期限内。事业单位与工作人员一般订立 3 年至 5 年的合同；对人员流动性强的岗位，可以订立 3 年以下的合同；对相对稳定的岗位，可以订立 5 年以上的合同。对以完成一定工作任务为目的订立的合同，根据工作任务确定合同期限。聘用单位与工作人员协商一致，可

① 参见《2010 中国选才调查报告》，载《培训》，2010（8）。

以订立上述任何一种期限的合同。聘用合同期满，事业单位与工作人员协商一致，可以续订聘用合同。当然，聘用合同可以依法变更、解除、终止。

7.2 人力资源招募

公共部门人力资源招募是组织通过各种途径和方法吸引候选人的过程，其成败主要取决于候选人的多少，候选人越多，选出与职位匹配者的可能性就越大。招募的目标，就是要吸引来尽可能多的候选人。从形式上看，公共部门人力资源招募的方法多种多样，如集中型、分散型、电子型和合同外包分包型等，但从招募的渠道看，不外乎根据招募对象来源划分的内部招募和外部招募。现代人力资源管理与传统人事管理的一个重要区别就表现在“内”与“外”的区别上，前者强调人力资源的开发利用，注重从组织内部发现、挖掘人才。至于在实践中是采用内部招募还是采用外部招募，不存在标准的答案，二者各有利弊，双方结合或许才产生最佳效果。

7.2.1 内部招募的主要方法

1. 布告法

这是在确定了空缺职位及其要求条件等情况后，将有关信息以布告的形式，公布在组织内部的墙报、布告栏、报刊、广播台、网站、电子信箱等媒介上，尽可能使全体员工都能获知信息。

2. 推荐法

这是指由本组织员工根据组织的需要推荐其熟悉的候选人，供用人部门和人力资源管理部门甄选的方法。它也可用于外部招募。由于推荐人对组织与被推荐者均比较了解，使得被推荐者更容易获得组织与职位的信息，也使组织更容易了解被推荐者，便于双方决策。

3. 档案法

人力资源管理部门大都有员工档案，从中可以了解员工在教育、培训、经历、技能、绩效等方面的信息，寻找合适的候选人。为此，员工档案应力求准确、完备，对员工在职位、技能、教育、绩效等方面信息的变化应及时做好记录。但由于档案法对员工而言透明度小、影响力小，员工参与少，因此，该法常常与前述方法结合使用，互为补充。

7.2.2 外部招募的主要方法

1. 广告

这是指通过各种媒体向社会公开招募信息，是目前最常用的方法之一。它信息传播范围广、速度快，吸引的候选人数量多、层次丰富、选择余地大。但应注意两点，一是广告的设计。招聘广告设计的原则可以概括为 AIDA（attention-interest-desire-action）原则。其中，A（attention）代表要吸引人们的注意；I（interest）代表要激起人们对职位的兴趣；D（desire）代表要激发人们前来候选的愿望；A（action）代表要产生让人马上采取行动的力量。同时，广告内容应准确、详细。二是媒体的选择。媒体主要有布告栏、报刊、广播、电视、互联网等。广告媒体不同，受众不同，招募的效果也不同，因此，组织要综合考虑，根据成本限制、媒体特点和实际需要等做出选择。

2. 校园招募

这是公共部门短期内招募到大批受过一定训练的、素质较好的员工而普遍采用的一种方法。人力资源招募对象主要有两类人员：一类是经验型，另一类是潜力型，应届毕业生属于后者。最常用的方法是举行人才供需洽谈会，定期或不定期的校园宣传推介，通过毕业生就业管理部门直接找毕业生面谈，或在院校的布告栏、校报、相关网站、学生刊物上发布招募信息等。有的还通过为学生提供实习、社会实践的机会，在学校设立奖学金、开展科研合作等，与学校和学生建立起长期稳定的互动渠道，有助于组织和学生的互相了解、互相选择。

3. 网络招募

这是指公共组织通过自己的网站、借助招聘网站进行的"电子招募"。这已成为公务员和事业单位工作人员招募的主要方法之一。网络招募以其信息量大、更新和传播速度快，版面无限，成本较低，注重交流和不受时空限制等优势，为用人单位和求职者架设起了一个"虚拟"的人力资源市场平台。一些招聘网站还提供了人员测评等在线服务。其主要不足是信息可信度不高、保密性欠缺，供求双方缺乏直观的接触。

4. 职业中介机构

职业中介机构负责提供供求双方的信息，一方面为用人单位筛选候选人，另一方面也为求职者选择用人单位，同时面向供求双方收取一定的中介费用。这包括劳务市场、人才交流中心或人才市场、人才咨询公司、高级人才咨询公司、猎头（head hunting）公司等。其中猎头公司在获得高层次人才上具有特殊的优势，供需匹配上成功率较高，但收费也高。

此外，还可以利用政府部门或者人力资源服务机构组织的招聘会或见面会、熟人推荐、职业协会、社区机构等进行招募。

7.3 人力资源甄选技术

德鲁克有句名言："做得最好的都是经过评估的事"，人力资源甄选是一个利用资格审查、笔试、面试、心理测验、评价中心等技术方法，不断淘汰不符合要求者，最后确定相对合适人选的复杂过程。通过这些技术主要回答三个问题，即求职者能做什么？愿意做什么？对该工作是否合适？

7.3.1 资格审查

资格审查是对求职者是否符合职位基本要求的一种审查。其中求职申请表或个人简历是重要的筛选工具，其基本内容包括求职者的一般信息、教育状况、工作经历、培训情况、个性特长、职业兴趣等，组织可依此快速收集求职者的基本数据和准确信息，并挑选出不符合最低录用条件的人。同时，面试可以根据求职申请表提供的内容进行，避免重复和漫无边际。对求职申请表中一些不详细而又想深入了解的信息，就可以在面试中进行了解。求职申请表作为一种有用的人员甄选工具，已受到越来越多的重视。研究表明，求职申请表中的项目多数能够提供与职业有关、对决策有用的信息。为了提高求职申请表在甄选上的有效性和可靠性，有的学者提出了一种新的求职申请表——加权申请表。这是根据申请表中的各项信息与特定工作的相关程度赋予其不同的权重，该权重可以作为以后完成工作的可靠预测。实践证明，如果使用适当，加权申请表的预测有效性是非常高的，关键是要以确定的项目为标准，尽量少用不确定的项目。如视力、体力等生理特征和受教育程度、学历，以及语言表达能力等项目预测的准确性就高，而兴趣、爱好等项目预测的准确性就差一些。

7.3.2　笔试

1. 笔试的含义及其主要类型

笔试是让应试者在规定的时间和地点，按照试卷的要求，解答事先拟好的试题，然后通过对其卷面的评分评判其掌握知识的程度与综合分析能力、文字表达能力和逻辑思维能力的一种甄选技术。笔试能客观地区分出应试者的相对差异，较系统地测评应试者的素质和水平，并能多角度地预测应试者的能力倾向和发展潜力。笔试可以分为客观式考试、论述式考试和论文式考试。

(1) 客观式考试。这是指以客观题为主要试题形式的笔试。它具有试题涵盖面广、信息量大、可控制考试过程中的误差等特点。它主要采用标准化的方法来控制考试过程中的主观因素，包括标准化的试题编制、施测过程、评分记分、分数合成、分数解释等。代表性方法是多项选择法，即让应试者在三个及以上的答案中选出一个正确的或最佳的答案。在我国目前的各类笔试中，主要有最佳选择题、匹配选择题、组合选择题、多解选择题和类推选择题等形式。

(2) 论述式考试。这是指以论述题为主要试题形式的笔试。它具有试题灵活、测评层次较深，但评分较困难的特点。论述式考试是主观性试题的主要代表，适用于测评应试者的综合能力。根据答题范围可分为限制性论述题和扩展性论述题；根据作答的形式又可以分为叙述式论述题、说明式论述题、评价式论述题和批驳式论述题。

(3) 论文式考试。这是指以论文型试题为主要试题形式的笔试。它要求应试者自己计划、自己构思、用自己的话来表达，侧重从理解和应用的角度，测评应试者对复杂概念、原理、知识关系的理解，以及运用知识解决问题的能力；同时还要求应试者花费一定的时间来组织语言表达自己的答案，因而题量受到限制。

2. 笔试的步骤

笔试的步骤包括试卷的设计、报名与资格审查、考场的设置与管理、教师监考、试卷的评阅等。

3. 笔试的优缺点

笔试的优点主要是：(1) 公平。通过笔试，可以了解应试者掌握知识的多少，知识较多的录选，知识较少的筛选掉，使应试者感到比较公平。(2) 费用较低。与其他甄选技术相比，笔试的费用是比较低的。(3) 迅速。出题、阅卷等都可以比较快。(4) 简便。笔试一般不需要特殊的仪器、专业人才，因此比较简便，任何一个组织都可以运用。

但笔试也同时具有如下缺点：(1) 试题可能不科学。试题有可能是怪题、难题，这样虽然有些人考得比较好，但并不说明他掌握了必要的知识，而有些人考得比较差，也并不代表他的知识水平就低。(2) 过分强调记忆能力。因为有些试题往往是靠记忆、背诵来取得的。(3) 阅卷不统一。有时因为没有标准的答案，或者是阅卷人员的素质比较低，阅卷时有可能出现偏差。(4) 缺乏可比性。即两次考试的结果缺乏可比性。

7.3.3 心理测验

1. 心理测验的含义及其分类

阿纳斯塔西（A. Anastasi）曾对心理测验做了如下言简意赅的描述："心理测验实质上是对行为样组的客观的和标准化的测验。"也就是依据确定的原则，通过观察人的少数有代表性的行为，对贯穿在人的行为活动中的心理特征，进行推论和数量化分析的一种科学手段和系统程序。这一程序在测量内容、实施过程和记分三个方面都具有系统性，从而使测量条件和测量结果具有统一性和客观性。依据不同的标准，可以将心理测验划分为不同的类型。

(1) 根据测验的具体内容，可分为认知测验与人格测验。认知测验测评的是认知行为，而人格测验测评的是社会行为。认知测验又可以按其具体的测验对象分为成就测验、智力测验与能力倾向测验。成就测验主要测评人的知识与技能，这是对认知活动结果的测评；智力测验主要测评认知活动中较为稳定的行为特征，是对认知过程或认知活动的整体测评；能力倾向测验是对人的认知潜在能力的测评，是对认知活动的深层次测评。人格测验，按其具体的对象可以分成态度、兴趣与品德（包括性格）测验等。

(2) 根据测验的目的，可分为描述性、预测性、诊断咨询性、挑选性、配置性、计划性、研究性等形式。

(3) 根据测验的材料特点，可分为文字性测验与非文字性测验。文字性测验即以文字表述试题，应试者用文字作答。典型的文字性测验即纸笔测验（笔试）。非文字性测验，包括图形辨认、图形排列、实物操作等。

(4) 根据测验的质量要求，可分为标准化与非标准化心理测验。

(5) 根据测验的实施对象，可分为个别心理测验与团体心理测验。

(6) 根据测验中是否有时间限制，可分为速度测验、难度测验、最佳行为测验、典型行为测验等。

2. 智力测验

所谓智力测验就是对智力的科学测评，即一般能力测验。智力测验可以用来甄选各种职位的任职者。智力（或称为智能）是指在人的认识过程方面所表现出来的能力，是认识活动的综合能力。构成智力的因素包括各种感觉能力（如感受性的大小）、观察力、记忆力、想象力和思考力（如理解力、判断力、抽象概括能力和推导能力）等很多方面，其中以思维能力为核心。智力的高低直接影响到一个人在社会上是否成功。智力的高低可以用智商（Intelligence Quotient，IQ）来表示，特曼（Lewis Terman）提出了心理商数，简称为智商。此外，常用的智力测验还有奥特斯（A. Otis）的心理能力自我测验、韦斯曼（A. Wesman）的人员分类测验、韦克斯勒成人智力量表（Wechsler adult intelligence scale，WAIS）、瑞文标准推理测验（Raven standard progressive matrices，RSPM）、瑟斯顿（Louis Thurstone）的基本心理能力测验（primary mental abilities test，PMAT）等。

尽管上述智力测验被广泛应用，但它们仍有一定的局限性：(1) 心理测验研究始终没有解决什么是一般智力的问题。(2) 通常的智力测验都是把智力定义为词汇能力、运算能力等，但实际的智力究竟是不是这样也没有定论。在这些测验中，智力与知识、技能常常混在一起，难以区分。(3) 现有智力测验方法不完全适合中国的民族文化和习惯。(4) 智力并不是唯一的与工作绩效相关的变量。

3. 能力倾向测验

沃伦（Warren）认为，所谓能力倾向，是指构成某种知识、技能和一定行为模式的各种个人特质的状态和组合。舒伯（Donald Supper）认为，能力倾向是一些对于不同职业中的成功，在不同程度上有所贡献的心理因素。能力倾向测验是由智力测验发展而来的，但能力倾向测验是根据测验结果，来预测今后在学业上或职业上取得成绩的可能性。一般可分为一般能力倾向测验、特殊职业能力测验、心理运动机能能力测验等。

(1) 一般能力倾向测验。这又包括若干分测验，每一分测验实际上就是测验某一特殊能力，各分测验既可同时举行，又可分段举行。如美国劳工部职业安全局从 1934 年起，根据 59 个测验的因素分析，用了 10 多年的时间研究制定了《一般能力倾向成套测验》(general aptitude test battery，GATB)。这套测验在许多国家得到广泛应用，后来日本劳动省对 GATB 进行了日本版的标准化，制定成《一般职业适应性检查》(1969 版)。这套测验主要是测评在多种职业领域中工作所必需的几种能力倾向。

另一种能力倾向测验是区分性能力倾向测验（DAT）。这原为本耐特（Bennet）等编制，后经多次修订，主要内容有语文推理测验、数学能力测验、气象推理测验、文书速度精确度测验、机械测验、空间关系测验、语文运用（错字）测验。在中国有台湾学者的译本和修订本。

(2) 特殊职业能力测验。这是指对那些独特于某项职业或职业群的能力的测评。该测验主要用于两大目的：测评已具备工作经验或受过有关训练的人员，在某些工作中现有的熟练或成就水平；选拔那些具有从事某项职业的特殊潜能，并且能够在经过很少或不经特殊培训的情况下就能从事某种工作的人才。特殊职业能力测验主要有：明尼苏达办事员能力测验、斯奈伦视力测验（Snellen chart）、西肖音乐能力测验（Seashor measures of musical talents）、梅尔艺术测验（Meier art tests）、飞行能力测验等。特殊职业能力测验按职业所在行业划分，应用较为专业。

(3) 心理运动机能能力测验。心理运动机能能力主要包括两大类：一是心理运动能力，如反应时间、肢体运动速度、多肢协调、手指灵巧、手工灵巧、臂手稳定、速度控制等。二是身体能力，包括动态强度、躯体程度、爆发力程度、广度灵活性、动态灵活性、身体协调、总体身体均衡等。这一方面可通过体格检查进行，另一方面可以通过各种仪器或工具进行。这主要包括机械能力测验、空间能力测验、感知能力测验、运动能力测验与身体体能测验。

在我国公务员录用考试中，行政职业能力测验是一个重要科目。行政职业能力测验是职业能力倾向测验的一种。目前职业能力测验已被广泛应用于各种领域的人力资源甄选。这种测验同一般的知识测验不同，它可以有效地测评人的某种潜能，从而可以预测个体在相应职业领域中成功的可能性。作为一种标准化的心理测验，行政职业能力测验专门用来测评在行政职业上取得成功所必须具备的一系列心理潜能，进而预测应试者在行政职业领域内的多种职位上取得成功的可能性。《中央机关及其直属机构 2011 年度考试录用公务员公共科目考试大纲》规定：行政职业能力测验为客观性试题，包括言语理解与表达、数量关系、判断推理、资料分析和常识判断等部分。

4. 人格测验

人格（personality）概念源于拉丁语 persona，当时是指演员在舞台上戴的面具，后来心理学借用这个术语，用来说明每个人在人生舞台上各自扮演的角色及其不同于他人的精神面貌，但至今还没有一个公认的定义。“What is personality? Everybody knows, but nobody can tell!”[①]（人格是什么？谁都知道，但谁都说不清！）杨国枢曾经于 1970 年整理过人格研究领域中各种“人格的定义”，认为人格心理学者仍应继续着重实在性人格定义，兼顾到：(1) 个体与环境的关系；(2) 人格组织性与统合性；(3) 人格的独特性；(4) 人格的可变性；(5) 人格的多面性（即人格可同时表现多方面的心理活动或状态，如需要、兴趣、态度、气质）。他对人格的定义是：人格是个体与其环境交互作用的过程中所形成的一种独特的身心组织，而此一变动缓慢的组织使个体适应环境时在需要、动机、兴趣、态度、价值观念、气质、性向、外形及生理等各有不同于其他个体之处。

为方便起见，我们把认知测验以外的所有心理测验都称为人格测验。应用人格测验，主要是为了考察人格特点与工作行为的关系，有助于在对其知识、能力和技能测评的基础上，进一步测评其工作动机、工作态度、情绪的稳定性等心理素质，使甄选更全面、科学、客观。目前，虽然人格测验有几百种，但由于人格构成的复杂性，人们对其看法又不尽相同，而且人格又是动态发展的，常常会随着情境的变化而变化，所以，对人格的测验是很不容易的，这些测验也仍处在不成熟期，需要多种测验相互印证才可能得出较为合理的结论。人格测验也因心理学家对人格不同的定义有不同的测量，主要可分为自陈式问卷调查法、投射技术测验法、情境测验法、社会测量法，以及有关兴趣、气质等的单项测验方法。下面主要介绍前几种。

(1) 自陈式问卷调查法。该法采用自陈式问卷调查量表（self report inventories）进行。常规的自陈量表通常包含了与行为、态度、感觉、信仰有关的陈述式问题，由应试者本人采用自我测评的方法，根据对自己行为的观察来评定自己是否有相应的情况。其中，有专为人格中某一种特征而设计的，有为整个人格特征而设计的。为防止应试者作假，影响测验效度，自陈测验采取了一些校正测验或迫选测验来保证效度。具有代表性的有明尼

---

① L. A. Pervin, *Personality: Theory, Assessment, and Research*, New York: Guilford, 1990.

苏达多项人格测验（Minnesota multiphasic personality inventory，MMPI）、加利福尼亚州心理调查表（California psychological inventory，CPI）、爱德华兹个人偏爱顺序表（Edwards preference schedule，EPS）、卡特尔（J. M. Cattell）的人格因素问卷（16 personality factor questionnaire，16PFQ）等。其中迈尔斯布里格斯类型诊断量表（Myers-Briggs type indicator，MBTI）已经在世界上运用了几十年的时间，夫妻利用它增进融洽，师生利用它提高学习、授课效率，青年人利用它选择职业，组织利用它改善人际关系、团队沟通、组织建设、组织诊断、管理拓展、职业生涯发展等多个方面。凌文铨等通过设计问卷调查的方式，在预试研究的基础上，修订了MBTI，形成了中国企业员工职业个性测量工具——中国人职业个性测量工具（Chinese vocational personality sorter，CVPS）。该工具在企业变革、团队建设、员工选拔任用、薪酬及激励机制、培训等方面都有较好的应用前景。

（2）投射技术测验法。该法是让应试者通过一定的媒介，建立自己的想象世界，在无拘束的情景中，不自觉地表露出其个性特征的方法。它有以下特点：1）在测验的刺激上，它使用的是模棱两可的刺激，如墨迹图等；2）测验目的多被伪装起来了；3）应试者可以完全自由回答；4）在结果分析上，以定性分析为主，有许多推论；5）在结果解释上多是参照人格障碍标准进行衡量的；6）对人格注重整体的分析；7）测验难以标准化，多由训练有素的专家进行；8）测验的内容以潜意识为主；9）信度和效度不高，常模资料不充分。

根据应试者的反应方式，可以将投射技术测验分为五类：一是联想法。通常要求应试者说出某种刺激（如单字墨迹）所引起的联想，一般是指首先引起的联想。二是完成法。要求应试者完成某种材料，如完成语句等。三是构造法。要求应试者编造或创造一些东西或故事、图画等。四是表露法。要求应试者利用某种媒介自由地表露自己的心理状态。五是选择或排列法。要求应试者依据某种原则对刺激材料进行选择或予以排列。最常用的投射技术测验是罗夏（Hermann Rorschach）的墨迹测验、赫兹曼墨迹测验（HIT）和主题理解测验（TAT）。此外，还有完成句子测验、绘图测验、画树测验等。

人格测验的困难与问题较多，主要是人格概念不一致、整体动态人格测验的困难、信度和效度较低、题目的难以界定和理解的差异、测验分数的解释的差别、伪装和社会赞许反应、有些测验内容侵犯个人隐私等。

5. 心理测验的优缺点

首先，心理测验具有如下优点：一是迅速。它可以在较短的时间内迅速了解一个人的心理素质、潜在能力和其他有关指标。二是比较科学。目前世界上还没有一种完全科学的方法，可以在短期内全面了解一个人的心理素质和潜在能力，而心理测验能基本做到这一点。三是比较公平。通过心理测验，心理素质比较高的人可以脱颖而出，而心理素质较低的人落选也会感到心平气和，在一定程度上可以避免竞争的不公平性。四是可以比较。用同一种心理测验得出的结果有可比性。

其次，心理测验同时也具有如下缺点：一方面是可能被滥用。心理测验虽然是一种科学的测评手段，但是也会被人滥用，比如滥用不合格的量表。另一方面是可能被曲解。对测验结果进行解释是一项严肃而科学的工作，比如，有些人认为智商高就一定能成功，这样就会鄙视或轻视智商低的人，会对低智商者产生一种消极影响，这样就曲解了心理测验的结果，容易产生一些不良后果。

最后，需要特别说明的是，心理测验在我国的使用已经越来越普及，但是，不论祖国大陆，还是香港地区和台湾地区，主要的著名的心理测验量表几乎都是从西方引进、修订的，而大陆尤甚。我们使用的人格测验、智力测验、心理卫生评估等方面的量表几乎全是国外引进、修订的，问题是西方心理测验的文化背景适合于中国人吗？中国人适合做西方人编制的心理测验吗？外国的量表是为其本国人编制的，其变量是研究其本国人的结果，而中国人与西方人有着很大的不同，所以这些量表从内容上说是不能适用于中国人的；即使对这些量表做一些语言形式上的修订，用以测评中国人，可又能在多大程度上解释中国人的心理与行为呢？实际上，就连问卷测验技术本身，在西方也遭到了批评。我们对此必须高度重视，并予以回答。

7.3.4 面试

1. 面试的含义及其种类

面试是精心设计的，通过面试考官与应试者双方面对面地观察和交流，科学测评应试者的基本素质、工作动机、发展潜力和实际技能，以及与报考职位匹配性的一种甄选技术。与其他技术相比，面试能充分反映应试者的素质和能力，故被广泛应用。从不同的角度，可以把面试划分为不同的类型。

(1) 根据参与面试过程的人员，可将其分为个别面试、小组面试和集体面试。个别面试是一个考官与一个应试者面对面地交谈，这有利于双方建立亲密的关系，能深入地相互了解，但其结果易受考官的主观因素干扰。小组面试是由多人组成面试考官小组对各个应试者分别进行面试。面试考官小组由用人部门、人力资源管理部门人员与外聘专家共同组成，从多种角度对应试者进行考察，提高面试结果的准确性。集体面试是由面试考官小组对若干应试者同时进行面试，这通常是由面试主考官提出一个或几个问题，引导应试者进行讨论，从中发现、比较应试者的表达能力、思维能力、组织领导能力、解决问题的能力、交际能力等。集体面试的效率比较高，但对考官的要求较高。

(2) 根据面试的组织形式，可将其分为结构型面试、非结构型面试和压力面试。结构型面试又称为指示面试，是在面试之前，已有一个固定的框架（或问题清单），考官根据该框架控制整个面试的进行，严格按照框架对每个应试者分别作相同的提问，同时记录下对方的回答。其优点在于对所有应试者采取同样的面试，便于分析和比较，同时减少了主观性，且对考官的要求较低。研究表明，结构型面试的信度与效度较好，但缺点是过于僵化，难以随机应变，所收集信息的范围受到限制。非结构型面试又称为非指示面试，即没有固定的格式，没有统一的评分标准，考官所提问题可以因人而异，往往提问一些开放性的问题。这种面试允许在具体操作过程中针对实际情况作出相应调整。其主要目的在于给应试者充分发挥自己才能的机会。由于这种面试有很大的随意性，主考官提问题的真实目的往往带有很大的隐蔽性，要求应试者有很好的理解能力与应变能力。其优点在于灵活性强，可以根据应试者的陈述或其关心的内容提出相关的问题。但缺点在于缺乏统一的标准，主观性强，且对考官要求较高。压力面试是通过事先营造一个紧张的气氛，考官通过提出一些敌意或粗鲁的问题，给应试者意想不到的一击，使其处于不愉快或尴尬的情景之中，以观察其反应，从而识别其敏感性和心理承受力。其优点是可以较好地测评应试者的机智程度、应变能力、心理承受力和自我控制力，但这只适合那些要求敏感度较强和压力承受力较高的工作，如高级管理人员，否则就不一定适合。

(3) BD 面试与能力面试。BD 面试，即行为描述面试（behavior description interview)，是基于行为的连贯性原理发展起来的。考官通过 BD 面试要了解两方面的信息：一是应试者过去的工作经历，判断他选择本组织的原因，预测未来他在本组织中发展所采取的行为模式；二是了解他对特定行为所采取的行为模式，并将该行为模式与招考职位所期望的行为模式进行比较分析。能力面试关注的是应试者如何去实现所追求的目标，为此，要找到应试者过去成就中所反映出来的优势。

(4) 根据面试强调的重点可把面试分为条件面试（SI)、模式化行为描述面试（PBDI）和多模型面试（MMI)。SI 是强调与工作相关的具体行为的一种结构化面试，注重个人对于既定条件下应采取行为的预见能力。PBDI 是一种结构化面试方法，其理论基础是“过去的行为可以预见未来的行为”，给定应试者特定条件，然后要求他们谈谈在这种或类似的情境下，以前是如何处理的。MMI 综合了 SI 和 PBDI 的优点，又考虑了其他一些重要特征，用条件性或自述性问题，既注重过去，又注重未来。

2. 面试的程序

《国家公务员录用面试暂行办法》第 15 条规定，面试按照以下程序进行：(1) 制定面试实施方案。(2) 编制面试试题及相关测评材料。(3) 成立面试考官小组。(4) 培训面试考官。(5) 实施面试。(6) 公布面试结果。不同组织针对不同职位应试者的面试是不同的，但程序大体如此。

3. 面试试题的编制

《国家公务员录用面试暂行办法》第 12 条规定，编制面试试题必须贯彻以下原则：(1) 政治思想性原则。试题内容健康，符合党的方针、政策和国家的法律法规。(2) 科学性原则。试题具有科学性，编排、评分要求规范。(3) 针对性原则。试题编制要贯彻“为用而考”和“因岗择人”的原则，体现测评要素的要求，同时要符合应试者的特点。(4) 灵活性原则。试题的内容设计、提问、追问、评分要点等要给考官和考生留有发挥的余地。

《国家公务员录用面试暂行办法》第 13 条规定，编制面试试题的基本程序是：(1) 根据测评要素和测评对象，确定题目类型。(2) 科学、合理地取材。(3) 命题小组讨论。(4) 形成试题，包括题干、出题思路、参考答案、评分要点。(5) 组合题目。

结构化面试题目的类型主要分为背景型、智能型、情景型、行为型、意愿型、作业型、知识型、经验型、压力型。

4. 面试的优缺点

面试的优点主要是：(1) 直观性强。面试以观察和谈话为主要工具，故而直观性强。

(2) 双向直接互动。(3) 有效性高。面试获得的信息丰富、完整和深入，有效性高。(4) 结构性与随机性相结合。(5) 全面。面试可以通过多种方法，对应试者的口头表达能力、为人处世能力、操作能力、独立处理问题的能力，以及举止仪表、气质风度、兴趣爱好、脾气禀性、道德品质等作出全面的考察。

但面试同时也具有时间长、费用高，受考官主观影响大，不易数量化等缺点。

5. 面试中常见的偏差

这些偏差主要包括：闪电式判断、联想效应的偏见、考官的主动诱导行为、评分标准的不客观和不统一、忽视应试者的非言语行为、太多或太少的面谈、考官缺乏良好的语言表达能力、从众效应、应试者的次序影响、有些评价标准难以量化、内容准备不够、时间仓促等。

6. 有效面试的设计

(1) 从招考职位的要求出发，或从测评的可行性出发，或从应试者的状况出发，科学确定测评要素。

(2) 设计面试计划，拟写面试提纲，选择面试场所。

(3) 任命并培训考官。为确保面试的有效性，面试考官小组所有成员都必须训练有素，具有丰富的实践经验。

(4) 开发面试提问。一方面要注意提问的技巧，要亲切、自然、渐进、通俗、简明、有力，顺序上要先易后难、循序渐进，做好问题之间的转换、收缩、结束与扩展，根据不同的测评内容和不同的应试者，采取不同的提问方式，如连串式、开放式、假设式、压迫式、引导式和投射式。另一方面，根据面试题目的类型设计提问题目，并开发面试提问的标准答案和每一提问的 5 等分评分量表，以此作为面试标杆。

(5) 考官要注意倾听与观察。

(6) 营造面试气氛。面试开始时，主考官就应注意创造一个良好的气氛，以一种友好的问候或以当天的天气和交通条件等作为开场白，轻松地进入面试。在面试中，考官要善于倾听，应试者在回答问题时应给予其充分的思考时间。

(7) 不要大规模地运用面试，也就是说面试的人数不要太多，否则会使考官感到疲倦，而使面试的测评结果前后不一致。

(8) 在面试前，不要让考官了解太多有关应试者的资料。

(9) 考官要及时记录每一位应试者的表现。

表 7—1 为结构化面试评分表示例。

表 7—1　　结构化面试评分表（100%）

应考者序号		报考职位						
测评要素	综合分析能力	言语表达能力	应变能力	计划、组织与协调能力	人际交往的意识与技巧	自我情绪控制	求职动机与报考职位的匹配性	举止仪表

权重（%）	17	20	14	10	14	10	7	8
评分要点	对事物能从宏观方面总体考虑；对事物能从微观方面考虑其各个组成成分，能注意整体和部分的关系及各部分间的有机协调组合。	理解他人意思，口齿清晰、流畅；内容有条理，富有逻辑性；他人能理解并具有一定的说服能力；用词准确、恰当、有分寸。	有压力状况下，思维反应敏捷；情绪稳定；考虑问题周到。	依据部门目标，预见未来的要求、机会和不利因素，并作出计划；看清冲突各方面的关系；根据现实需要和长远效果作适当选择；及时作出决策；调配、安置人、财、物等有关资源。	人际合作主动；理解组织中权属关系（包括权限、服从、纪律等意识）；人际间适应；有效沟通（传递信息）；处理人际关系原则性和灵活性结合。	在较强的激烈情境中，表情和言语自然；受到有意识挑战甚至有意羞辱的场合，能保持冷静；为长远目标抑制自己当前的欲望。	兴趣与职位情况匹配；成就动机（认知需要、自我提高、自我实现、服务他人的需要，得到锻炼等）与职位情况匹配；认同组织文化。	穿着打扮得体；言行举止符合一般的礼节；无多余的动作。
满分	10	10	10	10	10	10	10	10
要素得分	A	B	C	D	E	F	G	H
总分								
评语及建议								
考官	（签字）　日期：　年　月　日							

评分说明：（1）对每一个评分要素，考官按1～10分给分。表现好的给8～10分；一般的给4～7分；差的给0～3分。（2）总分 $T=1.7A+2.0B+1.4C+1.0D+1.4E+F+0.7G+0.8H$。权重需要合理设置。

资料来源：曹家才：《人才素质测评的基本方法》，355页，济南，山东人民出版社，1999。引用时做了部分调整。

7.3.5　评价中心

评价中心（assessment center）是一种包含多种甄选技术的综合的、全面的人员测评系统。根据第28届评价中心国际会议的定义，评价中心是由对多次行为的标准化评估构成的，由许多受过训练的考官运用技术手段，对应试者在专门设计的模拟情景中表露出的行为做出判断，这些判断后被提交到考官参加的会议上或经过统计方法加以分析整合。简单地说，评价中心就是一种测定一群人中每个个体在多种情景事件（exercises）中表现出的行为特征的操作程序。评价中心方法的十个要素是：工作分析、行为归类、测评技术、多种测评方法、情景模拟、评价者、评价者培训、行为记录、报告、数据整合。①

1. 评价中心的评价技术

（1）情景模拟。这是指通过编制一套与报考职位实际情况相似的测评项目，将应试者

① D. A. Joiner，Guidelines and Ethical Considerations for Assessment Center Operations：International Task Force on Assessment Center Guidelines，*Public Personnel Management*，2000，29：315-331.

安排在模拟的、逼真的工作环境中，要求应试者处理可能出现的各种问题，考官以此测评其素质和能力一种技术。考官根据应试者在模拟情景中的表现或通过模拟提交的报告、总结材料，为其打分。

（2）公文处理。这又称“文件筐”测验，是评价中心应用频率最高的一种形式，是对管理人员的潜在能力进行测评的有效方法。公文一般由分别来自上级和下级的文件、备忘录、电话记录、上级指示、调查报告、请示报告等组成，可多可少，一般不少于5份，不多于30份，每个应试者要批阅的公文可以一样，也可以不一样，但难度要相似。根据公文的数目和难度，规定完成的时间。在应试者受试前，应该向他介绍有关的背景材料，然后告诉他作为组织的负责人，全权处理各种文件。要使应试者意识到他不是在演戏，也不是在代理职位，而是一位真正手握实权的负责人，根据自己的经验、知识、能力、性格、风格去处理各种问题。这可以较好地反映出应试者的组织、计划、沟通、判断、分析、领导、决策和分派任务的能力，对信息的收集和利用能力，处理问题的条理性和灵活性，对环境和他人的理解、敏感性等。

（3）小组讨论。小组讨论的典型形式是无领导小组讨论，这是评价中心常用的一种形式。它是指一组应试者开会讨论一个有待解决的问题，讨论前并不指定谁主持会议，在讨论中，考官观察每一个应试者的发言表现，以测评应试者的心理素质和潜在能力。在一般情况下，每个小组会有一名应试者以组长的身份出来负责解决这些问题，并主持会议，这个人的领导能力相对较强。根据每一个应试者在讨论中的表现，可以从以下几个方面进行评价：领导欲望、主动性、说服能力、口头表达能力、自信程度、抵抗压力的能力、经历、人际交往能力、责任感、团队精神等。也可以要求应试者讨论完以后，写一份讨论记录，从中分析应试者的归纳能力、决策能力、分析能力、综合能力、民主意识等。研究表明，无领导小组讨论对于管理者集体领导技能的测评非常有效，尤其适用于测评那些需要分析问题、解决问题及作出决策的具体领导者的素质。

此外还有有领导小组讨论，就是指定一个应试者作为小组中的领导，然后给小组一个问题，被指定的领导可以对他人进行中层职位的分派。这种形式与实际情形较为接近，能够测评领导者的各种管理技能，但在时间花费上比无领导小组多。应注意的是，在有领导小组讨论中，应该给每个应试者一次做领导的机会。

（4）角色扮演。这要求应试者扮演一个特定的管理角色来处理日常的管理事务，以此来观察其表现，了解其心理素质，测评其人际关系处理能力。这种方法较为复杂，但是更加真实。其缺点是对应试者的观察和测评比较困难，而且花费的时间也比较长。

此外还有管理游戏、面谈模拟、事实判断、书面案例分析、即席演讲等。

2. 评价中心的操作过程

（1）确定评价的职位。

（2）决定被评价者和评价的原因。

（3）确定评价的观察项目。

（4）评价者的培训。

（5）实施评价活动。这主要包括观察行为、归纳行为、打分和评定等级、制定报告、重新评分、初步要素评分、制定要素评分表、评价者讨论、总体评分、其他评论等。

（6）做出评估报告。

资　料

台湾地区如何考录公务员

长期以来，台湾地区“政府”用人遵循“公明考选、考试用人”的基本原则。公务员招考主管部门是“考试院”的“考选部”。“考选部”负责招考政策的研究和制定，并根据用人单位需求制定录用计划、发布公告、组织实施考试。该部下设多个考试司，分别负责不同类别的考试。目前，台湾地区主要依据“公务人员考试法”管理和指导公务员考试工作。现行公务员考试每年举行一次。另外，考虑到特殊性质部门的需要及保障残疾人就业权益，还不定期举行特种考试。招考周期因工作性质和职位类别而异，有些数周、数月，有些需要接受综合素质评估、任职前审查（有关部门对拟录用人员进行政审，主要调查其是否有犯罪记录、不端行为等），则长达一年。

台湾地区公务员招考实行分类分等招考。设有通用考试和特种考试两大类。通用考试分为高等、普通和初等考试，其中高等考试又分为一、二、三级。高等考试第一、二级分别面向具有博士、硕士学位的人员，高等考试第三级和普通考试主要面向具有大学学历的人员，初等考试基本面向中学学历或无学历者。特种考试分五级，基本与通用考试的等级相对应，主要是为了满足特殊部门的用人需求。

台湾地区公务员考试的形式主要包括笔试、面试及实地考试，并按不同部门和职位的类别确定相应的考试科目和内容，主要原则是体现不同职位对人员素质和能力的不同要求，重点突出对应试者个人综合素质和职业能力的测试考察。笔试分为初试和复试。以高等考试第三级和普通考试为例，初试科目包括综合知识和专业知识测试，权重各为50%。其中，综合知识测试包括法学、数理、历史、地理和英文，专业知识则测察考生所学专业的知识水平。复试以专业知识测试为主。初试成绩不记入总分，复试成绩即是考试总成绩。总成绩以各科目成绩平均计算之。现行考试成绩有一科为零分或总成绩未满 50 分者，均不予录取；缺考之科目，以零分计算。面试分为个别面试、集体面试和团体讨论等形式，测评要素重点测察考生的语言表达、分析决断和应变能力，以及仪态、才识等。面试在整个考试中的重要性日益凸显，有些笔试成绩仅为一种资格底线，不视通过者的先后排名，而面试得分则是最终录用排名的主要依据。实地考试，以现场实际操作方式考察考生的专业知识、技能和实际动手能力，现行评分项目包括专业知识（20%）、实务经验（30%）和专业技能（50%）。

台湾地区公务人员职等分为十四级：一至五级属委任；六至九级属荐任；十至十四级属简任。台湾地区现行公务员考试及任职情况是：高考一级，应试资格为博士学位，及格后荐任九职等；高考二级，应试资格为硕士学位，及格后荐任七职等；高考三级，应试资格为大专毕业以上，及格后荐任六职等。普考，应试资格为高中毕业以上，及格后委任三职等。初考，应试资格为中学学生或无学历，年满十八岁者，及格后委任一职等。

录取前经严格体检和训练，合格者才准予录用。体格检查有详细标准，例如有以下情形之一者不合格：身高，男性不及165公分，女性不及160公分者。但具原住民身份者，男性不及158公分，女性不及155公分者。体格指标，男性不及18或超过28；女性不及17或超过26。其计算方法为体重（公斤）除以身高（公尺）平方。并计算至小数点以下第一位，四舍五入。

台湾地区现行公务员考试，由于公务员待遇较好，报考人数众多，竞争比较激烈，考试的通过率（及格率）也很低，2008年公务员考试的总录取率约为6%。

资料来源：卢绍武：《台湾如何考录公务员》，载《中国人才》，2010（2）。

复习思考题

1. 人力资源招录应遵从什么原则？
2. 人力资源招录的程序是什么？
3. 人力资源招募的渠道有哪些？内部招募和外部招募各有什么特点？
4. 人力资源甄选的技术有哪些？各有什么特点？
5. 挑出你入大学以来考试成绩最理想和最不理想的课程各一门，试分析一下：其成绩理想与否和任课教师的试题设计、考试方法有多大关系？为什么？
6. 设计一份为你学院或系办公室主任职位甄选候选人的面试试题提纲，并说明理由。
7. 假若由你来设计公务员录用考试考你自己，你认为采用什么技术、针对哪些指标（测评要素），能够把你的能力、潜能、人格等测评出来？为什么？
8. 你对我国目前的公务员录用考试和事业单位公开招聘工作人员考试有何评价和建议？
9. 你对我国目前的公开选拔党政领导干部的考试有何评价和建议？

第 3 篇

公共部门人力资源激励发展与保障维护

第 8 章

绩效考核与管理

学习重点

员工绩效管理是公共部门人力资源管理的核心，也是组织绩效管理的基础，绩效考核是其一个关键环节。对员工的绩效管理，有助于形成组织与员工之间良好的互动关系，造就一种组织与员工共同发展的机制。学完本章，应掌握公共部门人力资源绩效管理的内容、绩效指标体系设计、绩效考核者和绩效考核方法的选择、360 度绩效考核反馈系统、绩效考核误差的产生原因与减少的措施，以及绩效反馈与绩效改进的措施等。

8.1　绩效管理和绩效考核的概念与流程

8.1.1　绩效的界定及其特点

长期以来，人们对“绩效”（performance）的认识存在分歧，其释义包括业绩、成绩、执行、表现等。如伯纳丁（Bernadin）等认为，“绩效应该定义为工作的结果”；而墨菲（Murphy）则认为，“绩效是与一个人在其中工作的组织或组织单元的目标有关的一组行为”；麦克利兰却认为，行为品质和特征较之潜能测评更能有效地决定人们工作绩效的高低，而绩效出众者具有较强的判断能力，能够更有效地发现问题，采取适当的行动加以解决，并设定富有挑战性的目标——这样的行为相对独立于知识、个人技能水平和工作经验等。日常管理中，人们常常把绩效等同于任务绩效，或者将注意的焦点集中在整体绩效（overall performance）上。20 世纪 90 年代以来，有的研究者将绩效看做“员工自己控制的与组织目标相关的行为”；[①] 有的认为绩效并非单维的，而是多维的结构，并依此在实证分析的基础上尝试构建了不同的绩效结构模型，如坎贝尔（J. P. Campbel）的八因素结构论[②]，伯曼（W. C. Borman）和摩托瓦德罗（S. J. Motowidlo）的任务绩效（task performance）与周边绩效（contextual performance）结构理论[③]，赫斯基斯（B. Hesketh）和尼尔（A. Neal）的适应性绩效（adaptive performance）理论[④]等。其中“任务—周边绩效”模型及在此基础上新拓展的“任务—周边—适应性绩效”模型成为西方工业/组织心理学中普遍采用的模型。国内一些学者基于中国文化背景下的实证研究结果初步表明，中国组织内员工工作绩效，特别是管理者的工作绩效结构与西方关于工作绩效的“任务—周边绩效”模型存在明显差异。例如，孙健敏等将绩效界定为“结果＋行为”[⑤]，并归纳出描述管理者工作绩效的三个维度是任务绩效、个人特质绩效和人际关系绩效[⑥]。其中，个人特质绩效维度在西方的绩效模型中是没有的，任务绩效虽大致类似于西方的任务绩效维度，但实际上也存在着明显差异。王登峰等得出了包括任务指向和个人品质两个维度的工作绩效结构，同时认为作为党政领导干部，要区分他们的任务绩效和周边绩效实际上是不可能的。[⑦] 杨杰、方俐洛、凌文铨等认为从纯粹的可操作角度出发，在对绩效加以定义时，应考虑三个方面：时间、方式和结果。换句话说，绩效可以简单定义为“某个个体或组织在某个时间范围内以某种方式实现的某种结果”。[⑧]

综合以上分析，我们认为，所谓绩效是指构成员工职位的任务被完成的程度，它反映了员工能在多大程度上实现职位要求。也可以说是员工在一定时间与条件下完成某一工作任务所取得的业绩、成效、效果、效率和效益。这突出说明了两层含义：一是员工的工作结果，二是指影响员工工作结果的行为、表现及素质等。这样的绩效，对组织而言，就是员工个人在数量、质量及效率等方面完成任务的情况；对员工个人而言，就是上级、同事等（也包括自己）对自己工作情况的评价。

绩效可以从组织绩效、部门（团队）绩效、个人绩效三个层次来考察，但前两个层次都源自员工个人的绩效。所以，本书关注的是员工层次的绩效。那么，有哪些因素影响员工的个体绩效水平呢？员工的绩效受多种因素的影响，具有多因性、多维性和动态性

---

① J. P. Campbell, P. Ford, et a1., Development of multiple job performance measures in a representative sample of jobs, *Personnel Psychology*, 1990, 43 (2).

② J. P. Campbell, Modeling the performance prediction problem in industria1 and organizational psychology, in M. D. Dunnette, L. M. Hough, eds., *Handbook of Industrial and Organizational Psychology*, 2nd ed., Palo Alto, CA: Consulting Psychologists Press, 1990, 687-732.

③ W. C. Borman, S. J. Motowidlo, Expanding the criterion domain to include elements of contextual performance, in N. Schmitt, W. C. Borman, eds., *Personnel Selection in Organizations*, San Francisco: Jossey-Bass, 1993, 71-98.

④ B. Hesketh, A. Neal, Technology and performance, in D. R. Inllgen, E. D. Pulakos, eds., *The Changing Mature of Performance: Implications for Staffing, Motivation, and Development*, San Francosco: Jossey-Bass, 1999, 21-55.

⑤ 参见孙健敏主编：《人力资源管理》，29页。

⑥ 参见孙健敏、焦长泉：《对管理者工作绩效结构的探索性研究》，载《人类工效学》，2002 (3)。

⑦ 参见王登峰、崔红：《中国基层党政领导干部的工作绩效结构》，载《西南师范大学学报（人文社会科学版）》，2006 (1)。

⑧ 参见杨杰、方俐洛、凌文铨：《绩效评价的若干问题》，载《应用心理学》，2000 (6)。

的特点。

(1) 多因性。这是指绩效的优劣不取决于单一因素，而要受制于主客观多种因素的影响，如员工的动机、技能，以及环境与机会等，即绩效是技能、机会、动机与环境四个变量的函数。

(2) 多维性。这是指绩效表现为多个方面，需沿多种维度或方面去分析与评价，例如，一名员工的绩效，除了产量指标完成情况外，质量、原材料消耗、能耗、出勤，甚至团结、服从、纪律等硬、软方面，都需综合考虑，逐一考核，各维度可能权重不等，考核侧重点也会相应有所不同。

(3) 动态性。这是指一个人的绩效是变化的，随着时间的推移，绩效差的可能改进转好，绩效好的也可能退步变差，因此，对任何人的绩效切莫僵化对待，要用发展的眼光去看待。

公共部门人员绩效除了多因性、多维性和动态性等绩效的一般特征之外，还具有绩效目标的社会性、绩效形态的特殊性及绩效标准的复杂性等独有的特征。这主要是由公共部门的特征及功能决定的。

8.1.2　绩效管理和绩效考核的概念及其关系

1. 绩效管理的概念

阿姆斯特朗（M. Armstrong）和巴伦（A. Baron）指出，绩效管理是通过策略及整合的方法，来发展个别员工及团队的能力，以改善人群的工作绩效，并支持组织持续地发展。孙柏瑛等指出，员工绩效管理是组织绩效管理的重要组成部分，是指通过协议，达成关于目标、标准和所需能力的统一框架，然后通过相互理解的方式，使组织、群体和个人取得较好结果的一种管理过程，是提高组织绩效的一种创新型手段。由上可见，公共部门人力资源绩效管理是根据组织战略目标，对员工绩效进行系统管理的过程。首先，员工绩效管理的前提是绩效目标的确定。根据组织战略目标，确定相应职位的绩效指标体系。其次，员工绩效管理是一个系统，包括绩效计划制定与实施、绩效考核、绩效反馈与改进、绩效结果使用等循环管理模块。最后，员工绩效管理是一个过程。它遍及整个组织的管理过程，不仅涉及员工绩效考核，更涉及员工激励、员工参与绩效的改善及提升等。

2. 绩效考核的概念

公共部门人力资源的绩效考核，又称绩效评估、绩效评价、绩效考评等，是指公共部门按照一定的原则和标准，定期或不定期地对所属员工在工作中的政治素质、业务表现、行为能力和工作成果等绩效情况，进行系统、全面的考查与评价，并以此作为其奖惩、晋升、薪酬增减、培训和辞退等的客观依据的管理活动。由此可见，绩效考核的含义主要包括：(1) 考核对象是公共组织中已确定的全部人员；(2) 考核分为定期和不定期；(3) 考核包括考查和评价两个阶段；(4) 考核内容包括政治素质、业务表现、行为能力和工作成果等；(5) 考核结果与人力资源管理的其他环节挂钩，作为合理使用人员的依据。因此，科学的绩效考核既是人力资源管理其他活动的主要依据，也是员工下一考核周期制定绩效目标的依据之一。

3. 绩效管理与绩效考核的关系

绩效管理是随着经济与管理水平的发展，在人们对传统绩效考核进行改进的基础上，于20世纪80年代以后逐渐形成和发展起来的一种管理观念和管理系统。斯潘金哥（Spangengerg）认为，传统的绩效考核是一个相对独立的系统，"通常与组织中的其他背景因素相脱离"，如组织目标和战略、组织文化、管理者的承诺和支持等，而这些背景因素对于成功地实施绩效考核有着非常重要的作用。正因为传统的绩效考核对于提高员工的满意度和绩效的作用非常有限，对完成组织目标的作用也不大，所以导致了绩效管理系统的发展。① 范德瑞（Fandray）则认为，应该用绩效管理系统代替每年的绩效考核。考核的废止仅仅只是绩效管理的开端。② 詹金斯（M. Jenkins）认为，从绩效考核到绩效管理应该是组织整体文化的变化。③

绩效管理和绩效考核的关系集中表现为：绩效考核是控制和指导绩效管理全过程的重要检查程序。绩效管理的功能在于促使组织提高整体绩效水平从而达到其战略目标，而为了保证组织绩效的实现，首先必须有效提升组织成员的绩效水平。要提升组织成员的绩效水平，就必须对其绩效状况进行全面和科学的考察，即实施绩效考核。如果说绩效管理是实现组织战略目标的一套有效工具，那么绩效考核就是这套工具的命脉。因此，绩效考核是绩效管理的重要组成部分。作为绩效管理的重要阶段和鉴定环节，绩效考核不仅可以完善绩效目标，而且能够检查和促进绩效目标的实施，在一定意义上，绩效考核决定了绩效管理的成败。④ 也可以说，在一定意义上，绩效考核是绩效管理的一种技术工具，承载着绩效管理目标具体实现的责任。在有效的绩效管理中，员工绩效考核是服务于组织整个绩效管理系统的。绩效管理既是一种奖励分配机制，又是一种极有效的沟通和反馈机制。⑤

但绩效管理绝不等于绩效考核。绩效管理是人力资源管理的核心内容，绩效考核仅是其中的关键环节，绩效管理的范围比绩效考核更为广泛（见表8—1），不仅包含个别员工的绩效考核，更将个别员工的绩效与组织的绩效结合，最终目的是提升组织的整体效能。

表8—1　　传统绩效考核制度与绩效管理制度之差异比较

项目	传统绩效考核制度	绩效管理制度
考核目的	主要作为薪资管理的参考	管理工具
时间及次数	每年考核一次	反馈频繁
考评方法	由主管考核部属	多方面的信息取得
评量标准	整个组织采取同一套评量标准	根据职责弹性化衡量
考核重点	考核过去的表现	着重未来的发展
考核程序	以考核为主	重视规划、指导与考核

资料来源：吴琼恩等：《公共人力资源管理》，111页，北京，北京大学出版社，2006。

① H. H. Spangengerg, *A System Approach to Performance Appraisal in Organizations*, Paper presented at 25th international Congress of Psychology, Brussel, Belgium, 1992.

② Fandray, Dayton, The New Thinking in Performance Appraisal, *Workforce*, 2001, 80 (5).

③ 参见王淑红、龙立荣：《绩效管理综述》，载《中外管理导报》，2002 (9)。

④ 参见吴志华等：《公共部门人力资源管理》，311页。

⑤ 参见孙柏瑛主编：《公共部门人力资源开发与管理》，252、257页。

8.1.3 绩效管理的功用

绩效管理在公共部门人力资源管理中处于核心地位，对于强化员工的绩效意识，为人力资源管理其他环节奠定良好的基础，改进组织的绩效，提升组织竞争力，具有特别重要的意义。表 8—2 是一个调查，说明了其中绩效考核的主要用途。

表 8—2　　绩效考核工具的主要用途

用途	百分比（%）
工资	85.6
绩效反馈	65.1
培训	64.3
晋升	45.3
人力资源规划	43.1
解聘	30.3
研究	17.2

资料来源：[美] 斯蒂芬·P·罗宾斯：《组织行为学（第 7 版）》，498 页，北京，中国人民大学出版社，1997。

8.1.4 绩效管理的模型与流程

1. 绩效管理的模型

图 8—1 是一个绩效管理模型，从中可见，绩效管理与组织战略紧密相连，是在组织战略目标指引下进行的，组织战略从而成为绩效管理的起点。

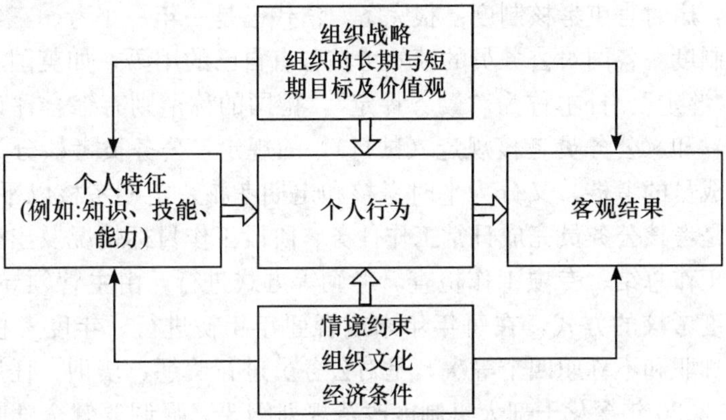

图 8—1　绩效管理模型示意图

资料来源：[美] 雷蒙德·A·诺伊等：《人力资源管理：赢得竞争优势》，365 页，北京，中国人民大学出版社，2005。

2. 绩效管理的流程

从管理之本质看，绩效管理是组织达成目标的一种控制程序，是一个包括如下步骤的循环过程：绩效计划、绩效实施、绩效考核、绩效反馈和绩效改进。

绩效计划是管理者与员工经过双向沟通，就员工的绩效目标和绩效标准达成一致的过程。这实际上就是一个关于绩效目标和绩效标准的契约。“如果处于公共组织或体制之中的每个人都明确自己的根本目标，那么，改进绩效则更为容易。”① 在美国《政府绩效与结果法案》（The Government Performance and Results Act，GPRA）中，联邦政府绩效计划的主要内容都是围绕目标展开的。可见，明确绩效目标并在此基础上设定绩效标准是制定绩效计划的主要活动内容。一言以蔽之，该阶段的主要任务就是建立绩效指标体系。

绩效计划制定后，就要执行。当然，绩效计划并不是一成不变的，它随工作情况的变化会相应地调整。换句话说，绩效计划的实施过程，也就是员工绩效的形成过程，这需要管理者对员工的工作进行指导和监督，及时发现并解决问题，且根据实际情况对绩效计划作出适当的调整。需要特别说明的是，管理者有责任帮助员工克服困难，完成绩效计划，并及时纠正员工工作中出现的偏差。所以，也有人将绩效实施称为绩效监控、绩效诊断与辅导。

绩效反馈是让员工了解自己的绩效考核结果，认识自己有待改进的地方，提出自己在完成绩效计划中遇到的问题，以及了解主管对自己的期望，进而制定解决这些问题的行动方案。

绩效改进不仅是将考核的结果用于员工的薪酬、奖惩、晋升或降级等，更重要的是帮助员工制定绩效改进计划，持续提高绩效，所以，绩效改进是绩效管理是否发挥作用的关键所在。

我国对官员的考核源远流长，最早见于《尚书·舜典》中关于“三载考绩，三考，黜陟幽明”的记载。秦统一中国后，不少官吏就是经过考核因表现卓越而获得高官的。汉有“上计”、“刺察”，唐时官吏考核制度已很完备。清代已是一年一小考、三年一大考、三考为满的“考满”制度。各国对公务员的绩效考核各有自己的用语，如英国和美国称为“考绩”，法国称为“鉴定”，日本称为“勤务评定”，德国的称谓则有综合评议的意思。按照我国《公务员法》和《公务员考核规定（试行）》的规定，公务员考核分为对非领导成员的考核和对领导成员的考核，又分为平时考核和定期考核。定期考核以平时考核为基础。平时考核的重点是考核公务员完成日常工作任务、阶段工作目标情况及出勤情况，可以采取被考核人填写工作总结、专项工作检查、考勤等方式进行，由主管领导予以审核评价。定期考核采取年度考核的方式，在每年年末或者翌年年初进行。年度考核的结果分为优秀、称职、基本称职和不称职四个等次，是对公务员进行奖惩、培训、任用、晋级增资等的依据。《2010—2020年深化干部人事制度改革规划纲要》强调要健全党政干部的考核评价机制，包括：一要实行平时考核与定期考核相结合。规范干部平时考核制度，加强对干部的经常性考核。综合运用平时考核、年度考核与换届（任期）考察、任职考察等方式，全面准确地评价干部。二要改进考核方法。完善民意调查、实绩分析等方法。坚持定性考核与定量考核相结合。整合考核信息，注意综合运用巡视、审计、统计及部门（行业）专项考评等结果。根据考核任务和考核对象，合理运用考核方法。三要强化考核结果运用。建立健全考核结果反馈和通报制度及干部考核信息库。把考核结果作为干部选拔任用的重要依据，并与干部的培养教育、管理监督、激励约束等结合起来。

① [美] 戴维·奥斯本等：《政府改革手册：战略与工具》，12页，北京，中国人民大学出版社，2004。

公务员考核制度是公务员管理制度中不可缺少的一个环节，在公务员制度中占有十分重要的地位。在此有必要就公务员的绩效考核同公务员的其他考核之间的区别作特别说明。一是要与公务员的晋升考核相区别。绩效考核可以作为晋升考核的基础，但不能代替晋升考核。晋升考核是根据公务员拟任职务的要求进行的考核，除了要了解公务员日常的德才表现外，还要考察公务员是否具备担任拟任职务所要求的政治理论水平、文化程度、专业知识，以及在低一级岗位的任职年限等。晋升领导职务的，还要考察其是否具有相应的组织领导能力。既要注意考察其已经表现出来的能力，又要注意考察其潜在的能力。二是要与对公务员在某项政治活动或某次事件中表现的考核相区别。此类考核较绩效考核而言比较单一，考察的是公务员在某一特定环境中的政治思想表现，不能以此类考核代替绩效考核。三是要与公务员培训结束的考核、新录用公务员试用期满的考核、公务员转换职位任职的考核等其他考核相区别。这些考核与公务员的绩效考核都有很大的不同。

8.2　绩效指标体系与绩效沟通

8.2.1　绩效目标

绩效目标是管理者与员工，根据该员工的工作对象、工作任务和知识能力，结合组织目标和员工上一期的绩效情况，而制定的关于该员工未来努力工作会达成的行为和结果水准。公共部门人力资源的绩效目标与公共部门的战略高度相关，从理论上讲，绩效目标制定的逻辑顺序应该是：公共部门战略目标转化为组织的阶段性目标，再由此形成各部门的目标，进而分解成每个员工的绩效目标。但由于公共部门的公共性反而导致了公共部门战略目标的模糊性与多元性，继而影响到了每个员工绩效目标设立的难度。一般认为，绩效目标至少应包括以下几个方面的内容①：

（1）员工在本绩效期间的主要工作内容和职责是什么？应达到何种工作效果？

（2）员工在本绩效期间应如何分阶段地实现各种目标，从而实现整个绩效期间的工作目标？

（3）员工在完成工作任务时拥有哪些权利？决策权限如何？

（4）员工从事该工作内容的目的和意义何在？哪些工作是最重要的，哪些工作是次要的？

（5）管理者和员工计划如何对工作的进展情况进行沟通，如何防止出现偏差？

（6）为了完成工作任务，员工是否有必要接受某一方面的培训或通过自我开发的手段掌握某种工作技能？

8.2.2　绩效项目

绩效项目是指从哪些方面对员工绩效进行考核，又称为绩效模块。克林格勒和纳尔班

---

①　参见方振邦：《绩效管理》，27 页，北京，中国人民大学出版社，2003。

迪认为的三种绩效考核标准体系，实际上就是先从绩效模块的角度分析的，即人员导向型、工作导向型和二者混合型[①]；杨杰等认为，在构建绩效指标体系时有两种路径可循：沿着特质、行为、结果的路径，或者知识、技能、能力、努力、外部条件的路径，如果仅从某一方面着手，经由特质、行为与结果分类的路径来构建，可能会产生较大的偏差（具体比较见表 8—3）。比较好的解决办法是折中，即将考核的维度冠以特质的标签，而对维度的定义和量表锚点的选择则采取任务与行为定向的方法。然而这种对工作行为采取特质的操作性定义的方法并未完美地解决问题，只是相比单纯依靠特质或单纯依靠行为而言更优而已。[②] 这实际上也是从绩效项目开始着手的。

表 8—3　　特质、行为、结果三种绩效项目比较

	特质	行为	结果
适用范围	● 适用于预测未来工作成功与否	● 适用于考核可以通过单一的或程序化方法实现的职位	● 适用于考核那些可通过两种及以上方法达到绩效目标或标准
不足	● 没有考虑情境的影响，通常预测效度较低 ● 难以有效区分实际工作绩效，易使员工产生不公平感 ● 注意的焦点集中在短期内难以改变的特质上，不利于绩效改进	● 不能有效区分达到同样结果的不同方式中，哪一种才是真正符合组织需要的 ● 当员工认为其完成的活动不重要时，意义不大	● 结果的好坏、多少有时并不在员工和组织控制的范围之内 ● 易使员工为达到一定目的而不择手段，使组织在获得短期效益的同时丧失了长期利益

奥斯本等认为，公共部门员工的绩效项目主要涉及以下内容：一是数量，如警察破案的数量、每天接待来访的人数等；二是效率，如每次得到许可的成本、间接成本和直接成本之比等；三是效能，如导致逮捕的调查的比例、设备维修的比例等；四是质量，如顾客满意度等；五是成本—效能，如空气污染程度/成本、犯罪率/成本等。[③]

按照我国《公务员法》和《公务员考核规定（试行）》，对公务员的考核，以公务员的职位职责和所承担的工作任务为基本依据，全面考核德、能、勤、绩、廉，重点考核工作实绩。德，是指思想政治素质及个人品德、职业道德、社会公德等方面的表现。能，是指履行职责的业务素质和能力。勤，是指责任心、工作态度、工作作风等方面的表现。绩，是指完成工作的数量、质量、效率和所产生的效益。廉，是指廉洁自律等方面的表现。《2010—2020 年深化干部人事制度改革规划纲要》指出：根据岗位的性质、任务和要求，逐步建立健全干部岗位职责规范及其能力素质标准，作为干部考核评价的基础和依据。

《国家中长期人才发展规划纲要（2010—2020 年）》提出要健全科学的职业分类体系，建立各类人才能力素质标准，建立以岗位绩效考核为基础的事业单位人员考核评价制度。《事业单位人事管理条例（征求意见稿）》规定：事业单位根据聘用合同和岗位职责，以服务对象满意度为基础，全面考核工作人员的德、能、勤、绩、廉，重点考核工作绩效。考

① 参见［美］罗纳德·克林格勒、约翰·纳尔班迪：《公共部门人力资源管理：系统与战略（第 4 版）》，404～406 页。

② 参见杨杰、方俐洛、凌文辁：《对绩效评价的若干基本问题的思考》，载《中国管理科学》，2000（4）。

③ 参见［美］戴维·奥斯本等：《政府改革手册：战略与工具》，236～238 页。

核分为平时考核和年度考核，必要时可以增加聘期考核。年度考核以平时考核为基础，实行单位内部评议与服务对象评价相结合，定性分析与定量分析相结合，采取个人总结、绩效分析、民主测评、综合评价等符合单位和岗位特点的方法。《事业单位工作人员考核暂行规定》要求考核标准应明确具体，不同专业和不同职务、不同技术层次的工作人员在业务水平和工作业绩方面应有不同的要求。这实际上也大致跟上述公务员绩效管理的思路相似。

英国自 1972 年起实行公务员考绩制度，其中 A 表适用于书记官以上、副司处长以下的文官，B 表适用于助理书记以下的职员。1983 年简化后 A 表的内容是：基本资料，工作说明，工作评价，复评者意见，约谈者对该员发展、训练与安置的意见，受考人在约谈后的意见，个人素质评估，能否胜任高一层级职务的评估。日本公务员的考级项目是勤务实绩、性格、能力。其中勤务实绩主要是指与职务有关事项的处理与贡献，包括工作实绩、工作态度、领导方法（针对主管职位）；性格包括积极、消极、好辩、沉默、慎重、轻浮、认真、无恒心、从容、性急、开朗、忧虑等因素。能力包括知识技术、计划能力、应付公众能力、理解判断能力、创造力、实行力、规划力、指导力、注意力及研究力等因素。美国联邦政府实施绩效管理，鼓励员工和主管共同参与目标制定，经共同讨论年度目标后，制定“绩效标准”与“关键因素”（决定该职位工作成效的最重要因素，如工作资格条件或其效能的主要成因，通常是重要责任或主要职责），以之作为考核的依据。这种通过主管与员工共同制定绩效标准的沟通机制，一方面可以使考核有所依据，另一方面可以制定员工能力所及的合理目标，进行工作指派及传达绩效信息，有助于落实组织目标与绩效的改善。当然，上述各国都重视绩效项目或标准的弹性化、实用性，期望能真实反映实际工作绩效，做好正确的考核与管理。总之，由于各国政治、经济和文化传统的差异，绩效考核的内容不尽相同，但一般都围绕任务导向和人员导向两个方面展开。

尽管各国选择的绩效项目不同，但都没有偏离表 8—3 所述。

8.2.3　绩效指标

绩效指标是把绩效项目分解和细化为可操作的客观内容。它可以是那些以统计数据为基础、建立数学模型、以数量表达结果的硬指标，还可以是通过人的主观判断得出结果的软指标；还可以是行为指标、结果指标，以及二者的结合。绩效目标的设立应坚持定量为主和定性为辅、少而精、可测性、独立性与差异性、目标一致性的原则。绩效指标也源自组织的战略目标、部门和职位的工作任务。提取绩效指标的程序主要是：通过工作分析和业务流程分析确定绩效指标、划分绩效指标的权重、确定绩效指标体系与修订。

1. 绩效指标的提取

提取绩效指标，主要有工作分析法、个案研究法、业务流程分析法、专题访谈法、问卷调查法、经验总结法、关键绩效指标、平衡计分卡等。下面简单介绍一下关键绩效指标和平衡计分卡。

（1）关键绩效指标（key performance indicator，KPI）。KPI 是通过对组织内部流程的输入端、输出端的关键参数进行设置、取样、计算、分析，衡量流程绩效的一种目标式量化管理指标，它是基于组织战略目标的、用于考核和管理员工绩效状况的量化的或行为化的标准体系。KPI 可以使部门主管明确部门的主要责任，并以此为基础，明确部门员工的绩效衡量指标。

关键绩效指标的制定，需遵循 SMART 原则：第一，明确具体（specific），即绩效指标必须是明确、具体的，切中特定的工作指标，不能笼统。第二，可衡量（measurable），即绩效指标应是数量化或行为化的，验证指标的数据或信息是可获得的。第三，可获得（attainable），即绩效指标在付出努力的情况下可以实现，避免设立过高或过低的目标。第四，现实可行（realistic），即绩效指标是实实在在的，可以证明和观察的。第五，有时间限制（time-bound），必须在计划中列入事先约定的时间限制，注重完成绩效指标的特定期限。

关键绩效指标的制定步骤主要是：第一，确定所需要考核的工作产出。第二，确定每一项工作产出的绩效指标和标准。第三，给各项绩效指标赋予一定的权重。第四，修正绩效指标体系。

（2）平衡计分卡。平衡计分卡（Balanced Score Card，BSC）是 1992 年发明的一种绩效考核和管理的工具，它把对组织绩效的评价划分为四个指标：财务、客户、内部管理过程、学习与成长，其核心思想是通过这四个指标之间相互驱动的因果关系来展现组织的战略轨迹。这四个方面并不是相互独立的，而是有一条因果链，展示了业绩和业绩驱动因素之间的关系。为提高经营效益，必须使产品或服务赢得顾客的信赖；要使顾客信赖，必须提供满意的产品；而满意的产品得自内部生产过程的改进；改进内部生产过程，必须对员工进行培训，建立学习型组织。

卡普兰（R. Kaplan）和诺顿（D. Norton）认为平衡计分卡除了适用于一般营利机构外，也适用于非营利事业机关，尤其是政府机关。“平衡计分卡的观念和方法逐渐在全世界的公共部门和非营利组织中得到了比较广泛的采纳与使用。”[①] 他们发现，平衡计分卡可协助政府机构或非营利组织澄清其战略目标，并将战略目标转化为具体的衡量指标，与营利组织相异的地方是更注重顾客与员工的引导与驱动。杰克逊（P. Jackson）以政府公共部门的绩效管理为例，研究发现平衡计分卡可协助政府避免因加强民众服务而导致预算或财务收入不足，能在活动及成果间取得平衡发展，并联结到组织的长期战略目标。新西兰、澳大利亚等国都在政府绩效考核中引入平衡计分卡，作为绩效管理的有效工具并取得了显著效果。近年来，我国一些地方政府（如青岛市、厦门市思明区）和政府部门（如南京市地税局）开始在绩效管理中运用平衡计分卡的理念、方法和技术[②]，相关学者也对高校、海关等部门如何引入平衡计分卡进行了积极的研究探索[③]。方振邦等提出，在公共部门运用平衡计分卡时，有一系列问题需要特别注意：一是强调“平衡”与“因果关系链”。这是平衡计分卡区别于其他管理工具的关键之处。二是战略地图在构建平衡计分卡的过程

① ［美］罗伯·卡普兰、大卫·诺顿：《策略核心组织：以平衡计分卡有效执行企业策略》，206 页，台北，台北城邦事业股份有限公司，2001。

② 参见赵立波、张素琴：《平衡计分卡及其在公共部门绩效评估中的应用》，载《中共青岛市委党校青岛行政学院学报》，2005（6）。

③ 参见张定安：《平衡计分卡与公共部门绩效管理》，载《中国行政管理》，2004（6）；沈鸿：《基于平衡计分卡的五元结构高校管理绩效评价体系及实证研究》，载《高教探索》，2008（1）；吴英力：《平衡计分卡在公共部门绩效管理中的应用研究》，哈尔滨理工大学硕士学位论文，2009；侯志伟：《平衡计分卡在基层海关绩效评估中的应用研究——以威海海关为例》，山东大学硕士学位论文，2009。

中具有重要作用。三是分级实施平衡计分卡。四是重视沟通的作用。五是应该将平衡计分卡同 KPI 区别开来。六是应尽量抓关键性指标，并加以着重强调。①

2. 绩效指标权重的确定

确定绩效指标权重的方法有主观经验法、等级序列法、对偶加权法、倍数加权法、层次分析法、权值因子判断法等。下面简单介绍一下倍数加权法的主要步骤。

首先，选出最具代表性的（或者是最次要的）绩效指标，依此为 1。其次，将其他指标的重要性与其相比，得出重要性的倍数。最后，将倍数换算成百分数或分数即为各指标的权重。如表 8—4 所示，在对某类员工，如交通民警中的岗勤民警的绩效指标有 6 项，假设业务知识是最具代表性的，其他指标的重要性与其相比，得出各自的重要性倍数，6 项合计为 14.5，故各指标的权重分别是 1.5/14.5、2/14.5、1/14.5、3/14.5、5/14.5、2/14.5，直接换算成百分数即可。

表 8—4　　用倍数加权法确定绩效指标权重示例

绩效指标	与智力素质有关的倍数关系	绩效指标的权重
服务态度	1.5	1.5/14.5≈10.34%
警务技能	2	2/14.5≈13.79%
业务知识	1	1/14.5≈6.90%
岗位秩序	3	3/14.5≈20.69%
纠违执法	5	5/14.5≈34.48%
内务管理	2	2/14.5≈13.79%

8.2.4　绩效标准

绩效标准与绩效指标往往是同时进行的。指标解决的是考核“什么”的问题，标准解决的是做得“怎样”或“多少”的问题，二者常常是相互对应的。

一个完整的绩效指标及其标准一般包括四项构成要素：指标名称、指标的操作性定义、等级标志和等级定义。其中，等级标志是用于区分各个等级的标志性符号，等级定义规定了与等级标志对应的各个等级的具体范围，用于揭示各等级之间的差异，二者往往合二为一，就形成了与绩效指标相对应的绩效标准，如表 8—5 所示。

表 8—5　　绩效指标和标准的四要素示例

指标名称		招商引资增长率				
指标的操作性定义		该绩效周期内（该年度），招商引资较上一周期（年度）增长的百分比				
绩效标准	等级标志	A	B	C	D	E
	等级定义	≤50	51～99	100～199	200～299	≥300

从不同的角度可以有不同的分类标准，常用的是描述性标准和量化标准。

(1) 描述性标准。

这种标准常见于特质指标、行为指标之后。对前者，主要是用来区分员工的能力或者特质差异的行为因素；对后者，就是行为特征标准。在整体性结果考核时，对员工的整体

① 参见方振邦、孙一平：《公共部门平衡计分卡研究》，载《中国人才》，2008 (3)。

工作状态就可用优秀、称职、基本称职、不称职等级别，如公务员。但问题是，由于等级描述比较简单，又涉及知识、经验、态度、行为、结果等多个方面，而且它们之间又相互交叉、影响，因果关系模糊，难以判断，同时客观性有限，所以，最好采用分要素的描述性标准，如表 8—6 所示，其中的绩效标准就包含了等级标志、等级定义等。

表 8—6　　分要素的描述性标准示例

绩效指标	分值	绩效标准		评分	得分
沟通合作	10 分	1 级	沟通愿望强，沟通方式良好，使合作成为主要的工作方式	9～10 分	
		2 级	善于沟通，力求合作，引人注意	7～8 分	
		3 级	沟通清楚，易于接受，表现出互相接受的合作倾向	5～6 分	
		4 级	交流、沟通方式混淆，缺乏中心议题，不易于合作	3～4 分	
		5 级	缺乏沟通方式，不善于交流，难以表达自己的思想、方法	0～2 分	

（2）量化标准。

这种标准常见于结果指标之后，能够较精确地描述指标需要达到的状态。这里涉及两个问题：一是标准的基准点，二是等级距离。基准点实际上就是组织为员工所设立的期望其达成的基本标准。基准点一般处于考核尺度的最高等级和最低等级之间的某个位置，但也有一些指标，如人身伤亡、火灾等重大事故，其基准点就在最高等级，即“根本不能发生”。等级距离有两种，一是尺度本身的差距，二是每一尺度所对应的绩效差距。一般来说，在绩效标准的级差做成等差还是不等差，要视具体情况确定。由于从基准点提高绩效的难度越来越大，边际效益下降；反之，在基准点以下，员工努力的边际效益比较大，故通常将基准点以上的差距加大，把基准点以下的差距缩小，如表 8—7 所示。

表 8—7　　绩效指标与绩效标准分级示例

1. 等级划分：绩效指标的考核等级按 7 级划分，7 级最高，1 级最低
2. 绩效指标说明： （1）设备利用率：设备运行/设备能力。 以 80%为 4 级，每增加 3%，提升一个等级；每减少 2%，降低一个等级。 （2）安全工作：以人身伤残事故次数计算。重大事故定义为人员因事故致伤、致残，使之暂时或永久丧失劳动能力。 以目标规定数额为 7 级，每发生一次重大人身事故，降低一个等级。

资料来源：付亚和、许玉林主编：《绩效考核与绩效管理》，70～71 页，北京，电子工业出版社，2011。

8.2.5　绩效等次

绩效考核最终要得出绩效等次，如优、良、一般、差或高、中、低等。公务员考核的等次是其考核结果的标记，但各个国家或地区确定的公务员考核等次不一定相同。日本分为“最优”、“优秀”、“普通”、“劣”四等；美国分为“特优”（outstanding）、“超过完全成功”（exceed fully successful）、“完全成功”（fully successful）、“最低满意”（minimally successful）、“不及格”（unacceptable）五等。

我国公务员年度考核的结果分为优秀、称职、基本称职和不称职四个等次。确定为优秀等次须具备下列条件：(1) 思想政治素质高；(2) 精通业务，工作能力强；(3) 工作责任心强，勤勉尽责，工作作风好；(4) 工作实绩突出；(5) 清正廉洁。确定为称职等次须具备下列条件：(1) 思想政治素质较高；(2) 熟悉业务，工作能力较强；(3) 工作责任心强，工作积极，工作作风较好；(4) 能够完成本职工作；(5) 廉洁自律。具有下列情形之一的，应确定为基本称职等次：(1) 思想政治素质一般；(2) 履行职责的工作能力较弱；(3) 工作责任心一般，或工作作风方面存在明显不足；(4) 能基本完成本职工作，但完成工作的数量不足、质量和效率不高，或在工作中有较大失误；(5) 能基本做到廉洁自律，但某些方面存在不足。具有下列情形之一的，应确定为不称职等次：(1) 思想政治素质较差；(2) 业务素质和工作能力不能适应工作要求；(3) 工作责任心或工作作风差；(4) 不能完成工作任务，或在工作中因严重失误、失职造成重大损失或者恶劣社会影响；(5) 存在不廉洁问题，且情形较为严重。公务员年度考核优秀等次人数，一般掌握在本机关参加年度考核的公务员总人数的 15%以内，最多不超过 20%。

《事业单位人事管理条例（征求意见稿）》规定：事业单位人员年度考核结果分为优秀、合格、基本合格和不合格四个等次，聘期考核结果分为合格和不合格两个等次。现行《事业单位工作人员考核暂行规定》规定，考核结果分为优秀、合格、不合格三个等次。(1) 职员考核各等次的基本标准是：优秀是指正确贯彻执行党和国家的路线、方针、政策，模范遵守国家的法律、法规和各项规章制度，廉洁奉公，精通业务，工作勤奋，有改革创新精神，成绩突出。合格是指正确贯彻执行党和国家的路线、方针、政策，自觉遵守国家的法律、法规和各项规章制度，廉洁自律，熟悉业务，工作积极，能够完成工作任务。不合格是指政治、业务素质较低，组织纪律较差，难以适应工作要求，或工作责任心不强，不能完成工作任务，或在工作中造成严重失误。(2) 专业技术人员考核各等次的基本标准是：优秀是指拥护党和国家的路线、方针、政策，模范遵守国家的法律、法规及各项规章制度和职业道德，工作责任心强、勤奋敬业，专业技术能力强或提高快，工作有创新，在科研、教学、业务技术工作中成绩突出。合格是指拥护党和国家的路线、方针、政策，自觉遵守国家的法律、法规及各项规章制度和职业道德，工作负责，业务熟练，专业技术能力较强或提高较快，能够履行岗位职责、完成工作任务，无责任事故。不合格是指政治、业务素质较低，组织纪律较差，难以适应工作要求，或工作责任心不强，履行岗位职责差、不能完成工作任务，在工作中造成严重失误或责任事故。

综合绩效项目、绩效指标、绩效标准和绩效等次，就可形成绩效指标体系。但需要说明的是，一方面，有人把绩效项目看做是外延最大的绩效指标的范畴，或称之为一级绩效指标，而把绩效指标视为二级绩效指标，这是可以的，而且还可以再细分下去，这要视绩效考核与管理的需要及实际情况而定。如对公务员的绩效考核与管理，把"德"看成一级绩效指标，把"思想政治表现"、"职业道德"、"社会伦理道德"视为三个二级指标，还可把"思想政治表现"分为"政治理论"与"方针政策"两个三级指标。另一方面，绩效指标体系的建立应注意如下问题：

(1) 要明确，而且是可以衡量的。这既是员工绩效考核和管理的基础，也是员工工作的指导，必须客观明确，否则就失去其应有的意义了。

(2) 要符合组织和职位实际。工作分析是建立绩效指标体系的基础工作。即使一个组织需维持绩效模块的统一，但必须根据职位的不同，细化绩效指标。比如，针对具体组织内部不同的公务员职位，就需要细化“德、能、勤、绩、廉”的次级指标及其权重。

（3）难度适中，大多数人经过努力可以达到。

（4）要有区分度，能拉开等级档次。

（5）具有相对的稳定性。相对稳定以保持其权威性，但其权威性是以其适度性为前提的，绩效指标体系必须及时反映和适应工作的变化和要求。例如，对于现代组织，知识管理成为知识型组织管理的焦点，知识共享被认为是组织知识管理的核心，因此需增加知识绩效及知识共享绩效的考核与管理。①

8.2.6 绩效沟通

绩效沟通应贯穿于绩效管理的整个过程，没有与员工的有效沟通，绩效计划、绩效实施、绩效考核、绩效反馈、绩效改进就无从谈起，这也是目前造成公共部门员工绩效考核与管理流于形式、上下级之间失去信任，乃至公共部门绩效管理中的本位主义、官僚主义直至失去社会公信力的一个重要原因。没有员工的参与，就没有绩效管理，绩效沟通不仅是绩效管理的一个手段，也是目的，公共部门尤其如此。

在绩效管理过程中，管理者要与其下属一起参与绩效管理全流程，就绩效计划制定、绩效目标确立、绩效指标和标准设计、绩效辅导、绩效反馈、绩效改进计划制定等这样一个循环往复的过程持续交换意见。其中，员工可以就其认为的绩效计划有误、绩效目标不合理、绩效指标不科学、绩效辅导不正确、程序有瑕疵等，与管理者沟通，提出自己的意见和建议，以减小分歧，达成共识，并及时找出差距，获取资源支持和上级指导，改进工作，达成绩效。

有效的绩效沟通需要把握基本的要领：一是营造良好的沟通环境；二是坚持真诚开放、及时具体、建设性为主的原则；三是建立正式沟通管道的同时，综合运用正式沟通和非正式沟通、与个别员工的一对一沟通和组织内部的公开宣传。

8.3 绩效考核者与绩效考核方法

8.3.1 绩效考核者

1. 上级主管考核

上级主管或直接主管通常是绩效考核中最主要和最常见的考核者。上级主管比其他任何人更了解自己下属的工作能力、工作态度及行为表现，因此他在绩效考核中最有发言

① 基于知识型组织的现实和发展要求，以及学习型组织的提出和建立，本书作者提出知识绩效的概念，即员工按照职位的知识性要求，所做出的知识性工作成绩和效果。从一般意义上讲，每个职位都对任职者提出了相应的知识性要求，每个人都在工作中产生知识性成绩，但因职位的不同和员工素质的差异，员工之间的知识绩效会有较大差异。例如，从整体上看，公共部门绝大多数职位都是如此，并且对员工的知识绩效的要求差别不是很大。知识绩效包括若干内容，知识共享绩效即为其中之一。参见滕玉成等：《知识共享绩效考核的博弈分析》，载《求索》，2008（2）。

权。同时，上级主管也借此与下属更好地沟通，了解下属的想法，发现下属的潜力，更容易将考核与加薪、奖惩等结合起来。

但也正因为上级主管与下属日常的频繁接触，难免在考核中会带有一些个人感情色彩，其个人偏见、人际之间的冲突和友情造成的考核弊端主要表现在：由于上级主管掌握着切实的奖惩权，考核时下属往往感到受威胁，心理负担较重；上级主管的考核常沦为说教——单向沟通；上级主管可能缺乏考核的训练和技能；上级主管可能有偏见，不能保证考核的公平公正，会挫伤下属的积极性。因此，不能单纯依赖上级主管的考核。

2. 同事

同事是经常与被考核者一起工作的人，对被考核者观察最深入、了解最透彻，也最熟悉被考核者的业务、方法和成果，可以观察到上级主管无法观察到的某些方面。比如同一项目小组的同事，最清楚被考核者对项目小组的工作贡献大小。特别是在员工的工作任务经常变动、工作场所不在一处等情况下，上级主管很难直接观察到员工的工作情况，这时同事的考核就显得尤为重要。同事考核的最大优势在于了解的信息全面，若能采取实事求是的态度，则同事反映的情况最为可信。

但也正因为同事之间易于沟通、了解较深，在同事考核中往往难免受“个人交情”的影响，使考核结果脱离实际情况。此外，在大多数组织机构中，竞争式的奖惩制度普遍被采用，在竞争之下，同事之间的利益之争，也会导致考核结果脱离实际情况。

3. 下属

对管理人员进行考核时，下属员工的意见非常重要。因为在管理过程中，下属对其上司的绩效，尤其是其管理风格、沟通能力、冲突处理能力、计划组织能力等有着深刻的体会，能提供更多的有关上司工作绩效的信息。其优点主要在于：一方面，能够帮助上司发展管理的才能。如下属考核就能把上司工作中的不足之处——尤其是处理上下级关系中的问题揭示出来，促使上司完善管理方式，使工作更有效。另一方面，能够达到权力制衡的目的。下属考核能使上司的工作受到有效的监控。

但下属考核仍存在不少弊端，特别是在实际工作中，一方面，由于下属对上司的工作不可能有全盘的了解，因此在考核时往往侧重于个别方面，易产生片面看法。另一方面，存在一个两难选择，即如果不是匿名考核，下属难免为了避免上司报复，而夸大上司的优点，不谈或少谈不足；同时，如果匿名考核，又难以避免部分员工的不负责任。

4. 被考核者本人

这是指由员工本人对自己的工作绩效进行考核。自我考核是诸多考核方式中最轻松的，对考核者和被考核者都不具威胁性，都不会感到压力很大，可以减少员工对考核过程的抵制情绪；而且，通过自我考核，能够增强员工的参与意识，让员工将自己的工作绩效与绩效标准、工作职责相对照，使其看到存在的距离，以便日后改善工作绩效。

但是在自我考核中，员工对考核维度及其权重的理解可能与上级不一致，常出现自我考核优于上级考核的情况，因此，自我考核不适宜作为人力资源决策（如加薪、晋升等）的依据，只适用于协助员工自我改善绩效。

5. 服务对象

服务对象是组织外部人员，不受组织内部利益机制左右，因此其考核会更加真实、公正，可以为组织和个人提供重要的反馈信息。在一些情况下，服务对象考核的目的与组织的目标可能不完全一致，但其考核结果有助于为晋升、工作调动和培训等人力资源决策提供依据。

实践中，服务对象考核是一种较难操作的考核方式：服务对象考核没有统一标准；服务对象考核只适用于考核组织内与服务对象接触较为密切的员工，而且由于每个员工接触的服务对象可能是不同的，不同服务对象的绩效标准又有所不同；比较费时费力，由于服务对象不是组织内部人员，不能用行政命令规定其限时完成考核任务，说服服务对象配合考核活动，无疑是一项费时费力的工作。

具体考核时如何选择考核者和选择哪些考核者，反映了该组织决策者的管理理念和组织文化。如果采取上述所有的考核者都参与考核，那就形成了360度绩效考核反馈系统（360-degree appraisal feedback system）。这包括了上级主管的自上而下的考核、平级同事的考核、下属的自下而上的考核、自我考核，以及来自组织外部的服务对象的考核。它采用了多层次、多角度、全方位的立体交叉方式，将组织内部和外部的所有与被考核员工有关的考核主体（包括被考核者员工本人），作为对员工绩效考核的信息反馈来源，从而可避免任何一方考核的片面性，增强绩效考核的信度和效度。这不仅仅是用来确定员工贡献，以及为绩效加薪和晋升等人力资源决策提供信息，更将被考核者未来的绩效改善作为主要的关注点。同时，能够较全面地对员工的工作作出动态的、内外结合的考核。但是，该方法在运用时也有一些限制。例如，如果要对组织的每位员工都运用该系统考核其工作绩效，工作量很大、成本较高。而且在运用此法时，应当事先积极做好纠正偏差的技术准备，保证考核的信度和效度。

8.3.2 绩效考核方法

1. 基于员工特征的绩效考核方法

（1）排序法。排序法（ranking）分为两种：第一，直接排序法。即按绩效表现从好到坏的顺序依次给员工排序。这里的绩效表现既可以是整体的，也可以是某项特定工作的。第二，间接排序法。直接排序法仅适用于规模小的组织，当员工数量较多时，就难以区分员工绩效，尤其是对那些绩效中等的员工。这时，可采用间接排序法。第一步是把最好的员工列在名单开首，表现最差的员工列在名单末尾；然后在剩下的员工中挑选最好的列在名单开首第二位，把表现最差的列在名单倒数第二位……这样依次进行，不断挑选出最好的和最差的员工，直到排序完成，排序名单上中间的位置是最后被填入的。

（2）对比法。对比法（paired comparison）是指在某一绩效标准的基础上，把每一个员工都与其他员工相比较来判断谁“更好”，记录每一个员工和任何其他员工比较时被认为“更好”的次数，根据次数的多少给员工排序。这种方法较之排序法的优点在于：考虑了每一个员工与其他员工绩效的比较，更加客观，故而又叫一一对比法、两两比较法。

其存在的问题是：第一，如果需要评价的人数很多，则需做的比较次数将会非常多，工作量很大，若需评价的人数为N，则需做的比较次数为$N(N-1)/2$。第二，若评价出甲比乙表现好，乙比丙表现好，丙比甲表现好，则无法自圆其说。

该法和排序法还有一个共同的问题，即在排序中每个人的位置唯一。这意味着任何两个员工的表现必能分出先后，但事实上这是不可能的。通常发生的情况是，某些员工的表现差不多，难分伯仲。

（3）强制分配法。强制分配法（forced distribution）由考核小组或主管先拟订有关的考核项目，按考核项目对员工的绩效作出粗略的排序。故又称等级分配法。这就需要先设立一个绩效等级，并在各等级设定固定的比例分配，如“优”10%、“较优”20%、“中”40%、“较差”20%、“差”10%，然后按每个人的绩效排序分配进绩效等级。采用这种方法，绩效考核结果不再着重于具体排序，而着重于每个人的绩效等级，从而能够克服排序法和对比法的弊病。但其突出的问题在于，员工的绩效可能不适于分配进设定的等级。如果大部分员工的绩效都比较好，一定要把30%的员工归入“较差”或“差”等就不尽合理，反之亦然。

2. 基于员工行为的绩效考核方法

（1）清单法。清单法（checklist）一般由考核者经过实地考察、调查访谈之后，对照被考核者的工作说明书等拟订考核清单条目。当然，这些清单条目必须对工作绩效优劣有着关键意义，并用行为性文字进行描述。由于该法具有一组现成文字说明的备选条目，因此，考核者只需按条目核查后选择打钩即可，便捷易行。但是，因为考核条目必须是反映工作绩效优劣的关键因素，所以，这些条目必须在作过几番实地调查研究后精心提炼，而且不同的工作需要制成相应的不同条目清单，以提高考核的准确性和有效性。可见，该法设计难，且成本不低。

（2）关键事件法。关键事件法（critical incident technique，CIT）是以记录直接影响工作绩效优劣的关键行为为基础的考核方法。从这一次考核到下一次考核之间，应该收集相关信息，使考核尽可能公平正确。如果未能做到这一点，考核就可能只是依据模糊的记忆来判断。此法所收集的事件资料，都应该是明确、易观察且与绩效好坏有直接关联的。CIT有三个基本步骤：当有关键性事情发生时，填在特殊设计的考核表上；摘要评分；与员工进行考核面谈。考核的记录并非一种标准，而是收集员工工作上的重要信息。收集的事实需要以能对主管及管理层发挥作用为前提，也就是要在事实的收集过程中协助员工了解工作需要，也兼能帮助发展员工潜能，以使其担当更重的职责。如果采用这种方法，主管确实能着眼于正、反两面的事实；否则，考核会有偏差，员工也无法公正地接受考核。在通常的考核中，把CIT和量表评分结合起来应用，可得出令人信服的评估结论，易被考核者接受和理解。

（3）评价量表法。评价量表法（rating scale，RS）是应用最广泛的绩效考核法。评价量表通常包括几个有关的考核项目，如考核中级管理人员的工作实绩时，一般制定的考核项目有政策水平、责任心、决策能力、组织能力、协调能力、应变能力和社交能力等，对每项再设立评分标准，划分为几个等级，最后把各项得分加权相加，即得出每个人的绩效评分。需要注意的是，每项考核项目都不应是对员工个性的评价，而应是对员工工作行为的评价。其优点是实现量化考核，并以最终评分值作为绩效薪酬、奖金分配的系数，可操作性强。缺点是量表的设计，特别是维度的使用和确定，需要较多的准备。

（4）行为锚定评价量表法。行为锚定评价量表法（behaviorally anchored rating scale，BARS）是关键事件法的深化和突破，主要通过行为事实方面的依据来评估员工。这些行为事实，就是平时记录下来的关键事件。这是一种基于关键事件或行为的评价量表法，是将 RS 与 CIT 结合后的一种方法。由于该法是对被考核者的工作行为的预期设定，故又称行为期望评价量表、行为锚定评分法、行为评等法。

但该法作为一种员工绩效考核的方法，比 CIT 更系统、更完善。BARS 首先要进行工作分析，收集描述员工是否胜任该职位的行为事实，然后把这些行为事实细分为多个方面（如管理能力、人际关系等），每个方面都设立具体的标准，并对每个方面的重要性进行量化，即分配权重。根据这些基于行为事实的等级标准和权重，可以形成一张含义明晰、衡量公正、易于使用的表格。考核者可以利用这张行为评等表格进行考核。

行为锚定评价量表通常由专家与组织内的考核者共同讨论设计。针对某一被考核工作选出适当的考核维度，再给每一考核维度附以行为描述文字和相应的评分标准（通常为数字刻度），见表 8—8 的样例。

表 8—8 用 BARS 评估大学教师工作的示例的一部分

维度：课堂教学技能

优秀：	7	● 教师清楚、简明、正确地回答学生的问题 ● 当试图强调某一点时，教师使用例子
	6	● 教师用清楚、明白的方式授课
	5	
中等：	4	
	3	
	2	● 教师讲课时表现出许多令人厌烦的习惯
极差：	1	● 教师在班上不合理地批评学生

行为锚定评价量表的最大优点是为考核活动提供了明确的典型行为锚定点，考核者在实际考核时就有了评分尺度。此外，这些附有具体行为描述的文字，也有助于被考核者较深刻地了解自己的工作现状，找到具体改进的目标。

然而，此法的缺点也是明显的，一方面，在实际考核时，考核者很可能对既定的行为锚定评价量表持有异议，而不严格按照既定的评分标准进行考核，影响量表的可信度。这是由于典型行为的描述文字数量总是有限的，不可能涵盖被考核者实际中的所有行为表现，而且文字描述常常不能与现实行为表现完全吻合。为了尽量避免这一不足，20 世纪 80 年代，国外专家对原有的量表格式作了改进，设计较宽含义的考核维度或范畴，诸如划分为非常充分、充分、欠缺三档，每一档再集中几个典型的例子。

另一方面，考核时若仅用 BARS 可能得出不合理的结论。一是因为大多数表格只能涵盖有限的几种行为方式和标准，而员工在工作中发生的行为更加多样化，即使设计表格时已考虑到的某种行为方式，在实际发生时值得考核的方面也可能跟原始设计时不一致。二是某一员工工作中采用正面的行为方式很可能仍表现出负面绩效，如一个信贷员尽管能及时准备好贷款文件，由于服务态度不好仍旧受到客户指责，这与一个不能及时准备好贷款文件但服务态度较好的信贷员相比，很难说孰优孰劣。三是某一员工会表现出在量表两端的行为，这样考核者不知应为其分配哪种评分，例如在表 8—8 所介绍的 BARS 中，被考核的教师可能清楚地回答了问题而同时又不合理地批评了学生。

(5) 混合标准量表法。1972 年，伯兰兹（Blanz）和吉塞利（Ghiseli）在传统的评价量表的基础上提出了混合标准量表法（mixed standard scale，MSS），又称混合标准评等法。此量表在设计时，首先分解出若干考核维度，并为每一维度的好、中、差三等拟出一条范例性的陈述句。然后将这些陈述句打乱，随机排列，也不指出每一考核维度。考核者只需要根据被考核者的实际工作表现，与这些范例性的陈述句逐条对照评价：如果范例描述与被考核者的表现相符，则在此范例陈述句后写上“0”号；如果被考核者的表现不及范例描述的那样，则在此范例陈述句后写上“－”号；如果被考核者的表现优于范例描述的那样，则在此范例陈述句后写上“＋”号。最后，根据所给符号，评判被考核者的工作表现。

混合标准量表由于打乱了考核维度，掩盖了评分等级，因此，在考核时可减少考核者的主观成分，提高考核的准确度。但是，此法也具有与 BARS 同样的缺点，即存在对关键行为描述的文字局限性，以及与实际行为表现的复杂性之间的差距。

(6) 行为观察量表法。行为观察量表法（behavior observation scale，BOS），又称行为观察评等法。它的基础是关键事件法，但与上述几种方法的不同之处在于：行为观察量表法并非考核被考核者做某项工作的水平或优劣程度，而是观察被考核者做某项特定行为的频度，然后设定与频度相关的分值。例如，一名交警在一月之内与驾驶员发生 0 次争执得 5 分；发生 1～2 次争执得 3 分；发生 3～4 次争执得 2 分；发生 5 次争执得 1 分；发生 6 次及以上争执得 0 分。这样，在对每项行为评定分值的基础上，可根据实际需要给各个方面设定不同的权重，从而得出综合分。

一项研究发现，与 BARS 相比，主管和下属都更喜欢以行为观察量表作为基础的考核。因为考核者不用选择最能描述一个员工的绩效水平的行为，所以，前面提到的与 BARS 有关的问题就不会出现。而且，像 BARS 一样，行为观察量表在指导雇员行为方面也有效，因为它具体指出了员工需要做什么才能得到高绩效评分。管理者也可以有效地使用行为观察量表去监控员工的行为，并用具体行为的条件给出反馈。这样，员工便知道他们正在做的事是否正确，哪些行为需要加以矫正。

但是像 BARS 一样，行为观察量表要花费很多时间来开发，而且每一项工作都需要一种单独的工具（因为不同的工作要求有不同的行为），因此，这一方法有时不实用。除非一项工作有许多任职者，否则为该工作开发一个行为观察量表很难有效益。

3. 基于工作结果的绩效考核方法

(1) 指数考核法。指数考核法通过客观的标准（如生产率、出勤率、跳槽率等）来考核绩效，它与目标管理法的不同之处在于衡量绩效的方式不同。该法分为定性考核和定量考核两个方面。举例来说，定性考核包括产品质量状况、顾客满意度、原材料使用情况和能耗水平等，定量考核包括每小时产出数量、新增用户订单数和销售总额等。其中，定性考核只作参考，定量考核才是真正的主角，当员工的工作成果完全量化为指数时，评价孰优孰劣也就有了依据。

(2) 目标管理法。目标管理法（management by objective，MBO）是依托在“目标管理”的制度下，通过使每个员工都为完成组织使命而努力来实现组织的有效性。该法是由主管人员和下属共同讨论制定员工在一定时期内需达到的绩效目标及其检验的标准；经过贯彻执行后，到规定期末，主管人员和下属双方共同对照既定目标，依据原定的检验目标的标准，考核下属的实际绩效，找出成绩和不足；然后双方本着合作互利、发扬优点、克服缺点的原则，制定下一阶段的绩效目标。故又称绩效目标考核法。

目标管理法是一个递进性的循环过程，其具体程序是：第一，确定总体目标和执行各层的具体目标。第二，制定计划和绩效标准。第三，绩效考核。第四，检查调整。

目标管理法作为一种绩效考核方法，有其特定的适用领域。它一般适用于对从事工作独立性强的人员的考核，如管理人员、专业技术人员等。而对从事常规工作的员工并不适用，如流水作业线上的工人。

目标管理法的优点主要有：第一，考核目标明确，将下属的目标融入组织目标之中，个人目标与组织目标有机结合，能激励个人忠于职守、努力工作。有研究指出，当目标具体而具有挑战性，员工得到目标完成情况的反馈，以及当员工因完成目标而得到奖励时，他们表现得最好。第二，从公平的角度来看，因为绩效标准是按相对客观的条件来设定的，因而考核相对没有偏见，较为公平。第三，费用不高。目标的开发不需要像 BARS 或 BOS 开发那么费力。必要的信息通常由员工个人填写，由主管批准或修订。第四，具有高度民主性，例如主管人员和下属共同讨论来制定下属的绩效目标和检验目标的标准，有助于发挥下属的自主性和创造性，并能培养下属以正确的态度对待绩效考核和主管人员。

但它的缺点也是明显的：第一，虽然目标管理使员工的注意力集中在目标上，但它没有具体指出达到目标所要求的行为。这对一些员工尤其是需要更多指导的新员工来说，是一个问题，应给这些员工提供“行为步骤”，具体指出他们需要做什么才能成功地达到目标。第二，目标管理也倾向聚焦于短期目标，即能在每年年底加以测量的目标。因此，员工可能会试图达到短期目标而牺牲长期目标。第三，目标的成功实现可能部分地归因于员工可控范围之外的一个因素。

上述各种绩效考核方法各有利弊，每种方法都有其特定的使用范围，在绩效考核实践中，不存在一种完美无缺的考核方法。为了对考核对象作出客观、公正与合理的评价，只有根据实际情况，选择适当的绩效考核方法。总的说来，良好而适用的考核方法应符合以下几个原则：第一，最能体现组织目标和考核目的，对员工的工作起到正面引导和激励作用。第二，能比较客观公正地评价员工工作，尽可能减少由主观因素所产生的误差。第三，针对性、实用性强，简便易行。第四，相对比较节约成本。

8.3.3 绩效考核误差的产生与减少措施

大量的调查研究表明，大多数员工对组织的绩效评估并不满意。爱德华·戴明（W. E. Deming）甚至持有更消极的观点，他把绩效考核视为管理的七大致命痼疾之一。为什么会有这么大的反差呢？原因来自三个方面。一是由于绩效考核本身难度很大，二是绩效考核过程中的微小失误都可能导致人力资源管理中明显的不良后果，三是绩效考核容易受主观因素的影响。需要强调的是，绩效考核作为主体对客体的评价过程，即使确立了客观、量化的考核指标，还是不可避免地会受到考核主体的主观影响。考核者的价值观与态度、思维定式、知觉特征与局限性等，都会介入考核过程中。这使得人们对考核因素的认识和界定有出入，给予因素的权重也不相同。加上某些利益关系的驱动，以及绩效考核中常出现的一些知觉偏差，影响了绩效考核的公正性和客观性，给考核工作带来了负面影响。这些考核误差主要有：指标体系难以建立、从众心理、过分夸大或过分严格、绩效标准不明确、居中效应、优先与近因效应、晕轮效应、偏见效应、暗示效应、类己效应、文化上的“水土不服”与考核中的政治因素。

为了降低考核误差的发生率，可采取如下措施：

(1) 进行工作分析，明确哪些绩效要素是成功地完成工作所必需的，从而将这些绩效要素合成为考核工具。

(2) 确保向所有的考核者和被考核者都提供没有法律漏洞的绩效标准。

(3) 考核者的观察重点应放在被考核者的工作上，而不要太过注重其他方面。

(4) 在考核表上使用明确界定了的绩效指标和标准（如数量、质量等），而不使用没有经过界定、含糊不清，因而不便于衡量的绩效指标和标准（如“一般水平”等），以防不同的考核者对其有不同的理解。

(5) 一个考核者不要一次考核太多员工，以免考核先松后紧或先紧后松，有失公允。

(6) 使用较为客观的主管人员来进行绩效考核（比如通过试验来选择），是使考核过程客观化的一个重要组成部分。

(7) 对考核者进行培训。训练他们正确地使用绩效考核工具，其中包括指导他们在判断时如何使用绩效标准。

(8) 建立正式的申诉渠道和上级人力资源部门对绩效考核结果的审查制度。

8.4 绩效反馈与绩效改进

8.4.1 绩效反馈

目前，我国绝大多数公共组织并没有真正意义上的绩效反馈，即使有也仅是公布结果而已，这实际上从一个侧面反映了我国公共部门员工绩效管理的现状。当然，原因是多方面的，从管理者的角度讲，没有人愿意去跟下属讨论其不足；从下属的角度讲，对自己的绩效评价往往过高，自然认为别人的考核结果不够好，而且，任何人都会对别人指出自己的缺点进行辩护，再加上中国文化特有的“求同存异”等，绩效反馈实际上成了一些组织和管理者的“鸡肋”。但是，将绩效考核结果反馈给员工，是必须进行的绩效管理流程之一，也是优化绩效管理系统的基本措施。可以设想，一个忽视、不敢或不愿把绩效考核结果向员工反馈的组织或管理者在员工心中将会是什么形象！公共部门及其管理者不但应当按照绩效考核和管理的流程，向员工反馈绩效考核结果，还应当让员工感到绩效考核是公平可信的，结果是公正、应该接受的，组织及其管理者是真诚的，并在此基础上，寻找绩效不足及其原因，制定绩效改进计划，精神振奋地投入到下一期的绩效考核中去。

绩效考核面谈则是绩效反馈的一种主要方式，当然，也是绩效沟通的一种表现形式。

通过面谈者与被考核者之间的谈话，将考核意见反馈给被考核者，征求被考核者的看法；同时，就被考核者的要求、建议与新一轮工作计划的制定等问题与被考核者进行广泛的沟通。除了反馈的价值外，对组织而言，面谈还具有沟通、激励、纠正失误、调整决策的作用；对员工来说，面谈还具有明确未来工作目标、提高工作满意度、增强归属感和参与感的意义，所以面谈组织者应当认真对待绩效考核面谈的每一个环节，保证面谈达到预期目的。

1. 面谈的程序

（1）准备。在确定与被考核者面谈后，准备阶段的第一步就是确定面谈者，一般选择员工的直接主管。在某些情况下，也可由人力资源管理部门的专门人员代替管理者进行。第二步是收集与分析信息。这些信息主要包括：被考核者的期初工作计划和工作目标、工作说明书、绩效标准、完成任务的情况及有关具体事实等。第三步，起草面谈提纲。最后一步，选择面谈的时间、地点并告知被考核者。

（2）面谈开场。这主要由面谈者向被考核者说明面谈的目的和主要程序。

（3）被考核者自我考核。由被考核者对照期初工作计划和工作目标，汇报工作情况和计划完成程度。在这一过程中，面谈者需要把握的情况有三项：一是注意倾听对方的发言，不要轻易插言打断；二是注意对方的工作实绩和失误的事实，避免感情用事；三是询问并澄清不明白之处，在被考核者自我考核完毕时，可以及时就其自我考核进行小结。

（4）面谈者向被考核者说明考核结果。

（5）双方商谈。通过商谈，一是让被考核者进一步说明情况，澄清其认为与考核者所掌握的信息有出入的地方，表明其对绩效考核结果的意见和看法；二是商讨被考核者在未来工作中需要改进的地方，并讨论如何加以改进；三是分析并确定被考核者改善工作绩效所需要的行动，包括调整工作目标、改进工作方法、参加培训、获得其他有关部门的支持等。

（6）进一步讨论。在上述谈话的基础上，双方进一步讨论管理者对被考核者未来工作的要求和期望，以及被考核者在未来工作中的发展需要和相应要求，促进理解并达成共识。

（7）结束面谈。

2. 面谈应注意的问题

（1）保持友好认真的态度，建立彼此的互相信任。面谈者要鼓励被考核者说话，注意倾听他们的意见，倾听而不要打岔，设身处地地为他们改善工作绩效考虑。不要搞面谈者一言堂，要给被考核者发言的机会。

（2）面谈者要清楚说明面谈的目的，先肯定成绩，再指出缺点，优缺点并重，更要找出原因。

（3）考核以事实为依据。

（4）对事不对人，集中讨论绩效而不是性格等，避免涉及无关的问题。

（5）焦点集中于未来的绩效改善，而不是追究既往的问题。

（6）面谈者要专心把握面谈的局面，避免冷场，避免出现双方的冲突和僵局。

（7）以积极的方式结束面谈。

3. 针对几种典型被考核者的面谈技巧

（1）优秀的下级。这种情况最顺利，但面谈者要注意两点：一是要鼓励被考核者的上进心，为他制定好个人发展计划；二是不要急着许愿，如答应几时提拔或给何种特殊奖励之类。

（2）与前几次比没有显著进步的被考核者。面谈者应开诚布公，跟他讨论是不是现职不太适合他，要不要换个职位等。要让他意识到自己有哪些不足。

（3）绩效差的被考核者。造成绩效差的原因可能有多种，如工作态度不良、积极性不足、缺乏训练、工作条件恶劣等。必须具体分析，找出真正的原因并采取相应措施。切忌不问青红皂白，认定就是被考核者的过错。

（4）年龄大的、工龄长的被考核者。对这种被考核者一定要特别慎重。他们看到比自己年纪轻而资历浅的人后来居上，自尊心会受到伤害，同时也可能对他们未来的出路或退休感到焦虑。对他们要尊重，要肯定他们过去的贡献，要耐心而关切地为他们出主意。

（5）过分雄心勃勃的被考核者。有雄心是优良品质，过分了则不好。他们会急于被提升和奖励，虽然他们此时还没进展到这种程度。对他们要耐心开导，说明政策是论功行赏，用事实说明他们还有一定差距。但不能泼冷水，可以跟他们讨论未来进展的可能性与计划；不过不要让他们产生错觉，以为达到某一目标就一定能马上获奖或晋升；要说明努力进步，待机会到来自会水到渠成的道理。

（6）沉默内向的被考核者。这种人不爱开口，对他们只有耐心启发，用提出非训导性的问题或征询他们意见的方式，促使其作出反应。

（7）发火的被考核者。对这种人首先要耐心地听他讲完，尽量不马上跟他争辩，以免引起反驳。从他发泄的话中可以听出他气愤的原因，然后与他共同分析，冷静地、建设性地找出解决问题的办法来。

8.4.2　绩效改进

1. 员工绩效状况分类

绩效考核完成之后，人力资源管理部门和职能部门都会发现，本组织或者本部门员工的绩效状况是参差不齐的。有的员工绩效特别高，不需要上司的检查督促就能十分出色地完成任务，而且在完成任务的过程中表现出高度的工作主动性和创造性；另一部分员工却表现为低工作绩效，甚至在有关人员的激励、督促和支持下也难以完成工作目标；当然，还有相当大部分的员工处于两者之间。图 8—2 反映了绩效考核之后产生的四种类型的员工。

（1）核心型员工。这部分员工既有很高的工作绩效，又有很大的发展潜力。他们是组织的核心人才。虽然这部分核心人才很可能只占全部员工的一小部分，但是他们的绩效占据了组织总绩效相当大的部分。而且这部分员工还代表着组织的未来，将在组织的发展中继续扮演十分重要的角色。换句话说，核心型员工的工作绩效，在某种程度上决定着组织未来的绩效。

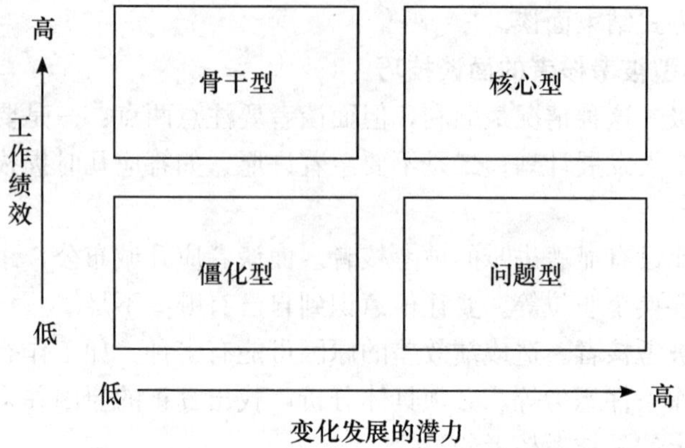

图 8—2　绩效考核之后产生的四种类型的员工

（2）骨干型员工。这部分员工也有很高的工作绩效，但是，他们没有多少发展潜力。他们能够很好地完成组织交给他们的任务，却没有什么创新和开拓。这部分员工在组织中为数不少，承担着组织大量的日常工作。因此，组织在未来的发展中，始终保持这部分员工的高工作绩效，也是十分重要的。

（3）问题型员工。这部分员工工作绩效很低，存在着这样或那样的问题。但这并不等于他们的绩效没有改善的余地。这部分员工具有一定的变化和发展潜力，如果组织能够在人力资源管理中帮助他们解决问题，提供一定的发展条件，并且予以一定程度的激励，他们的绩效就有可能变低为高。实际上，任何组织或部门都存在问题型员工，因此，做好问题型员工的绩效转换工作，也是绩效考核之后组织人力资源政策和人力资源管理工作所要解决的问题。

（4）僵化型员工。这部分员工一方面工作绩效很低，另一方面在未来又没有什么可能去改进他们的绩效。也就是说，他们处于低绩效的僵化状态。其中有的人根本不能适应职位的基本要求，也有的人存在其他问题，例如违法乱纪等。虽然这部分僵化型员工在组织中为数不多，但他们往往使组织在人力资源管理中耗费大量的时间精力。对于僵化型员工的分析和人力资源管理决策，也是绩效考核之后必须要做的工作。

2. 绩效改进措施

在分析员工绩效状况的基础上，组织一般都要作出相应的人力资源决策和人力资源调整工作，以改进绩效。这主要有三项：

（1）帮助员工改进下一轮工作的绩效。在本期绩效考核结果的基础上，组织要制定或者修订下一期的总体工作计划及绩效目标。同时还要沿着人力资源管理流程，促使部门乃至全体员工重新制定新的绩效目标。此外，组织还要明确完成新目标的举措和方法，帮助员工解决相关问题，保证下一轮的目标得以实现。现代绩效考核把在工作中培养下属视为改进工作绩效的重点来抓，因为下属的绩效就是自己的绩效，下属的失误就是自己的失误，如果不能有效地指导下属工作，就是自己的失败。因此，主管人员要经常与下属讨论工作，以如何有效地完成工作作为讨论的核心，并时常对下属的工作和绩效改进给以具体的忠告和指导，而且要坚持到下期考核为止。绩效改进计划要切合实际、时间明确、具体可操作，从员工愿意改进之处着手改进，从易出实效之处改进，从所花的时间、精力和金钱的比较中选择最合适的方面改进。

（2）实施各项人力资源政策。这主要体现在职级的调整、职务升降、奖惩、工资调整、培训、奖金发放、档案管理七个方面，当然对不同绩效类型的员工要采取不同的政策。对于核心型员工，应当予以相当大强度的奖励、提薪、晋升；对于骨干型员工，应当给予激励和一定的提薪、晋升；对于问题型员工，应当加强培训，予以调整和帮助，同时也要予以一定的激励；对于僵化型员工，则要再作区分，尚有一点转化希望者，应当通过人力资源管理的特殊工作加以帮助。

（3）开发人力资源管理信息。绩效考核的结果，为完善组织的管理提供了大量的信息。例如员工的意见和建议，考核中反映的管理工作失误之处等，从不同方面对改进组织的管理提出了要求和设想。人力资源管理部门要收集、整理这些信息，充实组织的人力资源管理信息库，帮助组织完善管理工作。

资 料

法国政府公务员的绩效评估

1. 考核项目。有14项：身体适应性；专门知识；守时值勤；整洁与整饰；工作适应能力；合作精神；服务精神；积极性；工作效率；工作方法；理解力；组织协调能力；指挥监督能力；观察分析力。各部门在考核时根据工作类别和职位特点至少选择其中6项进行重点考核。

2. 考核标准。年度考核实行分项评分，每项评分最低0分，最高20分，然后将各项分数相加，按所得总分排出优劣等次。考核成绩分为A、B、C、D、E五等，A等（优异）140分；B等（优良）125分；C等（合乎标准）100分；D等（不合乎标准）85分；E等（低劣）60分。在此基础上写出考核评语。

3. 考核方法。考核每年进行一次，由本部门行政首长主持，并依照公务员的隶属关系由直接上级担任主考。具体工作分两步进行：（1）分项打分和写出评语；（2）主考人根据被考人的各项打分，结合平时执行公务的表现、品德和未列入打分项目的情况，用文字作出总的评价，送上一级领导核准签字。最后将总评语通知本部门的参与机构行政对等委员会。

4. 考核监督。考核实行半公开制，并在一定程度上对考核者进行监督。监督措施为：让公务员参与考核；打分要经公务员行政对等委员会平衡；对考核评语予以复核；允许公务员申诉，以保证考核的客观公正，防止考核中的主观臆断。

韩国政府的公务员绩效评估

韩国政府在公务员管理中引入以目标管理为基础的绩效评估机制。

1. 评估理念。（1）从投入导向向绩效导向转变；（2）从财政指标导向向多样化综合指标导向（尤其是顾客导向）转变；（3）从单方面、自上而下的考核向相互或立体的考核转变；（4）从对公务员行为的控制导向向指导和促进公务员行为转变。

2. 评估方法。各部门提交工作目标计划表，并为每个目标制定具体实施方案，明确完成时间。绩效评估每年进行一次，一般在转年一月进行。个人首先提交自己的绩效评估报告，由一线管理人员打分并评定等级（分为A、B、C、D四级），再由高级管理人员评分（占总分的30%），每位公务员的总分=绩效分+奖励分-处罚分。

3. 评估结果的运用。韩国绩效评估的结果被用于两个方面：一是与公务员的年薪和奖金挂钩，政府每一年度给表现特别优秀的公务员以特别奖励；二是与个人品质、经历、能力等共同构成任命和提升的重要指标。以往韩国公务员的晋升大都依据资历，如今韩国政府正努力废除此种被动的升迁模式，代之以绩效原则为基础的升迁办法。

资料来源：谭融、马俊：《论发达国家和地区的公务员绩效评估》，载《中共天津市委党校学报》，2010（2）。

复习思考题

1. 你觉得应如何界定绩效？它有何特点？
2. 绩效管理与绩效考核有何关系？
3. 如何理解绩效管理的模型与流程？
4. 如何理解绩效项目、绩效指标、绩效标准和绩效指标体系？
5. 如何提取绩效指标和确定其权重？试举例说明之。
6. 绩效标准有哪些？试举例说明之。
7. 如何理解绩效等次？
8. 绩效考核者有哪些？
9. 何为360度绩效考核反馈系统？如何实施？
10. 熟悉各种绩效考核方法。
11. 你是如何理解绩效考核面谈的？
12. 如何减少考核误差的发生？
13. 绩效考核之后的人力资源工作主要有哪些？
14. 你对目前我国公共部门（特别是机关和事业单位）的绩效考核与管理有何评价与建议？
15. 我们能从西方发达国家的考绩制度中借鉴些什么？
16. 评价一下平衡计分卡在我国党政机关和事业单位的应用前景。
17. 有人说绩效是管出来的，不是考出来的；还有人说，绩效不是管出来的，更不是干出来的，而是考出来的，你对此有何评价？为什么？

第9章

培训与开发

学习重点

人力资源培训与开发是公共部门人力资源管理的重要职能。它能够大大改善员工的与其工作相关的知识、能力、技能和工作态度，既有利于员工发展，又能显著提升公共部门的整体绩效，满足社会公众对公共部门服务水准、质量与效率的要求。学完本章后，应该掌握公共部门人力资源培训与开发的需求分析，培训与开发的种类、内容与方法，培训与开发计划的制定，以及培训与开发的评估。

9.1 培训与开发的含义和模型

9.1.1 培训与开发的含义和作用

公共部门人力资源培训与开发，是指公共部门为了促进组织目标与员工职业生涯目标的实现，从组织未来发展和现实的需要，以及员工发展的要求出发，对员工的知识、技能、态度和行为等所实施的有计划的教育、培训和开发。在此涉及教育、培训和开发三个概念。教育是指通过系统的、正规的、整体性的教学、训练、实习等活动来提高教育对象的素质，包括知识、能力、品德、态度等，以使他们胜任工作。培训是指通过短期的、以掌握某种或某些较专门的知识和技巧为目的的指导活动，使员工具有完成某项工作所必需的技能。经过培训之后，一般要求员工能较快地把这种技能运用于工作之中，使组织马上能见到收益。开发具有更广泛的意义，它可以针对目前工作所需要的知识和技能，也可以着眼于组织未来的工作要求。它可能不会在近期内很快地给组织带来利益，但从长远角度来考虑是一种人力资本的投资。例如，在一个组织中，教员工学会对新机器设备的操作是对他们的培训；同时，创设各方面条件让其中的佼佼者脱颖而出，则是对人力资源的开发。[①]

但要说明的是，在传统意义上，培训与开发是两个不同的概念：培训往往是针对培训对象获得目前工作所需的知识、技能和能力进行的，所需时间相对较短，阶段性较清晰；而开发则要使开发对象掌握目前工作和未来工作所需的知识、技能和能力，它着眼于更长期的目标，时间较长，阶段性较模糊。可以这样讲，培训是人力资源开发的主要手段，但不是唯一的手段。人力资源开发不仅跟培训有关，而且跟人力资源管理的其他职能有关，特别是跟绩效考核有关。所以，培训的内涵较小，开发的内涵较大。在人力资源管理创新的当今时代，人力资源培训与人力资源开发无论是其实施的目的、内容，还是使用的技术方法都是紧密结合在一起的，二者相互作用、相互补充，培训之中兼有开发，开发之中含有培训，因此，我们将这两个概念结合在一起，称为培训与开发。为方便起见，以下简称为培训。

由此可见，公共部门人力资源培训与开发具有以下四个特征：第一，培训的最终目的是促进组织目标与员工职业生涯目标的实现。第二，培训的出发点是既满足组织未来和现实的需要，又满足员工发展的要求。第三，培训的直接任务是提高员工的知识、技能，改变员工的工作动机和行为。第四，培训是组织有计划的管理活动。

众所周知，一个国家、一个地区、一个组织的命运，归根结底取决于其人员素质的高低。但人的知识、技能的衰退周期越来越短，组织必须不断地更新其人力资源。而一个组织更新人力资源的办法有三种：一是招录新员工；二是通过与其他组织的协商来购买或租用具有所需知识、技能和能力的员工；三是培训现有员工队伍，使其具有新的知识、技能和能力。显然，前两种办法受到种种条件的制约，而立足现有员工，通过实施教育训练，使其增长知识才干，增强责任感和事业心，便成为必然选择。当然，人的知识、技能、能力和态度的提高或改善，需要个人的钻研和探索，但更重要的是需要有计划、有组织的教育培训。所以，国内外各类组织都高度重视现有人力资源的培训。培训在组织发展中的作用主要体现为：(1) 保持员工与组织同步发展。(2) 发现人才，发掘人才，使人力资源的利用达到最佳状态。(3) 调整人与事之间的矛盾，实现人与事的和谐。(4) 提高工作效率，降低成本，减少故障。(5) 变革组织文化。(6) 提高员工胜任能力，增强组织的核心竞争力。(7) 尽到一个现代组织应尽的责任。

对于我国公务员队伍而言，培训还有其特殊的作用：(1) 有利于加速我国公共管理科学化进程。(2) 有助于优质、高效、廉洁的公务员队伍的建设。(3) 有利于公务员队伍的稳定和人才的有效使用。对于我国公务员培训，2010 年 8 月，中共中央办公厅印发的《2010—2020 年干部教育培训改革纲要》提出，干部教育培训还不同程度地存在针对性实效性不强，培训机构体系的开放度和竞争性不够、优质培训资源不足与资源相

① 这还涉及对“human resource developing”一词的汉译，一译“人力资源开发”，一译“人力资源发展”，在整个华人世界，这两种译法目前都在使用。本书编著者考证分析认为，可在中宏观层面用“人力资源发展”，在微观层面用“人力资源开发”。参见滕玉成等：《基于城乡一体化的农村人力资源发展研究》，1～5 页，济南，山东大学出版社，2010。

对过剩并存，干部学习内生动力不足、学用脱节、学风不正等问题。但干部教育培训是建设高素质干部队伍的先导性、基础性、战略性工程，是加强党的执政能力建设和先进性建设的重要途径，是推动科学发展、促进社会和谐的重要保证。因此，各级党委（党组）必须从全局和战略高度深刻认识干部教育培训工作的重要意义，进一步增强做好新形势下干部教育培训工作的责任感和紧迫感，到2020年，建立健全与中国特色社会主义事业相适应，与建设马克思主义学习型政党要求相符合，与干部人事制度改革相衔接，更加开放、更具活力、更有实效的中国特色干部教育培训体系。2011年11月，中共中央办公厅转发的《中央组织部关于加强和改进基层干部教育培训工作的意见》提出，抓好基层干部教育培训，对于提高基层干部队伍素质能力，保证改革发展稳定各项任务落实，具有十分重要的意义，要充分认识加强和改进基层干部教育培训工作的重要性紧迫性。

9.1.2 培训与开发的组织领导

对于企业来说，培训是企业行为，培训的目标、规划、实施等基本由企业自己决策、监控，并通常由人力资源管理部门负责。但公务员培训是政府行为，要依法进行。世界各国因管理体制和对公务员培训的重视程度不同，设置了各自的培训主管机构。日本由人事院负责，并调整综合各省厅的培训计划，组织跨省厅的研修，人事院在各地设有9个事务局，负责地方机构公务员的培训。英国的文官部拥有相似的职能。法国是由总理府负责人事与行政改革的部长级官员领导全国公务员的培训工作，而各个行政部门则承担本单位公务员培训的具体工作。1977年法国成立了“国家职业教育部”，下设继续教育局，并在全国设有22个职业教育部的代表机构。该部主管全国的职业培训，负责全国的继续教育的立法和统筹管理，分配使用继续教育的经费。

我国公务员培训是干部教育体系的一个有机组成部分。《干部教育培训工作条例（试行）》规定，全国干部教育培训工作实行在党中央领导下，由中央组织部主管，中央和国家机关有关工作部门分工负责，中央和地方分级管理的体制。中央组织部履行全国干部教育培训工作的整体规划、宏观指导、协调服务、督促检查、制度规范职能。中央和国家机关有关工作部门按照职责分工，负责相关的干部教育培训工作，指导本系统的业务培训。地方各级党委领导本地区干部教育培训工作，把干部教育培训工作纳入本地区经济社会发展规划。地方各级党委组织部主管本地区干部教育培训工作。地方各级党委和政府有关工作部门负责相关的干部教育培训工作。干部所在单位按照干部管理权限，负责组织实施本单位的干部教育培训工作。部门与地方双重管理的干部教育培训工作由主管方负责组织；经协商，也可由协管方负责组织。党校、行政学院和干部学院是干部教育的主渠道，高等学校、科研院所承担相关的干部教育培训任务，社会培训机构和境外培训机构可以接受委托承担干部培训项目。《2010—2020年干部教育培训改革纲要》提出要深化市（地）、县（市）党校（行政学院）办学体制改革，到2012年基本建成功能完备、资源共享、规范高效的干部网络培训体系。《中央组织部关于加强和改进基层干部教育培训工作的意见》也就加强对基层干部教育培训工作的组织领导提出了具体要求。

9.1.3 国外培训与开发的趋势

1. 战略化

美国、英国、法国等国从战略高度看待公务员培训，竞相加大基于政府战略的公务员培训改革力度；澳大利亚和新西兰政府则将培养公务员的战略思维放在首位，培养公务员用战略眼光来分析、判断问题和准确把握机遇；韩国、日本则高度重视培养公务员的战略性创造思维。

2. 法制化

许多国家通过制定法律、法令，把培训纳入法制化、规范化的轨道，从而确保培训的严肃性、稳定性和可操作性。如法国政府颁布了《公务员总章程》和《员工地位法》等一系列关于公务员培训的专门配套法规，规定了文职官员培训的原则、权利和义务等；欧盟总部对公务员的培训效果进行严格监控；日本将培训结果记入培训档案，作为工作考核、晋升的依据，从而保证培训的严谨性。

3. 科学化

美国、英国、法国、加拿大、新加坡等国的培训质量评估，具有体系完备、程序严谨、重点突出、技术先进等显著特点，集中体现在训前、训中、训后三个阶段的评估过程中和评估结果的反馈、运用等方面。①

4. 网络化

随着公务员人数的增长、政府行政职能的增加、知识更新速度的加快，许多国家形成了多元化的公务员培训网络。法国、英国、德国、美国、日本中央一级都设有专门的培训学院（或中心、研修所），各地也有类似的培训场所，同时还广泛联系社会上各类大学进行有关方面的培训合作，使全国不同程度地形成公务员培训网络。如法国，已建立起遍及全国的公务员培训教育机构系统，专门的公务员培训机构和高等院校各司其职，密切配合，共同构成了一套比较完整的法国公务员培训网络，有力承担起全国公务员培训的各项任务。

5. 实效化

实用是西方发达国家公务员培训的重要原则。在多数发达国家的各类培训机构中，“教育重点解决为什么的问题，培训重点解决怎么做的问题”的观念深入人心。基于此，这些公务员培训重视以实践为基础、以问题为中心，强调运用现有的知识，特别是新知识分析与解决实际问题。在安排培训内容时，强调课程的实用性，提出适应性课程设置。

6. 国际化

当今世界经济全球化和区域集团化趋势的进一步加强，使国家之间在公务员培训方面形成了一种新的互动机制，即在竞争中合作、在合作中竞争。一些国家或国际组织的公务员培训除了立足本土，还面向世界。例如，欧盟建立了国际公务员培训机构，而韩国COTI（Central Officials Training Institute）管理发展中心、日本自治大学的“地方政府中

---

① 参见杜保友、孔祥利：《国外公务员培训质量评估制度的经验借鉴与启示——以美国、加拿大、英国、法国和新加坡五国为例》，载《湖北行政学院学报》，2011（4）。

心”为亚太地区各国公务员开设有关培训课程，并在跨国培训中已达成相互尊重各国国情和本土文化的共识。

9.1.4　培训与开发模型

人力资源培训与开发是一个制定培训策略、筹划培训项目、安排培训内容、实施培训行为并评价培训效果的循环过程。大致由三个阶段组成：培训准备阶段、培训实施阶段和培训评估阶段，形成如图 9—1 所示的人力资源培训与开发模型。

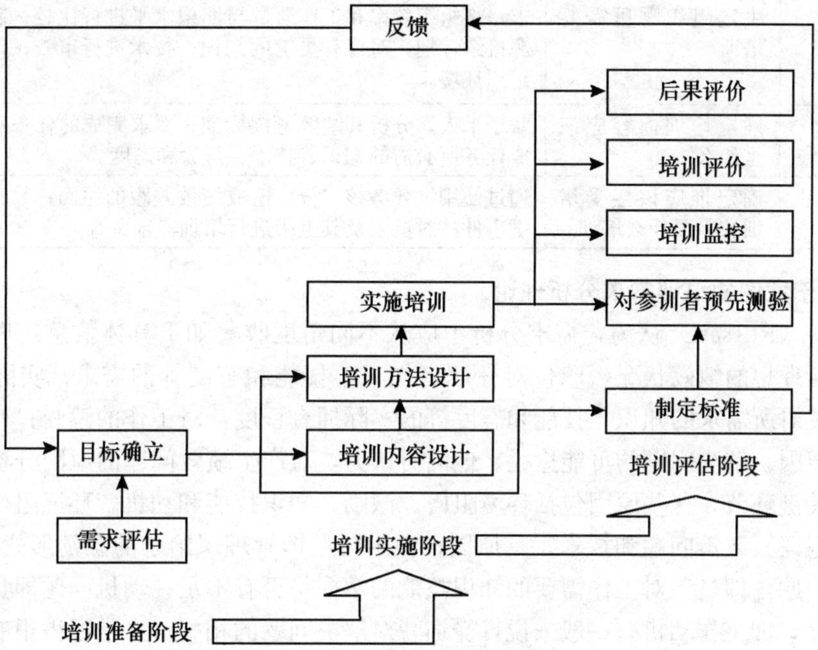

图 9—1　人力资源培训与开发模型图示

9.2　培训与开发需求分析

人力资源培训的需求分析是组织在开展培训活动之前，采用适当的技术和方法，对组织及员工的知识、技能等素质构成，进行系统的评估分析，以确定组织和人员现状与组织目标之间的差距的过程。培训需求分析既是确定培训目标、设计培训方案的前提，也是进行培训评估的基础。

9.2.1　培训需求分析理论

培训需求分析是 20 世纪 60 年代麦吉（W. Mcgehee）和塞耶（P. W. Thayer）等人提出的一种通过系统评估确定培训目标、培训内容及其相互关系的方法。以后，又逐渐出现了一些影响较大的培训需求分析理论。

1. 三步体系分析理论

麦吉和塞耶提出了组织培训需求分析的一个“三步体系”。到了 20 世纪 80 年代，戈德斯坦（Goldstain）使培训需求分析方法得以系统化，并提出：培训需求分析应从三个方面着手，即组织分析、任务分析和人员分析。三步体系培训需求分析如表 9—1 所示。

表 9—1　　麦吉和塞耶的三步体系培训需求分析

分析	目的	方 法
组织分析	决定组织哪里需要培训	根据组织长期目标、短期目标、经营计划判定知识和技术需求；将组织效率和工作质量与期望水平进行比较；制定人力资源接续计划，对现有员工的知识、技术进行审查；评价培训的组织环境。
任务分析	确定培训内容应该是什么	对于个人，分析其绩效考核标准、要求完成的任务和成功地完成任务所必需的知识、技术、行为和态度。
人员分析	确定谁应该接受培训和需要什么培训	通过使用绩效考核，分析造成绩效差距的原因；收集和分析关键事件；对员工及其上级进行培训需求调查。

2. 基于意图的培训需求分析理论

罗塞特（Rossett）认为，需求分析中应从不同角度收集如下具体信息：理想状况的信息，包括理想的绩效状况，职位对任职者知识、技能和态度等的需求；实际状况的信息，即员工对所需求的知识、技能和态度等的实际拥有程度，对工作的感受；产生绩效问题的可能原因；解决问题的可能途径。他同时认为，对产生绩效问题的原因分析是培训需求分析的关键环节，这些原因包括环境阻碍、激励、知识技能和动机。环境阻碍包括组织人事上的阻碍、政策问题和技术工具原因；激励问题即管理层给予的激励形式是否有效；知识技能问题，即员工对工作需要的知识技能的掌握是否有不足；动机问题即员工对工作所持的态度，即工作动机。一般来说，受训者对解决问题的相关信息掌握得很有限，所以关于解决问题的可能的方向、途径的信息，更多地依赖于培训专家和管理者的报告。

3. 基于组织气氛的需求分析理论

瑞文（John Rein）提出，人的称职行为不仅取决于价值观和能力，也取决于员工所处的组织气氛环境。组织气氛代表了组织内部环境的一种较持久的特征，这些特征包括：成员的经验，可能影响成员行为的因素和可利用的组织特征或属性。乔治（George）则认为，组织气氛包括结构、责任、奖酬、风险、情谊、支持、绩效标准、冲突和归属程度九个因素。麦克利兰指出，组织的成就定向是揭示不同组织气氛的根本要素，其所在的明尼苏达大学的研究人员在多年对比研究的基础上，提出了高绩效组织和低绩效组织在组织气氛上最具差异的七种特征：规范的灵活性、灵活的环境背景、赋予的责任、绩效标准、奖罚方式、组织目标和规划的清晰度、团队精神。

4. 基于知识、技能的需求分析理论

阿诺尔德（John Arnold）等人在考查知识需求时，主张从三个方面进行需求分析：对组织系统和人员信息网络知识的分析；对产品服务、竞争者的知识分析；对专业性知识的分析。在技能分析方面，时勘等人根据员工心智技能模拟培训法的研究结果，主张将心智技能作为培训的重点，并在实际的技能培训中采用了专家口授报告方法和汇编栅格法

(repertory grid methods)来建立专家解决问题的认知模型，明显地提高了培训效果。

5. 基于个体因素的需求分析理论

瓦伦齐(Enzo Valenzi)等人认为，个体行为是组织行为的基本组成单元，个体的需要、动机、个性、感知、学习、态度和技能等因素会对组织行为产生影响。而且，工作满意度与员工的工作士气、工作绩效等有密切的关系，一些工作条件因素，如报酬、监督方式、工作本身的特点、工作伙伴、安全、晋升等，也对工作满意度有很大的影响。这些因素是培训需求分析中应考虑的重要因素。明尼苏达大学的多年研究证明，高绩效员工和低绩效员工在个人心理因素方面有显著差别的特征是成熟定向、自信心、主动性、组织责任感和学习新知识的兴趣。①

6. 基于胜任力的需求分析理论

胜任力的提出，对改进培训需求分析的内容结构设计有重要的价值。②

9.2.2 培训需求分析的程序和内容

培训需求分析的程序和内容包括环境分析、组织分析、工作分析、人员分析四个方面，如图 9—2 所示。

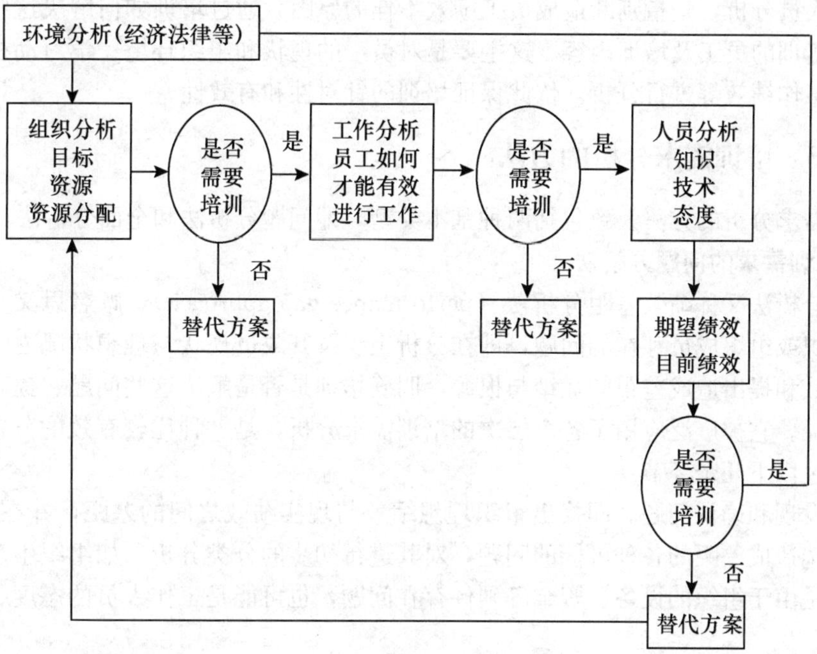

图 9—2 培训需求分析模式

---

① 参见廖泉文主编：《人力资源发展系统》，272～277 页，济南，山东人民出版社，2000。

② 参见陈民科：《基于胜任力的组织分析》，载《人类工效学》，2002 (3)；陶祁、冯明：《基于胜任力的培训设计研究》，载《外国经济与管理》，2002 (4)；贾建锋、赵希男、卢纪华：《基于胜任力特征的培训体系》，载《中国人力资源开发》，2010 (7)。

1. 环境分析

所谓环境分析，主要是指对组织外部环境的有关信息的分析。

2. 组织分析

所谓组织分析，主要是指对组织内部环境的有关信息的分析，即站在组织整体系统的角度，依据公共组织的目标、现状等因素进行分析，找出存在的问题，并分析成因，以确定具体的培训计划。组织分析包括对组织目标的检验、组织资源的评估、组织特征的考察，以及组织环境作用的分析等。[①]

3. 工作分析

这主要包括两方面。一方面，通过工作分析，确认每一项工作任务对任职者的品德、态度、知识、技能和行为方式等方面的要求，其中知识、技能和行为方式方面的要求最为重要，这是培训的重点，也是培训需求分析中最复杂的一部分。只有对工作任务进行精确的分析并以此为依据，才能使设置的培训课程真正符合提升公共组织绩效和提高员工素质的目的要求。另一方面，通过任职资格的分析，按照任职资格对任职者的能力水平和行为方式进行分析，以确定现任职者与任职资格的差距，进而依此确定培训的需求结构。

4. 人员分析

所谓人员分析，是指判断造成员工绩效不佳的原因，通过培训如何解决这些问题，并确定接受培训的员工及培训内容。这主要是对员工的现状和组织环境、学习动机、专业技术素质、工作绩效等进行分析，依此保证培训的针对性和有效性。

9.2.3 培训需求分析的方法

培训需求分析的方法大致包括两种基本类型，即问题分析法和全面分析法。

1. 培训需求的问题分析法

问题分析法又称绩效差距分析法（performance gap approach），顾名思义，该法主要集中于组织或组织成员存在的问题，即在分析组织及其成员现状与理想状况之间差距的基础上，确认和提出造成差距的症结与根源，明确培训是否是解决这些问题、提高组织绩效的有效途径。它被广泛应用于各个层次的培训需求分析，是一种比较有效的分析方法。该法一般经过以下几个环节：

（1）发现和确认问题。即找出组织理想绩效与现实绩效之间的差距，并在此基础上，认定和筛选造成差距的各种可能的问题，对其进行初步的分类分析。如组织生产力水平不高，可能是由于组织的设备、资金等硬件存在问题，也可能是工作人员的态度、士气等软件有问题。

（2）收集资料或直接观察，进一步确定问题的性质。组织和培训主管人员可以通过一系列手段收集资料，如使用绩效考核报告、工作总结等文献资料，或采取观察、面谈和问卷等技术，明确造成差距的主要问题所在。为此，必须充分了解和说明问题的四个方面的状态：何种问题、何处发生、何时发生、何种程度。

（3）分析、判断和证实造成问题的主要原因。

---

① 参见吴志华等：《公共部门人力资源管理》，224 页。

（4）培训需求的分析。发现和判断造成问题的原因与组织的培训工作是否存在必然的联系，即组织通过问题原因的查询，认识到对员工的培训是改善目前绩效不理想状况的重要途径，是实现组织需要和员工个体满足的手段，从而论证了培训活动的必要性。

（5）说明培训需求分析的结果。从工作需求、个人需求和组织需求三个方面出发，提出培训的种类、内容和方法，建立培训的详细目录。

2. 培训需求的全面分析法

全面分析法（comprehensive approach）是指通过对组织内部各个层面进行全面、系统的调查分析，确定理想状态与现实状态的差距，从而进一步确定是否进行培训，以及培训的内容和方法。与问题分析法相比，全面分析法偏重于组织运转中的方方面面，而不是针对某些问题。其一般程序是：

（1）工作分析，以此制定出工作评价标准和职位规范。

（2）编写组织任务和所需技能的目录清单。把任务分解成一个个分析单位，描述出每一个任务的内容和任职资格。在此基础上，对任务的性质与技能的性质进行比较、分析，得到其理想的绩效标准。

（3）分析组织现实的绩效水平状况，找出差距，认识问题的性质和形成原因，这样又回到上述问题分析法的过程。

（4）培训规划设计。针对全面分析的结果，制定培训的方案，选择有效的培训途径，然后加以实施，并在培训实施过程中不断修正和完善。

与问题分析法相比，全面分析法的优势在于，能够获得多功能的分析资料，从而比较全面地认识问题。但是由于它要顾及各个层次，因此需要投入大量的资金和时间。另外，在分析之前，组织还需制定比较周密的计划，通盘考虑各方面因素，这恰恰限制了它的应用，于是人们转而使用更为简单易行、切中要害的问题分析法。当然，全面分析法在任务简单，程序性、操作性强，人际关系不太复杂的组织中使用是非常有效的。

另外，还有以下几种方法：顾问委员会法、评价中心法、态度调查法、集体讨论法、面谈候选培训对象法、关键事件法、绩效考核法、问卷调查与清单法等。但需要说明的是，各种具体方法各有利弊（见表 9—2），在具体实践操作中，没有哪一种方法可以单独满足组织的所有需要，必须将各种方法有机结合和综合运用。

表 9—2　　培训需求分析方法比较

培训需求分析技术	被培训者参与程度	管理层参与程度	分析过程耗时程度	培训需求分析成本	分析过程量化程度
顾问委员会	低	中	中	低	低
评价中心	高	低	低	高	高
态度调查	中	低	中	中	低
集体讨论	高	中	中	中	中
面谈候选培训对象	高	低	高	高	中
调查管理层	低	高	低	低	低
员工行为观察	中	低	高	高	中
绩效考核	中	高	中	低	高
关键事件	高	低	中	低	高
问卷调查与清单	高	高	中	中	高

续前表

培训需求分析技术	被培训者参与程度	管理层参与程度	分析过程耗时程度	培训需求分析成本	分析过程量化程度
技能测评	高	低	高	高	高
评估过去项目	中	低	中	低	高
绩效档案	低	中	低	低	中

资料来源：George T. Milkovich，John W. Boudreau，*Human Resource Management*，Richard D. Irwin，1994，p. 497.

9.3 培训与开发的类型、内容和方法

9.3.1 培训与开发的类型

由于培训的对象、内容、条件、形式、目的等各不相同，在实践中形成了各不相同的培训种类。

以是否在职分为在职培训和脱产培训。

以受训者的不同，分为管理人员的培训（还可分为高级管理人员的培训、中级管理人员的培训和后备管理人员的培训）、专业技术人员的培训、操作人员（即工人）的培训。

以培训的目的不同，分为观念转变培训、态度改变培训、专项技术培训、管理技能培训等。

以培训的层次不同，分为高级培训、中级培训和初级培训。

以职业生涯发展阶段的不同，分为新员工入门培训或职前培训或岗前培训或初任培训、调任培训、晋升培训、退休培训等。

从世界范围看，各国在重视全员培训的基础上，更侧重于主管人员的培训。英国的公务员培训主要有三种：职前培训、在职培训和管理培训，并积极鼓励公务员参加进修培训，文官利用休假进修，可以申请进修金。美国的公务员培训可分为三大类：任前培训、任职期间的培训、高级文官培训，允许在职文官报考学校。日本的公务员培训分为两大类：一是初任进修，二是职后研修。

对于初任培训，以法国为例，在全国公务员培训费用中，初任培训费用占67.4%。其培训内容包括两个方面：一是公务员不同职位所应掌握的知识和技能。在课程安排上，先是理论课，后是实习课。二是知识结构的合理化、多样化训练。进高级公务员队伍要经过半年左右的见习期，或者到政府各部开办的进修学校学习2～3年，或者到对口的院校学习并获取毕业证书，才能正式定职和分配工作。普通公务员在正式任职前要接受3～6个月的业务训练。

实行任职培训制度，并将任职培训同职位晋升结合在一起的国家不在少数，比如，日本规定对晋升的公务员必须进行培训；在德国，任职培训随着晋升考试而结束，不及格者不能晋升。

我国《干部教育培训工作条例（试行）》规定：干部有接受教育培训的权利和义务，干部教育培训的对象是全体干部，重点是县处级以上党政领导干部及其后备干部。干部应

当根据不同情况参加相应的教育培训：在职期间的各类岗位培训、晋升领导职务的任职培训、从事专项工作的专门业务培训、新录（聘）用的初任培训与其他培训。

9.3.2 培训与开发的内容

培训的内容决定了培训的性质，更决定培训的质量和效果，进而决定了人力资源培训的成败。由培训需求自然得出培训的内容，而且，培训内容也与培训的类别密切相关，各国之间也有很大差异，并随着科学技术的发展和公共管理职能的变化，培训内容不断更新。我国《干部教育培训工作条例（试行）》规定：干部教育培训应当根据经济社会发展需要，按照加强党的执政能力建设和先进性建设的要求，结合岗位职责要求和不同层次、不同类别干部的特点，以政治理论、政策法规、业务知识、文化素养和技能训练等为基本内容，并以政治理论培训为重点，综合运用组织调训与自主选学、脱产培训与在职自学、境内培训与境外培训相结合等方式，促进干部素质和能力的全面提高。

《2010—2020年干部教育培训改革纲要》要求：一方面，制定分类培训大纲。根据干部管理权限，研究不同类别、不同层次、不同岗位干部的素质能力模型，制定分类培训大纲，明确干部初任培训、任职培训、专门业务培训、岗位培训等的目标、内容和方式等，不断提高干部教育培训科学化水平。另一方面，完善培训内容体系。着眼于提高干部素质和能力，建立以培训需求为导向的培训内容更新机制，不断完善理论教育、知识教育、党性教育体系。

《中央组织部关于加强和改进基层干部教育培训工作的意见》提出：加强马克思列宁主义、毛泽东思想和中国特色社会主义理论体系特别是科学发展观教育，加强社会主义核心价值体系教育，引导基层干部树立正确的世界观、权力观、事业观，增强贯彻落实科学发展观的自觉性和坚定性。加强党的路线方针政策和国情形势教育，引导基层干部增强全局观念和大局意识，创造性地落实中央和上级的各项决策部署。加强宗旨意识和公仆意识教育，引导基层干部切实改进思想作风和工作作风，真心实意为群众办实事、做好事、解难事。加强法律法规培训，帮助基层干部提高法治意识和依法办事能力。加强社会管理培训，帮助基层干部提高做好群众工作、化解矛盾纠纷、处置突发事件、促进社会和谐稳定的能力。加强业务知识和工作技能培训，提高基层干部履行岗位职责的能力。加强道德品行教育和反腐倡廉教育，引导基层干部带头践行社会主义荣辱观，自觉遵守廉洁自律各项规定。对基层党员干部，还要抓好以党史党风党纪为重点的党性教育和党的基本知识教育，引导他们增强党的意识、提高做好党务工作的能力。

《人力资源和社会保障事业发展"十二五"规划纲要》提出："十二五"时期我国将实施公务员队伍能力建设计划，其中之一是大规模培训公务员计划，即全国公务员参训率进一步提高，新录用公务员全员参加初任培训，任职培训制度进一步落实，乡镇、街道和公共服务部门基层公务员培训一遍，全国公务员培训管理者培训一遍。

9.3.3 培训与开发的方法及其选择

1. 培训与开发的方法

公共部门人力资源培训方法多种多样，大致可以划分为四类：一是传统的教学方法，包括课堂讲授、作业和课堂讨论等。二是行为主义的教学方法，包括角色扮演、模拟与游戏、案例与程序教学、成就动机训练等。三是网络教学方法，包括内部网、远程教育等。四是以人格素质为中心的培训方法，主要是人格拓展训练。《干部教育培训工作条例（试行）》提出，应当根据干部的特点，综合运用讲授式、研究式、案例式、模拟式、体验式等教学方法，提高培训质量。推广网络培训、远程教育、电化教育，提高干部教育培训教学和管理的信息化水平。多种多样的培训方法，各有利弊，下面选择其中有代表性的、较为通用的几种方法加以介绍。

（1）课堂讲授。

这是被普遍采用的、成本最低的培训方法之一。其优势在于经济、易操作，只需要在一个空间（如教室）中，主讲教师根据一定的教学内容作准备，然后用一定的时间向受训者单向地传授知识即可，而且效率较高。但是，这是一种以教师为中心的教学方式，它所传递的知识信息的性质、重点、供给量和速率等均取决于处于主导地位的教师。受训者在课堂中是被动的，缺少实践和交流反馈，影响培训的效果。

（2）案例分析。

这是普遍受到重视和欢迎的一种方法。案例是对真实情景或事件的描述，它可以只涉及一个典型的实际生活和工作问题，也可以把若干问题综合在一起。该方法的优势在于真实性、实用性、参与性都很强。案例分析往往采用个人思考、小组讨论与集体讨论相结合的形式，所以既能锻炼受训者个人的分析能力，又可训练团队合作能力。而且案例描述的不是抽象的、放之四海而皆准的原则，解决问题的方案也不是唯一的，甚至可能是多个，有助于开发受训者的创造性思维。但其难点和关键点是案例的选择或编写。

（3）研讨法。

这是仅次于课堂讲授而被广泛使用的培训方法。其优势在于：一是双边互动，教学相长。二是形式多样，包括演讲—讨论式、小组讨论式、集体讨论式、系列研讨式、委员会式、攻关小组式、沙龙式等。每一种形式都有它的优势，但都不适用于讨论和解决重大问题。在影响该法实施质量的诸多因素中，教师的知识水平、思维方式、组织技巧等不容忽视。所以，应根据教师水平及培训的目的、内容等，确定是否运用该法，以及选择何种研讨形式。

（4）管理游戏。

这可分为普通游戏和商业游戏。普通游戏是指一些经过精心设计、表面上与其他游戏相差无几，其实内含许多与管理或员工工作有密切关系的活动。普通游戏很受受训者的欢迎，培训内容与技能也较易掌握，对其结果的分析，也涉及工作的延伸。但设计要求较高。

商业游戏需要受训者作出一系列决策，每次作出决策不同，下一个情景也将变化，可以看做案例分析的动态化。可用电脑记录信息，计算结果，时间跨度可以是半年，也可以是三年，实际操作时间只是在 0.5～2 小时之间。商业游戏效果良好，受训者参与性高，实用性强，但是由于设计费用昂贵，因此其使用推广受到很大限制。

（5）拓展训练。

拓展训练起源于第二次世界大战中的海员学校，目的是训练海员的坚强意志和生存能力。现在这种课程已从生存训练拓展到管理训练和心理训练等方面。它以外化型体能训练为前导，同时触及人的深层心理内涵，以达到心理素质的改善与拓展。拓展训练的课程主要有拓展体验、回归自然、挑战自我、领导才能、团队建设等。在精心设计的各项活动中，这对开发人的潜能、改善人际关系、增强团队意识等起到了积极的作用。但这对培训机构的要求较高。

（6）电影。

电影与录像培训相似，是一种事先制作好的视觉教材，受训者通过看电影而获得培训。其优点有：直观，能观察到许多过程细节，活动的物体容易记忆，容易引起视觉想象，可以重播等。但电影也有一些缺点，如受训者处在消极的地位，无机会反馈或强化或实际操作，制作成本高，不一定符合受训者实际情景等。

（7）计划性指导。

这是指一种以书面材料或电脑屏幕提供阶段性信息的培训方法。在学习了每一阶段的材料后，受训者必须回答这一阶段的有关问题，每一回答后，会提供正确答案作为反馈。受训者只有通过前一阶段的所有问题，才能进入下一阶段的学习。其优点有：受训者可以根据自己的速度学习，反馈程度高而及时，对答对题的受训者提供激励，不受时间地点的限制。但它也有一些缺点，如开发成本高、学到的知识较难转移到工作情景中去等。

（8）感受性训练。

这是一种提高受训者的意识水平和改善人际关系的流行方法，常被用来培训管理人员。其目的是通过向管理者表明其他人是如何看待他们的，使他们对自己有一个更清晰、更精确的看法；也使管理者有机会了解他们的行为对其他人将产生什么影响。该法通常是把受训者带到远离工作场所的地方受几天训练。训练开始时，训练主持人仅极其简略地介绍一下会议讨论的程序，然后完全以观察员的身份出现。主持人有时指定讨论题目，有时连题目都不指定，一切由团体自由决定。当团体自行组织并尽力解决问题时，团体成员间的互动就开始了，他们对成功、挫折、失败、个人差异、激怒及嫉妒等的反应表露无遗。经过一番散乱而无目的的倾轧之后，团体中的成员开始了解他人的行为，同时感受到他人的态度，因此称此方法为感受性训练。许多接受过感受性训练的管理者说，他们比以前更富于忍耐力，更容易接纳别人，自我意识有所增强，更善于自控，更容易与别人合作，在与其他人打交道时态度更和善。不过，支持该说法的有影响的研究还不多，但发达国家的许多机构仍然认为，对管理者进行感受性训练是很有价值的。这一方法已成为发达国家整个管理者培训计划中的一个主要部分。

2. 培训与开发方法的选择

培训方法的选择至关重要，直接关系到培训工作的成败。但是，一方面，由于培训方法众多，而且各有特色，应用范围也各不相同；另一方面，培训方法的应用也受制于培训内容、受训者的特点和培训机构的条件，造成培训方法的选择比较困难。大量的培训实践表明，选择培训方法应注意以下几点：

首先，要把培训目标的实现放在第一位。培训组织者要首先确定培训能够产生的学习成果，选择一种或几种最有利于实现目标的方法，再结合成本，做出合适的选择，以保证培训成果的转化。

其次，根据受训者的不同特点决定采用何种方法。在选择方法时，要区分职位的差别，即使是管理层的培训，也应该分出层次，区别对待高层、中层和基层不同的管理者。

再次，根据组织的培训预算选择。培训方法的选择依赖培训经费的支持，预算经费紧张时应该选择课堂讲授法，这样既可以节省资源，又可以进行大范围培训；当资金条件比较好时，则可以考虑使用角色扮演、情景模拟等方法。

又次，要考虑不同培训方法的优缺点、使用范围和效果。不同的方法在获得知识、改变态度、解决难题、人际沟通、参与许可、知识保持等方面的效果存在差异，选择时必须权衡利弊。实际上，没有一种培训方法是万能的，也没有一种方法是最佳的。对培训组织者来说，重要的是根据培训的目的、内容、受训者、时间、地点的不同，选择不同的方法或者一组最佳的方法组合。

最后，应综合考虑以下几点：

（1）总体而言，培训方法必须具有针对性、实战性，忌从书本到书本，尤其应避免“炒冷饭”式的重复。

（2）注重方法的多样性，忌随意性，应根据培训的不同对象、不同种类层次，选择适合的教学方法。

（3）能调动受训者的参与意识，忌培训教师单向传授，尤其应避免“填鸭式”的灌输。

（4）激励受训者改进绩效。

（5）给受训者提供实践的机会。

（6）在受训期间，向受训者提供绩效方面的反馈信息。

（7）在受训期间，运用强化受训者学习的方法。

（8）使受训者获得将培训中学到的内容转移到其他情境中去的能力。

（9）组织能承受的培训费用。

（10）受训时间的要求。①

总之，结合既定的培训目标，总可以发现一些比较有效的方法。1972 年美国学者小卡罗尔（Jr. S. J. Carroll）、佩因（F. T. Paine）和伊凡采维奇（J. J. Ivancevich）发表了一项对人事专家的调查结果，如表 9—3 和表 9—4 所示（排列的次序越高，表明专家认为该方法越有效）。

表 9—3　　培训方法效果比较

培训方法	反馈	强化	实践	激励	转移	适应个体	费用
案例分析	中	中	良	中	中	差	低
研讨法	优	良	良	优	良	中	中偏低
课堂讲授	差	差	差	差	差	差	低
游戏	优	中	差	良	中	差	中偏高

① 《干部教育培训工作条例（试行）》规定：省部级、厅局级、县处级党政领导干部每 5 年应当参加党校、行政学院、干部学院或者经厅局级以上单位组织（人事）部门认可的其他培训机构累计 3 个月以上的培训；其他干部参加脱产教育培训的时间，一般每年累计不少于 12 天。《中央组织部关于加强和改进基层干部教育培训工作的意见》也规定：基层干部教育培训，要实行全员教育培训，对象包括县（市、区、旗）直属部门机关干部、乡镇（街道）干部、县域企事业单位领导人员、村（社区）主要负责人、乡村集体经济组织中的党组织负责人、非公有制经济组织和社会组织党组织负责人等，重点抓好县（市、区、旗）直属部门主要负责人、乡镇（街道）党政正职、县乡两级后备干部、县域企事业单位主要负责人、村（社区）党组织书记、非公有制经济组织和社会组织党组织书记等对象的教育培训。县（市、区、旗）直属部门机关干部、乡镇（街道）干部每年参加各类学习培训的时间累计一般不少于 100 学时或 12 天，其他干部一般不少于 40 学时或 5 天。

电影	差	差	差	差	差	差	中
计划性指导	优	中良	良	良	差	中偏良	高
角色扮演	良	良	良	中	良	中	中偏低
感受性训练	中	中	良	中	中	中	中偏高

表 9—4　　培训方法与内容的匹配效果比较

效果等级 / 方法	内容					
	获得知识	改变态度	解决难题技巧	人际沟通技能	参与许可	费用
案例分析	4	5	1	5	1	4
研讨法	1	3	4	4	5	2
课堂讲授	8	7	7	8	7	3
游戏	5	4	2	3	2	7
电影	6	6	8	6	4	5
计划性指导	3	8	6	7	8	1
角色扮演	2	2	3	1	3	6
感受性训练	7	1	5	2	6	8

对我国干部教育培训方法的选择，相关文件也有或概括或具体的规定。例如，《2010—2020 年干部教育培训改革纲要》提出：改进培训班次设置方式，推广专题研究、短期培训、小班教学，突出按干部类别开展培训；改进讲授式教学，推广研究式、案例式、体验式、模拟式教学；倡导异地培训、挂职培训、分段式培训，探索完善干部免职脱岗培训、后备干部个性化定制培训制度；探索跨地区、跨部门、跨学校的合作培训模式；上级干部教育培训主管部门、干部教育培训机构要针对重点地区、重点领域干部的特殊培训需求，主动送教上门；鼓励干部利用业余时间多读书、读好书，不断改进干部在职自学。《中央组织部关于加强和改进基层干部教育培训工作的意见》也要求：实行组织调训与干部选学、集中培训与经常性教育、实体培训与网络培训相结合；充分运用专题讲座、学习研讨等形式，加强对有关理论知识的培训；采取巡回宣讲、流动课堂、送教上门等方式，深入农村、社区、企业开展培训；通过"帮带"培训、现场观摩、案例教学等途径，促进学习借鉴和实践运用；探索挂职培训和行动学习等方法，促进学用结合。

9.4　培训与开发的规划实施和评估

9.4.1　培训与开发的规划及其实施

1. 培训规划

人力资源培训规划是公共部门进行的、建立在组织发展目标和培训需求分析基础上的培训方案设计。培训规划主要包括培训方法设计和培训内容设计。

由于组织不同，发展目标也不同，组织的培训规划也就各不相同，但典型的培训规划至少应包括以下几个方面：培训计划时间，即培训计划实施的起始时间；培训计划目标，即培训要求达到的结果；制定培训计划的依据；培训计划的具体内容；培训计划的制定者、制定时间等。其中，培训计划的具体内容是培训计划的核心，涉及的方面较多，包括接受培训的对象、培训的规模、培训的内容、培训的形式、负责培训的机构、培训教师的素质及培训的费用支出等。培训规划的程序如下：

（1）明确培训目标。培训的目标主要是解决员工培训应达到什么样的标准，即员工经过培训后应该发生的变化，是根据培训的目的，结合培训资源配置的情况，将培训的目的具体化、数量化、指标化和标准化。可见，目标的确定可以有效地指导培训者和受训者掌握衡量培训效果的尺度和标准，找到解决培训过程中出现的复杂问题的答案，明确今后发展和努力的方向，为培训规划的贯彻实施奠定基础。所以，目标设定必须具有前瞻性，从实际需要出发，学习和借鉴世界各国的有益知识和经验。培训目标主要有知识目标、行为目标、结果目标，也可分为三类：一是员工自我意识的提高，即通过培训让员工增进对自己、自己在组织中的角色，以及自己与他人交往中的角色的了解；二是传授知识、培养技能；三是态度动机的转变，即通过培训，改变员工对工作、组织的认知，提高他们的工作积极性，以自觉主动的态度投入到工作中去。但确定目标时应注意：培训目标应服务于组织目标，同组织的长远目标相吻合；培训目标应简明扼要，一次培训目标不要太多；培训目标应具体，便于操作。确定一个有效的目标，可以参考 SMART 原则。

（2）设计培训课程。

（3）选择培训教师。培训的需求同时也决定了担任培训的教师队伍的结构、专业分类和知识水平等。对培训教师的选择要注重资格（教师本身是否受过专门训练）、责任心（能否认真执教），以及与学员沟通是否顺畅、是否具备相应的知识与阅历等。

（4）确定培训有关的具体操作事项。主要包括培训的时间、地点、方法、所用设备与考核方式等。

（5）确定经费预算。要根据培训的种类、内容，以及有关部门拨付的经费等，合理确定培训的经费预算。

2. 培训实施

培训实施包括四个步骤：实施、检查、反馈、修正。在实施过程中，要注意以下几点：一是切实履行计划，全力以赴；二是严格检查，杜绝流于形式；三是重视反馈，保证培训信息的真实性；四是及时修正，要根据环境的变化和实施中的反馈信息，及时修正原计划，以便最终顺利完成培训的任务，实现培训的目标。

9.4.2 培训与开发的评估

培训评估的目的在于：一是测量和追踪培训过程的各个环节，提出改进措施；二是测量受训者在接受培训后的绩效，评估培训规划的总体状况；三是研究培训中一些非量化的或不可测量的因素等。可见，评估是贯穿于整个培训过程的管理控制活动，过程评估和结果评估是其不可分割的组成部分。

1. 培训评估理论[①]

培训评估的研究最早可以追溯到 1959 年，当时柯克帕特里克（Kirkpatrick）在其博

---

① 参见夏艳玲：《培训效果评估理论综述》，载《科教文汇》，2006（1）。

士论文中开始了培训效果评估方法的研究，阐述了培训评估的四层次模型的思想和方法。沃尔（P. Warr）、伯德（M. Bird）和瑞克哈姆（N. Rackham）设计了 CIRO 培训评估模型，史塔佛宾（Daniel Stufflebeam）提出了关于培训效果的 CIPP 评估模型。1974 年，科布林（Hamblin）认为应该增加两个方面的评估，一是对行为产生的结果进行成本效益分析，二是要评估培训结果对组织战略目标的影响，进而提出了科布林模型。1991 年，菲利普斯（Philips）认为柯克帕特里克的四层次评估不够完整，需要再增加一级评估，其重点是将培训所带来的货币利润与成本进行比较，只有这样，整个评估过程才算完整，因而提出了五级投资回报率模型。此后的诸多学者也发表了各自的研究成果，进一步完善和解决了包括问卷调查、观察、访谈等各种评估的方式方法及存在的问题。1962 年，利用经济学对人力资本投资回报的研究成果，有学者提出了培训收益的计算模型。除了经济学的分析方法以外，更多的学者是从企业的实际出发，研究企业的培训投入产出。从 20 世纪 70 年代至今，培训效果评估研究焦点已经开始积聚在培训的投资回报率的研究上，诸多计量方法也被引入到研究中，例如统计方法、会计方法、计量经济学方法等，试图对培训产生的效益进行评估。1985 年，舍贝克（Sheppeck）和科恩（Cohen）提出了培训收益函数。2001 年，有关研究者把效用理论与柯克帕特里克的四层次评估模型结合在一起，并据此提出了销售培训评估的框架。总之，随着人们对培训评估研究的进一步深入，有关培训收益的定性定量分析也渐趋完善。

（1）柯克帕特里克的评估模型。它主要以受训者作为评估对象，对培训效果从反应层次、学习层次、行为层次、效益层次进行评估，前两个层次主要是对培训的过程进行评估，而后两个层次主要是对培训的结果进行评估。四层次模型见表 9—5。

表 9—5　　柯克帕特里克培训四层次评估模型

评估级别	主要内容	可以询问的问题	衡量方法
一级评估：反应层评估	观察受训者的反映	受训者喜欢该培训项目吗？ 项目对自身有用否？ 对培训讲师及培训设施等有何意见？ 课堂反应是否积极主动？	问卷、评估调查表填写，评估访谈
二级评估：学习层评估	检查受训者的培训结果	受训者在培训项目中学到了什么？ 培训前后，受训者知识、技能有多大程度的提高？	培训调查表填写、笔试、绩效评估、案例研究
三级评估：行为层评估	衡量培训前后的工作表现	受训者在学习的基础上有没有改变行为？ 受训者在工作中是否用到培训所学到的知识？	由上级、同事、客户、下属进行绩效考核、观察
四级评估：效益层评估	衡量组织绩效的变化	行为的改变对组织的影响是不是积极？ 组织是否因为培训而经营得更顺心更好？	考察事故率、生产率、流动率、士气

（2）CIRO 评估模型。CIRO 评估模型由该模型中四项评估活动的首个字母组成：背景评估（context evaluation）、输入评估（input evaluation）、反应评估（reaction evaluation）、输出评估（output evaluation）。背景评估是指获取和使用当前背景信息，确认培训的必要性。其主要任务：一是收集和分析有关培训的信息；二是分析和确定培训需求与培训目标。输入评估是指通过可获取的内、外培训资源，确定培训的可能性。其主要任务：

一是收集和汇总可利用的培训资源信息；二是评估和选择培训资源。反应评估是指获取和使用参与者的主观反应信息，提高培训过程的有效性。其主要任务：一是收集和分析受训者的反馈信息；二是改进培训的运作程序。输出评估是指收集和使用培训结果的信息，检验培训的结果。输出评估包括四个阶段：界定趋势目标、确定测量方法、选择测量时间和评估结果，以改善后续的培训。其中两项重要的任务：收集和分析同培训结果相关的信息，以及评价与确定培训的结果。

CIRO 评估模型开始向比较先进的系统型培训模式所倡导的评估理念靠拢。相比柯克帕特里克等人的培训评估设计，它在一定程度上具有使之完善的意义，其重要标志就是将评估活动介入到了培训过程的其他环节。但是，CIRO 评估模型也存有明显的不足，其中，最大的缺憾就是既未能将评估与培训执行这一重要环节专门结合起来，也未能对“反应评估”和“输出评估”的作用作出明确的认定和必要的说明，如对后续培训项目设计的作用和对本次培训项目的改进等。

（3）CIPP 评估模型。CIPP 评估模型也是由该模型中四项评估活动的首个字母组成：背景评估（context evaluation）、输入评估（input evaluation）、过程评估（process evaluation）、成果评估（product evaluation ）。背景评估的内容是：了解相关环境、诊断具体问题、分析培训需求、确定培训需求、鉴别培训机会、制定培训目标等。其中，确定培训需求和设定培训目标是主要任务。输入评估的内容是：收集培训资源信息，评估培训资源，确定如何有效使用现有资源才能达到培训目标，确定项目规划和设计的总体策略是否需要外部资源的协助。过程评估的目的是为那些负责实施培训计划的人们提供信息反馈，以及时地、不断地修正或改进培训计划的执行过程。成果评估的主要任务是对培训活动所达到的目标进行衡量和解释，其中既包括对所达到的预定目标的衡量和解释，也包括对所达到的非预定目标的衡量和解释。特别需要认定的是，成果评估并不限于培训结束以后，它既可以在培训以后进行，也可以在培训之中进行。

由此可见，CIPP 评估模型有着非常显著的特点，尤其重要的是它的全程性、过程性和反馈性特点，也就是它真正将评估活动贯穿于整个培训过程的每个环节。这集中表现在对培训项目的执行过程进行监控：不仅希望培训以后进行“成果评估”，使其反馈意义更多地作用于后续的培训项目，还希望在培训之中进行“成果评估”。总之，CIPP 评估模型相对 CIRO 评估模型而言，可以说是一次重大的补正，其中的关键就是将评估活动真正切入整个培训过程的“核心地带”——“执行培训”环节，而“成果评估”不仅被置于培训以后，重在对后续培训项目的设计产生价值，更被明确置于培训之中，旨在对本次培训项目的推进产生作用。

（4）舍贝克和科恩的效用公式。虽然在培训评估时，以上众多模型都有一定的效用，但随着对培训重要性认识的加深，人们已无法满足于单纯定性的评估，确定培训的投资回报率成为人们普遍考虑的问题。但由于对培训进行定量分析时变量很多，又很难区分工作改进到底是由什么因素带来的，因此具体运用存在不小的困难。1985 年，舍贝克和科恩提出了如下效用公式：

$$\text{效用}=YD\times NT\times PD\times V-NT\times C$$

YD＝培训对工作产生影响的年数

NT＝受训人数

PD＝受训者和未受训者在工作上的差异

V＝价值，对工作成绩的货币计算

C＝为每一位成员提供培训所支出的费用

尽管该方法是评估培训效果的一种常用方法，但是由于公式中的YD、PD、V都是一些模糊的变量，很难在操作中准确地把握，因此该公式还不能得到人们的普遍认同。

此外，还有许多定性和定量的培训评估模型，但当前占主导地位的仍是柯克帕特里克的四层次评估模型，其他模型大多也是在其基础上的发展和完善。如考夫曼（Kaufman）的五级评估模型就是结合组织培训效益评估的实践，对柯克帕特里克的四层次模型的修正和增补。考夫曼将柯克帕特里克模型中一级评估的定义给予了扩展，并增加了第五级评估来讨论社会问题。每一评估模型都有其优势和不足，只有结合组织的实际，对众多的评估模型进行适当的选择或必要的组合，才能取得良好的效果。

2. 培训评估内容

根据培训的目标或培训过程相对独立的环节，培训评估主要包括以下四个层面：

（1）反应层面。

这需要评估以下三个方面：一是评估与培训内容有关的情况。如培训内容是否有用、清晰、有趣，培训的教材、进度是否适当。二是评估与培训教师有关的情况。如控制教学内容的能力等。三是评估教学中的后勤保障情况。如教学设备的准备、教室环境等。反应评估一般采用调查表、面谈、公开讨论等多种形式获取信息，其中比较广泛使用的是"反应调查表"。适合具体衡量的尺度，可以采取4分法（极好、好、一般、差）或5分法（极好、很好、好、一般、差）。该层面的评估易于进行，是最基本、最普遍的评估方式，但它的缺点显而易见，受训者的知觉、兴趣、价值观的差异，会使评估带有较强的主观色彩。因此，还要通过其他方式获得评估信息，切忌将受训者的反应作为唯一的、最终的评估信息来源。为此，以下解决办法值得尝试：强调评估的目的，请求大家配合；鼓励大家写意见、建议；与历史数据或其他组织数据比较；对受训者较多的组织来说，在全面铺开之前可以先试讲；结合使用问卷、面谈、座谈等方式；不同主题的课程一起开时，要及时反馈、马上填问卷等。

（2）学习层面。

这需要评估一下两个方面：一是受训者的学识增长情况，可通过书面考试或诊断性测评来进行。二是受训者的技能增长情况，可通过观察、角色表演、模拟环境、工作实例等多种方法进行。此外，对受训者综合能力的评估，还可以利用项目研究和论文写作等予以考查。从整体上说，学习层面评估一般采用考试、演示、讲演、讨论、角色扮演等多种方式获取信息，其中比较广泛使用的是考试，即通过对受训者学习成绩的评估，判断培训的成效。学习层面评估的优点是：对受训者有压力，督促他们更认真地学习；对培训教师也有一种压力，使他们更负责、更精心地准备课程和讲课。可问题是，尽管学习是行为改善的第一步，但对工作行为转变来说，并非是最好的参考指标。而且，压力是好事也可能是坏事，有可能使报名不太踊跃，使培训难以开展。再者，这些评估方法的信度、效度有多大？评估内容的难易程度是否合适？应对这些问题的办法主要就是采用合适的评估方式。

比如，对那些基于知识的培训（包括技能培训）采用考试的方式；对需要认真对待结果的正式培训应该考试，但同时也要采取一些其他方式，如展开讨论。如果采用演示、讲演、讨论、角色扮演等方式，应事先让受训者知道规则、时间及评估者。

（3）行为层面。

这侧重于受训者能否将培训出的学识和行为转化为良好的工作表现，进而评估培训的最终目标是否达成。可采用直接观察、主管人员的评价、同事的评价、服务对象的评价、比较等多种方式获取信息。如采取比较的方法，可以是受训者培训前后行为的自我比较，也可以是受训者和未训者进行比较。行为层面评估的好处是：培训的目的就是改变学员的行为，因此这个层面的评估可以直接反映课程的效果；可以使高层领导和直接主管看到培训的效果，使他们更支持培训。但这要花很多时间、精力，仅有人力资源管理部门可能难以完成；评价标准、评估内容的科学性也难以把握；员工的表现多因多果，如何剔除其他因素的影响，也是一个问题。对此一般可以考虑以下解决办法：一是慎重选择适合这样做和值得这样做的课程，如时间管理。二是注意选择合适的评估时间，即在培训结束多长时间后再来评估。三是充分利用咨询公司等专门机构的力量，因为行为层面的评估比较复杂、专业，占用的时间和精力也很多，咨询公司等专门机构拥有丰富的相关经验和人力，同时由咨询公司等专门机构来做这项工作，往往可以减少来自组织内部的阻力和消极因素。

（4）结果层面。

这侧重于评估两个方面：一是组织效益的评估，二是培训总体评估。提高组织绩效毕竟是组织投资培训所要得到的最终目标。

1）组织效益的评估。这是一项系统的工程，涉及的因素很多，如质量、数量、成本、生产率、投资回报率等。一般采用两种方法。

一是客观指标测量法。确定一系列评估标准，评估受训者培训后的标准等级是否提高了。这包括工作准确率（出错率、返工率等）、质量（服务受抱怨比率、节约资源比率等）、生产力水平（工作完成率、工作完成准时率等）。

投资回报率 ROI＝培训净收益/培训成本

培训收益因不同的培训项目而有所不同，较易得到的指标有如上所说的工作准确率、质量、生产力水平、缺勤减少带来的收益等。培训成本一般包括培训需求分析费用、课程设计费用、教师费用、场地费用，以及组织为培训者在培训期间支付的工资、福利费用等。

二是主观衡量法。由于评估不可能使全部的指标都量化并通过客观的方式体现，因此，主观衡量也成为评估的一种重要方式。对组织绩效进行评估，拿出翔实的、令人信服的调查数据，不仅可以打消高层主管投资于培训的疑虑心理，而且可以指导培训课程计划，把有限的培训费用用到最可以为组织创造效益的课程上来。但是，首先，这种评估需要时间，在短期内是很难有结果的；其次，对组织绩效的评估，人们开始尝试的时间不长，缺乏必要的技术和经验；再次，必须取得管理层的合作，否则无法获取相关的数字；最后，多因多果，简单的对比数字意义不大，必须分辨哪些“果”与要评估的“因”有关系，在多大程度上有关系。要解决这些问题，一是选择相关因素很稳定的指标，二是选择参照组（其他条件相同，只是未参加培训）来对照评价。

2）培训总体评估。这着重于四个方面的考察，即培训需求、培训规划、培训的机制和培训成本有效性等。该评估的导向决定培训是否为组织需要的人力资源培养服务、是否能有效地进行。培训需求有不同的层次，评估主要针对组织存在的问题和差距，认识培训需求的方向。培训规划的评估主要监控规划的合理性和可行性。培训机制的评估则着重于考察负责培训的机构，在管理与组织培训的过程中能否实现既定的培训目标，如培训中会不会出现偏离课程计划的情况，如果会，需要采取什么措施；培训的管理机构与教育机构之间的权限关系和管理范围等。培训成本有效性是由扣除了计划成本的问题成本来决定的。问题成本是指组织未受训员工所承担的实际经济损失，包括设备故障、工资福利、监督和质量控制、人事费用等。计划成本是指在开发、实施和评估培训计划中发生的成本。即使一项培训被确定是有效的，仍然要探求它是否是解决这一问题的最经济的办法。总之，培训总体评估的范围较大，涉及因素较多，需要更加细化的评估方式。

资料

公务员应培训什么？

● 公务员通用能力（试行）：政治鉴别能力、依法行政能力、公共服务能力、调查研究能力、学习能力、沟通协调能力、创新能力、应对突发事件能力、心理调适能力。

资料来源：《国家公务员通用能力标准框架（试行）》。

● 美国高级公务员（GS15 等以上、负领导职责的公务人员）的核心能力资格（the executive core qualifications，ECQ’s）：对变革的领导（leading change）、对人的领导（leading people）、结果驱动（result driven）、敏锐的商业管理（business acumen）、建立联盟/沟通（building coalitions communication）。

资料来源：祁光华：《美国高级公务员的能力架构及对我国公务员能力建设的启示》，载《探索》，2005（3）。

● 加拿大阿尔伯塔省公务员管理机关将公务员的能力分为 15 大类，包括 7 大核心能力和 8 大具体操作能力，每大类能力的培训都设计了能力的基本要求及达到这个目标的具体课程，如表 9—6、表 9—7 所示。并针对不同层面的公务员，设计了不同的针对性很强的自选培训项目，如表 9—8 所示。

表 9—6　核心能力的培训模式

能力类型	具体要求	培训课程
适应能力	善于与别人讨论跟自己不同的观点；锻炼自己的适应性；抓住机会接触新事物；吸取同事对你适应性提出的建议；与领导讨论新形势、新问题。	高级领导和部门执行领导发展项目；管理变革课程；优秀助理课程；应对变革环境的课程。

续前表

能力类型	具体要求	培训课程
顾客导向型的服务能力	用负责任的态度满足顾客需要；制定为顾客提供优质服务的计划；自愿为特殊的顾客服务；比较不同顾客之间的不同需要的原因；变革顾客不满的服务程序。	管理发展项目中A、E的培训模式；建立社区的伙伴关系；增强职业的咨询顾问技巧课程；大学开设的如何提供服务的课程。
沟通能力	找出自己不是一个好听众的原因；提高诠释事件的能力；分析善于沟通者的能力；善于理解与你不同者的见解；总结有助于沟通的技巧。	有效会谈课程；争议调节课程；书面沟通技巧；高级领导和部门执行者的发展项目；跨文化沟通课程；团队建设课程。
组织影响力	运用组织制度建构组织体系；发展组织的文化；决策中充分听取组织成员的建议；发掘组织变革的动因；与组织成员共同探索组织发展的趋势。	成功确立目标课程；组织中信息管理课程；组织中劳动关系管理；档案管理课程；大学开设的处理组织内部关系的课程。
判断和解决问题能力	避免凭主观印象解决问题；运用头脑风暴法设计问题解决方法；与领导讨论解决问题的策略；建立与专家交流的平台；遇到困难时系统考虑解决问题的方法。	管理发展项目中的BDK模块；批判的思维培训；有效谈判；治理与领导执行项目。
团队建设能力	善于接受别人观点；为团队设计角色模型；帮助成员提高理解别人、与人相处的能力；增强成员的团队归属感；处理与自己不同观点者之间的关系。	增强与人相处的技巧；如何建立团队；团队合作能力提高课程；高级领导发展项目课程；大学相关组织行为能力课程。
结果导向能力	有效管理时间；探索提高工作效率的途径；寻求政府高效工作的标准；制定工作程序；评估自己的工作。	省公共服务组织发展、结果导向课程；职业规划课程；大学继续教育课程；合同法课程；职业管理课程。

表9—7　　实际操作能力培训模式（节选）

能力类型	具体要求	培训课程
创新能力	评估常规工作的效能；推行新的工作思路；发挥团队的创新能力；与同事共商创新论点；善于借鉴别人的创新经验。	高级领导与负责人管理发展项目；治理与领导创新课程；大学开设的创新思维课程；培训中心开设的相关课程。
领导能力	采取明确的方法引导团队朝既定目标奋进；寻找机会奖励组织成员；决策时听取下属的建议；接受组织成员的评价；推行创新的理念与思维；领导团队知识变革。	省公共服务领导系列课程；权变管理课程；计划与执行课程；成功的监督课程；领导如何迎接挑战课程。
资源管理能力	评估组织内部资源；制定资源分配的计划；财务预算能力；引导组织成员有效利用资源；利用技术有效配置资源。	省公共服务资源管理能力课程；建立高效团队；管理政府契约课程；高级领导与负责人管理发展项目；管理发展项目。

续前表

能力类型	具体要求	培训课程
自我管理能力	运用幽默艺术的能力；提高决策的艺术；善于控制自己的情绪；乐于与别人沟通；不断对工作进行反思。	压力管理课程；时间管理课程；管理发展项目；情绪控制管理；学会说“不”的艺术课程。
战略思维能力	善于获取信息；评介各种思维模型；预测和防止潜在的变革；与外在环境变革保持一致；制定战略规划。	省公共服务人员战略思维能力培训课程；高级管理者培训项目；学开设的领导思维课程；管理发展项目。

表 9—8　　公务员自主选择培训的项目类型

类型 项目	所有的公务员	执行类公务员	高级管理类人员	一般管理与高级专业技术人员	监管类人员
	沟通、执行优化与程序、计算机、健康与卫生、职业技术、团队管理、自我管理、顾客服务、领导与管理等相关课程。	组织执行创新、执行发展策略项目。	高级与执行负责人培训项目、发展策略项目。	管理发展项目、发展策略项目。	各种各样的组织管理课程、领导与管理、职业与健康、职业技术、管理发展项目。

资料来源：董幼鸿：《加拿大阿尔伯塔省地方公务员培训模式及其启示》，载《上海行政学院学报》，2006（5）。

● 为构建河北省县级公务员培训体系，学者们对河北省县级公务员培训需求进行了调研和分析，其中培训内容需求分析结果如表 9—9 所示。

表 9—9　　培训内容需求分析——需求程度较高的培训内容

模块	培训内容	均值	在模块中的位次
宏观形势	科学发展与和谐河北	4.61	1
	当代经济社会热点问题	4.57	2
	国内经济形势分析	4.55	3
	十七大精神内涵	4.54	4
	国家宏观经济政策分析	4.53	5
改革发展	社会主义新农村和城镇化建设	4.65	1
	县域特色经济	4.60	2
	基层政权建设	4.57	3
	民生与社会建设	4.55	4
公共管理	政府公共政策	4.58	1
	政府行政效率问题	4.51	2
能力建设	岗位胜任力培养与提升	4.69	1
	执行力建设	4.54	2
	思维创新的系统理论	4.52	3
个性修养	公务员职业道德	4.67	1
	领导者心理素质	4.61	2
	领导语言表达艺术	4.50	3

资料来源：王丛漫、韩利红、张志磊：《县级公务员培训需求调查实证研究》，载《河北大学学报（哲学社会科学版）》，2010（5）。

复习思考题

1. 你是如何理解培训与开发的作用的？
2. 你是如何理解培训与开发模型的？
3. 培训需求分析理论有哪些？
4. 培训需求分析方法有哪些？试举其中一个方法以实例说明。
5. 我国公务员培训的类型、内容主要有哪些？
6. 培训与开发的方法主要有哪些？
7. 你觉得应如何提高培训与开发的效果？
8. 如果要实施一次新员工的职前培训，你如何操作？
9. 培训与开发的评估理论主要有哪些？
10. 培训与开发的评估主要在哪些层面进行？
11. 你对目前我国公共部门（特别是机关和事业单位）的培训与开发有何评价与建议？

第10章

职业生涯管理

学习重点

在现代社会，组织应为每一位员工提供一个继续发展、充分挖掘个人潜能，以及建立成功职业生涯的机会和资源。学完本章，应掌握公共部门职业生涯管理的基本理论、职业生涯规划和职业生涯管理的基本内容。

10.1 职业生涯管理的含义与价值

10.1.1 职业生涯管理的相关概念

1. 职业生涯

生涯（career）来源于拉丁文，最初取“路径”之意，指个人生命的进程，是结合每个人一生所扮演的角色，诸如各种职业和工作、休闲等角色，以表露个人独特的自我发展形态的过程。汉语多用“职业生涯”一词。国内外学者对职业生涯的理解主要表现为：狭义的职业生涯仅涉及个体从工作开始到工作结束这段时间内与工作有关的活动、态度等，仅针对客观工作经历而言；广义的职业生涯则贯穿个体的一生，重视整个过程，以及在此过程中所受到的各种影响。施恩将职业生涯分为外职业生涯和内职业生涯：外职业生涯是指经历一种职业的通路，包括招聘、培训、晋升、解雇、退休等各个阶段；内职业生涯则更多地注重于取得的成功或满足于主观感情，以及工作事务与家庭义务、个人消闲等其他需求的平衡，强调职业的过程，以及职业过程中个人情感与工作、家庭、个人事务的关系。可见，职业生涯是个体的时间概念，是一个人一生中的职业经历或历程；同时也是发展和动态的概念，寓意着个人的具体职业内容和职位的发展变化。所以，职业生涯具有独特性、发展性、阶段性、终生性、整合性、互动性等特点。

2. 职业生涯规划

职业生涯规划是指基于个人和组织方面的需要，结合环境中的机会，制定个人职业未来发展计划的活动。职业生涯规划的内容主要包括职业选择、目标确立和道路设计三个方面，应把员工个人利益和组织利益有机地结合起来：一方面，员工的职业选择和职业生涯目标的确立，既是个人的需要，又是组织的需要；另一方面，员工职业生涯目标的达成，离不开组织为其创设的平台。

3. 职业生涯管理

职业生涯管理又可称为“职业发展管理”，是现代组织人力资源管理的重要内容之一，是组织结合自身目标的实现与员工职业生涯发展的需要，帮助员工制定职业生涯规划和发展职业生涯的一系列活动。所以，职业生涯管理的特征表现为：

（1）职业生涯管理是现代组织人力资源管理的重要内容之一，是人力资源管理体系的有机组成部分。它与其他人力资源管理活动之间存在着密切的匹配与联系，图 10—1 描述了这种匹配过程和相互联系。

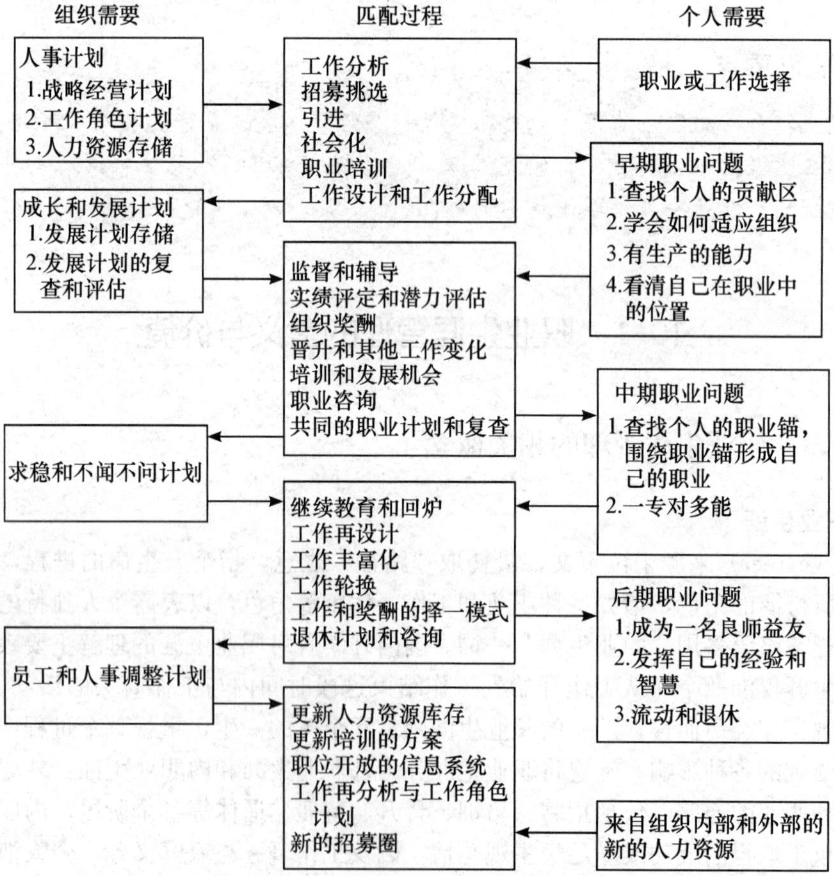

图 10—1 职业生涯管理与其他人力资源管理活动的动态匹配过程

(2) 职业生涯管理是满足员工和组织双方需要的一个动态过程。

(3) 职业生涯管理是从组织出发的职业生涯规划和职业生涯发展，有别于员工个人制定的职业生涯规划。组织需要是职业生涯管理的根本点，是制定各种人力资源管理政策的出发点和依据。职业生涯管理通常由组织的人力资源管理部门负责，所以具有较强的专业性、系统性。组织在个人职业生涯中的这种指导和辅助的作用，具体表现在：

1) 将人力资源规划与个人职业生涯发展联系、统一起来。

2) 进行职业发展预测，分析职业发展的走向。

3) 系统研究组织提供的各种职业生涯发展的机制与通道，帮助个人开发职业能力。

4) 向员工提供职业选择方面的信息，开展职业咨询。

5) 促使员工更多地参与组织为职业发展安排的活动。

6) 帮助个人协调或解决员工自我发展与家庭发展带来的冲突和矛盾，给员工以物质上、精神上和时间上的支持。

10.1.2 职业生涯管理的价值

将职业生涯管理引入人力资源管理，是区别于以往人事管理的重要创新。传统的管理学总是将个人与组织对立起来，从中延伸出两种比较极端的认识，一种是把个人看做实现组织目标的工具，个人对组织只有义务，员工是在被监控、甚至强制的条件下为组织工作的；另一种则认为组织是满足个人需求的工具，即个人从事工作的目的是为了获取利益。这两种极端的认识，都有碍于个人和组织间的和谐发展，严重地限制了管理效率和资源使用效率的提高。在这方面，我国公共部门传统管理模式具有如下明显的缺陷：(1) 职位匹配性不强，能职匹配存在差距。(2) 人才使用效率不高。许多单位在引进人才时尽可能配备高学历人员，对暂时用不上的美其名曰“储备人才”，实际上则是人力资源的闲置浪费。(3) 梯队建设不合理，缺乏长远的职业规划。对员工的培养、引进缺乏统筹性和连续性，对其年龄分布、专业分布缺乏科学合理的规划，造成专业梯队建设的不合理，有些专业青黄不接、后继乏人，有些专业路径拥挤、竞争激烈，产生晋升的“瓶颈效应”。① (4) 员工发展路径单一，缺少与组织之间的心理契约，缺乏相应的成就感、自我实现感。因此，公共部门职业生涯管理，有利于改变过去个人与组织对立的旧观念，协调个人与组织的关系，从而具有特别重要的意义：

一是有利于人尽其才、才尽其用，发挥人力资源的最佳效益。实施职业生涯管理，给员工提供个性化、职业化、科学化的发展平台，通过工作扩大化，丰富工作内容，工作轮换等，让他们在工作中增长知识、提高能力、锻炼心智，从而实现员工发展与组织发展的双赢。

二是有利于达成人与事的良好匹配，促进员工职业生涯的成功。成功的职业发展源自成功的职业生涯规划。一个人职业生涯的成功，受到个人、组织、社会环境等多种因素的影响。如果员工的个人因素与所在组织因素及社会因素相匹配，就容易取得职业生涯的成

① 参见黄淑广：《以职业生涯设计理念培养高素质干部队伍》，载《领导科学》，2007 (5)。

功，而这恰是职业生涯管理的核心内容之一。

三是有利于增强员工对工作环境的把握能力和对工作困难的控制能力，在过好职业生活的同时，处理好职业生活同其他生活的关系，实现员工自我价值的不断提升和超越。

四是有利于员工与组织间心理契约的建立和维系，增强员工对组织的投入和归属感。

五是有利于形成和谐的人际关系与良好的组织文化。通过员工与组织双方的不断调适，增长互融互信，易于形成良好的人际关系、融洽的组织氛围。

六是有利于实现组织的目标。员工发展已成为现代组织的目标之一，而组织通过实施职业生涯管理，则是实现这一组织目标的有效选择。

在此需要说明的是，对于公务员的晋升、交流调配等管理，职业生涯管理更具有特殊的价值。因为，与西方发达国家实行的“政治和行政”相对分离、公务员队伍“两官分途”即分政务类公务员和业务类公务员不同，我国不实行“政治和行政”二分法，所有公务员的晋升途径几乎都是一样的。因此，即使是我国党政领导干部的竞争性选拔，既不同于西方政治家的外政治市场化竞争，也不完全等同于业务类公务员的“功绩制”晋升，而是一种“体制内”的自上而下的考核和选拔机制，并在其中融入科学化和民主化的因素，以保证公务员的高素质和专业化，以及整体队伍的稳定性和连续性。同时，基于对渐进式民主化进程的掌控和社会稳定的考量，我国的民主选举制度开始于中央领导下的基层探索和局部试点，导致我国公务员的晋升、交流调配等具有自己的特殊性，同时存在诸多问题，如公务员晋升的主观化程度较高、民主化程度较弱、科学性程度较差等，地方官员晋升锦标赛的异化；公务员转任中的转任者与职位不匹配、转任过程不公正、转任者与接收单位满意度低、对组织和个人发展的驱动力不明显等[①]，都极大地限制乃至阻碍了公务员的职业发展，同时也影响了组织的效率与效果，甚至大大削弱了公共部门的公信力，因此，对公务员实施职业生涯管理，不论对公共组织还是对公务员个人来说，都是科学精神与人文精神兼具的双赢。为此，《2010—2020年深化干部人事制度改革规划纲要》提出：加大重要部门、关键岗位、东中西部地区干部交流力度，疏通党政机关干部、企事业单位干部交流渠道，推进上下级机关干部交流，加强少数民族地区干部交流，完善相关配套措施。健全党政机关内部管理人、财、物和执纪、执法等岗位干部的定期轮岗制度，推进机关干部跨部门跨单位交流。坚持选派年轻干部到艰苦地区、复杂环境、关键岗位培养锻炼，规范和改进干部挂职锻炼工作。引入竞争机制，改进交流人选产生方式。坚持干部任职回避制度，完善公务回避办法。《国家中长期人才发展规划纲要（2010—2020年）》则提出要完善党政人才、企业经营管理人才、专业技术人才交流和挂职锻炼制度，打破人才身份、单位、部门和所有制限制，营造开放的用人环境。扩大党政机关和国有

① 参见张岩鸿：《中外公务员晋升制度的比较思考》，载《中共福建省委党校学报》，2007（9）；王智源：《健全公务员交流轮岗制度若干问题探讨》，载《中共合肥市委党校学报》，2008（4）；邓茗文、夏旭东、叶中华：《从新公共管理视角看公务员职业生涯规划》，载《中国人力资源开发》，2009（3）；葛燕：《地方官员晋升锦标赛及其变异探析》，载《领导科学》，2009（9）；何瑶：《加强完善公务员交流制度》，载《党政论坛》，2010（9）；肖云、钱丹、杨蕴琪：《公务员转任评估的四大环节研究》，载《科学咨询》，2010（10）；刘筠：《试论我国公务员的职业生涯管理》，载《领导科学》，2011（1）。

企事业单位领导人员跨地区跨部门交流任职范围。拓宽党政人才来源渠道，完善从企事业单位和社会组织选拔人才制度。完善党政机关人才向企事业单位流动的社会保险关系转移接续办法。

10.2　职业生涯管理基本理论

人的职业生涯发展是一个复杂的过程。早在1909年，弗兰克·帕森斯（Frank Parson）就提出了职业—人匹配的理论。但是，直到20世纪40年代，职业生涯管理还是处于职业咨询与职业指导的阶段。直到20世纪五六十年代，真正意义上的职业生涯管理概念才被西方学者提出来。亚瑟·谢尔曼（Arthur Sherman）等人在研究中对职业生涯管理研究重点的变化进行了很好的归纳，即20世纪70年代越来越多的雇主倾向于建立能使员工在组织内达到个人目标的职业生涯计划，80年代关注的焦点转向组织内的职业生涯发展，将员工的职业生涯管理看做满足组织业务需求的一种工具，90年代则转移到员工职业生涯管理与组织职业生涯管理二者的平衡上，90年代中后期开始，组织内的职业生涯管理则成为一种激发员工潜能和提高组织成功概率的战略过程。纵观职业生涯管理理论的发展，相关理论主要集中在以下几个方面，即基于个人的职业生涯选择理论与职业生涯发展阶段理论、基于组织的职业生涯管理理论，以及人与组织匹配的职业生涯管理理论三个方面。

10.2.1　职业生涯选择理论与职业生涯发展阶段理论

在20世纪40—70年代，职业生涯管理主要是一种“指令性”的管理模式，管理者起着管理、指导和监督的作用，职业生涯管理的目标是选拔、晋升、培养等。这一时期的职业生涯理论主要是职业生涯选择理论与职业生涯发展阶段理论，二者都是从个人的角度研究人们如何选择合适的职业，以及在职业发展的各个阶段如何促进个人的职业发展。

1. 职业生涯选择理论

20世纪初期，在产业革命的推动下，社会上出现了许多新的就业机会。但与此相伴的是个人技能的欠缺、政治上的歧视，以及对妇女、儿童的虐待和劳动保障的缺失。在这种条件下，有关职业与职业生涯的理论逐渐发展起来，主要有帕森斯的职业—人匹配理论、约翰·霍兰德（John Holland）的个性类型—职业类型匹配理论、施恩的职业锚理论。

约翰·霍兰德于1971年提出了具有广泛影响的职业个性理论。该理论认为，人的个性与职业基本上都可以划分为现实型（realistic）、调研型（investigative）、艺术型（artistic）、社会型（social）、企业型（enterprising）和常规型（conventional）六个基本的类型，对于组织和个人都适宜的职业可以通过寻求个性类型与职业类型之间的最佳匹配方式来实现，如表10—1所示。

表 10—1　　霍兰德的个性与职业适合性理论

类型	性格特点	职业
现实型	害羞、稳定、实际	技工、农妇、装配线工人
调研型	爱分析、独立性强	生物学家、经济学家、数学家
艺术型	富有想象力、理想主义	画家、作者、音乐家
社会型	善于交际	社会工作者、教师、顾问
企业型	有雄心、精力充沛	律师、销售员
常规型	实用主义、效率高	会计、管理、银行出纳员

施恩基于对麻省理工学院斯隆研究院毕业生的纵向研究，提出了职业锚（career anchor）理论。所谓的职业锚即“自省的才干、动机和价值观的模式”。具体而言，是指个人进入早期工作情境后，由习得的实际工作经验所决定，并在经验中与自省的动机、需要、价值观、才干相符合，达到自我满足和补偿的一种长期稳定的职业定位。职业锚的核心内容是职业自我观，它包括三方面的内容，即自省的才干和能力——以多种作业环境中的实际成功为基础；自省的动机和需要——以实际情境中的自我测评和自我诊断机会，以及他人的反馈为基础；自省的态度和价值观——以自我在雇佣组织和工作环境中的准则与价值观之下的实际际遇为基础。同时，施恩也认为，职业锚不是固定不变的，不可能凭各种测评来预测，它是个人与环境互动的产物，是要在正式工作了若干年以后才会被发现的，所以职业锚实际上是一个在不断探索过程中所产生的动态结果。同时，职业锚的概念也强调了能力、动机和价值观的互动作用。施恩提出的八种职业锚是：技术/职能型职业锚（technical/functional competence）、管理型职业锚（general managerial competence）、自主/独立型职业锚（autonomy independence）、安全/稳定型职业锚（security/stability）、创造/创业型职业锚（entrepreneurial creativity）、服务性职业锚（sense of service，dedication to a cause）、挑战型职业锚（pure challenge）、生活型职业锚（life style）。他认为，这些职业锚可以涵盖绝大部分人的事业追求。但一个人只能拥有一种职业锚。个人的内心渴望和追求可能是多种多样的，但总会有一个才能、动机和价值观的组合排序，职业锚就处于这种组合排序中最优先的位置。如果一个人的职业锚不清晰，只能说是由于他不具备足够的社会生活经验来判断他最需要什么。必须注意的是，人的职业、职位可以多次变化转换，但职业锚是稳定不变的。由于组织职位设计的原因，相当多的人从事的职位很难与职业锚实现完全匹配，这时，个人的潜能就难以充分发挥。不匹配的程度越高，个人能力发挥的余地就越小，工作中得到的愉悦就越少，这不等于个人不努力，恰恰相反，他有可能付出了更大的努力。公共组织的发展和员工的发展并不矛盾，作为个人，需要不断地进行自我探索，确认自己的职业锚，并将自己的认识与组织进行沟通。作为组织，需要建立起灵活的职业发展路径以及多样化的激励体系和薪酬体系，以满足同一工作领域中不同职业锚的需求。组织管理者也要清楚，即便是同一性质的职位，也可能会有不同的职业锚停泊，这就需要公共组织去主动提供寻找更好的匹配路径。调查表明，我国青年公务员以生活型、技能型、稳定型、服务型为主，他们之所以选择当公务员，更多看重的是工作而不是职业。①

① 参见顾琴轩、姜秀珍、王莉红：《青年公务员职业倾向影响实证研究》，载《中国人力资源开发》，2010（4）。

2. 职业生涯发展阶段理论

职业生涯发展阶段理论主要建立在社会心理学对人生周期划分的基础上，将职业发展分为几个不同的阶段，综合各个发展阶段的生理和心理特点，对职业生涯的发展提供理论上的支撑。因此，如果说职业生涯选择理论是一种静态的理论研究，那么职业生涯发展阶段理论就是一种动态的研究。

(1) 金斯伯格（Eli Ginzberg）的职业生涯发展阶段理论。金斯伯格将从童年到青少年阶段的职业心理发展历程作为研究的重点。通过比较美国中产家庭的子女从童年期到成年早期与成熟过程中的有关职业选择的想法和行动，将职业生涯发展分为幻想期（11 岁之前）、尝试期（11～17 岁）、现实期（17 岁以后）三个阶段，从而揭示了个体早期的职业心理、职业意识及其对职业选择行为的影响作用。他认为：首先，职业选择是基于人们的选择观念的一种发展过程，不是一个单一的决定，而是一个人在一段时间里的一系列的决定，并且每一个决定都和童年、青年时期的个人经验和身心发展有关。其次，职业选择的实现，是个人意识和外界环境的综合作用的结果，最终所做的职业决策是个人喜好的职业与社会提供、个人能够获得的机会之间的结合。最后，一个人必须在影响职业选择的许多因素如现实因素、教育因素、个人的情感和人格因素、职业价值与个人价值观等之间取得一个平衡。

(2) 舒伯的职业生涯发展阶段理论。舒伯以年龄为依据，从人的终生发展的角度出发，结合职业的发展形态，将职业生涯分为成长阶段（0～14 岁）、探索阶段（15～24 岁）、确立阶段（25～44 岁）、维持阶段（45～65 岁）和衰退阶段（65 岁以上）五个不同的阶段。

与金斯伯格的理论相比，该理论是关于人的终身的发展观，对于处于不同发展阶段的不同人的职业发展有很强的指导作用。他以自我概念为核心，突出了职业价值观、兴趣、能力等的作用，同时将心理、生理与社会等方面加以综合考量。因此，它既是一个心理学又是一个社会学的综合性的职业选择的决策模型。但是，该理论也存在不足，如各阶段的划分未必科学与必要，因为职业生涯是一个持续的过程，各阶段的时间并无明确的界限，其经历的时间长短、快慢常因个人条件、环境因素的不同而不同，有时还可能出现阶段性的反复。

(3) 格林豪斯（Greenhaus）的职业生涯发展阶段理论。与以上根据人的不同年龄阶段的职业需求、职业兴趣、职业态度等的形成与发展来研究职业生涯不同，格林豪斯则是从人生不同年龄段职业生涯发展面临的主要问题的角度，对职业生涯发展进行研究，并以此为依据，将职业生涯发展划分为：职业准备阶段（0～18 岁）、进入组织阶段（18～25 岁）、职业生涯初期（25～40 岁）、职业生涯中期（40～55 岁）、职业生涯后期（55 岁至退休）。

格林豪斯关于职业生涯发展阶段的划分简洁、明了，强调职业生涯探索的持续性，认为职业选择可以发生在职业生涯发展的多个阶段，而且在一生中可能进行两到三次职业选择，这使得其提供的职业生涯阶段划分的方案更接近实际。但这一方案的划分似乎粗了一些，对人们退休后的阶段也未予以重视。①

---

① 参见吴志华等：《公共部门人力资源管理》，186 页。

(4) 施恩的职业生涯发展阶段理论。施恩根据人的生命周期的特点、不同年龄段所面临的问题和职业的主要任务，将职业生涯分为以下阶段：

1）成长、幻想、探索阶段（0～21 岁）。这一阶段充当的角色是学生和职业工作的候选人、申请者。

2）进入工作世界（16～25 岁）。这一阶段充当的角色是应聘者、新学员。

3）基础培训（16～25 岁）。这一阶段充当的角色是实习生、新手。

4）早期职业的正式成员资格（17～30 岁）。这一阶段充当的角色是取得组织新的正式成员资格。

5）职业中期（25 岁以上）。这一阶段充当的角色是正式成员、任职者、终生成员、主管、经理等。

6）职业中期危险阶段（35～45 岁）。

7）职业后期（40 岁以后直到退休）。这一阶段充当的角色主要有骨干成员、管理者、有效贡献者等。

8）衰退阶段和离职阶段（40 岁以后直到退休）。

施恩关于职业生涯发展阶段的划分基本上是依照年龄增大的顺序，并根据不同时期的职业状态、任务、职业行为等进行的，但只给出了一个大致的年龄跨度，并在不同的职业阶段上有所交叉。这样依据职业状态和职业行为及发展过程的重要性对职业周期阶段的划分科学、具体，但阶段划分似乎过于繁杂。

(5) 中国学者的职业生涯发展阶段理论。鉴于上述职业生涯发展阶段理论并非完全适合中国的文化教育和社会现实，不少学者都在探讨本土化的职业生涯发展阶段理论，形成了从“三段论”到“六段论”等诸多方案，如廖泉文的“三三三理论”[①]。而罗双平则认为，职业生涯阶段的划分宜粗不宜细，每十年作为一个阶段比较合适，即 20～30 岁为一个阶段、30～40 岁为一个阶段、40～50 岁为一个阶段、50～60 岁为一个阶段[②]；马士斌则提出了“顺次相连且有小幅交叠”的“六段论”：

1）准备阶段（典型年龄：22 岁之前）。即正式进入就业领域之前的时期，主要包括接受教育和长短不一的工作寻找期。比较顺利的话，能够使工作寻找期叠加于受教育期。

2）探索阶段（典型年龄：22～30 岁）。即在与职业的互动中，不断修正不切实际的判断，最终在这一时期结束前决定自己最喜欢且最能干好的职业。

3）立业与发展阶段（典型年龄：31～45 岁）。即在选定的职业领域内，沿着职业等级的维度向上攀升。

4）中期阶段（典型年龄：46～55 岁）。在这个阶段，有的人身居组织高位；有的或由于个人潜力发掘殆尽，或由于组织的上升空间畏缩，而出现职业生涯的“高原”现象（career platesu）；有的则尝试职业生涯转移（career transition），希望转入一个新的领域，寻求新的感觉和发展。

5）后期阶段（典型年龄：56 岁到退休）。在这个阶段，有的人或许是组织中的权威

---

① 参见廖泉文：《职业生涯发展的三、三、三理论》，载《中国人力资源开发》，2004 (9)。

② 参见罗双平：《职业生涯阶段的划分》，载《中国人才》，2000 (2)。

人士，但多数人则出现明显的生产率下降趋势，有的已开始准备退休。

6）离开就业领域阶段。在这个阶段，除一部分有工作热情的高级管理人员、专业技术人员、掌握一技之长的技术工人，希望继续为组织或社会发挥一点余热之外，多数人已没有足够的能力继续劳动，这意味着真正意义上的职业生涯的结束。[①]

10.2.2 组织职业生涯管理理论

从20世纪80年代开始，职业生涯管理的研究逐渐从个人领域转向专注于组织职业生涯管理，对组织职业生涯管理的内容、结构、方法、效果等都进行了细致的研究，但并没有形成一致的结论。其中，布莱克（Burack）提出了职业生涯发展的战略观，即职业生涯发展同时包含组织的职业生涯管理和个人的职业生涯规划两方面内容，职业生涯发展体系就是要建立一种满足个人与组织目标的平台。

组织职业生涯管理，需要为员工设计职业发展路径，为员工实现其职业生涯规划指明方向。员工的职业发展路径设计主要有以下类型：

1. 纵向发展路径

这是指员工在“走技术路径”和“走管理路径”中做出单一的选择，即直线型发展路径。其最大的优点是发展路径清晰，员工做垂直运动，目标就是晋升。

2. 横向发展路径

这是指员工跨职能边界的工作转换。其优点是能够扩大员工的知识面和工作经验，但同时存在的缺点就是员工的职级、待遇等可能不会改变，可员工必须为此花费时间和精力以适应不同的工作。

3. 双重发展路径

这是指员工在技术路径和管理路径上同时得到发展。但这种发展路径需要组织设计相应的可比较的报酬、资源等。

4. 网状发展路径

这是指综合横向和纵向的一系列工作职务发展，它承认在某些层次的经验的可替换性，以及晋升到较高层次之前需要拓宽本层次的经历。[②] 该路径纵横结合，将员工的发展途径进一步细化，为员工在组织中的发展提供更大的空间，减少了堵塞的可能性，但具有复杂而不清晰的特点，组织对员工的培训需要在更加深入、细致的层次上进行。

施恩提出了职业生涯发展的圆锥体模型，即员工在组织中的职业运动形式或轨迹，可以通过三个维度去考查：职能或技术维度、等级维度和成员资格维度，如图10—2所示。一是职能或技术维度的横向运动，即通过职能部门之间或乃至更大范围间的流动，积累技能和经历，发展员工潜力，为进一步精通某一专业或提升到更高的职位打下较宽广的基础。其地位和薪酬变动可能不大，但承担了更多新的责任。二是等级维度的纵向运动，即员工沿着职位等级的向上运动。通过职位晋升向权力中心运动，其地位、薪酬、责任及技能要求都会随之提高。在组织中，绝大多数成员要按照一定的等级序列提升和发展。三是

---

① 参见马士斌：《生涯管理——让辉煌事业伴随人的一生》，29～31页，北京，人民日报出版社，2001。

② 参见黄维德、董临萍编著：《人力资源管理（第2版）》，99～100页，北京，高等教育出版社，2005。

成员资格维度的员工向组织“核心”的运动。接近组织核心最清楚的信号是，获得专门的特权和特殊种类的信息——组织“机密”。这意味着员工的职位、待遇等可能并没有变化，但增加了工作的挑战性，被赋予了更多新的责任和决策权，掌握了更多的资源，有更大的工作意义和更强的成就感。①

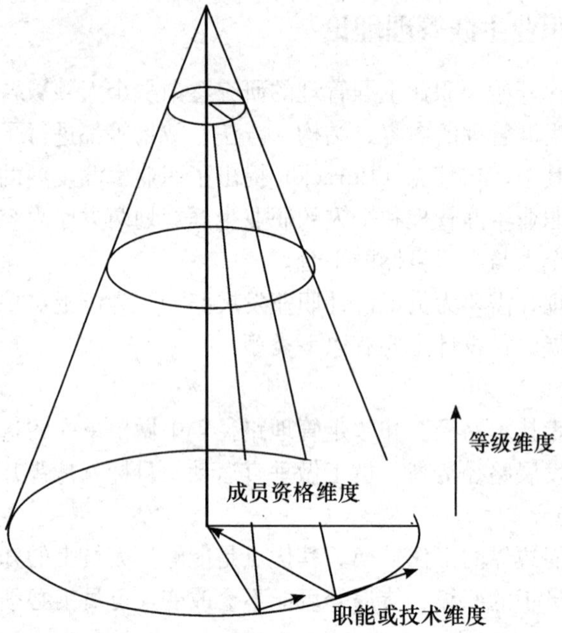

图 10—2 职业生涯发展的圆锥体模型

资料来源：[美] 埃德加·H·施恩：《职业的有效管理》，36～41 页，北京，生活·读书·新知三联书店，1992。

10.2.3 人与组织匹配的职业生涯管理模式

20 世纪 90 年代以后，职业生涯理论更倾向于组织与个人职业生涯的匹配。对于人与组织匹配的实质，不同的学者有不同的理解，总的来说，主要从人与组织的一致性和互补性两方面进行了探讨，大致有以下四种观点：一是“价值”观。奥雷理（O'Reilly）认为，人与组织价值观的匹配是使人与组织匹配的最关键因素。由于价值观往往相当持久并具有很大的影响力，因此这种观点最为人们所接受。二是“目标”观。范库弗（Vancouver）和施米特（Schmitt）从组织目标的角度来讨论人与组织的匹配，认为如果个人目标和组织目标之间相似性较高，人与组织匹配程度也会较高。三是“特质”观。博克（Burke）以个人人格特质和组织特征的一致性来衡量人与组织的匹配程度。四是“需要—供给”观。乔治（Judge）等从个人—组织之间的需要和供给关系的角度探讨人与组织的匹配程度。实际上，人与组织匹配既包括人的核心价值观、目标、人格特质和组织价值观、目标和特征之间的协调一致，又包括个人与组织之间在供需上能相互补充，二者缺一不可。

① 参见马力：《职业发展研究——构筑个人和组织的双赢模式》，27 页，厦门大学博士学位论文，2004。

克里斯托弗（Kristof）在总结了以往研究的基础上提出了人与组织匹配整合框架模型（见图 10—3），该模型对一致匹配和互补匹配、“需要—供给”观点和“需求—能力”等观点进行了整合。一致匹配（箭头 a）发生在人与组织两个实体间的基本特征相似时，组织的基本特征主要包括组织文化、组织价值观、组织目标和规范；个体的基本特征包括个性、个体价值观、个人目标和态度等方面。人与组织在这些方面相似的基础上才可能有互补匹配的存在。人与组织的互补匹配包括两个方面：组织提供财务的、物质的和心理的资源，提供工作发展和人际交往的机会来满足人在这些方面的需要（箭头 b）；人则通过提供自身的时间、努力、承诺和综合能力（KSAs）等资源来满足组织在这些方面的研究（箭头 c）。

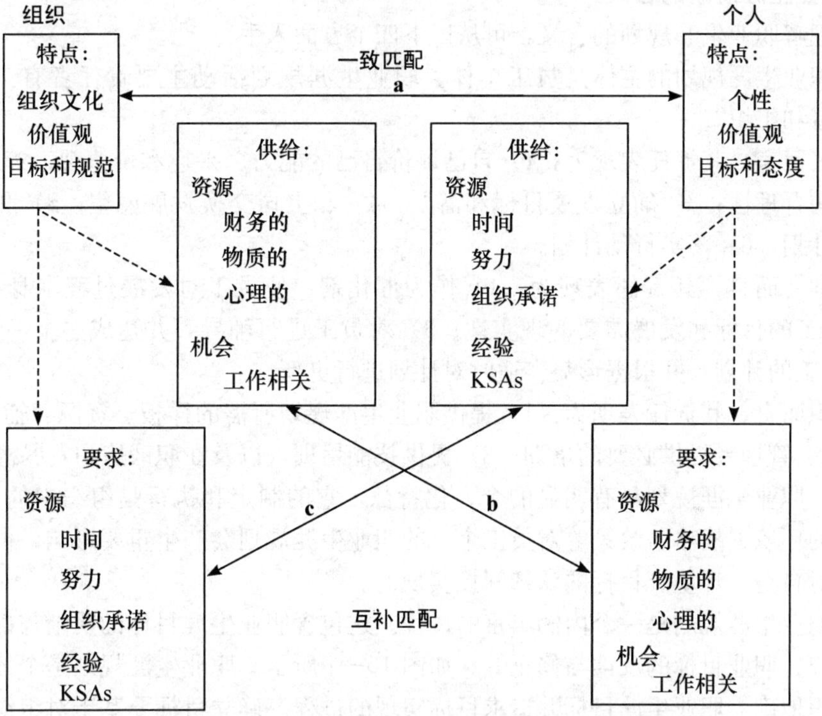

图 10—3 克里斯托弗的人与组织匹配整合框架模型

资料来源：A. L. Kristof，Personorganization fit：An integrative review of its conceptualizations，measurement，and implication，*Personnel Psychology*，1996，49：1-49.

基于人与组织匹配的职业生涯管理模式，与一般的职业生涯管理模式不同。一般的职业生涯管理模式认为，员工的职业规划与发展只是员工个人的事情，与组织的职业生涯管理没有多大关系，他们相信工作绩效是 KSAs 与工作任务要求匹配的结果。基于人与组织匹配的职业生涯管理模式则认为人与组织是充分互动的，组织在职业生涯管理过程中要达到两种匹配：一是互补匹配，即个人的 KSAs 与工作任务要求或职位的关键要求一致；二是一致匹配，即个人的个性（如需求、兴趣和价值观）与组织的气氛或文化相一致。所以，基于人与组织匹配的职业生涯管理模式具有很多一般职业生涯管理模式所没有的优点：价值观的一致性能够带来个人的激励及感知的工作团队的凝聚力。[①] 管理者与下属的一致性，以及下属之间的一致性都与工作满意度和组织承诺有正向的关系。[②] 期望匹配度对工作满意度、组织承诺度存在显著正向影响，而对离职意向存在着显著负向影响。

10.3 职业生涯规划

10.3.1 职业生涯规划的含义与影响因素

1. 职业生涯规划的含义

正确理解职业生涯规划的含义，可从以下四个方面入手：

（1）职业生涯规划的主体是员工个体。职业生涯规划活动主要责任者有三个，即员工、管理者和组织。

对员工而言，其责任表现为：1）自己评价自己的能力、兴趣和价值观；2）分析职业生涯选择的合理性；3）确立发展目标和需要；4）和上司交换发展愿望；5）和上级一起制定行动计划；6）落实行动计划。

对管理者而言，其责任表现为：1）作为催化剂，使员工对发展过程本身产生认识；2）评价员工的目标和发展需要的现实性；3）对员工进行辅导，并达成一个一致的计划；4）跟踪员工的计划，并根据形势，适时对计划进行更新。

对组织而言，其责任表现为：1）提供职业生涯规划所需的样板、资源、辅导、信息；2）为员工、管理者提供必要的培训；3）提供技能培训，以及在职锻炼和发展机会。

可见，职业生涯规划具有明显的个人化特征，它的制定和执行是组织中的员工个体。虽然组织的环境、战略、政策等对员工个人的职业生涯规划会产生重要影响，但它是通过影响员工对自身、环境、目标的认知间接实现的。

（2）职业生涯规划是一个内涵丰富的过程。这包含职业生涯目标的明晰与确定、职业计划的实施、职业目标的反馈与修正等，如图 10—4 所示。职业生涯规划是个体在职业生涯中有意识地确立职业生涯目标并追求目标实现的过程。确立目标要基于对组织及个人条件的认识和分析之上，其确立和实现都离不开组织的参与和指导。

（3）职业生涯目标是个人在职业领域的未来发展方向。职业生涯规划是对未来的职业生涯目标及未来职业行动的预测。职业生涯目标同日常工作目标既有区别又有联系。工作目标是个人在当前职位上需要完成的任务目标，可以是自设的，也可以是组织给定的。工作目标一般是短期目标，比较具体，大多同本职工作紧密相关，并随时间变化而变化。职业目标相对来说是长期目标，较为抽象，而且不一定完全同当前的工作有关。但是，职业目标的达成，尤其是计划在单一专业或组织内部提升的目标，同当前工作目标

① W. R. Boxx，G. E. Odom，M. G. Dunn，Organizational values and value congruency and theirmipaction satisfaction，Commitment and Cohesion，*Public Personnel Management*，1991，20：191-205.

② J. B. Vancouver，Neal W. Schmitt，An exploratory examination of person-organization fit：organizational goal congruence，*Personnel Psychology*，1991，44：333-352.

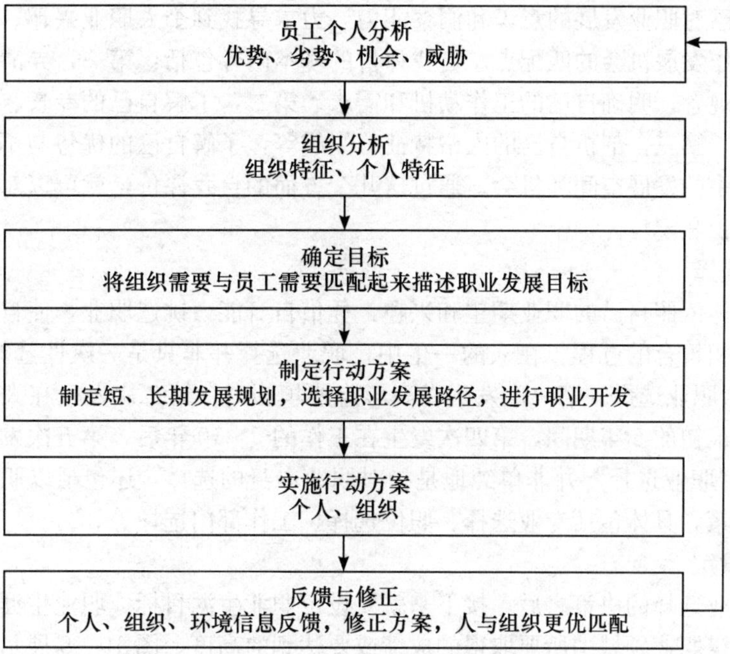

图 10—4　职业规划流程

的选择及完成情况关系十分密切。可以说，选择适当的工作目标并能很好地实现这些目标，是最终达成职业目标的最佳途径。

（4）组织是员工落实个体职业生涯规划的重要场所。职业生涯规划必须依据个人及组织环境的现实而制定，而不是没有依据的幻想。组织应积极了解并参与员工的职业生涯规划，通过相应的职业生涯管理政策，帮助员工落实职业生涯规划目标并使之与组织目标相结合。

职业生涯规划可以使员工掌握职业发展的方法，获得公平持续的发展，也是组织吸引和留住人才的重要措施。

2. 影响个人职业生涯规划的因素

（1）客观因素。客观因素主要包括组织的价值观、管理制度、职业供给，领导者的素质及社会环境等方面。

（2）主观因素。一是教育背景。教育背景对个人职业选择与被选择、职业转换、职业发展有影响。人们所接受的不同等级教育、所学的不同学科门类、所在的不同院校及其所接受的不同教育思想，会带来受教育者的不同思维模式与意识形态，从而使人们以不同的态度对待自己和社会，对待职业的选择与职业生涯的发展。二是个人的需求与心理动机。人在不同的职业发展阶段，对职业生涯目标、职业选择、职业生涯的调整，以及职业成功的标准的理解都会不同，会受个人的需求与心理动机的影响。

10.3.2　职业生涯规划的内容

1. 自我评价

这是指个体通过各种信息和知识，确定和描述自身的职业性向、职业兴趣、职业性格、职业能力及行为倾向的活动。在职业指导专家的指导帮助下，通过心理测验或咨询的方法，建立自己对职业发展的意识和洞察能力，力求寻找到个人职业兴趣、能力、专业与工作性质、工作发展机会的匹配点。自我评价的基本内容包括：第一，弄清自己为人处世所遵循的价值观念，明确自己的工作动机和需求。第二，了解自己的专长、技能，考察自己的能力状况。第三，剖析自己的人格特征、兴趣等，了解自己的优势与不足。第四，预测自己在职场中的发展空间和机会。通过这几个方面的自我评价，就可以对自己有一个客观、全面的认识和定位。

2. 职业选择

这是指个体依照自己的职业期望和兴趣，凭借自身能力挑选职业，使自身能力素质与职业需求特征相符合的过程。在人的一生中，职业选择并非只是一次性选择。一般而言，人们有 3～5 次职业选择。第一次发生在高考志愿填报时，第二次发生在大学期间，第三次发生在工作最初的 5 年期间，第四次发生在工作的 5～10 年后，第五次发生在职业生涯中期。所以，“职业选择”并非单纯地是指对职业本身的选择，还包括以职业选择为中心的一组相关决策，具体包括专业选择、职位选择、工作部门选择等。

3. 目标设定

作出了职业选择的决策之后，接下来就要设定职业生涯目标。职业生涯目标是个体在一定时期、一定职业领域中所要取得的成绩或要达到的高度。图 10—5 展示了目标设定的程序。在确定目标的过程中要注意如下问题：(1) 目标要符合社会与组织的需要。(2) 目标要适合自身的特点，并使其建立在自身的优势之上。(3) 目标要高远但绝不能好高骛远。(4) 目标幅度不宜过宽，最好选择窄一点的领域，即目标要有重点，不可定得太多，一般 3～5 条即可。(5) 要注意长期目标与短期目标间的结合。(6) 目标要明确具体。(7) 要注意职业目标与家庭目标以及个人生活与健康目标的协调与结合。

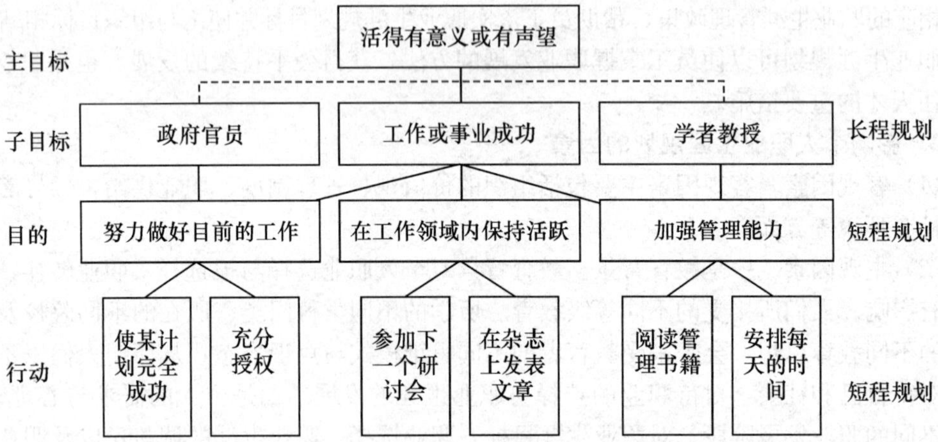

图 10—5 目标树规划模式

资料来源：刘冰等：《职业生涯管理》，161 页，济南，山东人民出版社，2004。

4. 职业路径设计

职业路径设计可以按前述的四种类型，或按施恩的三维度进行，但这都不便于图示，下面以最简单的二维设计思路作一介绍。该方法使用频率高，而且多维的思路也是以此为基础，在圆锥体上设计的。

职业路径的二维设计包括横向维度的设计和纵向维度的设计。前者就是根据职系、职等的定义，把属于一个职等上的几个目标进行设计（见图 10—6）；后者是根据职系、职级的定义，把属于不同职级上的目标进行设计（见图 10—7）。

图 10—6 横向维度的设计

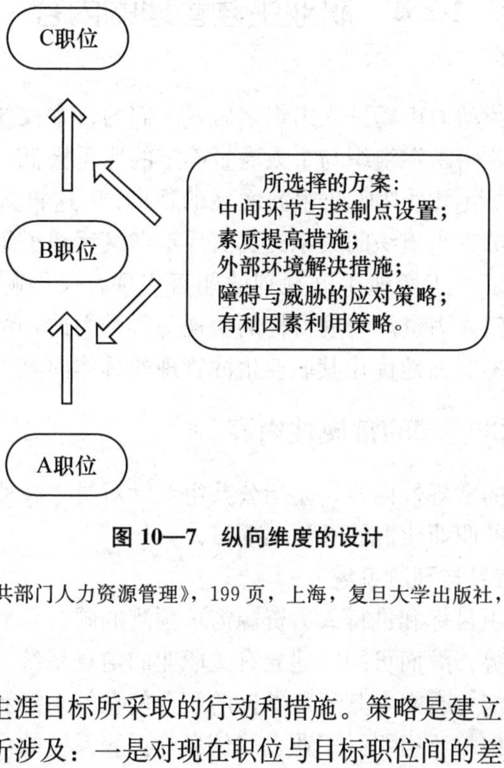

图 10—7 纵向维度的设计

资料来源：吴志华等：《公共部门人力资源管理》，199 页，上海，复旦大学出版社，2007。

5. 规划实现策略

这是指为实现职业生涯目标所采取的行动和措施。策略是建立在对现实与目标差距分析的基础上的。差距分析涉及：一是对现在职位与目标职位间的差距分析。二是基于目标对个体知识、技能、能力和经验的要求与个体知识、技能、能力和经验等现状的差距分析。三是对目标实现过程中来自组织内外环境的有利与不利因素的分析。在此基础上，实现各级职业目标主要采取以下策略：一是练内功的策略，主要是针对实现目标存在的个体知识、技能、能力和经验等方面的差距，通过培训、自学等多种方式，提高自己的竞争力，并在实际工作中取得业绩，获得外界认可。二是练外功的策略，主要是通过改善与外部环境的关系，或适度表达自己的愿望来达成自己的职业目标，具体有两种，即自我展示策略和注重关系策略。前者主要是向管理者或掌握发展资源的人表达自己的发展愿望及自己的能力和表现；后者则是处理好与掌握发展资源者的关系，获得有利于职业目标实现的资源。

6. 反馈与修正

这是指在职业生涯规划过程中，对职业定位、职业路径与职业方向的审视与修订，主要包括：职业的重新选择、职业生涯路径的选择、职业生涯目标的修正、实施策略计划的变更等。职业生涯规划是个循环不间断的过程，在这一过程中，无论是来自个体与组织的变化，还是来自环境的变化，都可以使职业生涯规划发生改变，而且在职业目标实现过程中，会遇到各种各样的风险和机遇，而对临时出现的机会的把握，在很大程度上决定了某项职业目标的实现与否。所以，在可预见的短期内，应不断地自我反馈信息并做出修正，对新情况导致可能出现的新风险及时预测，并采取相应措施，以达到个人职业目标与组织发展战略匹配的更优设计方案。

10.4 职业生涯管理的内容

调查表明，当离开劳动力市场进入组织之后，人们的自主权便大大减少，许多人的当前职业是“被指定”的，由所在组织与个人商量确定的比重极低，尤其是国有单位；而几乎100%的员工提出需要组织对其职业生涯发展的帮助。[①] 这再次证明，组织的职业生涯管理，既体现了组织对员工与组织的关系的真实界定，又反映了组织决策者的基本人性假设和管理理念；既决定了员工职业生涯规划的能否实现，又影响了心理契约的构建与维系，进而左右了公共部门人力资源管理目标的实现与否。因此，组织必须切实负担起员工发展的责任，多角度、多层面地优化其职业生涯管理的具体内容。

10.4.1 职业生涯管理的常规性内容

所谓职业生涯管理的常规性内容，是指公共组织针对员工在职业生涯发展各阶段存在的一些共性问题而进行的职业生涯管理活动项目。

1. 建立职业发展信息与预测系统

由于组织在确立组织目标和进行人力资源需求预测的同时，要广泛收集职业发展的信息，预测职业发展的趋势，故而可同时建立有关职业的信息系统。而且，员工个人毕竟精力、财力、空间及认知能力有限，其所能掌握的职业信息的来源和通道也因而受限，所以员工职业生涯发展必须依赖于组织。职业发展信息与预测系统的内容主要包括职业的性质及其在社会中的地位和发展方向、从事该职业必备的资格条件、该职业的收入水平、职业生涯发展要求的知识结构与素质，以及晋升的路径等。

① 参见马士斌：《职业维度的生涯历程研究》，145、167～168页，华东师范大学博士学位论文，2005。

2. 举办职业生涯讨论会，发放职业生涯手册

职业生涯讨论会，是由组织举办的，旨在帮助员工制定和调整职业生涯规划的学习和练习活动。参加人员有员工及其所在部门负责人、人力资源管理部门专门负责职业生涯管理人员、职业生涯发展较好的员工和外聘的职业生涯研究专家。对新员工来说，是通过这一活动，进一步掌握职业生涯规划的技术方法，修订、调整原有的职业生涯规划。这可穿插在职前培训中进行。对老员工来说，可以定期举办，主要是帮助其修改职业生涯规划。讨论会的主要议程有：一是主题演讲。由人力资源管理部门专门负责职业生涯管理人员或者外聘的职业生涯研究专家，阐述职业生涯规划的目的、内容，介绍规划的技术方法、成功的案例等。二是评估。员工评估自己的个性特征及组织中可能的发展机会。三是职业生涯选择练习。即在上述评估的基础上，就职业选择、目标设定、职业路径设计的练习。四是典型案例和经验介绍。其中最重要的是二、三两个议程。

职业生涯手册是由组织编写的给予员工职业生涯指导的参考书。内容主要包括：一是职业生涯管理理论介绍。二是评估方法和工具。三是组织环境信息。例如机构变动、人力资源管理政策等。四是外部环境信息。主要是可能影响员工职业生涯发展的国家政策、有关信息等。五是职业生涯规划的方法工具等。六是典型案例分析。[①]

3. 提供职业生涯咨询

每个人在职业生涯发展中都会遇到或多或少的问题，特别是对职业生涯讨论会和职业生涯手册没有解决或难以解决的问题，组织可以通过个别面谈、问卷、讲授等多种形式，由有关部门的管理者、人力资源管理部门专门负责职业生涯管理人员、职业生涯发展较好的员工和外聘的职业生涯研究专家，为员工进行咨询：帮助员工分析自身的特性、职业锚、长处、短处和发展需要；指导员工学习职业生涯管理知识，理清职业发展的思路，有效地管理其职业生涯；提供组织内外的可选择职业，以及帮助员工克服职业生涯发展中出现的有关问题等。有条件的组织可以在人力资源管理部门设立专门的职业生涯咨询机构，由上述四种人员（可再选择部分职业生涯发展较好的退休员工）担任咨询员。

4. 工作进展辅助

这是指组织为帮助员工胜任现时的工作，顺利完成各项工作任务而提供的各种辅助行为。其方式灵活多样，视组织内工作性质、条件不同而定。总体来说，它是协助员工成功积累工作经验，为进一步发展奠定良好的基础，具体而言：第一，满足员工特定的价值或目标；第二，激发员工的某些能力和优势；第三，改善或弥补员工在职业生涯规划中反映出来的弱点。

5. 向员工开放职位

将组织内每个职位的信息向员工开放，要求员工根据自己的条件和职业期望选择适当的职位，这是组织与员工之间双向选择的过程。同时组织凭借这一过程，可以得到员工的工作信息，并完善可供员工选择的职业标准。

---

① 参见吴志华等：《公共部门人力资源管理》，202～204 页。

6. 制定培训计划

这是指组织针对员工职业生涯发展的要求及其不足，而有计划进行的培训。培训包括两方面，一是工作经验、技能等实际才干的培养，二是接受正规的课程学习和教育。对任何组织来讲，必须明确两点：一是只有基于员工职业生涯发展进行的培训才是真正有效的和有投资价值的。二是根据胜任力的观点，能够培训的是知识、技能等现行部分，而对于个性、价值观等隐性部分的培训通常是无效的。

7. 制定工作—家庭平衡计划

任何一个身处职场的员工，都能体会到工作生活和家庭生活的相互影响，尤其是两者之间的冲突（work-family conflict）。该冲突对个人职业生涯发展的影响甚至超过了个人职业生涯发展目标，因此，组织可以建立相应的工作—家庭平衡计划，以缓解乃至消除这种冲突，使员工的工作生活和家庭生活尽可能顺安和谐。如向员工提供家庭问题及其压力排解的咨询服务；创造参观或联谊等机会，促进家庭与组织的相互认识和理解；把家庭因素列入考虑晋升或工作转换的制约条件之中；设计适应家庭需要的弹性工作制；以及针对个别员工的个别需求，由管理者提供"一对一"的帮扶服务等。

8. 借助绩效考核及时评价员工职业生涯发展状况，并完善以职业生涯发展为导向的绩效考核

员工绩效考核实际上也是员工及其上级主管，共同对其职业生涯某个具体时间段的发展情况的评估，员工及其上级主管都可以据此判断其是否能够胜任该工作，以及存在的问题与下一步改进的方向，作出或按既定规划继续发展，或调整行为以落实计划，或修改原规划的决定。同时，从组织的角度看，组织应该将员工的职业生涯发展纳入其绩效标准，这既有利于员工的职业生涯发展，也有益于激励和提升员工的绩效水平。

9. 帮助员工进行工作压力管理

调查显示，工作压力对员工的健康造成很大的损害，50%～80%的疾病都是心理疾病或是与压力有关的疾病，而且，过多的工作压力对组织的影响也是消极的，如引起员工的不满、消极、高离职率和缺勤等问题，[①] 对 1 576 名高级管理人员所作的调查显示：近 70%的高级管理人员感觉自己当前承受的压力较大，其中 21%的人认为自己压力极大。美国联邦政府的职业安全与健康机构（National Institute for Occupational Safety and Health）的一项研究表明，超过半数的劳动力将职业压力看做他们生活中的一个主要问题，这一数字比 10 年前增加了一倍多；而在过去 4 年里，因为职业压力而请病假的雇员数量增加了两倍。不仅美国情况如此，欧盟也正式将职业压力列为欧洲大陆面临的第二大职业健康问题。[②] 研究表明，公务员的工作压力源是上级领导、工作责任、人际关系、工作任务、工作性质、完美倾向和职业前景。[③] 从一般意义上讲，工作压力来自角色压力（角色冲突、角色模糊和角色负荷）、个人认知（价值观、职业生涯目标、对报酬的态度等）、不当的工作环境条件（如工作环境不完善、无序的组织氛围、过度竞争的人际关系、

① 参见石林：《工作压力的研究现状与方向》，载《心理科学》，2003（3）。

② 参见万希：《关注员工的工作压力》，载《人才开发》，2005（10）。

③ 参见封丹珺、石林：《公务员工作压力源问卷的初步编制》，载《中国心理卫生杂志》，2005（5）。

粗暴的管理方式）等①，这无疑会增强员工的工作挫折感，使其工作积极性、主动性、工作绩效等都受到负面影响。为应对这种复杂的“社会—心理—生理”现象，缓解员工的工作压力，公共部门应主动应对，需要从工作匹配、绩效管理、沟通机制、培训开发、良好的组织文化培育等方面做出相应的调整。当然，这对我国公共组织来讲是一个很迫切也很棘手的问题。

10.4.2 职业生涯管理的特定性内容

所谓职业生涯管理的特定性内容，是指公共组织针对员工在不同的职业生涯发展阶段中遇到的一些特定问题而进行的职业生涯管理活动项目。这些特定问题一般是职业生涯常规性管理内容中难以解决的颇具个性化的问题。

1. 进行“准员工”的“人与组织匹配”测验

传统人力资源招录是基于人与职位的匹配，较少考虑职位所属的那个组织的特性，也常常忽视那些与工作不直接相关的人性特征，因此，对组织初步看好的“准员工”，必须将职业生涯管理提前到招录时启动，而不能等到职前培训才开始。在该阶段，对这些“准员工”的职业生涯管理主要有两个内容：一是提供“现实工作预览”（realistic job previews）。这包括提供给他们有关工作、职位尽可能详细的信息，包括对其有利的正面信息，也包括可能不利的负面信息；安排他们亲临组织，模拟现实工作过程，提高他们对其自身与组织、职位等匹配的知觉的准确性，为其决策提供必要的信息。二是提供人与组织匹配性测量。研究表明，人与组织匹配的关键是价值观的匹配，而对该匹配性的判断基本上源于招募甄选人员对求职者的主观认知，这带有很大的偏差，而在价值观测验工具较少的情况下，组织应根据自己的价值观编制相应的测验工具，以便于测验求职者与组织价值观的匹配程度。②

2. 强化职业适应长且难的新员工的上岗引导和组织社会化辅导

新员工，特别是第一次就业的新员工，其职业适应问题是影响其职业生涯的一个关键点，被称为“现实震荡”（reality shock）。但每个员工的适应期长短不一、应对的问题也有其特殊性。20 世纪 90 年代，适应期在“1 年之内”的占被调查者总数的 38.2%、“1～2 年”的占 37.2%、“2～3 年”的占 17.2%、“3 年以上”的占 6.5%；而在适应期内，对以下诸项，认为“不满意”或“很不满意”的分别是：工作效率 38.4%、人际关系 23.7%、领导作风 30.5%、工资福利 38.8%、工作条件 30.7%，但 70%的认为自己的业务能力“完全适应”或“基本适应”工作需要③；而到了 2005 年，则有 80%的人感到不适应本职工作。④

不论其原因是组织的还是员工自身的，这对员工的职业生涯、工作绩效等的影响都是巨大且深远的，因此，组织需要有计划有步骤地对员工进行上岗引导和组织社会化辅导，并且与职前培训相结合。但组织社会化不是一蹴而就的，特别是对那些职业适应时间长、

---

① 参见王蕊：《浅析员工工作压力源与人力资源管理策略》，载《人口与经济》，2010 年增刊。

② 参见高日光：《人力资源管理的新视角：人与组织匹配的研究观点》，载《人力资源开发》，2007（11）。

③ 参见滕玉成、徐观众：《大学毕业生职业适应调查分析》，载《青年研究》，1999（10）。

④ 参见王润、邵泽慧：《大学生就业四大问题 80%学生不适应工作》，见中国大学生在线，2005-04-12。

难度大、问题多的员工，更需要制定个性化的强化辅导计划。其内容就是围绕如何把这部分新员工由进入组织之前的外部人员转化为组织功能成员（functioning members）：一是了解组织的价值观、目标和文化；二是了解工作团体的价值观、规范和人际关系；三是学习如何完成工作，以及完成工作所需要的知识和技能；四是产生个人身份、自我形象，以及工作动机等相关方面的改变。①

3. 协助正在寻找职业锚的员工尽快“抛锚”

根据职业锚理论，人们在最初工作的5～10年内，致力于寻找职业锚，显然，有的人会顺利些，有的人可能很不顺利。因此，组织需要做两方面的工作，一是提供相应的咨询和人员测评，帮助员工更清楚地认识自己；二是出台尽可能多的措施，让员工在多个职位上工作，使其有多次“试锚”的机会，尽可能早一步像船舶到港一样“抛锚”，拴定自己的职业锚。

4. 帮助需要纵向发展的员工顺畅上行

对已经确定职业锚的员工来说，发展的方向虽然基本明确了，但仍需要组织进一步提供必要的发展空间和条件，其中最重要的是职务、职级、职称等的晋升。这不仅是组织最有效的激励手段，也是员工职业生涯发展中最看重的因素，或许，对有的员工来说，这甚至是其职业生涯最终价值的体现。现实中各级各类人员的晋升问题，是严重制约员工发展和组织发展、乃至组织认同的重要因素，所以组织在设计良好的职系、职级，制定合理的工作说明书，以及确定适宜的员工发展路径的同时，还应重点做好如下工作：一是科学制定员工晋升的标准和流程。二是公开和公示员工晋升的标准和流程。公开公示，才有公允公平，方可有序竞争；同时也利于员工将标准内化，并与自身发展相结合，然后外化为工作的行为和结果。三是认真设计适应职系职位要求的晋升类型和方法。不同的职系职位可采取不同的晋升方法，如委任、聘任、考试、功绩、年资等，而且应得到员工的认同。四是严格遵循既定标准和流程，公开晋升过程，注重员工的民主参与。五是重视晋升过程中的沟通和反馈。有效的沟通和及时的反馈是管理的基础，在晋升中应予以特别的重视，这也是化解有关晋升问题、完善晋升标准和流程的重要依据。

5. 帮扶处于职业生涯高原的员工继续前行或转岗

尽管至今对职业生涯高原的界定有争议，但一般认为是指员工发展到一定阶段，发展速度明显下降，甚至是原地踏步。有的称之为职业停滞或“中年危机”。较为著名的“三因素说”，将影响职业生涯高原的因素分为个人因素、家庭因素及组织因素，其中组织因素包括组织的结构特征及职业路径（职能/直线）。② 我国公共部门各级各类人员晋升中的停滞问题远远比这复杂得多，年龄、性别、户籍、学历（毕业学校、第一学历、第二学历）、学位、专业出身、工作年限、政治面貌、科研成果的级别和数量等其中的任何一项，都可能在某一时刻成为限制员工晋升的或明或潜的不可逾越的鸿沟，公务员晋升中的“天

① I. H. Chow，Organization socialization and career success of Asian Managers，*The International Journal of Human Resource Management*，2002，13（4）.

② M. Tremblay，A. Roger，Individual，familial and organizational determinants of career plateau：An empirical study of the determinants of objective and subjective career plateau in a population of Canadian managers，*Group & Organization Management*，1993，18（4）.

花板”现象只是其一。遇到“天花板”的公务员则是思想上自暴自弃、行动上自由散漫、学习上退步不前、物质上寻求经济补偿、升迁上投机取巧、心态上怨天尤人[①]，这是员工和组织的“双败”！对此，有学者提出可以通过工作再设计、项目团队、轮岗、横向转移、带薪休假等措施解决职业生涯高原的问题[②]；还有学者从心理咨询的角度提出了职业生涯咨询、压力管理研讨会、放松技巧训练、与健康有关的讨论会等措施；[③] 还有学者采用混沌理论进行干预。[④] 具体言之，在从员工发展的角度，修改完善已有的涉及员工职业生涯的各项规章制度，科学制定并严格执行晋升标准和流程的基础上，首先应采取一切措施，避免员工的边缘化（marginalization）。员工逐步从主体中心地位流向边缘，不论原因来自何方，组织都应该设法克服。[⑤] 其次，从制度上设置预防员工知识、技能老化的培训，主动应对由于员工知识技能老化带来的高原现象。再次，通过工作扩大化、工作丰富化，使职位“增值”。所谓工作扩大化（job enlargement），是指在横向上扩大员工的工作范围，使其从事的工作内容更加多样化，如将工作任务和工作内容做横向扩展，增加员工工作职位任务的内容含量，扩展员工的技能多样性；所谓工作丰富化（job enrichment），是指工作内容的纵向拓展和工作责任的垂直深化，提高工作的挑战性、完整性和自主性，扩大对任职者能力和技能的要求，提高任职者的自主性、责任感和满意感。又次，增大工作轮换（job rotation）、组织内转岗的比率。最后，帮助少数员工实现职业生涯转变，即转变职业领域。

6. 延长退休员工的职业生涯

退休会对员工产生很大的冲击，组织有责任帮助员工认识并接受这一事实，并安排好其退休生活。第一，帮助即将退休的员工制定退休计划，合理安排退休生活。主要内容应是结合员工的身体、经济、家庭、个人爱好等情况，以安享晚年为主。第二，举办相应的活动帮助即将退休员工向退休状态过度。例如，增加工作时间的弹性、举办老年保健讲座和联谊等活动等。第三，多数员工的能力还不会因为退休而完结，因此，组织可采取兼职、顾问等方式聘用他们。例如，让他们为新员工举行职业生涯规划和业务讲座、参与职业生涯咨询和工作进展辅导等，使他们有机会发挥“余热”，延长其职业生涯。

10.4.3 管理者对下属的职业生涯管理内容

培养下属是管理者的天职，正如曾国藩所言：“办大事者以多选替手为第一义”，每个管理者都是自己直接下属的天然的“人力资源管理师”，这在对下属职业生涯管理中是最好的体现。不论是职业生涯管理的常规性内容还是特定性内容，都需要每一个管理者去落实。表 10—2 总结了管理者对下属职业生涯管理的具体内容。

---

① 参见《官员升迁的学历、年龄与级别的困局》，见人民网，2009-12-07。

② C. S. Tan，P. R. Salomone，Understanding career plateau：Implications for counseling，*Career Development Quarterly*，1994，42（4）.

③ J. M. Ivancevith，R. S. Defrank，Job loss：An individual level review and model，*Journal of Vocational Behavior*，1990，28.

④ J. A. Duffy，The application of Chaos theory to the career-plateaued worker，*Journal of Employment Counseling*，2000，37.

⑤ 参见滕玉成、焦顺禹：《员工边缘化的防治策略》，载《中国人力资源开发》，2008（8）。

表 10—2　　管理者对下属职业生涯管理的具体内容

● 沟通者 与员工进行正式或非正式的讨论 倾听并理解员工真正关心的事情 确定不受干扰地会见员工的时间 营造一个开放的上下级相互影响的环境
● 评价者 明确员工的关键工作要素 与员工讨论并确定绩效目标 评价员工的工作绩效 实施绩效考核面谈 围绕未来工作目标制定发展计划 发现并激励员工的积极表现 经常回顾已为员工制定的发展计划
● 教练 明晰并传达工作小组和组织的目标 帮助员工改变目前的障碍 以引导、讨论的方式和员工一起找出改进的具体行动 传授与工作有关的技能 通过展示自身成功的职业行为为员工的职业发展树立典范 提议有益于员工的合适的培训活动 支持员工与组织内外的其他人交流，以提高工作业绩
● 顾问 帮助员工明确与职业相关的技能、兴趣与价值观 帮助员工明确可能的职业选择 帮助员工评价各种职业选择的适合性 帮助员工明确能改变职业发展的方法 为员工职业进步提出合适的策略 帮助员工设计/计划实现已达成一致的职业目标的策略
● 经纪人 安排员工参加组织内外举行的相关活动 帮助员工团结那些在他们的职业生涯中需要互相帮助的人 帮助员工得到合适的受教育或工作机会
● 推荐人 发现遇到问题（如职业方面的、健康方面的）的员工 为遇到问题的员工寻找合适的资源 向员工提供推荐人或帮助员工寻找推荐人 保证推荐的有效性
● 代言人 与员工一起制定计划，以让更高的管理层纠正某一具体问题 如果管理部门的矫正方案不成功，与员工一起制定替代策略 就某些具体问题的纠正向更高的管理层表达员工的诉求

资料来源：张德主编：《人力资源开发与管理（第 3 版）》，297 页，北京，清华大学出版社，2007。

资料

公务员晋升靠什么？

我们要以更宽的视野、更高的境界、更大的气魄，广开进贤之路，把各方面优秀干部及时发现出来、合理使用起来。要坚持把干部的德放在首要位置，选拔任用那些政治坚定、有真才实学、实绩突出、群众公认的干部，形成以德修身、以德服众、以德领才、以德润才、德才兼备的用人导向。要坚持凭实绩使用干部，让能干事者有机会、干成事者有舞台，不让老实人吃亏，不让投机钻营者得利，让所有优秀干部都能为党和人民贡献力量。

资料来源：胡锦涛：《在庆祝中国共产党成立90周年大会上的讲话》，见新华网，2011-07-01。

在中原腹地的“中县”（人口80余万），共有一万余名干部，其顶端是30多个副处级岗位和4个正处级岗位。正科级则是很多干部终其一生的奋斗目标，其在县里的难度就像是“中央的部级、省里的厅级和市里的处级”。据冯军旗统计，只有200多人能最终升到正科级。有一次，他与一个科级干部聊天，当问及年龄时，这个干部脱口而出：“你问我档案年龄还是真实年龄？”按照简历上的年龄倒推，这位干部9岁就当上了民办教师。年龄往往和岗位挂钩。相比年龄“杠杠”，党员身份更是为官必不可少的基础。在中县，70%以上的县领导在25岁以前就已入党。在深入调研后，一个被冯军旗称为“政治家族”的谱系表逐渐浮出水面。在这个副科级及以上干部仅有1 000多人的农业县里，竟然存在着21个政治“大家族”和140个政治“小家族”。在这个庞大的“政治家族”网络中，一些秘而不宣的潜规则变得清晰可见。比如，官位有“世袭”，像张泰康及其女婿曾先后任白阁乡党委书记，张氏家族的另一成员张得彬及其内弟高玉溪曾先后任中县县委组织部副部长；凡是副处级及以上领导干部的子女，至少拥有一个副科级以上职务，正科级亦不鲜见；政治家族之间并不割裂，往往以联姻或者拜干亲的方式不断扩大，“几乎找不到一个孤立的家族”。更普遍的规则是干部子弟的“不落空”现象。改革开放以来，中县的强势单位从最初的计划经济垄断单位变成了政府机关，不变的是，干部子弟们的工作会随着单位盛衰而流动。一位老县长曾这样比喻：“这是猪进庄稼地，啃了苞谷啃红薯，啃了红薯啃南瓜。”而在受访的一些干部看来，只有能干到县委书记，“那才算真干成”。“有人戏称，只有县委书记算官，别的都不算官。”2008年，冯军旗初到西城乡的时候，每逢时任县委书记视察，乡政府的领导班子都要列队欢迎。有旁观者感慨：“咱们中县的皇帝来了。”

资料来源：林衍：《一个县的官场生态》，载《中国青年报》，2011-10-26。

他在中部一个农业大省担任乡长四年。每天的主要工作有三件事：一是当三陪，应付各级领导视察。“说视察，其实他们也基本没什么正经事，很少下基层，根本见不得农民，主要是来乡里混吃混喝。但哪个都惹不起，个个都有捏死你的实权。”二是保发展。“这是好听的，其实主要是造假。”三是维稳。“这是目前乡镇除了接待之外最主要的开支。”“我们乡每年都要背上几百万的亏空。要说都被贪污了实在是冤。”他最大的梦想是结识市委组织部的领导：干了好几年了，也算有些成绩，上面没人，很难升迁了。世上最可怕的事是想送礼都没人收。“看到好多没啥政绩、没啥本事的人都上去了，心里有时候堵得慌。”

资料来源：石述思：《一个中西部乡长的告白》，见人民网，2011-11-24。

在最近召开的全国组织部长工作会议上，中组部部长李源潮提出要“合理使用各年龄段干部，保持各级领导班子梯次配备的年龄结构，防止干部任职年龄层层递减，纠正对乡镇干部、县级领导用 45 岁、50 岁的年龄杠杠一刀切下来的做法”。近些年来，在一些地方和部门，出现片面理解干部年轻化的现象，特别是一些县级政府对科级干部实行一刀切的办法，设定科级干部在 50 岁左右退居“二线”的硬性规定，使县乡一大批在基层具有丰富管理经验、又年富力强的科级干部，在知识和经验都达到人生高峰的阶段“赋闲”二线，这不仅挫伤了干部的工作积极性，而且也造成了干部资源的浪费，对稳定基层工作造成不利影响。同时，在干部选用过程中，各级各类公共机构普遍存在着“任职年龄层层递减”的现象，一些单位和部门，硬性设定一些年龄杠杠，对一些职务任职年龄作出规定，造成“天花板”现象，即以年龄为线对职务晋升设置杠杠，致使干部“任职年龄层层递减”，形成在一定年龄段下出现了一大批“天花板”干部，职务晋升到此为止。

资料来源：竹立家：《消除干部升迁中的“天花板”现象》，载《北京日报》，2010-01-12。

中国青年报社会调查中心通过题客调查网和民意中国网，对全国 34 个省（区、市）14 406 人进行的一项调查显示，59.4%的公众感觉当前社会“逆淘汰”现象普遍，其中 18.8%的人觉得“非常多”。仅 4.1%的人认为“几乎没有”。受访者中，“80 后”占 55.5%，“70 后”占 25.9%。关于哪些领域“逆淘汰”现象较多？59.3%的公众认为“干部选拔”，48.7%的人认为“人才选拔”，30.8%的人认为“道德领域”的“逆淘汰”现象较多。“政府机关”被认为是“逆淘汰”现象最多的单位，44.7%的公众选择此项。接下来依次是：国企（38.4%）、事业单位（36.8%）、私企（16.4%）和外企（8.9%）。为什么会存在“逆淘汰”现象？59.5%的公众认为是投机、浮躁的社会风气使然；54.2%的人觉得原因是“官本位”思想横行；50.4%的人将原因归结为“权力没有得到有效监督”；45.2%的人认为是“择优汰劣”的社会机制还不够完善。60.7%的公众认为“逆淘汰”现象普遍会强化投机、“潜规则”等风气，56.5%的人认为会毒化干部选拔空气，55.4%的人认为会损害公共利益，48.8%的人担心影响社会经济的发展。关于如何杜绝普遍存在的“逆淘汰”现象？66.8%的公众建议权力、程序保持公开；64.7%的人提出“健全监督机制”；59.4%的人期待完善法制，严格执法；52.7%的人认为，关键在于“尊重民意”。

资料来源：肖舒楠：《民调显示“逆淘汰”现象多存在于干部选拔、人才选拔和道德领域》，载《中国青年报》，2011-08-18。

江苏省公务员在回答“您认为晋升的主要渠道”的问题时，选择“靠政绩”的占 70.9%，高于全国性调查中类似选项“能力和工作业绩”50%的选择比例；在“跑官买官”选项，选择率是 8.5%，高于全国性调查中该选项的选择率；在非常重视晋升的今天，仍有 13.5%的公务员选择“听天由命”，对晋升已经相对绝望；在代表公务员晋升渠道复杂化程度的“其他”选项上，有 14.9%的选择率，这说明，有相当一部分公务员认为，除了政绩、跑官买官外，还有更多其他因素。对江苏的省、地市、县三级政府公务员的选择比较可见：县级公务员对政绩的重视程度更突出，地市级公务员中选择“跑官买官”的相对更高，省级政府公务员对晋升的绝望感最强，地市级政府公务员的晋升相对更复杂。

资料来源：翟校义：《当代中国公共人事制度运行现状调查分析》，229～232 页，北京，中共中央党校出版社，2010。

中共荆州市委组织部新闻发言人就网上热议的“江陵县 26 岁女常委”作出回应，范洁同志的提拔任用符合干部选拔任用的有关规定，程序规范，群众公认度较高。范洁同志为江陵县人，父亲为乡镇药店职员，母亲为下岗职工，弟弟在上海打工。2008 年 7 月大学毕业后，通过全省“选调生”统一招录考试，安排到江陵县滩桥镇工作；2009 年年初，参加江陵县公开选拔进入乡镇党政领导班子，任滩桥镇副镇长、党委委员；2010 年 3 月，江陵县委着眼于培养女干部的长远考虑，在全县乡镇党政副职干部中进行遴选后，任命范洁同志为滩桥镇党委副书记、镇长；2011 年 9 月乡镇换届时，当选滩桥镇党委书记、人大主席。在县市换届考察时，范洁同志民主推荐比较集中，个别座谈情况好，干部群众认可度较高，符合破格提拔的任职资格。根据班子建设结构需要，她被提名为江陵县委常委人选，10 月当选。范洁同志的历次提拔任职，群众公认度较高。参加江陵县乡镇党政班子成员公选，在录用的 12 名干部中综合成绩排名第二。在提拔为镇长的民主推荐中，有 54 人参加推荐，得 53 票，排名第一。在乡镇党委书记、人大主席民主推荐中，46 人参加推荐，得 41 票，排名第一。在县级领导班子换届考察署名推荐中，44 人参加推荐，得 36 票，排名第一；所在单位民主测评 16 人参加，同意提拔使用的 16 票；民意调查 100 人参加；总体评价满意的 73 票，比较满意 19 票，不了解的 8 票。在江陵县第四次党代会上，218 人参加选举，得 213 票，当选为县委委员；随后的四届一次全委会实行差额选举，40 人参加，得 33 票，当选为县委常委。考虑到该同志乡镇任职经历相对较短，县委决定她继续担任乡镇党委书记，把主要精力放在乡镇，进一步接受历练。从考察情况看，范洁同志综合素质较高，发展潜力较大。在滩桥镇工作期间，工作思路清晰，组织协调能力较强，尽职尽责，敢于担当，取得了一定的成绩。2010 年滩桥镇被县委、县政府评为“绩效考核优秀单位”。

资料来源：《荆州称提拔“26 岁女县委常委”符合有关规定》，见人民网，2011-12-02。

焦三牛，1989 年出生，籍贯山西新绛。2011 年 7 月，毕业于清华大学外语系，成为当年前往甘肃工作的 14 名清华选调生中的一员。他被安排到武威市凉州区清水乡政府工作。2011 年 12 月，武威市委面向全国公开选拔（选聘）31 名县级领导职位人选，他报名参加了武威市外事侨务办公室副主任的选拔，从知识测试、面试、差额考察，到市委全委会差额推荐、市委常委会差额票决，其成绩和得票始终排在所报考职位的第一。

对此，《人民日报》发表署名仲祖文的的文章：不拘一格选人才。“这充分说明，用改革思想和创新办法不拘一格选人才，有觉悟、有知识、有为人民服务决心的年轻人就可以脱颖而出……不拘一格选人才，必须有敢为事业用人才的胆识和气魄……不拘一格选人才，必须源源不断培养造就大批青年英才……不拘一格选人才，必须用改革的办法选人……不拘一格选人才，必须营造良好环境，不断大胆探索。”

甘肃省委书记王三运认为：这是值得肯定的。提拔他的过程确实是超常规的，但这恰恰也是开发人才、鼓励人才到艰苦地区工作的有效举措。他表示，只要选拔过程公开透明，合乎相关程序，没有猫腻，选出的人又是出类拔萃的，就应该鼓励，不该过多指责。而且，通过笔试、面试等一个个环节选拔干部，本身是一个“优胜劣汰”的过程。他究竟是不是最优秀的，还要通过实践来检验，他能不能很好地履行职责，是下一步需要关注的问题。选拔干部，不仅要考得“优胜”，还要能够干得“优任”。当然，他虽然已经是副县级干部，但目前还留在乡镇工作，继续在基层岗位上进行锻炼。

资料来源：李宁波、张小卫：《山西籍 23 岁小伙焦三牛选任甘肃副县干部受热议》，见中国甘肃网，2012-02-09；仲祖文：《不拘一格选人才》，见新华网，2012-02-12；董宇、张卉：《王三运：“23 岁副县”是否真优秀还需实践检验》，见中国共产党新闻网，2012-03-07。

复习思考题

1. 分析公共部门实施职业生涯管理的意义。
2. 你是如何看待员工职业生涯管理与人力资源管理其他活动的匹配的？
3. 熟悉职业生涯管理基本理论。
4. 掌握职业生涯规划的内容。
5. 组织对员工的职业生涯管理有哪些内容？
6. 你认为我国公务员职业生涯管理存在的突出问题是什么？有何对策？
7. 有人说大学毕业前的职业生涯是家长和老师给“规划”的，参加工作后的职业生涯是领导给“规划”的，当然有时候是他们给“胡划”的，你对这种说法有何评价？为什么？
8. 你现在是如何规划未来的职业生涯的？存在的突出问题是什么？准备如何解决？

第 11 章

薪酬管理

学习重点

薪酬管理是人力资源管理的重要内容，也是与组织和员工利益密切相关的敏感问题。良好的薪酬制度是组织有效地吸引、保留和激励员工的关键所在。学完本章，应掌握公共部门人力资源薪酬的构成、管理的原则，薪酬等级制度的设计，熟悉福利管理和社会保险制度。

11.1 薪酬管理的含义与原则

11.1.1 薪酬的概念及其作用

薪酬是组织的关键战略领域，同时又是重要的经济问题。但作为一个标准的管理学范畴，薪酬是一个界定比较宽泛、内容十分丰富、本身也在不断发展，并颇有争议的概念。它还涉及 income、wage、salary、pay、reward 和中国从古至今的“俸禄”（薪俸、俸钱、俸饷、俸金）、工钱、待遇、工资、收入、薪金、薪水、薪资、报酬等概念。多数学者将 compensation 译为薪酬，并界定为补偿、平衡，反映的是组织对员工所付出的知识、技能、努力和时间的补偿和回报的意思。而且，还有外延更广的报酬（reward）、总报酬（全面报酬，total rewards）等概念。总报酬是员工因他们提供的时间、才能、努力和结果所获得的货币和非货币的回报。这分为内在报酬和外在报酬两部分。内在报酬是指与工作相关的非经济报酬，是员工因完成工作而获得的关系回报（relations returns），或在工作地点获得的心理回报（psychological returns），例如被赏识、有地位、安全感、学习机会、挑战性的工作等。[①] 通常所说的薪酬实际上指的是其中的外在报酬（extrinsic reward）。[②] 刘昕提出了360°报酬——即报酬的概念，并将薪酬定义为其中的经济性报酬，将其分为基本薪酬、可变薪酬及间接薪酬（福利与服务）三大部分。[③] 而吴志华则认为，把compensation译为薪酬是错误的，应译为"报酬"，total compensation应译为全面报酬，相应地intrinsic compensation和extrinsic compensation才译为"内在报酬"和"外在报酬"。报酬分为经济报酬和非经济报酬，经济报酬包括直接经济报酬（薪酬）和间接经济报酬（福利）两部分，非经济报酬包括工作特征和工作环境两部分。薪酬又分为基本薪酬和绩效薪酬，奖金、红利、股票期权等为绩效薪酬。[④]

综合国内外相关分析以及我国公共部门的实际情况，我们认为，薪酬是指报酬中的外在报酬，即经济性报酬，是员工从组织那里获得的各种形式的经济收入、有形服务和福利，其依据是国家有关规定和因劳动关系的存在。它由以下几部分构成（也称薪酬结构）：

1. 基本薪酬或基本工资

这是薪酬的主体部分，由组织按等级标准发放，在一定时间内相对稳定不变，通常与个人工作表现没有关系，而且是确定社会保险等的基本依据。

2. 绩效薪酬或绩效工资

这是根据员工的绩效情况，如行为表现、目标达成情况等支付给员工的薪酬。

3. 津贴

这是为了补偿员工的额外或特殊的消耗，或为了保证员工的薪酬水平不受特殊条件影响而支付的薪酬。如地区附加津贴、艰苦边远地区津贴、岗位津贴等。

4. 补贴

这是为了保证员工实际收入和生活水平不下降等而设置的补助性薪酬，如节日补贴、交通补贴等。

5. 奖金

这是组织根据绩效高低来支付的，相对于基本工资而言，它具有很强的激励性，故也称奖励性薪酬。

6. 其他薪酬

这主要有红利、股票期权等，主要在企业里设置。红利是员工分享企业利润的一种报酬形式，其依据是企业的利润与员工的工作绩效。这实际上是企业设计的一种绩效薪酬。股票期权是一种长期的薪酬形式，它为员工提供购买本公司股票的一种权利，借此权利，员工可以凭优惠的条件购买本企业股票。一般分为经理人股票期权（经营者持股）和员工股票期权（员工持股）。

7. 福利

一般来说，福利可以分为两种：法定福利和自主福利。法定福利是按照国家法律、政

---

① G. T. Milkovich, J. M. Newman, *Compensation* (8th ed.), McGraw-Hill, 2005.

② 参见曾湘泉主编：《薪酬管理（第2版）》，1～3页，北京，中国人民大学出版社，2010。

③ 参见刘昕：《薪酬管理》，2～3页，北京，中国人民大学出版社，2002。

④ 参见吴志华等：《公共部门人力资源管理》，356～359页。

策规定必须向员工支付的福利，具有强制性和保障性的特点，如社会保险。自主福利是组织根据自身情况而开设的福利，也称为非法定福利，具有个性化和激励性的特点，如商业保险、补充养老保险等。

我国《公务员法》专设工资福利保险一章（第 12 章），其中规定：公务员实行国家统一的职务与级别相结合的工资制度；工资包括基本工资、津贴、补贴和奖金；津贴包括附加津贴、艰苦边远地区津贴、岗位津贴等；还有住房、医疗等补贴、补助；在定期考核中被确定为优秀、称职的，还享受年终奖金。按照国家批准的《事业单位工作人员收入分配制度改革方案》，我国事业单位工作人员工资由岗位工资、薪级工资、绩效工资和津贴补贴四部分构成，其中，岗位工资和薪级工资为基本工资。

如果把薪酬分成基础性薪酬、激励性薪酬和间接性薪酬，就更容易分析薪酬的作用了。对员工来说，薪酬主要具有保障和激励作用，毫无疑问，有吸引力的薪酬制度能吸引和留住人才。对组织来说，薪酬主要具有促进战略实现和控制成本的作用。而且，在整个人力资源管理中，薪酬起着领导、支持和变革诱因的作用。①

在此，需特别说明的是，在以往研究和实践的基础上，2006 年，美国薪酬协会（World at Work，WAW）提出了一个由五大构成要素组成的总报酬模型：薪酬、福利、工作与生活的平衡、绩效和认可、个人发展和职业机会，并界定总报酬是用以吸引、激励和保留员工的各种手段的整合，任何员工认为具有价值的东西都有可能成为总报酬的组成部分。在该模型中，薪酬和福利仍发挥着重要的和基础性的作用。与传统的付酬方式相比，总报酬体系需要真正以员工的需要为导向，更加注重薪酬战略、人力资源战略与组织战略的一致性，更加强调有效沟通和员工的参与，也可以更好地控制人工成本。②

11.1.2　薪酬管理的概念与原则

薪酬管理，是指在组织战略指导下，对员工薪酬支付原则、薪酬战略、薪酬水平、薪酬构成、薪酬等级等进行确定、分配和调整的管理过程。同时，作为一种持续的管理过程，组织还要持续不断地制定薪酬计划，拟订薪酬预算，就薪酬管理问题与员工进行沟通，并对薪酬体系本身的有效性作出评价和完善。薪酬管理对于任何一个组织来讲都是一个复杂而棘手的问题。比尔等认为在人力资源管理的雇员影响、人力资源流动、薪酬体系、工作体系等四个领域里，薪酬领域中理论与实践的矛盾是最显著的。

现代人力资源管理要求薪酬管理需符合同工同酬、合法、公平公开、动态管理、比较平衡、成本补偿与控制、与组织战略一致等原则。

此外，我国对公务员的薪酬管理还有两条原则：第一，定期增薪。我国《公务员法》第 73 条明确规定，国家建立公务员工资的正常增长机制。第二，定期调整。我国《公务员法》第 75 条规定，公务员的工资水平应当与国民经济发展相协调、与社会进步相适应。

---

① G. T. Milkovich，J. M. Newman，*Compensation*（8th ed.），McGraw-Hill，2005.

② 参见曾湘泉、宋洪峰：《薪酬理论的新发展——总报酬模型及其在中国的运用》，载《劳动工资动态》，2006（6）；熊通成、曾湘泉、谢奇志：《总报酬模型：薪酬管理的最新理论与实践》，载《中国劳动》，2008（9）。

11.2 薪酬等级制度设计

所谓薪酬等级制度，是指关于不同职位、员工之间薪酬差别的薪酬序列及薪酬等次或级别晋升的制度，也就是按等级确定薪酬标准的一种制度。任何一个组织的薪酬体系都包含着薪酬等级制度，但繁简程度有别。有的相对比较复杂，需要先从横向区分为若干薪酬类别，如管理人员类、专业技术人员类、生产人员类等，然后对每一类别，从纵向上划分为若干等次，最后每一等次再细分为若干级别。有的较为简单，纵向上只有一个层次等级，没有等次和级别的区分。本节主要介绍薪酬调查、薪酬等级制度的设计思路与几种薪酬等级制度介绍。

11.2.1 薪酬调查

一套适宜的薪酬体系，要有利于组织目标的实现，在满足组织外部公平和内部公平的同时具有较强的竞争力。要实现薪酬的外部公平，关键是要为组织的各种职位确定一个薪酬标准，此标准要与市场水平相协调，并同时具有竞争力，为此，就需要进行市场调查。内部公平则通过工作评价来实现，因为它能够保证组织内部各种职位之间保持合理的薪酬比例关系。而要具有较强的竞争力，需要解决以下问题：既要了解竞争对手支付给它们员工的薪酬是多少，又要根据竞争对手的薪酬水平来设定自己组织的薪酬标准。在这种情况下，组织的总支出将受到外部竞争力的影响。付给员工的薪酬越低，组织的劳动力成本就越小，与竞争对手相比成本比较优势就越大。为此，组织会想方设法把薪酬拟订在尽可能低的水平上。所以组织既可以用同行的薪酬标准作为给付标准，又可通过调查确定某些基本职位的给付标准，同时按照相对价值为其他职位确定薪酬。而且通过此类调查，还可以向同行学习，学会它们所采取的各种福利措施，如人寿保险、生活福利等。

在发达国家，薪酬调查可以通过发放问卷、打电话等进行，也可通过与同行组织的员工进行面谈等。在这三种方法中，很明显后者的回应比率较高。虽然花费的时间成本和人力成本很多，但面对面的交流能更详细地了解情况，从而较容易地得到相对准确的结果。而前两者可以快速地在短时间内获得大量的信息，但由于被调查者不够重视或不认真等原因，回应率较低，因而信息失真的可能性也比较大。此外，组织还可以利用社会调查资料来获得有关市场薪酬水平的信息。国外各种商业公司、政府机构和专业协会经常进行薪酬调查，并定期公布，组织也可以参考这些资料来决定自己的薪酬标准。下面以问卷调查为例介绍一下薪酬调查的内容和程序。

1. 薪酬调查的内容

（1）薪酬政策。例如：是业绩优先还是努力优先？是工龄优先还是学历优先？是需要优先还是成本优先？是公开化还是保密化？

（2）薪酬构成。例如：薪酬中工资占多少比例？奖金占多少比例？福利占多少比例？工资中有哪些工资？奖金中有哪些奖金？福利中有哪些福利？具体金额各是多少？

（3）工资标准。例如：运用什么方法来制定工资体系？最高工资定为多少？最低工资定为多少？各职务工资定为多少？主要人员工资定为多少？工资级数有多少？工资每一级的级距是多少？级数有多少？

2. 薪酬调查的步骤

（1）确定调查的具体目标。例如，通过对50家同行业的组织进行调查，使本组织的工资水平处在领导者地位。

（2）确定调查的具体职位。例如，财务处长、办公室主任等。

（3）选择调查的组织。在选择时要多一些，因为很可能有些组织出于某种原因不愿合作。另外也可以选择某些组织的员工进行调查，不管是调查组织还是个人，都要使对方从中受益，否则阻力会很大，而且信息往往不可靠。

（4）设计问卷。要根据需要设计简单明了的问卷，这是一项专业性较强的工作，可以请相关的专家提供帮助。

（5）实施调查。主要工作是联系组织或个人，指导填写问卷等。

（6）分析数据。这是最后一个步骤，也是十分重要的一个步骤。分析数据要科学、公正，不要有任何偏见，否则结果没有价值。

11.2.2 薪酬等级设计的策略选择

组织设计薪酬等级制度，必须在组织战略的指导下制定组织的薪酬策略，薪酬策略包含薪酬水平策略和薪酬结构策略两个方面。

1. 薪酬水平策略

所谓薪酬水平是指在一定时期内，一个国家、地区、行业和组织的工作者的薪酬平均达到的高低程度。对一个组织来讲，薪酬水平决定了组织薪酬的外部竞争性。传统的薪酬水平概念，更多地关注组织的整体薪酬水平，现在越来越多的组织更关注职位和职位之间、不同组织的同类职位之间的薪酬水平比较。薪酬水平策略就是组织制定相对于市场薪酬行情和竞争对手薪酬水平的自身薪酬水平的策略。常见的薪酬水平策略有：

（1）市场领先策略。这是指薪酬水平高于市场平均水平，在同行业竞争对手中处于领先地位。采取该策略一般基于以下考虑：市场处于扩张期，有很多的市场机会和成长空间，对高素质人才需求迫切；组织自身处于高速成长期，薪酬的支付能力比较强；在同行业的市场中处于领导地位等。市场领先策略能够吸引和留住一流的高素质人才，但也相应增加了组织的成本。

（2）市场跟随策略。这是指根据市场平均水平来确定本组织的薪酬定位。这种组织一般都建立或找准了标杆组织，管理模式、薪酬水平都向标杆组织看齐。事实上，这是一种最适用并被大多数组织采纳的薪酬水平策略。采用该策略一般基于以下考虑：市场竞争压力下保持与竞争对手基本一致的薪酬成本；吸引和保留组织需要的人才。但获取准确的相关信息的难度较大。

（3）落后薪酬水平策略。这是指不考虑市场和竞争对手的薪酬水平，只考虑尽可能地节约组织的成本。这种组织的薪酬水平一般比较低。采取该策略一般基于以下考虑：组织没有能力或没有意愿为员工提供高水平的薪酬；虽然该策略对吸引和保留组织需要的人才不利，但如果结合其他激励措施，仍然可以起到相应的作用。

（4）混合薪酬策略。这是指组织针对不同的部门、不同的职位、不同的人才，采用不同的薪酬策略。比如对于组织核心与关键性职位的人才，采用市场领先策略，而对一般的人才、普通的职位采用非领先的薪酬水平策略。该策略具有极大的灵活性，有利于组织吸引和保留优秀人才。但优秀人才是稀缺资源，对稀缺资源的争夺加剧，加之相关信息不完备等因素，无疑会增加决策的困难程度。

在一般情况下，由于公共部门的特殊性质，即使有充足的资金支持，往往也会将自己的薪酬水平控制在一定的水平上，至少不能完全与充当薪酬领袖的那些组织看齐，而是本着既能够吸引和留住素质较高的员工，同时又不至于因支付过高的薪酬而陷入政治上的困境，以及遭受社会和公众的责难的原则。

2. 薪酬结构策略

薪酬结构即构成，是指总体薪酬所包含的固定部分薪酬（主要指基本工资）和浮动部分薪酬（主要指奖金和绩效薪酬）所占的比例。供组织选择的薪酬结构策略有：

（1）高弹性薪酬模式。即绩效薪酬是薪酬结构的主要组成部分，基本薪酬等处于非常次要的地位，所占的比例非常低（甚至为零）。员工获得的薪酬多少，完全依赖于绩效水平的高低。[①] 这是一种激励性很强的薪酬模型，但员工收入波动很大，缺乏安全感及保障。

（2）高稳定薪酬模式。即基本薪酬是薪酬结构的主要组成部分，绩效薪酬等处于非常次要的地位，所占的比例非常低（甚至为零）。这是一种稳定性很强的薪酬模型，员工收入波动很小，安全感很强，但缺乏激励功能，容易导致员工懒惰现象的产生。

（3）调和型薪酬模式。即绩效薪酬和基本薪酬各占一定的比例。当两者比例不断调和和变化时，这种薪酬模型可以演变为以激励为主的模型，也可以演变为以稳定为主的模型。这是一种既有激励性又有稳定性的薪酬模型，难点在于科学地构建薪酬体系。

薪酬等级制度的设计应该也能够与组织的战略、文化等相结合，表 11—1 就是与组织的结构、文化、战略相匹配的八种薪酬体系。

表 11—1　　与组织的结构、文化、战略相匹配的八种薪酬体系

薪酬特征	第一种	第二种	第三种	第四种	第五种	第六种	第七种	第八种
价值对比	内部比较/外部比较	内部比较/外部比较	内部比较/外部比较	外部比较	外部比较/内部比较	外部比较	外部比较	外部比较
业绩评价	测量行为/测量结果	测量行为/测量结果	测量行为	测量结果	测量结果	测量结果/测量行为	测量结果/测量行为	测量结果
整合水平	个体/部门	个体/部门	部门	部门/个体	部门	部门/个体	部门	部门
加薪是否固定	固定	固定	固定/可变	可变	固定/可变	可变/固定	可变/固定	可变

① 参见王小刚：《绩效加薪的六种方式》，载《人力资源开发与管理》，2011（10）。

续前表

薪酬特征	第一种	第二种	第三种	第四种	第五种	第六种	第七种	第八种
管理方式	集中管理	集中管理	集中管理/分权管理	集中管理	集中管理	集中管理	分权管理	分权管理
时间战略	滞后于战略	滞后于战略	领先于战略	领先于战略	领先于战略	领先于战略	滞后于战略	滞后于战略
沟通方式	封闭	封闭/开放	开放/封闭	开放	封闭/开放	开放/封闭	开放/封闭	开放

资料来源：R. L. Heneman，M. Fisher，K. E. Dixon，Reward and organizational systems alignment：an expert system，*Compensation and Benefits Review*，2001，33（6）；姚先国、方阳春：《企业薪酬体系的效果研究综述》，载《浙江大学学报（人文社会科学版）》，2005（3）。

11.2.3 薪酬等级的设计思路

1. 以职位定薪酬

以职位定薪酬（position-based pay/job-based pay）是指根据职位在组织中的相对价值确定薪酬等级。这被认为是最传统的薪酬体系。在一个组织中，不同的职位及其任职者对组织的贡献程度是不同的，员工就是根据其所在的职位领取报酬，并主要依靠职位的晋升获得薪酬的增长。

本书第 5 章介绍过的排序法、分等法、评分法、因素比较法即为四种常用的设计方法。根据这些方法，确定组织内各种职位的共同付酬因素，并评定其具体的价值，有的就可以直接得出薪酬数额，有的则需转换。例如表 11—2 显示的是美国全国电机制造业者协会（Notional Electrical Manufactures Association，NEMA）所采用的评分法。该表反映了在美国广泛应用的评分法是如何针对各个要素和次要素分配分数值的。表 11—3 所示的则是工作分数与工资级别的转换关系。此外，全球还有知名的海氏法（Hay' method）、美世（Mercer）咨询公司的 IPE（international position evaluation）、华信惠悦（Watson Wyatt）公司的全球职位等级系统（GGS）。

表 11—2　　NENA 评分法中的分数分配

要素与次要素		等级分数 1	2	3	4	5	最大可能的分数合计
技能	教育	14	28	42	56	70	250
	经验	22	44	66	88	110	
	知识	14	28	42	56	70	
努力	体力要求	10	20	30	40	50	75
	心理要求	5	10	15	20	25	
责任	设备/程序	5	10	15	20	25	100
	材料/产品	5	10	15	20	25	
	他人的安全	5	10	15	20	25	
	他人的工作	5	10	15	20	25	
工作环境	作业条件	10	20	30	40	50	75
	不可避免的风险	5	10	15	20	25	

表 11—3　　工作分数与工资级别转换表

分数范围	工资级别	月工资（美元）
101～150	1	450～510
151～200	2	500～560
201～250	3	550～610
251～300	4	600～660
301～350	5	650～710
351～400	6	700～760
401～450	7	750～810
451～500	8	800～860

以职位定薪酬具有以下优势：一是同岗同酬，内部公平性强；二是薪级随职位晋升，调动了员工通过努力工作以争取晋升机会的积极性。也正因为如此，它要求组织必须做好以下工作：一是相对完善的工作分析、工作评价和人员分类管理，我国大多数组织的这些工作还远远不够，必须花大气力扎实推进，公共部门尤其应该如此；二是有效的员工职业发展路径设计，避免优秀员工长期得不到晋升。但即使如此，一个很难解决的问题是，不同的员工具有不同的能力（或胜任力），以职位定薪酬不利于员工的自我成长和组织人力资源整体素质的提高。总之，即使以职位定薪酬存在以上问题，但它毕竟是基础性的薪酬体系，组织只能逐步完善，不能躲避绕行。

2. 以能力定薪酬

以能力定薪酬是指以员工所具有的能力确定薪酬等级，也就是以人本身为付酬基础（person-based pay）。基于对“能力”一词的界定，它包括了三种类型：以知识付酬（knowledge-based pay）、以技能付酬（skill-based pay）和以胜任力付酬（competency-based pay）。可见，该“能力”实际上是一个包括了知识、技能和胜任力在内的有层次的结构，因此，以能力定薪酬，其激励点集中在鼓励员工去学习知识，提高技能，有效发挥个人特质，提升自己的胜任力，进而通过提升了的“能力”，去“变现”为组织想要的绩效。

以能力定薪酬主要有三步：一是确定能力，即确定具体的职位到底需要任职者具备什么样的能力（知识、技能、胜任力）；二是给上述能力分类、分级；三是给上述每类、每级能力定价。

随着科技发展和员工发展的要求，以知识定薪酬（或知识工资）和以技能定薪酬（或技能工资）已从原来专门针对技术工人，扩展到适用于管理人员、研究人员、服务人员等。而由于“胜任力”相对较为抽象，与具体的工作技术离得远，但与组织的愿景、使命、价值观、战略及其对职位的要求靠得近，因此，以胜任力定薪酬（或胜任力工资）较适合于中高级管理人员、技术专家等。

以能力定薪酬可以激发员工注重提升自己的能力，向专业化发展，吸引和稳定专业化人才。但问题是，对任何组织来说，能力的分类、分级都不是一件容易的事，管理成本较高。同时，它难以用于团体和控制工作结果，所以，需要与相应的团队激励计划和特别设计的绩效奖励计划相结合。

在我国，以能力定薪酬，还未引起相应的重视，普遍使用的岗位技能工资制也基本与此无关。为应对现实和未来一段时期的“技工荒”、技术人才短缺、吸引和稳定人才等问题，以能力定薪酬或许是个正确的选择。

3. 以绩效定薪酬

以绩效定薪酬（position-based performance）是指根据员工及其团队和组织的绩效确定薪酬等级。它是与工作绩效完成情况相联系的一种薪酬形式，包括短期奖励和长期奖励两种类型，也可分为个人绩效薪酬、团体绩效薪酬和组织绩效薪酬三种类别。①

个人绩效薪酬是指与个人绩效相联系的薪酬形式，常见的如管理人员的绩效薪酬、专业技术人员的绩效薪酬等。如计件工资制、计时工资制、奖金、绩效加薪、经理股票期权等。团体绩效包括班组或小团队奖励计划、斯坎隆计划（Scanlon plan）、所得分享计划（gain sharing）等。组织绩效薪酬主要有利润分享计划、员工持股计划等。

以绩效定薪酬（不论是绩效工资，还是奖金等），是属于可变或浮动薪酬，由此带来了如下问题：一是绩效的多维性和多因性，导致绩效有时候与员工本人关系不很直接，更难以与员工的能力、行为、态度等对等，而且，有些常规性和基础性工作有时是很难用绩效来衡量的；二是有可能诱发员工追求短期绩效，而这有时并不符合组织的战略要求，但组织难以设计与组织战略相一致的个人和团队绩效指标。

4. 以市场定薪酬

以市场定薪酬是指根据薪酬的外部竞争性来确定竞争性职位或员工的薪酬。所谓薪酬的外部竞争性是指组织中类似职位相对于竞争对手的薪酬水平的高低，以及由此产生的该组织在劳动力市场上的竞争力的大小。这在吸引、保留和激励员工，控制劳动力成本方面都有着重要的作用。

把握市场薪酬信息是保持薪酬市场竞争能力的前提，为此，必须做好薪酬调查。然后，可以选择以下薪酬水平策略：一是市场领先型。二是市场落后型，即低于市场薪酬水平，实际上是成本导向型。三是市场匹配型，即根据市场平均水平确定薪酬水平。四是权变型，即根据职位和员工的不同，制定不同的薪酬水平策略。例如，对高级管理人员、核心专业技术人员等，提供高于市场水平的薪酬；对一般员工实施市场匹配型策略；对于那些劳动力市场上随时可以找到替代者的员工，一般提供低于市场价格的薪酬。

以上四种薪酬等级设计方法或定薪方式，没有一种是完美的，也没有一种是毫无价值的，对于组织中不同的职位、不同的员工，如果说有最佳选择的话，那就是根据组织的战略、职位的价值、员工的素质、绩效管理与市场因素，综合考虑，分而治之，实行不同的薪酬设计方式组合。

---

① 参见曾湘泉主编：《薪酬管理（第 2 版）》，127 页。

11.2.4 几种薪酬等级制度介绍

1. 技术等级薪酬制

这是根据工作的复杂程度、繁重程度、精确程度和工作责任大小等划分技术等级，按等级规定薪酬标准的一种薪酬等级制度。其特点是：主要以工作质量来区分工作差别，进而依此规定薪酬差别。该薪酬制度适用于技术复杂程度高、劳动熟练程度差别大、分工粗和工作物不固定的复杂工种。执行技术等级薪酬制的员工，应按照技术等级标准进行考核，再由管理部门结合平时的劳动贡献评定技术（薪酬）等级，然后依据本人的级别领取相应的薪酬。

2. 职务等级薪酬制

这是以职务规定薪酬标准的一种薪酬等级制度，由职务统一名称表、业务标准表、工资标准表（含工资等级表的内容）组成。其特点是：严格的工作分析，比较客观公正；职务工资比重较大，一般占整个工资的60%以上，浮动工资比重小，比较稳定；严格的职等职级，并对应严格的工资等级；容易形成管理独木桥，员工晋升的机会比较小。这可以实行单一型的薪酬标准，也可以实行复合可变型的薪酬标准。一般而言，对那些工作比较复杂、对劳动熟练程度要求差异较大的职务，适宜实行复合可变薪酬标准。

3. 结构薪酬制

这是根据决定薪酬的不同因素和薪酬的不同作用，将薪酬划分为几个部分，通过对各部分薪酬数额的合理确定，设定员工的全部薪酬。国内外不少组织均采用该薪酬等级制度，但名称不一样，如分解薪酬制、组合薪酬制或多元化薪酬制。它一般由基础工资、职务（岗位、技术）工资、工龄工资、浮动工资（奖励工资）与技能工资五部分组成。各组成部分，均有其质的规定性和量的规定性，各有其职能特点和作用方式；各个组成部分之间具有内在的结构关系，互相制约、互相补充，形成一个有机的统一体。总之，结构薪酬中项目的设定，应以能够充分调动所有员工的积极性，合理安排工资关系，更好地体现按劳分配为准则。实行结构薪酬制必须合理安排各个组成部分的分配比例关系。这要受到薪酬总额的制约。因此基础工资、年终工资的比重不宜过大，否则会影响到直接体现按劳分配原则的职务（岗位）工资和奖励工资的水平；如果比重过小，又将失去它们应有的职能作用。一般地讲，应先在统计调查的基础上确定基础工资水平，然后决定职务工资、岗位工资水平，接下来确定年终工资，奖励工资视年终效益而定，其中职务（岗位）工资应占较大比重。其优点是：较好地体现了按劳分配原则，有利于解决人才合理流动和人员相对稳定的矛盾；具有较灵活的调节作用，能够调动各方面员工的工作积极性；适用范围广。但各单位在具体运用时侧重点应有所不同。

4. 职务级别工资制

这是职务等级薪酬制与结构薪酬制相结合的一种薪酬制，简称职级制。我国公务员即实行职务级别工资制。1993 年至 2006 年 6 月实行的职务级别工资制，同原有的工资制相比，已有很大程度的完善，但是在具体实践中，也出现了一些问题，针对这些问题，经过多年的探索，依据我国《公务员法》，从 2006 年 7 月 1 日起，我国着手建立并实施新的公务员职级工资制。与旧职级工资制相比，新的职级工资制有如下变化：第一，调整基本工资结构。公务员基本工资构成由原来的职务工资、级别工资、基础工资和工龄工资四项调整为职务工资和级别工资两项，取消基础工资和工龄工资。职务工资主要体现公务员的工作职责大小。一个职务对应一个工资标准，领导职务和相当职务层次的非领导职务对应不同的工资标准（见表 11—4）。公务员按所任职务执行相应的职务工资标准。级别工资主要体现公务员的工作实绩和资历。公务员的级别由原来的 15 个调整为 27 个，取消原来的级别。每一职务层次对应若干个级别（见表 11—5），每一级别设若干个工资档次（见表 11—6）。公务员根据所任职务、德才表现、工作实绩和资历确定级别与级别工资档次，执行相应的级别工资标准。第二，调整基本工资正常晋升办法。公务员晋升职务后，执行新任职务的职务工资标准，并按规定晋升级别和增加级别工资。公务员年度考核称职及以上的，一般每五年可在所任职务对应的级别内晋升一个级别，一般每两年可在所任级别对应的工资标准内晋升一个工资档次。公务员的级别达到所任职务对应最高级别后，不再晋升级别，在最高级别工资标准内晋升级别工资档次。第三，实行级别与工资等待遇适当挂钩。厅局级副职及以下职务层次的公务员，任职时间和级别达到规定条件后，经考核合格，可以享受上一职务层次非领导职务的工资等待遇。第四，完善津贴补贴制度。在清理规范津贴补贴的基础上，实施地区附加津贴制度，完善艰苦边远地区津贴制度和岗位津贴制度。第五，实行年终一次性奖金。对年度考核称职（合格）及以上的工作人员，发放年终一次性奖金，奖金标准为本人当年 12 月份的基本工资。

表 11—4　　公务员职务工资标准表　　单位：元/月

职务	工资标准	
	领导职务	非领导职务
国家级正职	4 000	
国家级副职	3 200	
省部级正职	2 510	
省部级副职	1 900	
厅局级正职	1 410	1 290
厅局级副职	1 080	990
县处级正职	830	760
县处级副职	640	590
乡科级正职	510	480
乡科级副职	430	410
科员		380
办事员		340

表 11—5　　　　公务员职务与级别对应关系表

<table>
<tr><td>级别</td><td colspan="12"></td></tr>
<tr><td>一</td><td>国家级正职</td><td colspan="11"></td></tr>
<tr><td>二</td><td></td><td rowspan="3">国家级副职</td><td></td><td></td><td></td><td></td><td></td><td></td><td></td><td></td><td></td><td></td></tr>
<tr><td>三</td><td></td><td></td><td></td><td></td><td></td><td></td><td></td><td></td><td></td><td></td><td></td></tr>
<tr><td>四</td><td></td><td rowspan="5">省部级正职</td><td></td><td></td><td></td><td></td><td></td><td></td><td></td><td></td><td></td></tr>
<tr><td>五</td><td></td><td></td><td></td><td></td><td></td><td></td><td></td><td></td><td></td><td></td><td></td></tr>
<tr><td>六</td><td></td><td></td><td rowspan="5">省部级副职</td><td></td><td></td><td></td><td></td><td></td><td></td><td></td><td></td></tr>
<tr><td>七</td><td></td><td></td><td></td><td></td><td></td><td></td><td></td><td></td><td></td><td></td></tr>
<tr><td>八</td><td></td><td></td><td rowspan="6">厅局级正职</td><td></td><td></td><td></td><td></td><td></td><td></td><td></td></tr>
<tr><td>九</td><td></td><td></td><td></td><td></td><td></td><td></td><td></td><td></td><td></td><td></td></tr>
<tr><td>十</td><td></td><td></td><td></td><td rowspan="6">厅局级副职</td><td></td><td></td><td></td><td></td><td></td><td></td></tr>
<tr><td>十一</td><td></td><td></td><td></td><td></td><td></td><td></td><td></td><td></td><td></td><td></td></tr>
<tr><td>十二</td><td></td><td></td><td></td><td></td><td rowspan="7">县处级正职</td><td></td><td></td><td></td><td></td><td></td></tr>
<tr><td>十三</td><td></td><td></td><td></td><td></td><td></td><td></td><td></td><td></td><td></td></tr>
<tr><td>十四</td><td></td><td></td><td></td><td></td><td></td><td rowspan="7">县处级副职</td><td></td><td></td><td></td><td></td></tr>
<tr><td>十五</td><td></td><td></td><td></td><td></td><td></td><td></td><td></td><td></td><td></td></tr>
<tr><td>十六</td><td></td><td></td><td></td><td></td><td></td><td></td><td rowspan="7">乡科级正职</td><td></td><td></td><td></td></tr>
<tr><td>十七</td><td></td><td></td><td></td><td></td><td></td><td></td><td rowspan="7">乡科级副职</td><td></td><td></td></tr>
<tr><td>十八</td><td></td><td></td><td></td><td></td><td></td><td></td><td rowspan="9">科员</td><td></td></tr>
<tr><td>十九</td><td></td><td></td><td></td><td></td><td></td><td></td><td></td><td rowspan="9">办事员</td></tr>
<tr><td>二十</td><td></td><td></td><td></td><td></td><td></td><td></td><td></td></tr>
<tr><td>二十一</td><td></td><td></td><td></td><td></td><td></td><td></td><td></td><td></td></tr>
<tr><td>二十二</td><td></td><td></td><td></td><td></td><td></td><td></td><td></td><td></td></tr>
<tr><td>二十三</td><td></td><td></td><td></td><td></td><td></td><td></td><td></td><td></td><td></td></tr>
<tr><td>二十四</td><td></td><td></td><td></td><td></td><td></td><td></td><td></td><td></td><td></td><td></td></tr>
<tr><td>二十五</td><td></td><td></td><td></td><td></td><td></td><td></td><td></td><td></td><td></td><td></td></tr>
<tr><td>二十六</td><td></td><td></td><td></td><td></td><td></td><td></td><td></td><td></td><td></td><td></td></tr>
<tr><td>二十七</td><td></td><td></td><td></td><td></td><td></td><td></td><td></td><td></td><td></td><td></td><td></td></tr>
</table>

表 11—6　　　　公务员级别工资标准表　　　　单位：元/月

级别	档次													
	1	2	3	4	5	6	7	8	9	10	11	12	13	14
一	3 020	3 180	3 340	3 500	3 660	3 820								
二	2 770	2 915	3 060	3 205	3 350	3 495	3 640							
三	2 530	2 670	2 810	2 950	3 090	3 230	3 370	3 510						
四	2 290	2 426	2 562	2 698	2 834	2 970	3 106	3 242	3 378					
五	2 070	2 202	2 334	2 466	2 598	2 730	2 862	2 994	3 126	3 258				
六	1 870	1 996	2 122	2 248	2 374	2 500	2 626	2 752	2 878	3 004	3 130			
七	1 700	1 818	1 936	2 054	2 172	2 290	2 408	2 526	2 644	2 762	2 880			
八	1 560	1 669	1 778	1 887	1 996	2 105	2 214	2 323	2 432	2 541	2 650			

续前表

级别	档次													
	1	2	3	4	5	6	7	8	9	10	11	12	13	14
九	1 438	1 538	1 638	1 738	1 838	1 938	2 038	2 138	2 238	2 338	2 438			
十	1 224	1 416	1 508	1 600	1 692	1 784	1 376	1 968	2 060	2 152	2 244			
十一	1 217	1 202	1 387	1 472	1 557	1 642	1 727	1 812	1 897	1 982	2 067	2 152		
十二	1 117	1 196	1 275	1 354	1 433	1 512	1 591	1 670	1 749	1 828	1 907	1 986	2 065	
十三	1 024	1 098	1 172	1 246	1 320	1 394	1 468	1 542	1 616	1 690	1 764	1 838	1 912	1 986
十四	93S	1 097	1 076	1 145	1 214	1 283	1 352	1 421	1 490	1 559	1 628	1 697	1 766	1 835
十五	859	924	989	1 054	1 119	1 184	1 249	1 314	1 379	1 444	1 509	1 574	1 639	1 704
十六	786	847	908	969	1 030	1 091	1 152	1 213	1 274	1 335	1 396	1 457	1 518	1 579
十七	719	776	833	890	947	1 004	1 061	1 118	1 175	1 232	1 289	1 346	1 403	
十八	658	711	764	817	870	923	976	1 029	1 082	1 135	1 188	1 241	1 294	
十九	602	651	700	749	798	847	896	945	994	1 043	1 092	1 141		
二十	551	596	641	686	731	776	821	866	911	956	1 001			
二十一	504	545	586	627	668	709	750	791	832	873				
二十二	461	498	535	572	609	646	683	720	757					
二十三	422	455	488	521	554	587	620	653						
二十四	386	416	446	476	506	536	566	596						
二十五	352	380	408	436	464	492	520							
二十六	320	347	374	401	428	455								
二十七	290	316	342	368	394	420								

对今后一个时期公务员工资制度的改革，《2010—2020 年深化干部人事制度改革规划纲要》提出：健全公务员工资的正常增长机制；建立工资支付保障机制。对长期在基层和艰苦边远地区工作的干部、长期担任县乡党政领导职务的干部实行工资福利倾斜政策；继续推进规范公务员津贴补贴工作，实施地区附加津贴制度。推进公务员福利制度改革，改革完善公务员社会保障制度。①

5. 岗位技能工资制

这是按照员工在生产中的不同岗位确定工资的一种薪酬等级制度。它适用于专业化程度较高、分工较细、工作技术比较单一、工作物比较固定的单位和工种。岗位工资标准是

① 人力资源和社会保障部已着手在北京、云南等地调研公务员津补贴情况，并据此起草《公务员实施地区附加津补贴方案》。这旨在消除地区差距、消除基层与省市级之间差距的公务员收入改革又将拉开帷幕。上次改革，基本工资被确定，公务员的津补贴便成为一笔看不见的收入，且东中西部差异巨大，部门之间差异巨大。参见《人保部调研公务员津补贴 绩效工资条例或近期出台》，见人民网，2011-08-08。另据统计，各地擅自发放的津补贴名目达到 300 多项。已有地方开始了清理行动，如 2011 年 4 月，武汉市直行政单位公务员们被要求退还 2007 年至 2009 年间多发的各种津补贴，保守估计总额有数千万元。某市直机关被要求清退的津补贴达 908.87 万元，人均应退还金额 7.39 万元。参见王红茹、朱杉：《各地公务员收入差别大 专家称涨工资是公平需求》，见新华网，2011-08-30。

根据各个岗位技术的复杂程度、工作责任大小、工作的繁重程度等制定的，一般情况下实行单一型的工资标准，少数劳动熟练程度有较显著差别的岗位，也可实行可变型工资标准或涵盖型工资标准。制定岗位工资标准即是在分析、评价各岗位工作的基础上给各岗位评分，再按其所得总分的多少，由低到高顺序排列、划岗归类，组成一个统一的岗位工资标准体系。在安排相应的各岗位工资标准时，要确定和安排"工资等级表的幅度"和"工资级差"。岗位技能工资制无须制定技术标准，但应制定岗位技术要求、操作规程，并明确职责范围，以及上岗员工的条件等考核标准。我国在进行公务员工资改革的同时，也完善了机关工人岗位技术等级（岗位）工资制和事业单位工作人员的岗位工资制度。这都是以岗位技能工资制为基础的。

技术工人仍实行岗位技术等级工资制，基本工资构成由原来的岗位工资、技术等级（职务）工资和奖金三项调整为岗位工资和技术等级（职务）工资两项。岗位工资根据工作难易程度和工作质量确定，按初级工、中级工、高级工三个技术等级和技师、高级技师两个技术职务设置，分别设若干工资档次。技术等级（职务）工资根据技术水平高低确定，一个技术等级（职务）对应一个工资标准。普通工人仍实行岗位工资制，基本工资构成由原岗位工资和奖金两项调整为岗位工资一项。

我国事业单位工作人员实行岗位绩效工资制度，它是对 1993 年以后实行的工资制度的改革与完善：(1) 工资构成由原来的固定工资和津贴两部分组成，改为现行的由岗位工资、薪级工资、绩效工资和津贴补贴四部分构成，其中，岗位工资和薪级工资为基本工资，如表 11—7 所示。不同类型事业单位，必须严格执行统一的基本工资政策和标准，不得随意调整和改变基本工资结构。(2) 各类人员按照现聘用的岗位执行相应的岗位工资标准。事业单位岗位分为专业技术岗位、管理岗位和工勤技能岗位。(3) 国家对事业单位绩效工资分配实行总量调控和政策指导。绩效工资与工作人员的实绩、贡献挂钩，由事业单位自主决定内部分配，合理拉开差距。事业单位实行绩效工资后，取消原来的年终一次性奖金，将一个月基本工资的额度，以及地区附加津贴纳入绩效工资。(4) 建立正常增加薪级工资制度。从 2006 年 7 月 1 日起，年度考核结果为合格及以上等次的工作人员，每年增加一个薪级工资，并从第二年的 1 月 1 日起执行。年度考核结果为基本合格、不合格的，不能正常增加薪级工资。(5) 实行对高层次人才的分配激励措施和单位主要领导分配激励约束机制。中国科学院院士、中国工程院院士，以及为国家作出重大贡献的一流人才，按有关规定报经国家人事部门批准后，执行专业技术一级岗位工资标准。对有突出贡献的专家、学者和技术人员，继续实行政府特殊津贴。对承担国家重大科研项目和工程建设项目等为我国经济建设和社会发展作出重要贡献的优秀人才，给予不同程度的一次性奖励。对基础研究、战略高技术研究和重要公益领域的事业单位高层次人才，逐步建立特殊津贴制度。对重要人才建立国家投保制度。对部分紧缺或者急需引进的高层次人才，经批准可实行协议工资、项目工资等灵活多样的分配办法。政府人事、财政等部门结合考核情况，对事业单位主要领导的收入分配实行收入与单位的社会经济效益及长远发展相联系的原则，规范收入与加强监督相结合。

《中共中央、国务院关于分类推进事业单位改革的指导意见》要求今后一个时期事业单位收入分配制度的改革，要以完善工资分配激励约束机制为核心，健全符合事业单位特点、体现岗位绩效和分级分类管理要求的工作人员收入分配制度。结合规范事业单位津贴补贴实施绩效工资，进一步做好义务教育学校、公共卫生与基层医疗卫生事业单位实施绩效工资工作；对其他事业单位按照分类指导、分步实施、因地制宜、稳慎推进的原则，实施绩效工资。各地区各部门要根据改革进程，探索对不同类型事业单位实行不同的绩效工资管理办法，分步实施到位。完善事业单位工作正常调整机制。①

表 11—7 **2006 年制定的事业单位工资改革工资标准表**

岗位工资	专业技术人员		正高	副高	中级	助级	员级						
			1 420	930	680	590	550						
	管理人员		正部	副部	正局	副局	正处	副处	正科	副科	科员	办事员	
			2 750	2 130	1 640	1 305	1 045	850	720	640	590	550	
薪级工资	1	2	3	4	5	6	7	8	9	10	11	12	13
	80	91	102	113	125	137	151	165	181	197	215	233	253
	14	15	16	17	18	19	20	21	22	23	24	25	26
	273	295	317	341	365	391	417	443	471	499	524	555	583
	27	28	29	30	31	32	33	34	35	36	37	38	39
	613	643	673	703	735	767	799	834	869	904	944	984	1 024
	40	41	42	43	44	45	46	47	48	49	50	51	52
	1 064	1 109	1 154	1 199	1 244	1 289	1 334	1 384	1 434	1 484	1 534	1 590	1 655
	53	54	55	56	57	58	59	60	61	62	63	64	65
	1 720	1 785	1 850	1 920	1 990	2 060	2 130	2 200	2 280	2 360	2 440	2 520	2 600

6. 宽带薪酬制

宽带薪酬（broad bonding）是对传统的多等级、窄幅度的薪酬序列进行重新组合，形成一种等级少、宽幅度的薪酬结构。首先，它打破了传统薪酬结构那种严格的等级制，将原来十几个甚至二三十个薪资级别压缩成几个级别，并将每个薪资级别所对应的薪资变动范围拉大，从而形成一个新的薪资管理系统及操作流程。二是减少了工作之间的等级差别，有助于组织结构向扁平化发展，同时有利于提高效率，以及创造学习型的组织文化。三是在传统薪酬结构中，员工即使能力达到了较高的水平，但若没有职位空缺，仍然无法

① 人力资源和社会保障部负责起草制定的《事业单位岗位绩效工资制度》规定：以后公益类事业单位的工资将由岗位工资和绩效工资两部分组成。基本将岗位工资和绩效工资的比例整体确定为 7∶3、6∶4 和 5∶5 三档，公益性质越强，其岗位工资占比越大。参见《人保部调研公务员津补贴 绩效工资条例或近期出台》，见人民网，2011-08-08。

获得较高的薪酬，而在宽带薪酬体系下，即使是在同一个薪酬宽带内，由于变动幅度大，员工只要注意培养组织所需要的技术和能力，并不断提高绩效，也可以获得较高的报酬。四是利于培育员工跨职能成长的能力。在传统等级薪酬结构中，员工的薪酬水平与其所担任的职位严格挂钩，同一职位级别的变动并不能带来薪酬水平上的变化，但是这种变化又使得员工不得不学习新的东西，因此，员工往往不愿意接受职位的同级轮换。而在宽带薪酬体系下，由于薪酬的高低是由绩效决定而不是由职位决定的，员工乐意通过相关职能领域的职务轮换来提升自己的能力，以此获得更大的回报。五是宽带薪酬的薪酬水平是以市场调查的数据及组织的薪酬定位来确定的，因此，薪酬水平需要定期核对与调整，以方便组织把握市场情况，并能相应地做好人工成本的控制。六是实行宽带型薪酬，即使是在同一薪酬宽带当中，由于薪酬区间的最高值和最低值之间的变动比率至少有 100%，因此，对于员工薪酬水平的界定留有很大空间，不仅有利于促使直线部门的管理者切实承担起其人力资源管理职责，也有利于人力资源专业人员从一些附加价值不高的事务性工作中脱身，转而更多地关注对组织更有价值的其他一些高级管理活动，以及充分扮演好直线部门的战略伙伴和咨询顾问的角色。但它同时也存在员工晋升机会减少、薪酬成本上升、适应的组织有限等局限。

11.3 福利管理

11.3.1 福利的概念及作用

尽管对福利（benefits）的界定存在争议，但基本上可以从广义和狭义两个方面理解。广义的福利包括三个层面：一是员工作为国家的合法公民，而依法享受的公共福利和公共服务；二是员工作为组织的成员，而享受组织提供的集体福利；三是除工资、津贴、补贴、奖金等外，组织为员工及其家庭提供的其他各种实物和服务。狭义的福利，仅指组织为满足员工的生活需要，在工资、津贴、补贴、奖金等之外，向员工及其家庭提供的待遇，包括物质福利、专项服务等。福利的作用主要表现在：

(1) 吸引优秀员工。以前人们一直认为，组织主要靠高工资来吸引优秀员工，现在许多组织都已经认识到，良好的福利有时比高工资更能吸引优秀员工。

(2) 激励员工。良好的福利会使员工产生由衷的工作满意感，无后顾之忧，有与组织共荣辱之感，士气必然会高涨，进而激发员工自觉为组织目标而奋斗的动力。

(3) 降低流动率。员工流动率过高必然会使组织的工作受到一定的损失，而良好的福利会使许多可能流动的员工打消流动的念头。

(4) 凝聚员工。组织的凝聚力由许多因素促成，但良好的福利无疑是一个重要的因素，因为良好的福利体现了组织高层管理者以人为本的理念。

(5) 提高效益。良好的福利一方面可以使员工得到更多的实惠，另一方面作为用在员工身上的投资会带来更多的回报。

(6) 树立良好的组织形象，传播组织文化。

11.3.2　福利管理的内容

1. 福利管理的目标

(1) 符合法律、法规和政策。

(2) 使福利管理的成本最小化。

(3) 符合组织的战略目标规划。

(4) 综合考虑到员工的长期利益和短期利益。

(5) 充分发挥福利的激励作用。

(6) 能激励大多数员工。

(7) 组织负担得起。

2. 福利成本核算

(1) 计算出最高可能支出的福利总费用。

(2) 与外部福利标准做比较。

(3) 作出主要福利项目的预算。

(4) 确定每一员工的福利项目成本。

(5) 制定相应的福利项目的成本计划。

(6) 尽可能在满足福利目标的前提下降低成本。

3. 福利的调查与沟通

福利的调查与沟通是促使福利项目最大限度满足员工需要的手段。只有通过调查真正了解到员工的需要，并将制定的福利政策及时与员工沟通，福利的作用才能体现出来。

4. 福利实施

福利实施是福利管理的具体操作部分，在实施中应注意：

(1) 按照目标设置来实施。

(2) 落实预算。

(3) 有计划有步骤地实施。

(4) 稳定性和灵活性相结合。

(5) 定期检查福利实施情况。

11.3.3　福利的种类

组织中的福利项目包括两大类：一类是法律政策规定的福利项目，即法定福利。另一类是组织自身提供的福利项目，即自主福利。世界各国的福利项目大同小异，但具体内容差异很大。下面是我国的一些福利项目：

1. 法定福利

法定福利是指法律规定的一些福利项目，具有强制性，任何组织都必须执行。目前，我国法定福利主要包括以下五项：

(1) 社会保险。按照《中华人民共和国劳动法》(简称《劳动法》)、《中华人民共和国社会保险法》(简称《社会保险法》) 及其他有关法规政策的规定，具体分为基本养老保险、基本医疗保险、工伤保险、失业保险和生育保险。具体内容将在下一节阐述。

（2）带薪年休假。我国《职工带薪年休假条例》、《机关事业单位工作人员带薪年休假实施办法》规定：机关、团体、企业、事业单位、民办非企业单位、有雇工的个体工商户等单位的职工连续工作 1 年以上的，享受带薪年休假。职工累计工作已满 1 年不满 10 年的，年休假 5 天；已满 10 年不满 20 年的，年休假 10 天；已满 20 年的，年休假 15 天。单位应当保证职工享受年休假。职工在年休假期间享受与正常工作期间相同的工资收入。对职工应休未休的年休假天数，单位应当按照该职工日工资收入的 300％支付年休假工资报酬。国家规定的法定休假日、休息日、探亲假、婚丧假、产假的假期等不计入年休假的假期。

（3）法定休假日。我国法定节假日共 11 天，即元旦 1 天、春节 3 天、“五一”国际劳动节 1 天、“十一”国庆节 3 天；清明节、端午节、中秋节各 1 天（农历遇闰月，以第一个月为休假日）。

（4）公休假日：我国目前实行的是每周两天的休息制度。

（5）经济补偿与赔偿金：《中华人民共和国劳动合同法》（简称《劳动合同法》）第 47 条规定，劳动者在依法与用人单位解除劳动合同时，用人单位应当向劳动者支付经济补偿：经济补偿按劳动者在本单位工作的年限，每满 1 年支付 1 个月工资的标准向劳动者支付。6 个月以上不满 1 年的，按 1 年计算；不满 6 个月的，向劳动者支付半个月工资的经济补偿。劳动者月工资高于用人单位所在直辖市、设区的市级人民政府公布的本地区上年度职工月平均工资 3 倍的，向其支付经济补偿的标准按职工月平均工资 3 倍的数额支付，向其支付经济补偿的年限最高不超过 12 年。月工资是指劳动者在劳动合同解除或者终止前 12 个月的平均工资。用人单位违反我国《劳动合同法》规定解除或者终止劳动合同，应当依照《劳动合同法》第 47 条规定的经济补偿标准的两倍向劳动者支付赔偿金。

2. 自主福利

自主福利是指组织根据自身的发展需要和员工的需要有选择地提供的福利项目。由于各单位具体情况不同，自主福利的具体内容和标准也没有一定的模式，弹性福利、多达几十项的菜单式福利已成为发展趋势[①]，主要有以下几种：

（1）福利费。这是为解决职工的生活困难问题而建立的一种专项费用。由福利费的提取比例和使用范围两部分的规定组成。福利费的提取，有的是按工资总额的一定比例，有的是按基本工资的一定比例。福利费的使用以解决员工及其家属的生活困难为主。对员工的困难补助，应根据“困难大的多补助，困难小的少补助”的原则，酌情予以定期或临时补助。福利费也可以用于适当补助单位托儿所、幼儿园、理发室、浴室等的零星物品购置，以及慰问住院工作人员等。福利费如有结余，可转下年继续使用。

（2）住房补贴。这是指组织为了使员工有一个较好的居住环境而提供给员工的一种福

① 参见银顺利、段保民：《如何实施菜单式福利方案》，载《人力资源管理》，2010（7）；胡阳、夏彩云：《弹性福利的方法与应用研究》，载《中国人力资源开发》，2010（12）。

利，主要包括以下几种：根据职位不同每月提供住房公积金；组织购买或建造住房后免费或低价租给或卖给员工居住；为员工的住所提供免费或低价装修；为员工购买住房提供免息或低息贷款，全额或部分报销员工租房费用。

（3）交通费。这是指组织为给员工上下班提供交通方便而设立的一种福利，主要包括以下几种：组织派专车到员工家接送上下班；组织派专车按一定的路线行驶，上下班员工到一些集中地点候车；组织按规定为员工报销上下班交通费；组织每月发放一定数额的交通补助费。

（4）工作午餐。这是指组织为员工提供的免费或低价的午餐。有的组织虽然不直接提供工作午餐，但提供一定数额的工作午餐补助费。

（5）商业保险。这是指组织全额资助或部分资助的保险项目。如人寿保险、大病住院保险等。

（6）有偿假期。这是指除法律规定之外的、员工在有报酬的前提下，不来上班工作的一类福利项目。主要有脱产培训、病假、事假、旅游等。

（7）生活福利。这是指组织为员工的生活提供的其他各类福利项目，主要有为员工提供的法律服务、心理咨询服务、贷款担保、各种生活设施、内部优惠商品、搬迁补贴、冬季宿舍取暖补贴、探亲休假、子女教育费等。

此外，自主福利还有人寿保险、补充医疗保险、职工援助计划、年金等。

11.4　社会保险

11.4.1　社会保险的含义

保险是互助共济与风险分担，是以多数人的经济力量来补偿少数人的损失的一种社会共济制度。它有狭义与广义之分，狭义的保险是指专门的保险公司按商业经营原则提供的商业保险，包括财产保险和人身保险两大类。广义的保险包括三部分：一是商业保险；二是被保险人集资合办，体现互保互助原则的合作保险；三是国家法定的强制性保险，即社会保险，也就是本节要谈的内容。

1949 年以后，我国分别就企业和机关、事业单位建立了两套社会保险体系，逐步形成了计划经济条件下的保险制度，但这极不适应市场经济和时代发展的要求。经过近几十年的探索努力，在形成了多部相关法律法规和条例规章等的基础上，终于在 2010 年 10 月 28 日，由第十一届全国人民代表大会常务委员会第十七次会议通过了《社会保险法》（2011 年 7 月 1 日实施），确立了广覆盖、可转移、可衔接的社会保险制度，使社会保险体系建设全面进入法制化的轨道。

1. 社会保险的概念及其特点

社会保险是国家通过立法而建立起来的旨在保障劳动者在暂时或永久丧失劳动力时或在工作中断期间的基本生活需求的一种保险制度。社会保险是社会保障制度的核心内容，以保护全体劳动者为目的，运用保险技术，并按照一定标准，向失业、遭受劳动灾害、残疾、死亡，以及年老的社会成员发放生活费，提供医疗和就业服务，并帮助其恢复和提高劳动能力。其经营主体是国家，社会保险费用的一部分由国库负担，一部分要求劳动者及劳动力的使用者承担。社会保险是社会保障体系的重要组成部分。从理论上讲，社会保险是社会对劳动者在特殊情况下分配个人消费品的一种形式。劳动者的社会保险权属于基本人权的社会保障权的重要组成部分，国家兴办社会保险事业，是国家对劳动者履行的社会责任。社会保险具有强制性、保障性、普遍性、社会性和互助性等特点。

客观上存在的夺走劳动者经济收入的风险种类是确定社会保险内容的前提，这些风险有七种，即失业风险、生育风险、疾病风险、工伤风险、残障风险、老年风险、死亡风险。但一个国家社会保险应包含的险种的多少最终要取决于国家财政、资方与劳方负担保险费的能力大小，以及劳动者保险的需要。《社会保险法》第 2 条规定："国家建立基本养老保险、基本医疗保险、工伤保险、失业保险、生育保险等社会保险制度，保障公民在年老、疾病、工伤、失业、生育等情况下依法从国家和社会获得物质帮助的权利。"这就明确规定了我国社会保险的内容包括基本养老保险、基本医疗保险、工伤保险、失业保险和生育保险。

2. 社会保险基金

社会保险基金是指为了保障受保人的社会保险待遇，按照国家法律法规，由缴费单位，或缴费单位及缴费个人按缴费基数的一定比例缴纳，以及通过其他合法方式筹集的专项资金。我国社会保险基金包括基本养老保险基金、基本医疗保险基金、工伤保险基金、失业保险基金和生育保险基金，各项社会保险基金按照社会保险险种分别建账，分账核算，执行国家统一的会计制度。社会保险基金的来源渠道有三个：

（1）单位和个人缴纳的社会保险费。这是单位或单位和个人共同向社会保险经办机构缴纳的保险费用。我国《社会保险法》根据不同的保险项目，要求单位或单位和个人共同承担缴纳义务。这是社会保险基金的主要组成部分。

（2）国家财政资助。政府为履行社会保险职责，每年都需要向社会保险部门拨付一定数量的资金，保证社会保险制度的正常运转。这分为两种形式：一是将保险支出纳入国家预算的预算拨款；二是根据社会保险项目的实际需要，分项补助的专项拨款。我国《社会保险法》规定：县级以上人民政府在社会保险基金出现支付不足时，给予补贴。国家财政资助是社会保险基金得以正常运行的可靠保证，也是社会保险保障性稳定和优于商业性保险的原因。

（3）投资盈利。即通过对社会保险基金的运作投资所获取的一部分收益。

截至 2011 年 9 月底，我国参加城镇基本养老保险、基本医疗保险、失业保险、工伤保险和生育保险的人数分别为 27 497 万人、46 337 万人、14 053 万人、17 205 万人、13 472万人，分别比 2010 年年底增加了 1 790 万人、3 074 万人、677 万人、1 044 万人、1 136 万人。[①] 2011 年 5 项社会保险基金总收入 2.37 万亿元，比上年增长 26%；总支出 1.79 万亿元，增长 21.1%。[②] 另据专家测算，我国社会保险基金的收益率不到 2%，几乎

① 参见《截至 9 月底新农保和城镇社保参保总人数达 2.35 亿》，见中国新闻网，2011-10-25。
② 参见《2011 年我国五项社保基金总收入达 2.37 万亿元》，见中国政府网，2012-01-20。

是世界上收益率最低的，低于同期的通货膨胀率。①

3. 世界各国社会保险情况介绍

自社会保险制度创立以来，世界上 170 多个国家或地区先后建立了社会保险制度，但由于各国社会制度、发展程度、经济实力和文化背景的不同，在社会保险的政策取向、制度设计、项目多寡、具体标准及实施办法等方面都存在着很大差别。按照价值取向的侧重点和制度完备的程度，可以把这些国家分为五种类型：一是仍局限于救灾济贫范围的国家。主要包括发展较为迟缓的一些非洲国家。二是着眼于以就业保障来保证社会公平和劳动力再生产的国家，如俄罗斯和东欧国家。三是立足于保证基本生活需求和社会安全，进而开发人力资源的国家，德国、美国和日本比较典型。四是所谓“福利国家”，保障范围遍及全民，保险项目贯穿人生各个方面，英国和北欧国家最有代表性。五是完全以自助为主，以促进经济发展为目标的国家。其特征是政府不提供资助，除公共福利与文化设施外，费用由雇主和雇员负担，如马来西亚、印度尼西亚等。综合各国社会保险制度，可以归纳为以下四个特点：

(1) 社会保险的内容都自成体系，项目的划分和组合也各不相同。如德国、法国和日本采用医疗保险或健康保险的“一揽子计划”；美国的“医疗照顾”制度仅是对老年人和残疾人实施的，其对象、范围都有限，一般人都需到保险公司参加“完全自愿”的医疗保险。

(2) 社会保险都是根据本国的国情、经验、需求和传统来确定，并加以划分和组合的。如日本进入高龄化社会的速度极快，超出欧美其他发达国家三四倍，因此日本政府和全社会都把研究老年人福利保障问题放在一个极其重要的位置，有关养老保险的制度就相当完备。

(3) 各国的社会保险制度虽然差别很大，但所设项目大同小异，如养老退休、医疗保健、工伤赔偿、失业保险等项目，这些项目虽然采取的形式各不相同，但都是每一个国家的社会保险制度中必不可少的。

(4) 从各国社会保险收入在国民生产总值中所占的比例来看，发达国家比例高，项目多，其中西欧发达国家最高，这些国家社会保险的社会化程度高、范围广。

11.4.2 养老保险

养老保险是指国家通过立法强制建立养老保险基金，被保险人符合法定条件时，可以从中领取养老金，以保证其基本生活的一种社会保险制度。与其他社会保险相比，养老保险还具有风险的确定性、待遇给付的持续性等特点。当前，世界上实行的养老保险制度可分为三类：一是保险型，以德国、美国、日本为代表。它强调养老待遇与劳动者的收入和缴费水平相联系，养老资金主要来自雇主和雇员的缴费，另外还有政府补贴。二是福利国家型，以英国、瑞典为代表。其养老制度适用于全体国民，待遇标准统一，养老资金来自国家财政。三是基金积累型，以新加坡和我国香港地区为代表。它要求强制储蓄积累资金，资金来自雇主和雇员的缴费，所有缴费存在雇员个人账户。我国公共部门人力资源养

① 参见《2011 年上半年社会保险基金总收入过万亿》，见网易，2011-07-26。

老保险分成如下两部分。[①]

1. 公务员和参照公务员管理工作人员养老保险

《社会保险法》规定：公务员和参照公务员管理的工作人员养老保险的办法由国务院规定。而目前我国公务员和参照公务员管理工作人员（简称参公管理人员）养老制度的依据主要是《公务员法》、《国务院关于安置老弱病残干部的暂行办法》（国发［1978］104号）、《国务院关于老干部离职休养的暂行规定》（国发［1980］253号）、《中共中央组织部、劳动人事部关于女干部离休退休年龄问题的通知》、《关于机关事业单位离退休人员计发离退休费等问题的实施办法》（国人发［2006］60号）等，各地都出台了相应的规范性文件，以具体落实上述规定。[②]

目前实践中的公务员的退休年龄通常与其行政级别挂钩，具有一定的弹性。例如，中央、国家机关的正副部长，省、自治区、直辖市的党委正副书记、政府的正副省长（市长、主席），以及纪委、法院、检察院的负责人，正职一般不超过65岁，副职一般不超过60岁；担任厅局级的，一般不超过60岁；其他干部男年满60岁、女年满55岁。

公务员退休后退休费的比例计发是：工作年限满35年的，按90%计发；工作年限满30年不满35年的，按85%计发；工作年限满20年不满30年的，按80%计发；满10年不满20年的，按70%计发；不满10年的，按50%计发。

我国公务员离退休金的筹集方式是由国家财政拨款支付，公务员在任职期间不需交纳，符合离退休条件后，直接按月从单位领取离退休金（实际上是国家财政直接划拨）。这是20世纪50年代建立起来的制度，其存在的问题随着社会进步和城镇职工养老保险制度的完善而逐步凸显出来：一是替代率达到85%以上，即占到退休前工资的85%以上，比事业单位高。此外，企业职工缴纳28%的费率，公务员个人不缴费，但退休金却是很多企业职工的数倍，相比农民而言则更高。本来养老金是消除社会养老的减震器，但现在却成为制造矛盾的众矢之的。二是制约了公务员的流动，阻碍统一的劳动力市场的形成。三是随着公务员队伍的扩大、退休人员的增加、退休金的逐步提高，国家财政负担会逐步加重。因此，公务员养老保险制度的建立虽已讨论了数十年，然而至今仍没有摆脱“单位养老”的模式，尽管海南、宁波等地曾试图建立公务员或者公务员与事业单位人员的养老保险制度，并出台了相应的办法，但最后均以夭折而告终。

从全球来看，在已建立养老保险的172个国家或地区中，有78个国家单独建立了公职人员制度，其中有经济合作与发展组织（OECD）30个国家中的13国、欧盟27国中的8国。[③] 从现有争议来看，关于公务员养老保险的具体模式主要是两个：一是继续采取“分立”模式，除职工基本养老保险之外，单独制定公务员和参公管理人员的基本养老保险；并在完善养老保险体系的同时，逐步建立公务员和参公管理人员的补充养老保险，即职业年金。二是采取“合并”模式，即将公务员纳入职工基本养老保险，并在此基础上，

---

① 除了本书介绍的公务员和参照公务员管理工作人员养老保险、职工基本养老保险外，我国还有农村社会养老保险和城镇居民社会养老保险。

② 需说明的是，一些发达国家的公务员养老保险制度的适用对象包括政府机关、军事、教育和其他公共机构的人员，而我国目前的公务员和参公管理人员养老保险制度不适用于军事机关和公益性事业单位的工作人员。

③ 参见赵江利、王裕明、王金涛：《国外公职人员养老保险制度研究及启示》，载《劳动保障世界》，2010（6）。

建立公务员和参公管理人员的补充养老保险。①从有关人士的透露来看，我国未来将选择“合并”模式。②

2. 职工基本养老保险

（1）职工基本养老保险的适用范围。根据《社会保险法》、《国务院关于完善企业职工基本养老保险制度的决定》（国发［2005］38 号）与《事业单位工作人员养老保险制度改革试点方案》（国发［2008］10 号）等的规定，职工基本养老保险适用于：1）各类企业及其职工。2）实行企业化管理的事业单位及其职工。3）以科、教、文、卫为代表的事业单位及其职工。其中第三种类型的即公益性事业单位及其工作人员，在《劳动合同法》实施以前，就形成人事关系的，不参与职工基本养老保险，适用机关养老保险制度。《劳动合同法》实施以后，除法律、法规等另有规定的外，都应该适用《劳动合同法》的相关规定。《事业单位工作人员养老保险制度改革试点方案》明确了公益性事业单位及其工作人员基本养老保险的改革方向是参加职工养老保险；《社会保险法》中未有对公益性事业单位及其工作人员基本养老保险的单独规定，这说明应该是在维持这种改革方向。

（2）职工基本养老保险基金的筹集。我国职工养老保险制度采取个人账户与统筹基金相结合的模式，因此，养老保险基金的筹集主要包括基本养老保险资金和个人账户资金的筹集两部分。养老保险基金由以下五部分组成：用人单位和被保险人缴纳的基本养老保险费、基本养老保险费利息和其他收益、财政补贴、滞纳金，以及其他可以纳入基本养老保险基金的资金。其中用人单位缴纳的比例，一般不得超过工资总额的 20%；个人缴纳的比例，1997 年不得低于本人缴费工资的 4%，1998 年起每两年提高 1 个百分点，最终达到本人缴费工资的 8%，这也就形成了职工养老保险的个人账户。但个人账户不得提前支取，只有出现职工离退休、在职期间死亡或者离退休人员死亡等情形时，个人账户才发生支付和支付情况变动。

（3）职工基本养老保险待遇的给付条件。该条件是：达到国家规定的退休条件并办理退休手续、缴纳基本养老保险费累计缴费年限满 15 年。对于退休年龄，1978 年，《国务院关于安置老弱病残干部的暂行办法》和《国务院关于工人退休、退职的暂行办法》颁布，其中前者规定：党政机关、群众团体、企业、事业单位的干部，符合下列条件之一的，都可以退休。一是男年满 60 周岁，女年满 55 周岁，参加工作年限满 10 年的；二是男年满 50 周岁，女年满 45 周岁，参加工作年限满 10 年，经过医院证明完全丧失工作能力的；三是因工致残，经过医院证明完全丧失工作能力的。后者规定：全民所有制企业、事业单位和党政机关、群众团体的工人，符合下列条件之一的，应该退休。一是男年满 60 周岁，女年满 50 周岁，连续工龄满 10 年的。二是从事井下、高空、高温、特别繁重体力劳动或者其他有害身体健康的工作，男年满 55 周岁，女年满 45 周岁，连续工龄满 10 年的。三是男年满 50 周岁，女年满 45 周岁，连续工龄满 10 年，由医院证明，并经劳动鉴定委员会确诊，完全丧失劳动能力的。四是因工致残，由医院证明，并经劳动鉴定委员会确诊，

① 参见林嘉主编：《社会保险法教程》，118 页，北京，法律出版社，2011。

② 参见《步正发委员：机关将纳入养老保险缴费行列》，见人民网，2010-03-08。

完全丧失劳动能力的。[①]对于达到法定退休年龄时累计缴费不足15年的，可以缴费至满15年，按月领取基本养老金；也可以转入新型农村社会养老保险或者城镇居民社会养老保险，按照国务院规定享受相应的养老保险待遇。

（4）职工基本养老保险待遇的给付内容。这主要包括基本养老金、丧葬补助金和抚恤金，以及伤残津贴。其中基本养老金是最重要的内容。它是由统筹养老金和个人账户养老金组成。基本养老金根据个人累计缴费年限、缴费工资、当地职工平均工资、个人账户金额、城镇人口平均预期寿命等因素确定。《国务院关于完善企业职工基本养老保险制度的决定》规定了我国基本养老金发放采取以下方式：

一是“新人新办法”。即《国务院关于建立统一的企业职工基本养老保险制度的决定》（国发［1997］26号）实施后参加工作、缴费年限累计满15年的人员，退休后按月发给基本养老金。基本养老金由基础养老金和个人账户养老金组成。退休时的基础养老金月标准以当地上年度在岗职工月平均工资和本人指数化月平均缴费工资的平均值为基数，缴费每满1年发给1%。个人账户养老金月标准为个人账户储存额除以计发月数，计发月数根据职工退休时城镇人口平均预期寿命、本人退休年龄、利息等因素确定。

二是“中人中办法”。国发［1997］26号文件实施前参加工作，2006年1月1日后退休且缴费年限累计满15年的人员，在发给基础养老金和个人账户养老金的基础上，再发给过渡性养老金。

三是“老人老办法”。2006年1月1日前已经离退休的人员，仍按国家原来的规定发给基本养老金，同时执行基本养老金调整办法。

2008年2月29日，国务院常务会议通过了《事业单位工作人员养老保险制度改革试点方案》，并确定在山西、上海、浙江、广东、重庆5省市进行试点，但一直进展缓慢，这自然使人想起1992年的机关、事业单位养老保险改革5省试点的失败[②]；来自人力资源

① 此外，对于企业工作人员的提前退休，20世纪90年代，国务院及有关部委还出台了多个规定。另外，还要说明的是，从全球范围看，退休平均年龄男为60岁、女为58岁，而且有逐步延长退休年龄的趋势。参见李涌平：《我国退休年龄的延长与否是一大政策难点》，载《人口与发展》，2011（4）；范围：《退休年龄比较研究》，载《人口与经济》，2011（5）。同时应注意到，近几年，不少发达国家都推出了包括延长退休年龄在内的养老金改革方案，但几乎都引发了工作人员的罢工。例如，2011年11月30日发生了由英国工会总会协调发起的公共部门工作人员的“世纪大罢工”。受英国财政部的委托，由霍顿（Lord Hutton）带队公共部门养老金独立调查委员会，于2011年3月发布的《最终报告》（Independent Public Service Pensions Commission Final Report）是该次罢工的导火索。英国的养老金体系由国家基本养老金（Basic State Pension）、国家附加养老金（State Second Pension）与个人自愿养老金及商业保险构成。其中英国公共部门养老金计划属于国家附加养老金，涵盖地方政府雇员（LGPS）、国民医疗体系雇员（NHS）、教师、公务员、军人、警察、消防员等群体（每个群体均有各自独立的养老金计划），共有1 200万参与人（包括在职缴费者，延迟退休者与养老金领取者）。2008—2009年度的养老金支出为320亿英镑，相当于英国基本养老金总支出的2/3。基于能负担与可持续、保障充分与公平、公开与简单及高效四项原则，该报告向政府提出了27项针对公共部门养老金制度的改革建议，英国政府采纳了所有建议。其中，主要包括：一是将养老金水平由过去的与退休前最后薪资（final salary）相挂钩，改为与职业生涯平均薪资相挂钩（Career Average Revalued Earnings，CARE）；二是延长退休年龄，使退休年龄与领取国家基本养老金年龄（SPA）一致（军队、警察等特殊职业除外），2020年退休年龄从65岁延长至66岁，2027年延长至67岁；三是在今后三年内，将高收入人员的缴费率平均额外提高3.2%。

② 参见《事业单位养老保险改革5试点省市启动缓慢》，见人民网，2009-10-26。另外，人力资源和社会保障部于2012年1月10日发布的《关于认真贯彻落实分类推进事业单位改革有关文件精神的通知》要求：山西、上海、浙江、广东、重庆等5个事业单位养老保险改革试点省市，要在确保社会稳定的前提下，以事业单位分类、人事制度、收入分配制度改革为基础，开展计发办法测算论证和试行职业年金的准备工作，抓紧拟订试点方案，报国务院审定后适时启动试点工作。

和社会保障部的统计，2010 年，若剔除 1 954 亿元的财政补贴，企业部门基本养老保险基金当期征缴收入收不抵支的省份（含新疆建设兵团）共有 15 个，缺口高达 679 亿元[①]；而养老保险个人账户空账规模却已达 1.3 万亿元[②]；另据美世咨询公司的报告，中国因基本养老金体系目前尚未覆盖全部就业人口，而在全球养老金指数排名中位列倒数第一。[③] 我国养老保险制度的建立与完善任重道远。

11.4.3　基本医疗保险

医疗保险是指通过用人单位和个人缴费或政府补贴，建立医疗保险基金，参保人员患病就诊发生医疗费用后，由医疗保险经办机构给予一定的经济补偿，以避免或减轻参保人因患病、治疗等所带来的经济风险的一种社会保险制度。与其他社会保险相比，医疗保险还具有独特的第三方付费制、享受待遇与缴费水平不是正相关关系等特点。目前，国际上存在自愿保险、强制性医疗储蓄、免费全民医疗保险和社会保险四种模式，其中上百个国家采取的是社会保险模式。

我国公共部门人力资源医疗保险制度的建立，缘起于 20 世纪 50 年代。根据现行法律法规等，公共部门人力资源的医疗保险属于职工基本医疗保险。1998 年 12 月，国务院发布《国务院关于建立城镇职工基本医疗保险制度的决定》（简称《决定》）指出：从 1999 年 1 月开始，在全国范围内进行城镇职工医疗保险制度改革。由此至今，中共中央、国务院先后颁布了多个指导意见等，例如，2009 年的《中共中央国务院关于深化医药卫生体制改革的意见》和国务院的《医药卫生体制改革近期重点实施方案（2009—2011）》，2010 年的《国务院关于试行社会保险基金预算的意见》。2000 年，国务院办公厅还转发了《关于城镇医药卫生体制改革指导意见》、《关于实行国家公务员医疗补助的意见》。同时，原劳动和社会保障部、现人力资源和社会保障部单独或会同其他有关部门先后颁布了一系列规范性文件，例如 1999 年的《城镇职工基本医疗保险用药范围管理暂行办法》、《关于城镇职工基本医疗保险诊疗项目管理的意见》、《关于加强城镇职工基本医疗保险费用结算管理的意见》、《关于确定城镇职工基本医疗保险医疗服务设施范围和支付标准的意见》，2000 年的《城镇职工基本医疗保险业务管理规定》，2002 年的《关于加强城镇职工基本医疗保险个人账户管理的通知》，2004 年的《国家基本医疗保险和工伤保险药品目录》，2009 年的《关于进一步加强基本医疗保险基金管理的指导意见》等。《社会保险法》的制定则明确了职工基本医疗保险的待遇水平、支付方式等基本问题，标志着我国基本医疗保险框架性制度的确立。[④]

1. 职工基本医疗保险的覆盖范围和缴费方式

《社会保险法》第 23 条规定：职工应当参加职工基本医疗保险，由用人单位和职工按照国家规定共同缴纳基本医疗保险费。可见，我国机关、事业单位、民办非企业单位及其职工都要参加职工基本医疗保险。而且，是由用人单位及其职工共同缴纳职工的基本医疗

---

① 参见《中国养老金制度正面临挑战　近半省份养老金收不抵支》，见中国网，2011-12-21。

② 参见王羚、高永诚：《养老金个人账户失灵　中国养老保险制度需要改革》，见新华网，2010-07-20。

③ 参见孙轲：《养老金指数倒数第一　美世建议中国提高退休年龄》，见搜狐，2010-10-26。

④ 除了本书介绍的职工基本医疗保险外，我国还有新型农村合作医疗和城镇居民基本医疗保险。

保险费，即职工基本医疗保险基金由统筹基金和个人账户构成。《决定》规定：用人单位缴费率应控制在职工工资总额的6%左右，职工缴费率一般为本人工资收入的2%。随着经济发展，各地在此基础上已做了相应调整，如上海、北京的单位缴费率为10%。职工个人缴纳的基本医疗保险费，全部计入个人账户。用人单位缴纳的基本医疗保险费分为两部分，一部分用于建立统筹基金，一部分划入个人账户。划入个人账户的比例一般为用人单位缴费的30%左右，具体比例由统筹地区根据个人账户的支付范围和职工年龄等因素确定。

需说明的是，第一，对于退休人员，《社会保险法》还规定：参加职工基本医疗保险的个人，达到法定退休年龄时累计缴费达到国家规定年限的，退休后不再缴纳基本医疗保险费；未达到国家规定年限的，可以缴费至国家规定年限。根据人力资源和社会保障部颁布、2011年7月1日开始实施的《实施〈中华人民共和国社会保险法〉若干规定》（简称《若干规定》），退休人员享受基本医疗保险待遇的缴费年限按照各地规定执行。参加职工基本医疗保险的个人，基本医疗保险关系转移接续时，基本医疗保险缴费年限累计计算。第二，对于公务员，各地根据《关于实行国家公务员医疗补助的意见》制定了相应的实施办法，公务员在参加基本医疗保险的基础上，享受规定的医疗补助。① 第三，为了不降低一些特定行业职工现有的医疗消费水平，在参加基本医疗保险的基础上，作为过渡措施，允许建立企业补充医疗保险。企业补充医疗保险费在工资总额4%以内的部分，从职工福利费中列支，福利费不足列支的部分，经同级财政部门核准后列入成本。

2. 职工基本医疗保险的付费方式

医疗费用的支付是医疗保险的核心问题。目前各国的支付方式主要是预付制和后付制，各又分为若干不同的支付形式。其中后付制是指医疗保险方在费用发生后，按被保险人以实际发生的医疗费用为基础向医疗服务机构进行支付。这是由作为医疗保险的第三方，在医疗服务发生后对供方进行事后补偿。我国长期使用的“先看病，后报销”的费用结算方式，是一种与后付制相似的“准后付制”。《决定》规定：统筹基金和个人账户要划定各自的支付范围，分别核算，不得互相挤占。要确定统筹基金的起付标准和最高支付限额，起付标准原则上控制在当地职工年平均工资的10%左右，最高支付限额原则上控制在当地职工年平均工资的4倍左右。起付标准以下的医疗费用，从个人账户中支付或由个人自付。起付标准以上、最高支付限额以下的医疗费用，主要从统筹基金中支付，个人也要负担一定比例。超过最高支付限额的医疗费用，只能通过其他途径解决。

《社会保险法》规定：参保人员医疗费用中应当由基本医疗保险基金支付的部分，由社会保险经办机构与医疗机构、药品经营单位直接结算。这是对我国基本医疗保险结算制

---

① 北京市社会保障“十二五”规划2011年11月22日发布，其中规定：从2012年元旦起，北京市级公费医疗人员全部并入职工医保。这涉及市属公务员、事业单位、公立医院、高校教职工22万人。这也标志着北京市级及以下公费医疗改革基本完成。因为，自平谷区2009年先期试点后，2010年北京市全面启动公费医疗改革，到2010年年底，全市16个区县级约45万公费医疗人员并入职工医疗保险。这样，北京市100万公费医疗人员中享有公费医疗的仅剩下中央级的约33万人，这也是北京市公费医疗下一步的改革目标。参见韩宇明：《北京公务员明年需缴纳医保费 公费医疗待遇取消》，见人民网，2011-12-23。中央单位纳入医保，需经中央部委研究同意，报国务院批准。2011年年底召开的中央单位并入医疗保险座谈会上提出，2012年做准备，2013年并入。参见《中央单位公务员明年纳入医保》，见人民网，2012-01-16。

度的规定，即实行实时结算制度。

人力资源和社会保障部 2011 年 5 月 31 日颁布的《关于进一步推进医疗保险付费方式改革的意见》提出了推进付费方式改革的任务目标是：结合基金收支预算管理加强总额控制，探索总额预付。在此基础上，结合门诊统筹的开展探索按人头付费，结合住院门诊大病的保障探索按病种付费。建立和完善医疗保险经办机构与医疗机构的谈判协商机制与风险分担机制，逐步形成与基本医疗保险制度发展相适应，激励与约束并重的支付制度。其中，门诊医疗费用的支付，要结合居民医保门诊统筹的普遍开展，适应基层医疗机构或全科医生首诊制的建立，探索实行以按人头付费为主的付费方式；住院及门诊大病医疗费用的支付，要结合医疗保险统筹基金支付水平的提高，探索实行以按病种付费为主的付费方式。

由此可见，我国职工基本医疗保险的付费方式正在从“准后付制”向多元化的预付制转变。

3. 职工基本医疗保险基金的支付范围

《社会保险法》规定，符合基本医疗保险药品目录、诊疗项目、医疗服务设施标准以及急诊、抢救的医疗费用，按照国家规定从基本医疗保险基金中支付。

（1）基本医疗保险药品目录。2009 年版的《国家基本医疗保险、工伤保险和生育保险药品目录》包括西药、中成药和中药饮片三部分。其中，西药和中成药采用准入法，规定基金准予支付费用的药品，基本医疗保险支付时区分甲、乙类，对于甲类药品，统筹地区需按照基本医疗保险的规定全额给付，不得再另行设定个人自付比例，对于乙类药品各地可根据基金承受能力，先设定一定的个人自付比例，再按基本医疗保险的规定给付。中药饮片采用排除法，规定基金不予支付费用的药品。

（2）基本医疗保险诊疗项目。《关于城镇职工基本医疗保险诊疗项目管理的意见》规定，所谓基本医疗保险诊疗项目是指符合以下条件的各种医疗技术劳务项目和采用医疗仪器、设备与医用材料进行的诊断、治疗项目：一是临床诊疗必需、安全有效、费用适宜的诊疗项目；二是由物价部门制定了收费标准的诊疗项目；三是由定点医疗机构为参保人员提供的定点医疗服务范围内的诊疗项目。这主要分为：1）医疗技术劳务项目，如诊疗费、手术费、麻醉费、化验费、护理费、注射费等；2）采用医疗仪器、设备和医用材料进行的诊断、治疗项目，如与检验有关的化验仪器，B 超、CT 等诊断设备，各种输液、导管、人工器官等医用材料等。该指导意见还采用排除法，分别规定了基本医疗保险不予支付费用的诊疗项目范围和基本医疗保险支付部分费用的诊疗项目范围。同时，该指导意见要求各地根据国家基本医疗保险诊疗项目范围的规定，组织制定本省的基本医疗保险诊疗项目目录。

（3）基本医疗保险医疗服务设施标准。《关于确定城镇职工基本医疗保险医疗服务设施范围和支付标准的意见》规定，所谓基本医疗保险医疗服务设施是指由定点医疗机构提供的，参保人员在接受诊断、治疗和护理过程中必需的生活服务设施。基本医疗保险医疗服务设施费用主要包括住院床位费及门（急）诊留观床位费。对已包含在住院床位费或门（急）诊留观床位费中的日常生活用品、院内运输用品和水、电等费用，基本医疗保险基金不另行支付，定点医疗机构也不得再向参保人员单独收费。基本医疗保险基金不予支付的生活服务项目和服务设施费用主要包括：1）就（转）诊交通费、急救车费；2）空调费、电视费、电话费、婴儿保温箱费、食品保温箱费、电炉费、电冰箱费及损坏公物赔偿费；3）陪护费、护工费、洗理费、门诊煎药费；4）膳食费；5）文娱活动费，以及其他特需生活服务费用。

（4）急诊、抢救的医疗费用。人力资源和社会保障部的《若干规定》规定：参保人员确需急诊、抢救的，可以在非协议医疗机构就医；因抢救必须使用的药品可以适当放宽范围。参保人员急诊、抢救的医疗服务具体管理办法由统筹地区根据当地实际情况制定。

同时，《社会保险法》规定了下列医疗费用不纳入基本医疗保险基金支付范围：1）应当从工伤保险基金中支付的；2）应当由第三人负担的；3）应当由公共卫生负担的；4）在境外就医的。而且，医疗费用依法应当由第三人负担，第三人不支付或者无法确定第三人的，由基本医疗保险基金先行支付。基本医疗保险基金先行支付后，有权向第三人追偿。

11.4.4 工伤保险

工伤保险是指国家筹集设立工伤保险基金，劳动者在生产、工作中遭受事故伤害与患职业性疾病并经过工伤认定后，其本人或近亲属可从工伤保险基金获得法定工伤保险待遇给付的一种社会保险制度。其目的是为了保障劳动者在遭受工伤伤害时能够得到及时有效的救济，促进工伤预防和职业康复，分散用人单位的工伤风险，减少社会矛盾。与其他社会保险相比，工伤保险还具有无偿性和待遇多样性的特点。今天，工伤保险在世界的普及率比养老、医疗、失业等保险高得多。根据国际社会保险协会（ISSA）的资料，全球建立了工伤保险法律法规的有 164 个国家或地区，其他的 30 多个也有与工伤事故方面相关的立法。但由于各国历史、文化、经济背景不同，实行工伤保险的国家大多数实行工伤社会保险，还有少部分国家实行雇主责任保险，另有一些国家两种方式并存。

我国公共部门人力资源工伤保险制度的建立，缘起于 20 世纪 50 年代。现行主要规范性文件除《社会保险法》外，还有 2003 年颁布、2010 年修改的《工伤保险条例》，以及人力资源和社会保障部的《若干规定》等。根据现行法律法规等，公共部门人力资源的工伤保险分为两种情况，第一，公务员和参公管理人员的工伤待遇由财政支付。《公务员法》第 77 条规定：国家建立公务员保险制度，保障公务员在退休、患病、工伤、生育、失业等情况下获得帮助和补偿。公务员因公致残的，享受国家规定的伤残待遇。公务员因公牺牲、因公死亡或者病故的，其亲属享受国家规定的抚恤和优待。《工伤保险条例》第 65 条也规定：公务员和参照公务员法管理的事业单位、社会团体的工作人员因工作遭受事故伤害或者患职业病的，由所在单位支付费用。具体办法由国务院社会保险行政部门会同国务院财政部门规定。鉴于公务员与参公管理人员所属机关的经费由财政全额拨款，所以，其工伤待遇实际上是由财政支付。现实情况是，除个别地方已经制定或正在制定相应的规定外，大多数参照企业职工工伤保险执行。其中民政部《关于国家机关工作人员、人民警察伤亡抚恤有关问题的通知》（民函［2004］334 号）规定，国家机关工作人员、人民警察因战因公负伤致残，其伤残性质的认定和伤残等级标准、伤残抚恤金标准、补办评残手续和伤残抚恤关系转移等，参照《军人抚恤优待条例》及《伤残抚恤管理暂行办法》的有关规定办理。第二，公共部门其他工作人员的工伤保险按照《工伤保险条例》办理。这包括《工伤保险条例》第 2 条规定的企业、事业单位、社会团体、民办非企业单位、基金会、律师事务所、会计师事务所等组织的工作人员，以及与国家机关建立劳动关系的工勤人员。[①]

1. 工伤保险基金

工伤保险基金由用人单位缴纳的工伤保险费、工伤保险基金的利息和依法纳入工伤保险基金的其他资金构成。工伤保险费根据以支定收、收支平衡的原则，确定费率。国家根据不同行业的工伤风险程度确定行业的差别费率，并根据使用工伤保险基金、工伤发生率等情况在每个行业内确定费率档次。行业差别费率和行业内费率档次由国务院社会保险行政部门制定，报国务院批准后公布施行。社会保险经办机构根据用人单位使用工伤保险基金、工伤发生率和所属行业费率档次等情况，确定用人单位缴费费率。用人单位应当按照本单位职工工资总额，根据社会保险经办机构确定的费率缴纳工伤保险费。职工个人不缴纳工伤保险费。

工伤保险基金存入社会保障基金财政专户，用于本条例规定的工伤保险待遇，劳动能力鉴定，工伤预防的宣传、培训等费用，以及法律法规规定的用于工伤保险的其他费用的支付。工伤保险基金应当留有一定比例的储备金，用于统筹地区重大事故的工伤保险待遇支付；储备金不足以支付的，由统筹地区的人民政府垫付。储备金占基金总额的具体比例和储备金的使用办法，由省、自治区、直辖市人民政府规定。

2. 工伤认定

《社会保险法》第 36 条规定：职工因工作原因受到事故伤害或者患职业病，且经工伤认定的，享受工伤保险待遇；其中，经劳动能力鉴定丧失劳动能力的，享受伤残待遇。因此，从法律角度看，工伤的构成要件包括：劳动者与用人单位之间存在劳动关系、劳动者遭受人身伤害，以及该人身伤害与其工作存在因果关系。

《工伤保险条例》规定：职工有下列情形之一的，应当认定为工伤：（1）在工作时间和工作场所内，因工作原因受到事故伤害的；（2）工作时间前后在工作场所内，从事与工作有关的预备性或者收尾性工作受到事故伤害的；（3）在工作时间和工作场所内，因履行工作职责受到暴力等意外伤害的；（4）患职业病的；（5）因工外出期间，由于工作原因受到伤害或者发生事故下落不明的；（6）在上下班途中，受到非本人主要责任的交通事故或者城市轨道交通、客运轮渡、火车事故伤害的；（7）法律、行政法规规定应当认定为工伤的其他情形。

《工伤保险条例》规定：职工有下列情形之一的，视同工伤：（1）在工作时间和工作岗位，突发疾病死亡或者在 48 小时之内经抢救无效死亡的；（2）在抢险救灾等维护国家利益、公共利益活动中受到伤害的；（3）职工原在军队服役，因战、因公负伤致残，已取

① 需说明的是，第一，《社会保险法》已经将工伤保险的覆盖范围扩张到了所有的职工。第二，不少事业单位是近几年才参加工伤保险的，而像四川省绵阳市（2009 年 8 月）、安徽省黄山市（2011 年 9 月）、北京市（2012 年 1 月 1 日）的国家机关和参照公务员法管理的事业单位也参加工伤保险的就不多了。

得革命伤残军人证，到用人单位后旧伤复发的。职工有上述第（1）项、第（2）项情形的，按照本条例的有关规定享受工伤保险待遇；职工有上述第（3）项情形的，按照本条例的有关规定享受除一次性伤残补助金以外的工伤保险待遇。

《社会保险法》规定，职工因下列情形之一导致本人在工作中伤亡的，不认定为工伤：（1）故意犯罪；（2）醉酒或者吸毒；（3）自残或者自杀；（4）法律、行政法规规定的其他情形。

3. 劳动能力鉴定

劳动能力鉴定是指劳动功能障碍程度和生活自理障碍程度的等级鉴定。职工发生工伤，经治疗伤情相对稳定后存在残疾、影响劳动能力的，应当进行劳动能力鉴定。《劳动能力鉴定职工工伤与职业病致残等级》（GB/T 16180—2006）规定，根据器官损伤、功能障碍、医疗依赖等情况，将劳动功能障碍程度分为 10 级，最重的为 1 级，最轻的为 10 级。其中 1～4 级为完全丧失劳动能力，5～6 级为大部分丧失劳动能力，7～10 级为部分丧失劳动能力。根据进食，翻身，大、小便，穿衣、洗漱，自我移动等，将生活自理障碍（护理依赖）分为 3 个等级：生活完全不能自理（完全护理依赖）、生活大部分不能自理（大部分护理依赖）和生活部分不能自理（部分护理依赖）。

4. 工伤保险待遇

（1）工伤医疗期间待遇。这是劳动者在遭受伤害后接受医疗期间可以享受的待遇，包括医疗待遇、工资福利待遇、生活护理待遇、工伤康复待遇等。

（2）工伤致残待遇。工伤劳动者停工留薪期满，经劳动能力鉴定委员会评定伤残等级后，停发原工资福利待遇，开始享受生活护理待遇和伤残待遇。

（3）因工死亡待遇。劳动者因工死亡，包括伤残劳动者在停工留薪期间因工死亡的，其近亲属可以从工伤保险基金中领取丧葬补助金、供养亲属抚恤金、工亡补助金等。

此外，对于工伤职工有下列情形之一的，停止享受工伤保险待遇：（1）丧失享受待遇条件的；（2）拒不接受劳动能力鉴定的；（3）拒绝治疗的。

11.4.5 失业保险

失业保险是指国家法律确定的，由社会集中建立基金，对因失业而暂时中断生活来源的劳动者，在法定期间内提供物质帮助，使其享有基本生活水平的一种社会保险制度。与其他社会保险相比，失业保险还具有预防性、补偿性、期限性等特点。依据失业保险的目标和范围不同，各国的失业保险制度可分为以下类型：（1）国家强制性失业保险。（2）非强制性失业保险。这又分为两类：一是由工会等团体自愿建立，团体成员参加，政府提供大量资助，如瑞典。二是参加商业性的失业保险。（3）失业补助制度。适用于经济状况经调查达到规定标准的失业者，以及无资格享受正常失业保险金的失业者。如澳大利亚、新西兰、阿根廷等。（4）综合型失业保险制度，也就是强制或非强制失业保险与失业补助相结合的失业保险制度。到 1997 年年初，世界上已有 68 个国家和地区建立了失业保险制度，且多数国家是强制型的。

1949 年到 20 世纪 80 年代初，我国实行的是就业安置政策，80 年代中期到 90 年代末是针对国用企业职工的待业保险，直到 1999 年 1 月，《失业保险条例》的颁布标志着我国失业制度的建立和完善。《社会保险法》则对失业保险的覆盖范围、资金来源、享受待遇条件、失业保险金标准、领取期限和申领程序、失业人员医疗保险和遗属待遇等作出了规定。《失业保险条例》第 2 条规定："城镇企业事业单位、城镇企业事业单位职工依照本条例的规定，缴纳失业保险费。城镇企业事业单位失业人员依照本条例的规定，享受失业保险待遇。本条所称城镇企业，是指国有企业、城镇集体企业、外商投资企业、城镇私营企业以及其他城镇企业。"《社会保险费征缴暂行条例》第 3 条第 3 款规定："失业保险费的征缴范围：国有企业、城镇集体企业、外商投资企业、城镇私营企业和其他城镇企业及其职工，事业单位及其职工。"《社会保险法》只规定："职工应当参加失业保险，由用人单位和职工按照国家规定共同缴纳失业保险费"，未明确公务员是否参加失业保险。因此，根据我国现行立法和政策，失业保险的适用范围分为城镇企业及其职工、事业单位及其职工两大类，这包括国家机关、事业单位、社会团体、民办非企业单位和与之形成劳动关系的人员，也就是说，在公共部门，公务员与参公管理人员不参加失业保险，其余人员均应参加失业保险。① 目前，世界上针对公务员失业保险的模式主要是两种：一是纳入统一的失业保险；二是单独建立针对公务员的失业保险制度。国际劳工组织《关于促进就业和失业保护的公约》（第 168 号公约）第 11 条规定，占全体工资 85%以上的各类法定工资都应受到保护，包括公务员和学徒，但在正常退休年龄之前其就业受到立法保护的公务员可排除在保护之外。

1. 失业保险基金

世界上失业保险基金的来源主要有以下五种模式：完全由政府承担、完全由雇主承担、政府与雇主双方承担、雇主与雇员双方承担、雇主和雇员及政府三方承担。我国失业保险基金的筹集是最后一种模式，即我国失业保险基金包括城镇企业事业单位、城镇企业事业单位职工缴纳的失业保险费，失业保险基金的利息，财政补贴，依法纳入失业保险基金的其他资金。其中，用人单位和职工缴纳的失业保险费是失业保险基金的主要来源。城镇企业事业单位按照本单位工资总额的 2%缴纳失业保险费，城镇企业事业单位职工按照本人工资的 1%缴纳失业保险费。失业保险基金在直辖市和设区的市实行全市统筹，其他地区的统筹层次由省、自治区人民政府规定。

失业保险基金用于下列支出：（1）失业保险金；（2）领取失业保险金期间的医疗补助金；（3）领取失业保险金期间死亡的失业人员的丧葬补助金和其供养的配偶、直系亲属的抚恤金；（4）领取失业保险金期间接受职业培训、职业介绍的补贴，补贴的办法和标准由省、自治区、直辖市人民政府规定；（5）国务院规定或者批准的与失业保险有关的其他费用。

2. 领取失业保险金的条件

《社会保险法》第 45 条规定：失业人员符合下列条件的，从失业保险基金中领取失业保险金：（1）失业前用人单位和本人已经缴纳失业保险费满一年的；（2）非因本人意愿中

① 需说明的是，第一，《社会保险法》已将失业保险的覆盖范围扩张到了所有的职工，同时也与我国《劳动法》、《劳动合同法》的适用范围相协调。第二，目前，有些地方明确规定公务员与参公管理人员不参加失业保险，如江苏省、甘肃省等。

断就业的；（3）已经进行失业登记，并有求职要求的。

3. 失业保险金的给付标准

《社会保险法》第 47 条规定：失业保险金的标准，由省、自治区、直辖市人民政府确定，不得低于城市居民最低生活保障标准。①

4. 失业保险金的给付期限

失业保险金给付期限的长短与参保单位和被保险人的参保期限的长短密切相关，根据相关规定，我国失业保险金的给付期限为：

（1）1 年≤缴费期限<5 年的，给付期限最长为 12 个月。

（2）5 年≤缴费期限<10 年的，给付期限最长为 18 个月。

（3）10 年≤缴费期限，给付期限最长为 24 个月。

5. 停止享受失业保险待遇的条件

《社会保险法》第 51 条规定：失业人员在领取失业保险金期间有下列情形之一的，停止领取失业保险金，并同时停止享受其他失业保险待遇：（1）重新就业的；（2）应征服兵役的；（3）移居境外的；（4）享受基本养老保险待遇的；（5）无正当理由，拒不接受当地人民政府指定部门或者机构介绍的适当工作或者提供的培训的。

11.4.6 生育保险

生育保险是指通过强制方式筹集生育保险基金，为怀孕、分娩的参保妇女提供生育休假、医疗服务和收入补偿，以确保参保妇女在生育期间的生活维持和健康养护的一种社会保险制度。与其他社会保险相比，生育保险还具有性别性、特殊性、与人口政策密切相关性等特点。在统计的 136 个国家或地区中，生育保险分为四种类型：社会保险型、强制性保险和普遍医疗保健相结合型、社会保险和雇主责任制度相结合型、储蓄基金制度等其他类型。其中有 91 个国家或地区采取社会保险制度，有的采取单独立法的形式，更多的是采取将生育保险与疾病保险规定在一起的“综合立法模式”。另外，国际劳工组织还制定了多个公约或建议书。

我国的生育保险制度始建于 1951 年，国家机关、事业单位的生育保险制度建立于 1955 年，企业与国家机关、事业单位的生育保险制度虽然分别建立，但其项目和待遇水平是相同的。1988 年《女职工劳动保护规定》出台后，统一了企业和国家机关、事业单位生育保险待遇。1994 年原劳动部颁布了《企业职工生育保险试行办法》，将生育保险的管理体制由用人单位管理逐步转变为实行社会统筹。《社会保险法》规定，职工应当参加生育保险。但这里的“职工”主要是指企业职工和机关、社会团体、事业单位的劳动合同

---

① 如济南市自 2011 年 7 月 1 日起上调失业保险金标准，其中历下区等 5 区由原来的每人 510 元/月调整为 600 元/月（月最低工资标准 1 100 元）；平阴县等由原来的每人 450 元/月调整为 550 元/月（月最低工资标准 950 元）。这是该市自 2007 年以来连续第 4 次上调失业保险金标准，此次调整平均涨幅达 19.7%。在此次调整中，10 500 余名失业人员直接受益。参见徐传强、王荣顺：《济南上调失业保险金标准》，见网易，2011-07-26。北京市《关于调整北京市 2012 年最低工资标准的通知》规定：自 2012 年 1 月 1 日起，最低工资标准由每小时不低于 6.7 元、每月不低于 1 160 元，提高到每小时不低于 7.2 元、每月不低于 1 260 元。

制职工[①]，因此不包括公务员与参公管理人员。各地根据当地的情况，在不同程度上扩大了生育保险的适用范围。目前，已有十多个地区将国家机关、事业单位、民办非企业单位及其工作人员都纳入生育保险的适用范围，如上海市、呼和浩特市等。

1. 生育保险基金

生育保险基金具体包括用人单位缴纳的生育保险费、生育保险基金的利息收入、滞纳金与其他依法应当纳入生育保险基金的资金。

《社会保险法》规定：职工应当参加生育保险，由用人单位按照国家规定缴纳生育保险费，职工不缴纳生育保险费。《企业职工生育保险试行办法》规定：生育保险费用实行社会统筹，并根据“以支定收，收支基本平衡”的原则筹集资金，由企业按照其工资总额的一定比例向社会保险经办机构缴纳，以建立生育保险基金。生育保险费的提取比例由当地人民政府根据计划内生育人数和生育津贴、生育医疗费等项费用确定，并可根据费用支出情况适时调整，但最高不得超过工资总额的 1%。企业缴纳的生育保险费作为期间费用处理，列入企业管理费用。

2. 申领生育保险待遇的条件

这些条件包括：参加生育保险、符合计划生育规定、申请人建立合法有效的婚姻关系，以及符合生育保险的就医规定、药品和诊疗及医疗服务实施的规定。

3. 生育保险待遇

生育保险待遇是指生育保险对象所能享受的具体的生育保险的项目。根据现行法律法规等，这主要包括以下内容：

(1) 产假。这是指国家法律、法规规定，给予职工在生育过程中休息的期限。具体解释为女职工在分娩前和分娩后的一定时间内所享有的假期。《女职工劳动保护规定》规定：法定正常产产假为 90 天，其中产前假期为 15 天，产后假期为 75 天。难产的，增加产假 15 天。若系多胞胎生育，每多生育一个婴儿增加产假 15 天。流产产假以 4 个月划界，其中不满 4 个月流产的，根据医务部门的证明给予 15～30 天的产假；4 个月以上流产的，产假为 42 天。而且不得在女职工怀孕期、产期、哺乳期降低其基本工资或解除劳动合同，产假期间的工资以及医疗费用由员工所在单位负责。很多地区还采取了对晚婚、晚育的职工给予奖励的政策，将假期延长到 180 天。有的地区还有给予男性护理假期的规定。

(2) 医疗费用。医疗费用包括：生育的医疗费用、计划生育的医疗费用，以及法律法规规定的其他项目费用。

(3) 生育津贴。这主要是指国家法律法规规定对生育者在因生育而离开工作岗位期间给予的生活费用津贴。从整体上看，我国生育津贴的支付方式和支付标准分为两种：1) 在实行生育保险社会统筹的地区，支付标准按本企业上年度职工月平均工资的标准支付，由生育保险基金支付，期限不少于 90 天；2) 在没有开展生育保险社会统筹的地区，生育津贴由本企业或单位支付，标准为女职工生育之前的基本工资和物价补贴，期限一般为 90 天。另外，有的地区对晚婚、晚育的妇女实行适当延长生育津贴支付期限的鼓励政策，还有的地区对参加生育保险的男职工的配偶，给予一次性津贴补助。

---

① 参见信春鹰主编：《中华人民共和国社会保险法释义》，15 页，北京，法律出版社，2010。

资 料

公务员是否该涨工资？如何涨工资？

● 该涨

胡仙芝（国家行政学院研究员、内蒙古科技大学校长助理）：在CPI屡创新高的背景下，公务员的工资也应该同步上调。《公务员法》第75条规定：公务员的工资水平应当与国民经济发展相协调、与社会进步相适应。第76条规定：国家根据经济社会发展水平提高公务员的福利待遇。任何人都有权利分享改革开放、经济发展的果实。不能因为他是公务员，就要他不能享受同步增长的成果。现在CPI的指数增长那么快，相对于全民的平均水平和物价消费，公务员的实际收入相对下降了。稍微做一个调整，保证其工资相对水平不下降，这也是公平的需求。当然，怎么涨，涨多少，需要进行合理调查和测算。调整公务员工资也必须在合法的程序和范围内进行，绝不是一个部门一个地方可以随便采取的行动，必须是一项严肃的法律或政策调整行为。

李辉（山东省聊城市某县公务员）：就我们县的情况来看，当然盼望涨工资了。因为按国家规定的津补贴的水平，我们还没有达到。

● 不该涨

张车伟（中国社会科学院人口与劳动经济研究所副所长）：公务员工资，现在主要是规范的问题，涨工资好像有点太刺激了，不是很合适。现在一线工人的工资水平也不是很高，他们涨工资的呼声更高。毕竟有的公务员拿的工资并不低，尽管有的公务员工资比较少，主要也是由于各地的津补贴差别比较大造成的。

● 两难选择

刘旭涛（国家行政学院领导人员考试测评研究中心副主任）：这届政府在是否涨工资上面临两难选择。如果不涨工资，物价上涨，公务员肯定不乐意；如果涨工资，老百姓又会说政府不亲民了，毕竟老百姓的温饱问题还没完全解决。这是一件两难的、很纠结的事。这个社会对政府的要求越来越高，再加上低收入人群还比较多，贫富差距依然很大，所以，政府在给公务员涨工资时还是很谨慎的。

● 公务员工资谁来定？

全国人大——刘旭涛：按道理，应该是老百姓来决定公务员的工资，但老百姓是个体，所以能不能考虑放到全国人大来确定。如果交给全国人大，它会合理地考虑公务员的薪酬到底是多少。实际上，公务员工资交给外部来决定，反而自己很轻松，总比现在藏着掖着要好。不涨吧，公务员苦哈哈地拿着基本工资；涨吧，老百姓说你拿着纳税人的钱给自己涨工资。于是，不敢涨就成了暗箱操作，暗地里涨，老百姓知道以后更有意见。所以，像工资这种事情，交给立法机关比较好。

人社部——张车伟：从现在的分工来讲，肯定是人社部，公务员还有专业技术人员都归他们管。目前我国的公务员工资主要不是市场来调整的，是根据国家的发展水平来定的。其他国家公共部门的工资水平一般都是参照市场部门来定的。所以，应该有一个联席机制，比如现在市场的平均工资是多少，如果公务员工资高出这个水平特别多，调整的合理性也就不大。

综合机制——胡仙芝：公务员工资的水平及其具体标准，应该有一个综合的、体现民意的科学决策机制。除实行工资调查制度，使公务员工资体现市场工资基本水平之外，还需要有体现民意的决策程序及其机制。因为公务员工资用的是纳税人的钱，是国家的财政收入，从监督的意义上，公民代表和纳税人代表应有一定的发言权。因此，在决策的体制中，不仅要有公务员的代表，更需要有纳税人和公民代表。应该创新和发展这个民主决策机制，或者让人大进行代表决策，或者在专业机构通过一定的程序来达成，有必要时也可以引进听证程序。

- 公务员可否实施绩效工资？

胡仙芝：我觉得很难，全面推行"有害"。因为公务员的工作绩效不好评估，很难量化，不能像企业一样，完全按照做多少事得多少工资的方法来简单确定公务员工资。如果多劳多得，有些岗位是难以监督控制的，而且会有悖初衷，有害公平。比如交警罚款，不能用数字来刺激他，否则老百姓就会遭殃；公检法的工作也是如此，并非案件越多越好，相反，案件越多说明管理越差。毕竟公务员所在的部门不是单纯追求效率的部门，而是维持正义、公平、秩序的部门，而这些是很难用绩效来考量、用数字来量化的，所以公务员工资不能一概推行以绩效定工资的办法。

张车伟：公务员的工资还是和事业单位的绩效工资有一定区别的。什么叫做绩效？比如一个市长，如果GDP上去了，那么绩效就很好，是不是就意味着该拿天价的工资？如果这样，温总理是不是应该拿上亿元的工资？在我看来，公务员主要是为国家提供公共服务的，按传统意义的绩效评估，目前看有困难。

李辉：绩效工资就是说需要评出个一二三等，公务员每年都有考核，年度考核分优秀、称职、基本称职和不称职，我们每年考核没有不称职的，如果谁被评为不称职他肯定不愿意，一般领导都不会得罪人。所以，绩效工资就是政绩和工资挂钩，真正推行起来很难。上面的要求是很好的，多劳多得，少劳少得，但是落实起来很难。

资料来源：王红茹、朱杉：《各地公务员收入差别大　专家称涨工资是公平需求》，见新华网，2011-08-30。

公务员工资发放规范关键在缩小收入差距

自从《公务员法》颁布以后，公务员工资进行了一次大的改革，统一了津补贴标准，取消了五花八门的工资发放名目，从某种程度上实行了统一化和阳光化。然而，问题依然很多，特别是公务员工资出现了差距，表现在地区之间、部门之间、上级机关与基层之间，越来越大。而这个差距，在一个群体内，本来是完全可以避免的，但却愈演愈烈。因此，公务员工资改革的着力点就是要放在缩小差距上，实现工资的阳光化、统一化，保证公平公正。第一，公务员工资标准要绝对统一，至少在全省范围内要做到。这不仅包括基本工资，也包括津补贴，还有各种各样的福利待遇都要绝对统一，并且还要向基层一线公务员倾斜。第二，要尽快配套制定公务员工资相关法律法规，对单位违规发放或拖欠工资福利的，对主要负责人要给予法律追究。第三，加快税费体制改革，尽快改变“收费政府”形象，防止部门权力利益化。一些部门之所以可以乱发福利、工资，就是因为借着收费、罚款的权力，就是因为可以从中创收。

资料来源：碧翰烽：《公务员工资发放规范关键在缩小收入差距》，见华声在线，2010-11-07。

香港公务员减薪能否与内陆简单类比？

2003年机关、事业单位调整工资标准时，有的媒体发表言论称：香港公务员正在减薪，而我们的公务员却在加薪。这种或是不懂或是有意为之的言论也引起了一些不良反应。其实，香港实行与内地不同的薪金制度，其公务员薪金增也好、减也好，是香港根据当地经济发展情况，尤其根据公务员工资的基础情况作出的，与内地公务员工资水平调整不可类比。香港《星岛日报》2002年5月24日曾刊载一组资料，从中可以看出，香港公务员比私人机构同类人员薪金高出20%～110%，这与大陆情况大不相同。

资料来源：侯建良：《有关公务员制度几个热点问题的思考（4）》，见中国共产党新闻网，2011-11-07。

香港公务员按机制减薪

据报道，香港立法会16日三读通过《公职人员薪酬调整条例草案》，1万8千多名首长级和高级公务员，将由下月一日起减薪5.38%，而中低级公务员则冻薪。公务员事务局局长俞宗怡表示，减薪是按薪酬调整机制办事，公务员不能够输打赢要，否则会因政治因素破坏机制。

资料来源：陈一舟：《香港公务员按机制减薪值得借鉴》，载《证券时报》，2009-12-18。

美国：公务员持续加薪引争议

《今日美国》报对公务员的工资状况的调查表明：过去5年来，越来越多的公务员跨入高薪行列，每一层级的扩展规模均在10倍以上。即便在奥巴马执政近两年的经济不景气期间，高薪公务员队伍的“扩容”增速也在2倍以上。数据显示：年薪为15万美元以上的公务员由2005年的7 420人增至目前的82 034人；年薪在16万美元以上的由2005年的2 852人增至目前的44 898人；年薪在17万美元以上的由2005年的1 322人增至目前的27 845人；年薪在18万美元以上的公务员，也由2005年的805人增至目前的16 912人。当然，2005年以来工资上涨幅度最大的，是那些在政府部门工作15年到24年的公务员，他们的工资平均上涨25%，而同期通货膨胀率为9%。在军队医院、监狱或其他机构担任医生的公务员，平均年薪从2005年的11.1万美元增至目前的17.95万美元。但与此同时，公务员工资水平的两极分化现象也日趋严重。2005年，年薪在15万美元以上的公务员所占比率只有0.4%，现在大量扩容后也只占整个队伍的3.9%。美国公务员的中等年薪为66 000美元，但低于这一水平的公务员大有人在，特别是那些在偏远基层任职的公务员。美国政府雇员协会主席约翰·盖奇说：“边防巡逻员一年只能挣 34 000 美元，肉类质检员的年薪是 31 000 美元，芝加哥的助理护士的年薪更是只有 27 000 美元。”传统基金会的研究员詹姆斯·谢克解释说：“这是因为联邦工资支付体系对工作经验和辛勤程度没有奖励机制，根本上还是级别决定工资。”谢克称这样的工资体系十分有害。

美国公务员的工资制度依据 1990 年 11 月 5 日生效的《联邦公务员可比性工资方案》制定。该法案规定了几大原则，包括同一地区体现同工同酬、同一地区以岗位性质和工作表现区分等级、公务员工资必须与同一地区同等工作性质的私企员工工资一致等。一般而言，公务员的工资涨幅不应高于同等性质私企员工工资的涨幅。但是目前，以私企员工工资为参照的惯例已经被打破。谢克说：“平均来说，政府公务员的收入比拥有同等学力和技能的私企员工的工资高出 30%～40%。”有数据显示，2000 年以来，政府公务员的工资涨幅高出通货膨胀率 3%，而同期私企员工的工资涨幅只比通货膨胀率高出 0.8%。有人对此说法提出质疑，认为政府公务员的工资事实上普遍比在私企从事同等工作的员工工资低 22%。譬如，联邦检察官、退伍军人事务部的医生和在政府机构从事研究工作的公务员，大多属于高薪公务员阶层，但他们的工资比在私企中的参照对象要低得多。

资料来源：邹强：《美国：公务员持续加薪引争议》，载《法制日报》，2010-11-23。

复习思考题

1. 你是如何理解薪酬的界定、构成和总报酬模型的？
2. 公共部门人力资源薪酬管理的基本原则有哪些？
3. 薪酬调查的内容主要有哪些？
4. 薪酬等级设计的策略有哪些？
5. 薪酬等级设计的思路或定薪方式主要有哪些？
6. 薪酬等级制度主要有哪些？
7. 福利管理的目标是什么？
8. 我国有哪些法定福利？
9. 熟悉我国公务员和参照公务员管理工作人员、事业单位工作人员的社会保险。
10. 你对目前我国公务员和事业单位工作人员的工资制度改革有何意见与建议？

第4篇

公共部门人力资源管理的战略转变与发展趋势

第12章

公共部门战略性人力资源管理

学习重点

从一些发达国家看，公共部门人力资源管理正在逐步向战略性人力资源管理过渡，从某种程度上讲，公共部门人力资源管理正演变成为公共部门战略性人力资源管理。战略性人力资源管理是统一性和适应性相结合的人力资源管理。学完本章，应掌握公共部门战略性人力资源管理兴起的原因、含义、内容、职能、活动、角色，以及战略制定的流程和方法，了解其有待解决的主要问题。

12.1 公共部门战略性人力资源管理的含义与要求

12.1.1 公共部门战略性人力资源管理的兴起与含义

1. 公共部门战略性人力资源管理的兴起

公共部门战略性人力资源管理，也称公共部门战略人力资源管理或公共部门人力资源战略管理，它兴起的主要原因在于：人力资源管理部门传统扮演的是一种行政性的角色，无论是从形式上，还是从高层管理者的心理来看，都不过是组织中一个普通的部门而已，人力资源管理部门负责人在大多数情况下仅仅是实施组织人力资源政策的贯彻推行者，这种传统的认识无疑极大地阻碍了人力资源管理在组织战略实施过程中的作用发挥，反过来又影响了战略的实施。当然，我们不否认人力资源管理传统的功能性的事务是重要的，但人力资源管理与组织内部的其他职能部门互相紧密配合，在提高组织的核心竞争能力、帮助组织实现战略目标中还能扮演更为重要的角色。因此，一种更为先进的、以战略为导向的人力资源管理观念开始出现。

纵向分析，20世纪80年代初期，德鲁克和巴克关于人力资源管理的特征被重新提了出来，他们提出把人力资源管理和组织的战略计划作为一个整体来考虑，该战略计划的目的是提高组织的绩效，人力资源管理则成为这一计划中的一个重要组成部分。在2.1.4中谈到，一般认为，德兰纳、福姆布龙和蒂奇于1981年发表的《人力资源：一个战略观》一文，是战略性人力资源管理研究领域诞生的标志，稍后，其他学者也相继提出了有关理论。最有影响的战略性人力资源管理理论是由比尔等人于1984年在其《管理人力资本》一书中提出的。而由此至今的几十多年间，关于战略性人力资源管理的研究呈爆炸性增长。从欧美一些发达国家看，公共部门人力资源管理正在逐步向战略性人力资源管理过渡，在某种程度上讲，公共部门人力资源管理正在逐步转变为公共部门战略性人力资源管理。但同时还应看到，即有学者认为，就完整及确切的意义而言，人力资源管理应该被视为"战略性人力资源管理"，如果人力资源管理没有被放在组织战略管理的架构之下，则无法显示其与人事管理的区别。① 所以，人力资源管理一词的独特意义就在于强调人力资源乃是企业追求永续化竞争优势的重要基础。

当然，无论哪一个观点都注意到了人力资源管理若要发挥有助于组织战略目标的实现的作用，必须要配合高层的战略前提与目标方向做一系列调整。因此，在1994年美国人力资源管理协会相关会议上，理事会主席加利（Gale Parker）指出：人力资源应成为首席执行官的战略伙伴，帮助计划、实施组织变革。人力资源管理的这种变化反映了国家、地区和全球竞争的日益激烈程度，以及由此产生的劳动力特征、法律法规和科学技术的变化，以及公众要求改革公共组织的呼声。环境的这些变化要求组织的结构、形态、特征和技术必须与此相适应，要求组织在反应速度、产品或服务质量、革新和全球化等方面适应日益加剧的国际竞争的需要。所以，在这种环境的变化中，人力资源管理也就逐渐成为组织的战略性的人力资源管理。

然而，有学者指出，就企业来说，现阶段的战略性人力资源管理理论更多的是建立在实用主义哲学基础之上，战略性人力资源管理系统尚未真正确立，即"内部利益相关者—企业—外部利益相关者"之间尚未构筑起有机的、价值良性互动的系统。在系统论的指导下，在主体间性的哲学视野下，在卓越社会资本的战略思维引导下，处于利益相关者关系之中的企业需要一个新的知觉格式塔，它的确立是建立在深刻洞悉企业发展规律，即"以道为本的道本主义"基础上的，是企业在动态复杂的环境下为建设企业生态系统而进行的战略环境管理的必然，也是企业与内外部利益相关者和谐发展和共荣的结果。②

我国绝大多数公共部门的人力资源管理能力较弱，基本上还停留在人事管理阶段，人力资源竞争力整体偏低，迫切需要从战略高度实施人力资源管理。

2. 公共部门战略性人力资源管理的含义

虽然大量的战略人力资源管理研究都冠以"战略"的标牌，但人们对战略有着多种不同的认识，对于战略的界定也一直没有一个可以为大多数人所接受的概念。格拉顿（Lynda Gratton）等人认为，战略性人力资源管理就是将人力资源管理和战略目标结合在一起，

① C. Mabey, G. Salaman, J. Storey, Strategic Human Resource Management: The Theory of Practice and the Practice of Theory, in Christopher Mabey, Graeme Salaman & John Storey (eds.), *Strategic Human Resource Management: A Reader*, London: Sage Publications, 1998.

② 参见吴秀莲：《人力资源管理范式演进的资本逻辑》，载《科学学与科学技术管理》，2006（12）。

以改善组织绩效并且发展有助于创新和弹性的组织文化。舒勒和杰克逊的战略性人力资源管理则是针对波特（M. E. Porter）的三种一般竞争战略，提出与之相联系的人力资源管理战略，强调每一种不同的竞争战略需要不同的人力资源管理政策组合。德利瑞（J. E. Delery）和多蒂（D. H. Doty）的战略性人力资源管理则是指一些人力资源管理工作具有战略性，其中包括：内部职业机会、正规培训系统、结果导向的评估、利润共享、雇佣保证、员工参与和工作描述。更多的战略人力资源管理研究者则关心各种人力资源管理实践与组织绩效间的关系，并认为由于这一关系对组织的生存与发展是至关重要的，因而这一关系是战略性的。战略概念的不同，导致战略人力资源管理领域存在着多种不同的观点，同时也预示着研究者需要对新兴的战略人力资源管理给予更多的关注。一些学者认为战略是一种“关系”，即公共部门人力资源管理实践和系统与组织绩效之间的关系，这种关系就是“战略”；还有一些学者认为，战略就是“适应性”，即公共部门人力资源管理实践与组织竞争战略之间的适应性。汤普金斯（J. Tomokins）认为战略人力资源管理是组织“程序”与“结构”综合权衡的结果：一方面需要组织不同程序间相互配合；另一方面也要整合不同类别或性质的工作内容。[①]

因此，可以这样分析，一方面，公共部门人力资源是各公共部门竞争优势的重要源泉之一。全社会已普遍接受并认同“公共部门的整体性竞争优势只有通过高素质的公共部门人力资源才能获得”这一观点。这种理念和现实提出了公共部门战略性人力资源管理的要求。另一方面，面对环境的日益不确定性，不同的部门往往会有不同的反应。有的对环境的反应具有前瞻性，有的则是被动的。理论与实践都已证明，只有对环境变化作出积极的、前瞻性的反应，才能适应现代人力资源管理的要求。所谓前瞻性的反应就是指公共组织人力资源管理部门要拥有对环境变化的敏感性，预测并把握环境因素的变化及其发展趋势，并积极采取切实可行的措施应对环境变化带来的新情况和新问题。每个公共部门的内外部环境决定其整体性竞争战略，而不同公共部门的竞争战略有着不同的信念和行为，从而又直接决定和影响着公共部门的人力资源管理战略。

故而，可以得出如下定义：所谓公共部门战略性人力资源管理，就是指将公共部门人力资源管理与公共部门的战略性目标紧密联系起来，以此改进人力资源管理方式，发展组织文化，提高管理绩效的人力资源活动方式。战略性人力资源管理是统一性和适应性相结合的人力资源管理。它要求组织的人力资源管理一定要和组织的战略和战略需求完全统一；人力资源政策在组织中的各个层面要完全一致；组织内各个部门的负责人和员工要把人力资源政策的调整、接受和应用作为他们每天工作的一部分。用一句话概括就是：它是组织战略管理得以实现的一种手段。

12.1.2 公共部门战略性人力资源管理的作用和要求

公共部门战略性人力资源管理是对人力资源管理作为组织一项关键功能的认同，因此把公共部门人力资源管理的功能提升为战略行动，必将在公共部门的战略形成及战略实施

---

① J. Tomokins，Strategic Human Resources Management in Government：Unresolved Issues，*Public Personnel Management*，2002，(1)：95-110.

过程中发挥重要作用。公共部门战略性人力资源管理凸显了公共部门人力资源战略的意义和作用。它将组织的注意力集中于：改变组织结构和文化，提升组织效率和业绩，开发员工和组织的特殊能力，适时进行组织变革。其目的是：通过确保组织获取具有良好技能和良好激励的员工，使组织获得持续的竞争优势，从而形成组织的战略能力，依靠员工实现战略目标，依靠核心人力资源去建立竞争优势。公共部门人力资源战略成为每个公共部门的长期规划，或整体努力的目标和方向。公共部门人力资源战略不是孤立的，高效的公共部门人力资源管理自上而下地与公共部门整体战略相配合，并非因循不变地推进公共部门人力资源开发。每个公共部门基于内外部环境变化的要求，都必须制定适合自己特点的人力资源战略。战略性人力资源管理涵盖了所有与“人”相关的管理范畴，并需要为组织战略目标的实现作出贡献，这自然对人力资源管理者提出了更高的要求。诺埃（R. M. Noe）等人的研究指出，战略实施的成功与否主要取决于以下五个重要变量：任务设计，人员选拔、培训与开发，工作报酬系统，组织结构，信息与决策系统。而在战略实施的过程中，人力资源管理对其中的前三个基本变量有着直接的责任；同时，人力资源管理还极大地影响着后两个变量。具体来说，公共部门战略性人力资源管理的主要作用和要求是：

（1）对达成组织的战略和目标提供支持，确保所有的人力资源活动都产生附加值。

（2）加强组织文化管理，释放并开发人的内在能力。

（3）开发流程，使员工的贡献达到最大，在他们的职业生涯早期就应该对他们进行组织和管理方面的远景规划。

（4）在组织内，使每一个员工的持续学习和发展成为其工作生活的重要内容；设计、执行和管理各种系统，提供特殊的技能培训，确保员工学到相关的知识、经验。

（5）提供专家来获取、开发和培训员工，使他们具有应付环境变化的广泛的技能和良好的态度。

（6）管理一个不断增长的多种职业生涯模式、多种职业追求的员工队伍。

12.2 公共部门战略性人力资源管理与公共部门人力资源管理的区别

公共部门战略性人力资源管理与公共部门人力资源管理之间有着巨大的区别，有的学者发现二者之间有 27 个观念和行为上的区别。根据有关研究，把公共部门战略性人力资源管理与公共部门人力资源管理做一比较，如表 12—1 所示。

表 12—1　　公共部门战略性人力资源管理与公共部门人力资源管理的不同之处

战略角色	公共部门战略性人力资源管理	公共部门人力资源管理
重要关系	内部与外部顾客或公众的关系	上下阶层关系
人力资源的主动性	主动的、一体的	被动的、离散的
战略计划的重要性	处于人力资源活动的中心	处于人力资源活动的边缘
决策的速度	快	慢
计划的周期	短、中、长期，根据需要而定	短期
沟通过程	直接的	间接的
沟通的水平	高水平的	有局限的
沟通的范围	根据需要，宽范围的沟通	主要在组织阶层内部

信息沟通角色	公共部门战略性人力资源管理	公共部门人力资源管理
行政管理角色	公共部门战略性人力资源管理	公共部门人力资源管理
规则的重要性 管理工作的指导	重要的是完成工作 成功所需要的	必要的，明确 政策和规程
具体的 HR 事务功能	公共部门人力资源管理	公共部门战略性人力资源管理
获取 薪酬 工作条件 劳资关系 工作细分 工作设计 培训和发展	和组织战略一体；是关键任务 以贡献为基础，灵活的 与组织的战略和文化相协调的 平等约定，本质上是合作的 少 广泛的，注重团队 综合的，促进学习型组织的发展	和组织战略脱离；处于边缘地位 以职位为基础，固定的 单独谈判的一项内容 互相讨价还价，敌对的 多 严格根据劳动部门划分 专项的，严格掌握控制
动态管理职能	公共部门战略性人力资源管理	公共部门人力资源管理
HRM 部门的角色 冲突的处理 对员工关系的调解	变化的，变革的倡导者 对组织文化的宽泛调控 宽范围的，注重变化的	程序化的，变革的追随者 临时的，促使冲突最小化 注重程序的

资料来源：许小东：《战略导向型的人力资源管理：职能、特点与模式转型》，载《管理科学研究》，2002（4）。

有的学者认为，人力资源管理是克服了传统人事管理的各个工作模块如招录、培训等的分散性，将各项职能集成为相互关联的管理体系，并根据外部和内部的需求再结合整体的人力资源管理策略采取相应的手段。不足的是人力资源管理仍然与人事管理一样停留在职能层面，具有很大的局限性：与组织业务分离；仅仅是对外部和内部需求的反映；短期导向；对高层管理没有影响；主要关心低层员工。而战略性人力资源管理是在克服传统人事管理和人力资源管理的局限性基础上进一步发展起来的，将人力资源管理与组织的战略和业务结合起来，如图 12—1 所示。也可以说，战略性人力资源管理是采取与传统人事管理和人力资源管理相反的方式：与组织业务紧密结合；关注战略；长期导向；对高层管理人员有很大影响；主要关心核心员工。

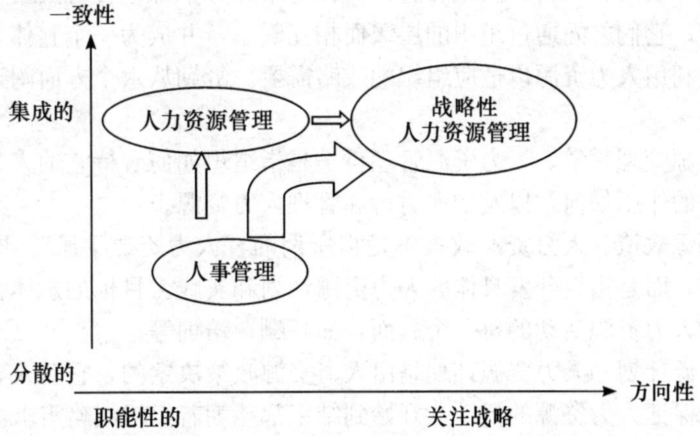

图 12—1 人事管理、人力资源管理与战略性人力资源管理比较模型

资料来源：《HR 世界》编辑部：《HR 如何成为 CEO 的“商业伙伴”》，载《HR 世界》，2003（1）。

12.3 战略性人力资源管理职能、活动与角色

12.3.1 战略性人力资源管理职能

休斯里德（M. A. Huselid）认为，战略性人力资源管理实践活动的最佳组合是人员挑选、绩效考核、激励系统、工作分析、晋升系统、就业安全、信息共享、态度调查和员工参与管理。① 伯菲（J. Pfeffer）在休斯里德提出的具有某种“通用性”的人力资源战略管理方法的基础上，提出了16项人力资源管理工作：就业安全、招聘时的挑选、高工资、激励薪金、员工所有权、信息共享、参与和授权、团队和工作再设计、培训和技能开发、轮岗和交叉培训、缩小工资差别、内部晋升等。② 上述研究所列举的战略性人力资源管理可以分成四类：

（1）旨在选拔和开发员工潜质，为组织提供更优秀的人力资源的。例如严格的选拔制度、内部提拔、技能多元化、跨职能培训和工作轮换等。

（2）旨在激励员工工作积极性，刺激员工努力工作的。例如就业安全、员工满意度调查、基于贡献的报酬制度、多样化的薪酬制度，以及工作多样化和丰富化等。

（3）旨在发挥员工影响和作用，同时达到激发潜能和激励努力工作目的的。例如工作团队、员工参与、合理化建议和问题解决小组等。

（4）加强员工沟通，为员工工作创造良好的信息条件的。例如信息共享、投诉机制、沟通机制和工会制度等。

12.3.2 战略性人力资源管理活动

根据舒勒的观点，战略性人力资源管理可以分成几个不同的组成部分，它们包括人力资源管理的哲学、政策、项目、实践和过程。在每个部分中都包含着战略性人力资源管理所要实施的内容，它们之间通过组织的层级而相互联系，并成为一个整体。总之，它们的目的是更有效地利用人力资源以适应组织的战略需要。舒勒从六个方面阐述了战略性人力资源管理活动。

（1）人力资源管理哲学。人力资源管理哲学是指组织如何看待它的人力资源，人力资源在组织成功中的作用如何，以及如何对待和管理人力资源。

（2）人力资源政策。人力资源政策不是指所谓的“人力资源手册”，即指导员工日常工作行为的指南，而是指以开发具体的人力资源计划和实践为目标的总体指导原则，这些计划和实践包括人力资源活动的每一个方面，如薪酬、培训等。

（3）人力资源计划。人力资源计划是由人力资源政策决定的，它对人力资源的活动起着协调作用，并保证人力资源的活动从开始到结束都能朝着组织战略需求所要求的方向发

---

① M. A. Huselid, The Impact of Human Resource Management Practice on Turnover, Productivity, and Corporation Financial Performance, *Academy of Management Journal*, 1995, 38.

② J. Pfeffer, *Competitive Advantage Though People*, Harvard Business School Press, 1994.

展，这些活动一般从组织的高层开始，逐步向下扩展或者从其他地方展开。

（4）人力资源管理实践。一个人在组织中有三个方面的作用，即领导、管理和实践。但无论是领导、管理或是实践，一旦员工的行为作用被确定，人力资源管理实践就可能影响到员工行为的绩效。组织的人力资源管理实践活动必须和组织的战略需求紧密相连。

（5）人力资源管理过程。人力资源管理过程是重要的战略性人力资源管理活动。对于所有战略性人力资源管理活动来讲，要求人力资源管理活动必须保持一致性。这是因为这些活动过程影响到每一个员工的行为，如果他们之间不能保持一致性，就无法传递相同的信息（这些信息是指他们期望得到的东西），也就无法提供成功实施组织战略需求所需的环境。

（6）战略性国际人力资源管理。随着世界的竞争性、不确定性和不稳定性的增加，为了取得成功，许多组织必须参与全球性的竞争。

12.3.3　战略性人力资源管理角色

科奇安（T. Kochan）等人分别就战略性人力资源管理在组织中的角色问题进行了详细论述。公共部门战略性人力资源管理可以被应用到四个主要的领域：战略活动的参与、信息支持、战略的人力资源扶助、动态管理。

1. 战略活动的参与角色

这是指参与组织经营的整体战略决策；依据组织的整体战略，贯彻落实人力资源战略；帮助部门负责人创造价值；帮助员工满足顾客或社会公众的需要。

2. 信息支持角色

这是指提供其他组织的信息和某些问题的专家意见；搜集、传播乃至生成与人力资源有关的信息，以适应组织战略计划、日常工作和组织活动的要求。

3. 战略的人力资源扶助角色

这是指挑选员工，使其符合组织的战略及文化的要求；协助设计和实施组织的绩效考核；设计和实施有效的工作激励方案；设计符合组织战略意图的薪酬制度；设计和实施员工的培训和职业生涯管理系统；帮助所有的部门管理者进行有效的、符合战略意图的人力资源管理。

4. 动态管理角色

这是指注意管理工作的活动过程及其对组织成败的影响；帮助重新设计组织的结构；推动符合组织基本价值观的变革；负责实施员工发展和员工人际关系计划；使组织中的不同力量发挥最大的综合效用；对在员工关系方面出现的问题进行判断，并提出解决问题的建议；参与必要的行政管理工作，包括招聘、贯彻国家法律和人事记录等工作。

12.4　人力资源战略的制定与实施

12.4.1　人力资源战略制定的流程

人力资源战略制定的流程如图 12—2 所示。需说明的是：第一，人力资源战略是根据内外部条件变化的需要而产生的，因此，制定人力资源战略时首先要考虑的问题是内外部的环境。第二，人力资源战略是组织发展战略的组成部分，或者说是组织发展战略实施与保障分解战略，较组织发展战略更具体，故人力资源战略的目标应尽可能具体、现实。第三，人力资源战略是组织长期稳定发展的具体保障，即它必须保障组织有一支稳定、高素质的员工队伍。要做到这一点，就要在组织的发展过程中让员工得到应得的利益，让员工得到发展和提高。所以，人力资源战略在制定过程中应将员工的期望与组织发展的目标有机地结合起来。第四，由于信息的不完备性和人力资源战略制定者认识水平的限制，可能造成现实与理论的差距，因此，人力资源战略的评价与反馈是必不可少的。第五，由于内外环境在不断地快速变化，人力资源战略也需要不断地调整与修改，它是一个制定——调整——再制定——再调整……的过程。

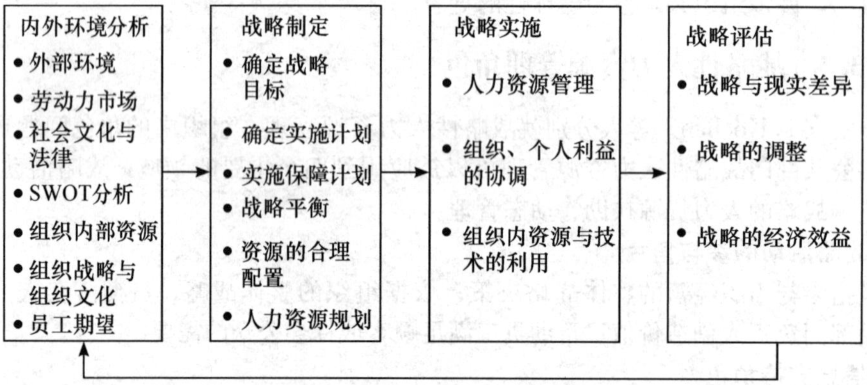

图 12—2　人力资源战略制定的流程

1. 内外环境分析

（1）外部环境分析。主要内容是：组织所处地域的经济政治形势及发展趋势；本组织所处行业的演变、生命周期、现状及发展趋势等；本组织在行业所处的地位；竞争对手的现状及增长趋势，竞争对手的人力资源状况；预计可能出现的新竞争对手。内部环境分析主要包括组织内部的资源、组织总体发展战略、组织文化，以及员工的现状及其对组织的期望。

（2）劳动力市场分析。主要内容是：劳动力供需现状及趋势；就业及失业情况；经济发展速度与劳动力供需间的关系；劳动力的整体素质状况；国家和地区对劳动力素质提高的投入；人力资源的再生现状与趋势。

（3）社会文化与法律分析。主要内容是：文化习俗；政策与法律、法规等。

（4）SWOT 分析。这是目前战略管理中广泛使用的分析工具。该分析是通过了解自己组织的优势（strength）与弱点（weakness），掌握外部机会（opportunity），规避威胁（threat），从而制定良好的战略。SWOT 分析的信息通过有关的发掘和搜寻技术获得，并按照一定技术对其进行整合及区分出优先顺序。

（5）组织内部资源分析。主要内容是：人力资源分析，搞清组织内部人力资源的供需现状与趋势；组织可利用的其他资源，如资本、技术和信息，特别是可用于人力资源管理的资源。

（6）组织战略与组织文化分析。组织战略是组织为自己确定的长远目标与任务，以及为实现目标而选择的的行动路线与方针政策。人力资源战略派生并从属于组织的总体战略，组织战略的实施也离不开人力资源战略的配合。组织文化决定了组织的价值、观念和行为规范，任何人力资源战略及人力资源政策都必须与组织文化相一致。

（7）员工期望分析。员工期望与人力资源战略的实施密不可分。这一点容易被忽视。由于人力资源战略具有长远性，必须依靠一支稳定的队伍。而组织中任何一个员工都有自己的期望和理想，当此期望得到基本满足、理想得以基本实现时，他才愿意留在组织中继续发展，因此组织的人力资源战略必须考虑员工的期望。

2. 战略制定

（1）确定人力资源管理的战略目标。人力资源管理的战略目标是根据组织的发展战略目标、人力资源现状和趋势、员工的期望综合确定的。人力资源战略目标是对未来组织内人力资源所要达到的数量与结构、素质与能力、劳动生产率与绩效、员工士气与劳动态度、组织文化与价值观、人力资源政策、开发与管理成本、方法水平的具体要求。

人力资源战略总体目标确定后需要层层分解到各个部门和个人。分解总体目标——确定子目标时要注意，一要根据部门、员工的自身条件与能力，切不可提出不切实际的子目标；二是分解后的目标应为具体的任务，具有可操作性、可监控性。

（2）确定人力资源战略的实施计划。这是人力资源战略实现的保障。它主要回答如何完成、何时完成人力资源战略两个问题，即要将人力资源战略分解为行动计划与实施步骤。前者主要提出人力资源战略目标实现的方法与程序，后者是从时间上对每个阶段组织、部门与个人应完成的目标或任务作出规定。

（3）实施保障计划是人力资源战略实施的保障。它为人力资源战略的实施从政策、资源（包括人、财、物、信息）、管理模式、组织发展、时间、技术等方面提供了必要的保障。

（4）战略平衡。这是指人力资源战略与其他战略如财务战略、市场营销战略等之间的综合平衡。由于各战略一般来自不同的部门、不同的制定者，因而它们往往带有一定的部门和个人倾向性，有时会过分强调各自的重要性，以争取组织优惠与更多的资源。因此，组织必须对各项战略进行综合平衡。

（5）资源的合理配置。各战略的综合平衡需要将组织内的资源进行合理配置。如果说实施保障计划是需求的话，资源配置过程就是供给。这个过程是根据战略目标、实施计划与实施保障计划提供所必需的一切资源。

（6）人力资源规划。这是人力资源战略实施计划的具体体现，是一种可直接操作的计划。

3. 战略实施

人力资源战略实施过程中，最重要的工作是日常的人力资源管理工作。它将人力资源战略与人力资源规划落到实处，并检查战略与规划实施情况，对管理方法提出改进方案，提高员工满意度，改善工作绩效。另一项重要的工作是协调好组织与个人间的利益关系。如果这个问题处理得不好，就会给人力资源战略的实施带来困难。过分强调组织利益而忽视个人利益，员工必然会产生不满；过分强调个人利益而忽视组织利益，则会给组织带来成本损失。

人力资源战略实施过程中有许多资源是可直接利用的，这无疑可帮助人力资源战略的实现。如信息处理的工具与方法、员工潜能的发挥、组织文化与价值体系的应用等，都是可利用的资源。

4. 战略评估

人力资源战略评估是在战略实施过程中寻找战略与现实的差异，发现战略的不足之处，及时调整战略，使之更符合组织战略和实际的过程。战略评估的同时还要对人力资源战略的经济效益进行评估。人力资源战略的经济效益评估主要是进行投入产出（或节约的成本）比的分析。

12.4.2 人力资源战略制定的方法

1. 目标分解法

目标分解法是根据组织发展战略对人力资源管理的要求，提出人力资源战略的总目标，然后将此目标层层分解到部门与个人，形成各部门和个人的目标与任务。事实上，人力资源战略的制定流程用的就是该法。其优点是，战略的系统性强，对重大事件与目标把握较为准确、全面，对未来的预测性较好，但缺点是战略易与实际相脱离，易忽视员工的期望，且过程非常烦琐，不易被一般管理人员掌握。

2. 目标汇总法

目标汇总法是目标分解法的逆向过程。它首先是部门与每个员工讨论、制定个人工作目标，在目标制定时充分考虑员工的期望与组织对员工的素质、技能、绩效要求，提出工作改进方案与方法，规定目标实施的方案与步骤，然后由此形成部门目标，由部门目标形成组织的人力资源战略目标。部门与个人目标的确定往往采用经验估计、趋势估计的方法。显然，这样的估计带有较多的主观臆断，缺少对未来的预测，但是这样的估计非常简单，因而在现实中经常被使用。该法的优点是目标与行动方案非常具体，可操作性强，并充分考虑员工的个人期望，但其全局性较差，对重大事件与目标、对未来的预见能力较弱。

以下是上述两种方法的详细比较，见表12—2。

表12—2　两种公共部门人力资源战略制定方法比较

项目 方法	目的	时间	涉及范围	操作性	环境分析	信息要求	评估者
目标分解法	战略规划	长远	全局到局部	较差	要求较高	全面	HR部门
目标汇总法	行动规划	短期	局部到全部	较强	要求一般	局部	职能部门

3. 双向制定过程

沃克（J. W. Walker）提出了如表12—3所示的人力资源战略的双向制定过程，即在组织中自上而下和自下而上的过程。此外，还有其他一些制定方法。①

① 参见谢凌玲、肖鸣政：《公共部门人力资源战略的制定方法》，载《中国人才》，2005（10）。

表 12—3　人力资源战略制定的双向过程比较

	自上而下的规划	自下而上的规划
目的	提供战略框架	设计具体行动
方法	一般由组织层流向部门层	一般由部门向上提交，由组织审议
时间范围	长期	短期
环境分析	为组织战略而进行的环境评价的一部分或者是独立的工作	鉴别战略趋势与问题框架中的问题
含义分析	由管理人员和人力资源职能人员对计划的人力资源含义作出评价	由管理人员和人力资源职能人员对计划的人力资源含义作出评价
完整的规划	组织计划过程的一部分，或者阐明与人有关的问题的单独人力资源规划	对特殊问题有关主题的分析、预测和规划
评价与控制		监控与报告解决问题的进展

资料来源：［美］詹姆斯·W·沃克：《人力资源战略》，62 页，北京，中国人民大学出版社，2001。

12.4.3　人力资源战略的实施

人力资源战略的实施不是次要的管理重点，而是一种主要职责，同样，问题不仅是要制定良好的人力资源战略，更要彻底有效地实施之。表 12—4 表达了公共部门人力资源战略实施的具体要素是使期望一致、组织建设、能力开发、绩效管理等。

表 12—4　公共部门人力资源战略实施的具体要素

	明确的	隐含的
使期望一致	愿景、使命、价值观、战略	共同的价值观和期望
组织建设	结构 工作/任务设计、授权 人员配备	非正式关系、信息与影响网络 团队协作、合作及竞争 职业期望和计划
能力开发	培训与开发	动机与奉献/持续学习
绩效管理	绩效制度/奖励	以绩效为导向

资料来源：［美］詹姆斯·W·沃克：《人力资源战略》，71 页，北京，中国人民大学出版社，2001。

资料

战略人力资源管理（SHRM）不仅可以通过提升员工的学习能力和动机影响组织学习，而且还可以通过在组织内部构建相互匹配的特定类型的社会资本去影响组织学习。依据组织学习与社会资本的契合关系、社会资本与 SHRM 模式的匹配关系，可将组织内部组织学习、社会资本与 SHRM 模式这三者的整合框架列出，如图 12—3 所示。该图的整合框架表明：第一，组织学习的平衡是二元组织构建竞争优势的关键，为此组织应当让部分组织成员或小组主要从事探索性学习，部分成员或小组聚焦于挖掘性学习。第二，应当构建合作型社会资本支持挖掘性学习，并通过实施创新型 SHRM 模式培育合作型社会资本；为探索性组织学习提供创业型社会资本支撑，并通过实施传统控制型 SHRM 模式培育创业型社会资本。第三，组织学习与社会资本的契合，社会资本与 SHRM 模式的匹配，是实现组织学习平衡的关键因素之一，组织对此应当给予足够的关注。

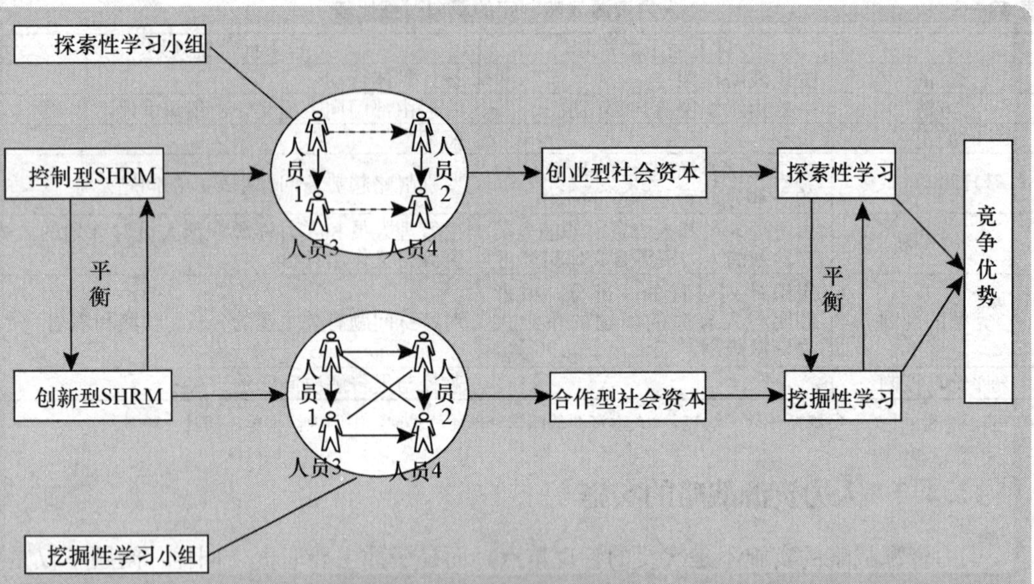

图 12—3 组织内部组织学习、社会资本与 SHRM 模式的整合框架

资料来源：宋典、袁勇志：《组织学习、社会资本与战略人力资源管理模式选择》，载《江海学刊》，2010（2）。

12.5 公共部门战略性人力资源管理的问题与变革

12.5.1 公共部门战略性人力资源管理存在的主要问题

尽管公共部门战略人力资源管理已经逐渐被欧美发达国家政府运用，但有学者指出，战略人力资源管理在理论和实务层面上仍存在一些问题：一是在概念上，战略人力资源管理希望以一致性的战略来概括组织整体人力资源管理活动，将可能忽略这些工作的“多层次性”、“多等级性”及高度复杂性，即“战略”不一定能反映组织真实情形。二是在经验上，战略人力资源管理较重视“规范性”论述，然而在实战经验中，其成果却并不明显。三是在解释力（prescriptive）上，战略人力资源管理亦可能与现行人力资源管理观点不尽一致，如组织是否一定要以整体为范畴，同时强调单位间密切互动？又如在环境不同的情况下，组织响应方式是否均应是“战略性”的？[①] 我国公共部门战略性人力资源管理存在的问题主要有：（1）公共部门人事管理地位急剧提升，但战略转变迟缓；（2）公共部门人员任用管理体制日渐规范、有序，但改革尚待深入；（3）公共部门人力资源培训得到重视，但市场化不足、效率堪忧；（4）绩效考核框架基本形成，但量化水平不足，绩效管理

① K. Legge，*Human Resource Management*：*Rhetorics and Realitie*，New York：Palgrave Macmillan，Ltd.，2005：385.

有待加强；（5）公共部门人力资源激励机制日渐科学，但功能及有效性不足；（6）公共部门人力资源信息服务系统电子化和网络化发展迅速，但体系尚需完善。①

赵曙明将其总结为如下问题：（1）环境的作用；（2）战略的测量；（3）环境的动态性；（4）组织的柔性；（5）人力资源管理与组织战略的关系；（6）不同的人力资源管理系统对组织绩效有着不同的影响；（7）对人力资源管理工作的评价；（8）人力资源管理的绩效；（9）人力资源管理与组织绩效的关系。②

12.5.2　公共部门战略性人力资源管理的变革方向

对于我国公共部门战略性人力资源管理的变革方向，可从建立科学、有效、健全的机制入手：人力资源战略规划与配置机制、绩效管理机制、选贤任能机制、竞争激励机制与系统保障机制。也有如下观点：（1）建立与我国社会经济发展战略相匹配的人力资源管理战略；（2）革新公共部门人力资源管理的理念；（3）提升政府公共部门人力资源管理部门的地位；（4）完善公共部门人力资源培训体系，提高培训效率；（5）提高公共部门绩效考核的准确性和科学性；（6）提高公共部门激励机制的水平和有效性；（7）用新技术改善公共部门人力资源管理的有效性。③

OECD国家的公共部门战略人力资源管理趋势，明显地朝个别化、授权化、弹性化、绩效化、契约化与强化高级文官领导能力等政策方向改革。为推行战略人力资源管理，美国联邦政府审计总署于2005年提供了一个原则性的统整架构，以作为各联邦机关进行修正的基础模板：一是战略整合，包括人力资本聚焦、机关间的人力资本合作、人力资源管理责任联合。二是人力资源规划与配置。三是领导与知识管理，包括领导规划与执行、变革管理、整合并激励员工承诺、战略性知识管理。四是成果导向绩效文化，包括绩效管理、多元管理。五是才能管理，包括人力分析和发展能力。六是责任确保，建立机关整体的人力资本责任系统，确保人力资本的领导和责任。④

复习思考题

1. 为什么会兴起战略性人力资源管理？
2. 如何理解公共部门战略性人力资源管理这个概念？
3. 公共部门战略性人力资源管理的主要作用和要求有哪些？
4. 公共部门战略性人力资源管理与公共部门人力资源管理的区别主要有哪些？
5. 如何理解战略性人力资源管理职能及其主要内容？
6. 如何理解战略性人力资源管理活动及其主要内容？
7. 战略性人力资源管理角色主要有哪些？
8. 人力资源战略制定的流程与方法有哪些？

---

① 参见杨咏秋：《公共部门战略人力资源管理研究》，华东师范大学硕士学位论文，2006。
② 参见赵曙明：《人力资源管理研究》，251～253页，北京，中国人民大学出版社，2001。
③ 参见杨咏秋：《公共部门战略人力资源管理研究》，华东师范大学硕士学位论文，2006。
④ 参见于常有：《战略人力资源管理在公共部门中的应用》，载《行政论坛》，2009（4）。

9. 我国公共部门战略性人力资源管理存在的主要问题有哪些？

10. 我国公共部门战略性人力资源管理的变革方向是什么？

11. 有人说我国公共部门对人的管理还停留在传统的人事管理，何谈战略性人力资源管理，你对这种说法有何评价？为什么？

第 13 章

人力资本管理

学习重点

从 20 世纪末开始，在美国等发达国家，"人力资本"大有取代"人力资源"之势，这进一步表达了对"人力"这一资源或资本的新认识。学完本章，应掌握人力资源与人力资本的异同、人力资本管理与人力资源管理的差异，把握人力资本理论的要点与人力资本管理的目标、理念与原则。

13.1　人力资本的含义与人力资本理论

从威廉·配第（Sir William Petty）、亚当·斯密（Adam Smith）、萨伊到马歇尔（Alfred Marshall）等古典经济学家们都对人力资本理论的发展起到了重要的作用，但现代人力资本理论最终形成于 20 世纪 50 年代末 60 年代初。一是舒尔茨结合经济成长问题的分析，明确提出了人力资本的概念，并阐述了人力资本投资的内容及其对经济增长的重要作用。二是雅各布·明塞尔（Jacob Mincer）在对有关收入分配和对劳动市场行为等问题研究时，提出了人力资本的方法。三是加里·贝克尔（Gray S. Becker）从其关于人类行为一切均可从经济学分析的观点出发，将新古典经济学的基本工具应用于人力资本投资分析，并提出了一套较为系统化的人力资本理论。

13.1.1　人力资本的界定

对人力资本的界定可谓莫衷一是，仔细分析可以大致归为以下几类：

（1）认同舒尔茨的定义。绝大部分学者都接受了舒尔茨的人力资本定义，即人力资本是体现在人身上的知识、能力与健康。经济合作与发展组织的研究展现了对人力资本的全面定义，即“人力资本是个人所拥有的那些能够促进个人创造社会和经济福利的知识、技能与能力”。

（2）把人力资本看成一种投资或投资的产物。

（3）把人力资本分为若干等次或层次。

（4）从个体和群体角度定义人力资本。

（5）把人力资本看成资本的一种。

（6）把人力资本分为同质性人力资本与异质性人力资本。

我们认为人力资本是经过长期性投资形成的体现于劳动者身上的由智力、知识、技能和健康状况构成的资本。可以从以下几个方面理解：

（1）人力资本是有别于物质资本的一种资本，是经过长期性投资形成的，它与物质资本同样具有资本的共性。

（2）人力资本是体现于劳动者身上的，由劳动者在劳动过程中表现出来的智力、知识、技能和健康状况构成。

（3）人力资本作为生产活动的投入要素在再生产的过程中能够不断增值，具有再生性、主动性和增值性。

（4）一个员工对组织的附加价值越高，越不容易在劳动力市场上找到替代者，其人力资本就越高。①

13.1.2 舒尔茨人力资本理论的主要内容

（1）资本既包含物质资本，也包含人力资本。资本有两种形式，一种是体现在产品上的物质资本，另一种是人力资本。舒尔茨强调不应过分看重物质资本的作用。

（2）人力资本对经济增长起着重要作用。舒尔茨认为，人力资本的增长比物质资本的增长要快，因此国民收入的增长比物质资源的增长要快，这正表明了人力资本对经济增长的作用。随着经济增长与现代化的推进，人力资本的作用将越来越重要。舒尔茨注意到传统增长理论中收益递减规律的失灵。据舒尔茨的计算，在1929—1957年间教育投资对美国经济增长的贡献率已达33%。②

（3）人力资本投资的内容或范围。舒尔茨认为，人力资本包括用以形成和完善劳动力的各种投资，具体包括五个方面：

1）医疗和保健的支出。这种投资用于延长人的寿命，增强人的体力、精力和耐力，保证人有旺盛的生命力从事工作。

2）用于培训在职人员的教育支出，包括企业采用的学徒制，旨在提高劳动者的劳动熟练程度和知识技能。

---

① 参见滕玉成等：《人力资源与人力资本》，载《山东大学学报（哲学社会科学版）》，2004（6）。

② 根据世界银行1991年发展报告中的统计数据，发展中国家的劳动者，接受教育的平均时间每增加一年，其国内生产总值（GDP）就会增加9%。到20世纪90年代，科学与教育对一国国民收入增长的贡献率已高达60%～80%。据测算，1978—1998年期间，人力资本对中国经济增长的总贡献率达到16.69%。参见吴建国：《人力资本对我国经济的增长贡献率》，载《中国人力资源开发》，2002（3）。

3）用于正规的学校教育的支出，包括初等教育、中等教育和高等教育。

4）用于社会培训项目的支出，例如技术推广的培训、掌握多种技能的培训等。

5）用于人力资源迁移的支出，包括国内劳动力流动和用于移民入境的支出。尤其是争取专门人才的移民，将大大节省本国的人力资本投资费用。

概括舒尔茨人力资本投资的内涵，既包括一个人在就业前，从婴幼儿时开始的医疗保健与教育费用，又包括他在就业后保持健康与继续接受教育培训的费用。因此，人力资本投资与一国的人口增长与就业发展关系极为密切。

（4）教育投资是人力资本投资的主要部分。

（5）提出人力资本的投资标准。人力资本的未来收益包括个人的预期收益和社会的预期收益，要大于它的成本，即大于对人力资本的投资。如教育投资收益率，舒尔茨认为原则上同物质资本的投资收益率测算相同，即收益率＝预期收益/成本。

（6）人力资本投资增长水平决定人类经济和社会发展的未来。他认为“知识和技能大半是投资的产物，而这种产物加上其他人力投资便是技术先进国家在生产力方面占优势的主要原因”。离开人力资本的投资，要取得现代农业的成果和达到现代工业的富足程度是完全不可能的。①

（7）摆脱一国贫困状况的关键是致力于人力资本投资，提高人口质量。改进穷人的福利之关键因素不是空间、能源和耕地，而是提高人口质量，提高知识水平。②

13.2 人力资本管理的兴起及其含义

13.2.1 人力资本管理的兴起

对员工的“成本”与“资源”之争，一直是学术界和实践者均十分关注的问题。虽然人力资源管理将员工定义为资源，并且许多组织也声称员工是其组织最宝贵的资源，但一个事实是：在组织的实际运作中，员工仍被视为成本。在全球范围内，不论公私部门，都通过裁减员工以降低用人成本，而人力资本管理的提出也正是由此开始的。

首先，会计和审计学科的学者认为员工应该是资本而不是成本支出。在传统会计与审计科目中，员工是成本与支出项目，当然，这至今仍为绝大多数部门所使用。所以，来自该领域的学者认为，应重新审视传统会计审计制度中视员工为支出项目的不当做法，从人力资本的观点——员工是组织价值的创造者——予以修正。

其次，这是解决人力资源管理者的战略障碍问题的需要。人力资源管理的功能主要有以下几个方面：一是高层管理战略变动的晴雨表，组织作出的战略层面的规划变动会通过人力资源管理体现出来；二是在招聘和改革过程中担任代理的角色，即在这个过程中代表的是整个组织；三是通过使用现在的管理工具如授权等，来证明人力资源管理是员工的战略伙伴。因此，人力资源管理是新的组织和工作系统的构架者，是管理过程中员工的教

①② 参见［美］西奥多·舒尔茨：《论人力资本投资》，16 页，北京，北京经济学院出版社，1992。

练，是员工职业转变过程中的伙伴。不过在完成这些功能的过程中，人力资源管理者陷入了一个尴尬的境地。

最后，知识经济的催生。传统经济体系主要是由土地、体力劳动和资本支撑的，而知识经济体系中知识的创造和应用是基础，所以，那些具有知识、技能、经验、专业、创新与适应能力的员工就不再是组织的成本，反而成为为组织创造价值的人力资本。一国之兴、一个组织之发展的决定因素是其拥有的人力资本的多少。

正是由于人力资源管理本身的理论局限和实际运行的障碍，加上知识经济的要求，人力资本管理应运而生。所以，美国许多理论家和管理者提出“人力资源功能应重新界定为人力资本管理”①。而到 20 世纪 90 年代中后期，企业界和管理学界提出战略人力资源管理新命题后，美国联邦政府的管理专家把它引入公共部门人力资源管理领域，并于 1998 年到 1999 年期间举办了三次以“战略人力资源管理”命名的圆桌研讨会，其中在 1999 年 3 月举办的第二次研讨会上对人力资本概念达成了一些共识。与会者认为，与人力资源相比，人力资本更具有使用价值，因为，人力资本突出了雇员具有价值的资本属性，是一种能动的、可变的、可再生的特殊资本，可以而且需要通过培训、开发、奖赏等形式的投资来获得增值效应。“人力资本不是一种应该最小化的成本，而是一种应该强化的战略资产”。基于这个认识，此后便用“人力资本管理”替代了“战略人力资源管理”，自 1999 年开始，美国联邦政府就在其出版的报告书中，开始大量地以“人力资本”取代“人力资源”。

13.2.2 人力资本管理的含义

人们对人力资本管理的定义差别巨大，如人力资本管理是人本管理，是能力管理，是潜能管理等。车宣呈提出，人力资本管理的思想是在对人力资源进行价值的财务评估基础上，在人力资源管理中引入“价值观”，将人力资源视为组织一项可计量的资产，突破传统财务管理的范围，使财务管理衍生出对组织人、财、物进行全面管理的职能。② 段兴民等基于把人力资本分为个人人力资本和组织人力资本，从而把人力资本管理分为个人的人力资本管理和组织的人力资本管理。前者是指个人对自己人力资本的投资、收益（包括物质收益与非物质收益）组合的选择与决策；而后者是指组织对其有用的人力资本的合理配置和有效利用，或者说既包括对员工知识、技能和体能的管理，也包括对拥有这些知识、技能和体能的人的管理，其中的配置就是给合适的职位找到合适的人力资本，利用就是让每个人力资本所有者，将其对组织有价值的人力资本最大限度地贡献给组织。个人人力资本管理具有如下特点：一是专业方向性；二是分工合作；三是工作既是获得报酬的手段，同时也是自己人力资本的投资过程；四是对人力资本投资的价值计量困难；五是对人力资本的机会主义行为监督与控制的难度大。而组织的人力资本管理则具有如下特点：一是要根据组织的发展战略进行人力资本规划或制定人力资本战略，并具体实施；二是如果不能全部得到所需的人力资本，则需要对现有员工进行培训开发，提升其人力资本；三是扩大

---

① Al. Scheroetel, The Human Capical Challenge in Acquisition, Science, and English, *The Public Manager* (summer), 2001.

② 参见车宣呈：《关于人力资源资本化管理的构想》，载《中共南京市委党校南京市行政学院学报》，2004（2）。

和有效利用核心人力资本；四是对人力资本实施有效的激励和约束；五是对人力资本进行合理的价值计量；六是对人力资本进行有效的投资，使其不断增值；七是营造适合人力资本创造性工作的良好环境。①

韩俊慧则认为，人力资本管理在实践上主要有三方面的内容：一是人力资本管理旨在预先发展和促进组织的认同与共同的文化。二是人力资本管理要实现的是组织与员工的合作，激励员工一起完成任务，提高生产效率。这里的人力资本管理代表了所有的任务和计划活动的实施，在一个对话和联合的过程中如果采取了支持步骤，员工就会显示出很高的生产率。三是人力资本管理也是对员工潜力的一种管理，在员工个体和组织联合的过程中，组织要确立任务、理念和目标并最终传达给员工，使其明白自己的任务和责任。表13—1 列出了人力资源管理与人力资本管理的差异。因此，人力资本管理包含了人力资源管理，并且对它是一个超越。与人力资源管理相比，人力资本管理提供了附加的价值：第一，在人力资本管理中，个人的正直诚实是处于中心地位的，这使得人力资本管理有可能完全使用人力资本的潜力；第二，人力资本管理涉及文化管理，能有效地促进组织文化，并且能够把员工和组织紧密地联系到一起；第三，人力资本管理可以把个人和集体教育问题以一种更好的方式进行操作。当然，人力资本管理的实现主要依靠直线管理，人力资源管理专家的角色变成了内部的顾问，表现为直线管理服务，其目的在于促进和实行工作中的培训与指导，合作将扮演更加重要的角色。②

表 13—1　　人力资源管理与人力资本管理比较

人力资源管理	人力资本管理
核心理念：人能被管理	核心理念：你可以把一匹马牵到河边，但是你不能让它喝水！
吸引	联合
各种方向的交流	对话：交互式的交流
开放的交流	对话
个人的工作和工作描述，责任的全局指示	角色、任务和责任的个人描述
培训目的在于提高效率	培训目的在于个人发展
员工也用货币衡量，需要产生优化的产出	员工是合作者
在个人能力的基础上选择	在个人能力和价值的基础上选择
在战术问题上干涉	在战略问题上干涉
功能定位	战略定位

13.3 人力资源与人力资本的关系及人力资源的资本化

13.3.1 人力资源与人力资本的关系

人们对人力资源与人力资本之间的关系的认识争议也很大，代表性的观点有：

① 参见段兴民等：《企业集团人力资本管理研究》，38～49 页，北京，机械工业出版社，2003。

② 参见韩俊慧：《人力资本管理——一种新的管理方式》，载《管理评论》，2004（8）。

（1）不加区别，将人力资本与人力资源混为一谈，只要涉及人力资源必称人力资本，或同一文章中，一会儿用人力资源，一会儿用人力资本，这是最普遍的。

（2）人力资本仅指企业中少数具有特殊能力的人，即核心技术人员和企业家，是人力资源中质量较高的部分。

（3）把人力资本看成人力资源的终结，认为人力资源可以通过投资发展形成人力资本。

（4）人力资源、人力资本与人力资产只是概念角度的不同，实际内容一样。[①]

我们之所以在本书第1章把人力资源定义为“具有脑力和体力劳动的人的总和”，而不是“劳动能力的总和”，就是因为人力资本投资开发的是一种劳动能力，如果都定义为“劳动能力的总和”，更会加剧二者的混淆。因此，人力资本指的是劳动者身上的知识、智能、技能所构成的资本。受过教育培训的人都具有一定的知识技能，这些人参加生产劳动会创造价值，也能带来收益，这些知识技能就是人力资本，它并非局限于那些核心技术人员和企业家等高级人才。舒尔茨提出人力资本这一概念，是因为发现劳动者质量的提高带来了经济的巨大发展，显然这不仅仅是那些具有“特殊能力”的人所创造的奇迹，而是因为整个社会中全体劳动者劳动能力的提高，是进行了人力资本投资的结果。投资人力资源是为了开发潜在的人力资源，当然最终能形成人力资本，但这并不是人力资源的终结，人力资源仍旧是人力资源，是提高了自身质量的人力资源，是具有知识、技能和智能的人力资源，这些知识、技能和智能只有在生产活动中才能体现出其构成人力资本的特性。因此，人力资源与人力资本之间是既有联系又有区别的，具体而言：

（1）人力资源是具有体力劳动和脑力劳动能力的人的总和，人力资本是由劳动者的知识、智能和技能构成的资本。

（2）人力资源与人力资本在逻辑上是有联系的，但形成的前后顺序有区别。人力资源是人力资本的载体，人力资源先于人力资本存在。但并非所有的人力资源都可成为人力资本的载体。那些潜在的人力资源，没有参加生产劳动就不能说它是人力资本的载体。人力资源的质量也有高低层级之分，其划分的依据就是人力资本所能形成的价值增值的高低。同时，人力资本也是不断提高的。

（3）资源要体现它的生产性，资本要体现其增值性。

（4）人力资源的管理水平制约着人力资本效用的发挥。

综上所述，人力资源与人力资本是两个范畴不同的概念，人力资源是把人看成一种资源投入到生产过程中，人力资本是把人的能力当做一种资本投入到生产过程中。二者之间通过投资和劳动联系起来。人力资源通过投资，形成人力资本，人力资本可以在对人力资源的长期投资中不断提高；潜在的人力资源依靠参加劳动生产，转变成现实的人力资源，使自身的知识、智能和技能真正转变成人力资本；而人力资本又依赖人力资源这个载体，在生产过程中体现其资本的本质特征。所以，“为了生产我们向往的东西，必须使用人力资源。人力资源由各个工作人员（例如煤矿工人、芭蕾舞演员、专业足球选手）构成……

---

① 参见姚先国：《关于人力资本的几个问题》，载《浙江树人大学学报》，2003（1）。

每当潜在的劳动者经受学校教育和专业训练，以及每当实际劳动者学习新技术后，他们对生产的产出量的贡献就会提高。或者说，人力资本已被增进了”。

13.3.2 人力资源的资本化

大约从 21 世纪初开始，我国学者开始探讨将人力资源转化为人力资本，或人力资源资本化的问题。这主要集中在：一是人力资源转化为人力资本的重要性和必要性，二是人力资源转化为人力资本的方法与途径。当然，这种转化面临诸多问题，例如如何提高“人力”的水平以及如何解决“人力”的所有权问题等。①

1. 人力资源转化为人力资本的意义

我国是一个人力资源大国，但不是人力资源强国，更不是人力资本强国，随着知识经济时代的到来，各种挑战要求我们必须要重视人力资本的运营。张勇②、时新荣③提出，人力资源转化为人力资本是我国经济发展的关键，对社会经济发展具有决定性作用，它可以促进社会稳定与和谐，是社会进步的客观要求。

2. 人力资源转化为人力资本的方法与措施

黄海艳认为，人力资源转化为人力资本，是企业保证竞争优势的关键所在，应该通过加强现代人力资源观念的形成、注重教育和培训、建立良好的人际关系、注重员工职业生涯等措施来实施。④ 吴克功从三个角度探讨人力资源的转化，并指出：对于一国政府而言，必须制定相应的政策法规；对于一个组织而言，必须对人力资源实施科学管理，激励组织所拥有的人力资源向人力资本转化；对于个人而言，人力资源向人力资本的转化就意味着学习与创新的重要性。⑤ 韩传强认为，促进转变的前提是人力资本投资先行，必须承认人力资本的产权特性，明确界定政府干预内容。⑥ 邵云飞倡导建立人力资源向人力资本转化的机制和平台，即建立以市场为主导的人力资本配置机制、创新机制、培育机制、激励机制；国家通过宏观管理相关法律法规，优先制定人力资源向人力资本转化的相关法律和政策。⑦

资 料

为了有效地落实人力资本政策的各项目标与原则，美国联邦人事管理局于 2002 年推出了“人力资本计分卡”(human capital scorecard)，供各机关自行评量其人力资本用。该卡有五个方面，主要是将各项人力资本指标与人力资本政策架构相连接，协助各机关了解其组织中总体人力资本情形。以下就其评量重点做简略说明。

---

① 参见郝孚逸：《人力资源、人力资本和劳动价值论》，载《湖北社会科学》，2009 (8)。
② 参见张勇：《浅议我国人力资源转化为人力资本的问题》，载《攀登》，2003 (3)。
③ 参见时新荣：《人力资源向人力资本转变的重要性》，载《天府新论》，2004 (1)。
④ 参见黄海艳：《保持竞争优势的关键：人力资源转化成人力资本》，载《湖北社会科学》，2002 (8)。
⑤ 参见吴克功：《论人力资源与人力资本及其转化》，载《科技与管理》，2002 (3)。
⑥ 参见韩传强：《促进人力资源向人力资本转变的内涵》，载《经济体制改革》，2004 (4)。
⑦ 参见邵云飞：《论人力资源向人力资本的转变》，载《软科学》，2004 (4)。

1. 战略性功能

主要是衡量各机关人力资本政策支持其使命、愿景与目标、战略等达成的程度。具体的评估项目是：（1）机关的人力资源战略和计划与机关战略目标连接的程度；（2）机关组织结构的安排能够支持组织完成使命的程度；（3）员工了解组织的计划，而且参与战略规划及决策过程的程度。

2. 战略性能力

主要是衡量各机关为了达成使命，在关键性职位上的人力资源甄补、选用、发展与维持能力。具体的评估项目是：（1）机关对关键性职位所希望的能力水平达成程度；（2）为了维持战略性能力所应有的一个甄补与留置率达成程度；（3）新进员工所应有的素质水平达成程度。

3. 领导能力

主要是衡量机关达成使命中，领导能力在激励与鼓舞员工、带领员工达成目标、授权并教育员工处理具有挑战性的工作、权变领导、塑造正直信任并尊重个人等价值倡导方面发挥的程度。具体的评估项目是：（1）机关甄补、发展与维持高级领导者的能力；（2）机关领导者激励员工与强化员工工作承诺感的程度；（3）领导者维持高标准的诚实与正直，并足以成为员工模范的程度。

4. 绩效文化

主要是衡量机关创造激励员工致力于工作绩效表现，以及确保工作场所公平的组织绩效文化的程度。具体的评估项目是：（1）机关对于高绩效者发展、报酬与留置的程度，以及对绩效不佳者处理的程度；（2）员工致力于组织所期待的绩效结果产出的程度；（3）组织气候促进价值多元化的程度。

5. 学习与知识管理

主要是衡量组织促进知识共享文化，以及具有开放性、持续学习和进步的组织气候的程度。具体的评估项目是：（1）知识管理战略与系统建置程度；（2）机关战略性地投资于员工训练与发展机会的程度；（3）机关总体学习与成长的组织气候情形。

资料来源：吴琼恩等：《公共人力资源管理》，302～303 页，北京，北京大学出版社，2006。

13.4 人力资本管理的目标、理念与原则

13.4.1 人力资本管理的目标和理念

美国联邦政府整理了许多知名企业的人力资本管理目标和理念后，归纳整理出四项目标和十项理念，作为推动人力资本政策的依据。这些目标是：

（1）战略性人力资本的规划与组织设计。

（2）达成机关领导的持续与接班计划。

(3) 适当地甄补与发展员工。

(4) 创造以结果为导向的组织文化。

人力资本管理的基本理念包括：

(1) 人力资本管理是组织战略管理的基础。

(2) 将人力资本部门的人员整合至管理团队。

(3) 通过外部专家提升内部人力资本管理者的素质。

(4) 依据组织达成特定使命与目标所需的领导人才标准，招选、发展与维持所需的领导人才。

(5) 与所有的员工沟通组织共享的愿景，使其能如团队般工作。

(6) 依据能力获取、发展和留用员工。

(7) 通过绩效管理、薪酬制度及其他激励机制，使员工的绩效与收入和晋升相连接。

(8) 给高绩效团队较高的报酬。

(9) 将员工整合至人力资本政策及实务的设计与执行中，授权并促使员工对组织绩效有所贡献。

(10) 评价衡量人力资本政策与实际效果及投资报酬率。

13.4.2 人力资本管理的原则

1. 人事权应分权化设计

所谓人事权分权化设计，是指中央人事权专管机关在仍保有基本人力资本政策的制定权和监督权的情况下（但仅限于原则性的部分），各机关可根据自己业务性质的需要，制定相应的具体的人力资本管理政策，如人员招录、薪酬福利、参与和授权、培训与发展等，以此将组织人力管理战略与组织绩效目标加以整合，使员工个人的人力资本价值转化为对组织绩效的贡献，使两者都受益。

2. 人事主管机关应朝多元化角色发展

(1) 基本人事政策与价值的捍卫者。这主要属于传统人事主管机关的功能，以避免人事权分权之后，国家基本用人价值（如功绩原则、公平原则等）和基本用人政策无法落实。

(2) 基础知识提供者。人事主管机关应提供人力资本管理的基础观念与实务守则，同时培训相关人员，使其具有正确的观念，且有意愿及能力拟订、执行与配合各机关的人力资本管理政策。

(3) 资源转介者与整合者。在机关引入外部专家顾问时，人事主管机关要提供可资运用的信息与资源所在（如成功企业的名单、专家顾问的名单、训练机构名单等），使各机关得以依个别需要而获得所需资源与协助，所以，人事主管机关仅需扮演资源转介者与整合者的角色。

总之，人事主管机关不宜再扮演传统资源通包提供与分配者的角色，而应尽量将不属于基本人力资源决策与监督的业务外包。因此，人事主管机关虽然扮演了以上三种角色，但其与各机关的关系实质上定位在战略伙伴，也就是在提升政府各机关总体绩效的前提下相互合作的关系。

3. 各机关人力资本管理政策应兼具总体性与公平性

所谓总体性，是指人力资本管理政策应与机关绩效目标整合并进行全盘性的设计；公平性则意味着对机关工作落实各项管理措施时，无论是实质性标准还是程序处理方面，都应秉持公平公开原则。为此，应做以下安排：

(1) 人力资本管理政策与组织绩效目标紧密结合。

(2) 设计人力资本管理战略。

4. 其他组织文化、观念与制度的配套措施

(1) 功绩原则与国家基本人力资源政策目标仍应维持。

(2) 以信任为基础的组织文化应该建立。

(3) 人力资本投资应同时成为政府与公务员的责任。个人是人力资本的所有者，随时可以转换雇主，因此，人力资本投资不仅是政府与纳税人的责任，同时也是个人的责任。公务员应将自己视为投资者，积极经营自己的人力资本。

(4) 淘汰机制的建立。[①]

复习思考题

1. 如何理解人力资本这个概念？
2. 舒尔茨人力资本理论的主要内容是什么？
3. 人力资源和人力资本有何联系与区别？
4. 为什么会兴起人力资本管理？
5. 如何理解人力资本管理这个概念？
6. 人力资本管理与人力资源管理有何区别？
7. 人力资本管理的目标、理念与原则分别是什么？
8. 人力资本平衡计分卡的主要内容有哪些？
9. 有人说我国公共部门人力资源管理完善的路还很长，人力资本管理是很遥远的事，你对这种说法有何评价？为什么？

① 参见吴琼恩等：《公共人力资源管理》，304～308页。

第14章

公共部门人力资源管理的挑战与发展趋势

学习重点

公共部门人力资源管理一直处于一个不断自我调整、改进与完善的动态过程之中，以适应环境持续的变动、影响与压力，实现公共部门的愿景、使命、价值追求与目标、战略。学完本章，应掌握公共部门人力资源环境挑战与公共部门人力资源管理挑战的主要内容，把握新公共管理下人力资源管理的发展特点，以及公共部门人力资源管理的发展趋势。

14.1 公共部门人力资源管理的挑战

14.1.1 公共部门人力资源管理环境的挑战

诚然，人们至今对组织的人力资源管理应在多大程度上考虑外部环境存在一定的争议，如有人认为，只要对组织的人力资源管理有利，能够使组织尽可能提高效率和效益，人力资源管理就应该更多地考虑这种外部环境对人力资源管理的影响。而另一种观点则认为，仅仅考虑组织对环境的影响，以及它对供应者如有技能的员工的依赖程度就足够了。[①] 但不论哪种观点，有一点是共同的，那就是外部环境状况是影响组织人力资源管理政策与实践的重要决定因素。格林伍德（M. S. Greenwood）和卡特（M. J. Cater）甚至认为，对组织绩效影响最大的是组织的外界环境，组织结构、组织行为等内部因素对绩效的影响反

① 参见赵曙明：《人力资源管理研究》，20页。

而很小。[①] 比尔更强调，人力资源管理应从战略高度，既要应对劳动力特征、劳动力市场、法律和社会价值观等“具体情况要素”，又要满足政府、社会、员工群体等“利益相关者”的需要，否则，组织将会遇到麻烦，将遭到失败的命运。[②] 实际上，纵观人力资源管理的发展历史，人力资源管理的思想和实践都是随着组织所处的环境及管理对象的变化而不断发展变化的，也只有那些善于适应环境变化并利用环境提供的有利因素的组织，才会持续发展。调查也显示，在未来发展中，对环境的适应能力居决定组织能否成功的三个关键要素之首。[③] 那么，人力资源环境的挑战主要有哪些呢？

格拉顿领导的一个由全球 21 家公司和 200 多名主管组成的调查联盟研究表明：工作将与过去迥然不同——何种工作、何处工作、如何工作、与谁共事等都会发生变化，不过这些变化我们可能一生都意识不到，它们是以下力量共同作用的结果——低碳经济的必要性、科技的高速发展、全球化程度的日益加深、人类寿命的显著延长、显著的人口变迁与深刻的社会变革。因此，未来职业将向行家转变、向互联转变、向关注人生质量转变。[④] 而个人及其所属组织如何认识、评价和有效利用社会化学习则是一个重要挑战。[⑤] 而在许世雨看来，除法令规定和工会外，以下因素尤其重要：

（1）变动的工作环境。1）全球化：通信、计算机、交通运输等的发达和普及，国际贸易、世界组织、区域经济体的盛行，时空被压缩，人流、物流、信息流、资金流、知识流、技术流空前畅通，给公共部门人力资源管理带来重大的影响。2）劳动力的多样化，随之而来的是文化的冲击与调和。3）组织精简：这是公、私部门为减少成本并增加竞争力采取的应对措施，尤其是裁减冗员、工作界定不清的职位和多余的中层管理职位。

（2）管理理论与实务。全面质量管理（total quality management，TQM）、学习型组织（learning organization）、平衡计分卡等对人力资源管理的运作影响极大。[⑥]

派恩斯则认为公共和非营利组织面临的主要环境挑战是经济变革、社会文化变革、技术变革、法律环境与重塑组织。[⑦] 还有学者认为，人力资源环境面临的最普遍的挑战是：

（1）经济和技术的变化。例如，经济的变化使聘用和就业方式发生了改变，信息技术使所有组织均发生了变化。

（2）劳动力的可用性和质量问题。例如，劳动力的结构性短缺，许多需要知识和技能的职位与员工及申请职位者所拥有的知识和技能之间的差距在日益增加。在美国，调查结果表明，大约一半的劳动力需要或将来需要新的培训或加强在职培训，以适应正在产生的无数的职位和技术变化。同时，许多拿到更高文凭的人正在非技术和科学的领域工作，而不是在从事工程和计算机领域的工作，而在后一领域就存在着职位增加和员工供给之间的

---

① 参见［英］马尔科姆·格林伍德、马丁·卡特：《组织经济学原理与案例》，196 页，大连，东北财经大学出版社，1999。

② 参见［美］迈克尔·比尔：《管理人力资本》，19 页，北京，华夏出版社，1998。

③ 参见用友软件组织与 Infox Consulting 组织对中国 204 家国有组织、238 家民营组织和 90 家三资组织的调查，见深圳经理人俱乐部网。

④ 参见琳达·格拉顿：《工作的未来世界》，载《中欧商业评论》，2011（7）。

⑤ 参见崔连斌、胡丽：《迎接社会化学习》，载《培训》，2011（6）。

⑥ 参见吴琼恩等：《公共人力资源管理》，7 页。

⑦ 参见［美］琼·E·派恩斯：《公共和非营利组织的人力资源管理》，4～12 页。

最大差距。

（3）人口多样性问题。例如，妇女在劳动力中所占数目比以前任何时候都大，劳动力年龄也有继续增大的趋势。劳动力性别和年龄结构变化的结果使组织的人力资源管理不得不适应来自外部和内部劳动力的更多的变化。劳动力老龄化问题也意味着人力资源管理将继续面对重要的人员聘用问题。而解决这一问题的方式是使用非全时员工和灵活的员工聘用方法。同时，当许多具有毕生工作经验和技能的老年员工退休时，人力资源将面临重要的挑战，这种挑战就是使代替他们的员工必须具有老年员工所拥有的能力和工作行为准则。

（4）组织重建。例如，组织合并，减少管理层级，重新划分权力等。[①]

14.1.2 公共部门人力资源管理需应对的主要挑战

廖泉文等认为，人力资源管理正在遭受前所未有的来自经济全球化、信息网络化、人口老龄化、教育投资大众化、工作方式在家化、社会知识化、人口城市化、顾客的力量、投资者的力量、组织发展的速度与变革的力量等的挑战和冲击。现在的中国正经历着工业化没有完成又面临着信息化的挑战。[②] 沃尔里奇则认为，组织要想在全球化的竞争中保持优势，其人力资源管理必须克服如下八个挑战：全球化，竞争力与人力资源的价值链，通过降低成本和加速增长来创造利润，以能力为本，广泛的变化，技术，吸引、留住和衡量有能力的优秀人才，改良并不是转型。人力资源环境和人力资源管理面临的挑战，要求人力资源管理的理论与实践必须适应这一挑战，而人力资源管理所面临的这一挑战在客观上也使人力资源管理的活动、管理作用和管理职能发生了变化。[③] 国内不少学者的研究表明，我国员工的心理契约无论是结构还是内容都与西方发达国家员工有很大差异，现当代的中国员工对组织，更多强调的是提供优惠的待遇、个人成长和发展的机会、工作中的自主性等，而组织对员工的要求则仍然是忠诚、优良的绩效、服从领导等。这无疑对人力资源管理提出了新的挑战：改变管理风格、建立多功能工作团队、重视招聘过程、培训与社会化、从战略的角度对待人力资源管理等。[④]

许世雨将今日及未来公共部门人力资源管理的重要议题总结如下：组织人力精减；建立公务核心价值；重视人力资本；重视社会资本；建立学习型组织；重视知识管理；重视绩效管理；重视伦理管理；弹性用人制度；公、私部门协力、交流。并在此基础上，总结了公共部门人力资源管理应特别着重关注与处理的问题：

（1）超越官僚组织的限制。主要是如何在法规与预算上适度松绑、降低政治干预，以及促进组织管理的弹性和创新。

（2）人才的争取与教导。一个组织，如果成员能够主动、积极且负责任地做事，人力资源管理工作应该就会单纯、容易许多，因此，只要做好知人善任、重视外部环境及教育训练工作，就是优良的人力资源管理运作。

---

① 参见赵曙明：《人力资源管理研究》，17～19 页。

② 参见廖泉文、万希：《中国人力资源管理的发展趋势》，载《中国人力资源开发》，2004（12）。

③ 参见［美］戴维·沃尔里奇：《人力资源教程》，4～17 页，北京，新华出版社，2000。

④ 参见李原、孙健敏：《组织中心理契约的变化——当代人力资源管理面对的挑战》，载《经济与管理研究》，2009（4）。

（3）对于外部环境和竞争力的重视。公共组织的成败不仅取决于组织的内部管理，而且取决于组织与外部环境之间关系的管理是否卓有成效，所以，组织应该重视外部环境、相关法令、管理理论与实务、工会、管理人员、公务员、公民（团体）及企业的发展与影响，并与之建立关系且善加管理。

（4）加强人力资源管理技巧。这些技巧包括：沟通技巧；问题解决；领导；招募用人；引用法规；训练与发展；科技；预测；薪资设计；福利设计与管理；会计财务；记录保存。

（5）未来人力资源主管的必备条件是：1）领导的能力。2）经营的能力，包括研拟经营策略、推动组织变革、合群、意志力、执行力及建造团队等能力。3）人力资源管理相关技术，包括经济分析、管理、行销、法律及处理财务等方面的技术。4）知识管理的能力，知道如何鼓励员工贡献、创造、分享知识，以及如何建立学习团队与知识管理制度。

（6）促进人力资源管理的专业化。

（7）非营利部门人力资源管理。

蔡秀涓总结的21世纪公共部门人力资源管理所面临的新议题是：（1）公共部门领导能力的发展。（2）公、私部门人才竞争日益明显。（3）公共人力资源组成日益多样化。（4）科技发展日新月异。（5）民营化与外包化业务愈益增多。[①]

14.2 新公共管理下人力资源管理的发展

在公共行政领域，人们还无法准确地得出“人力资源管理”是从何时正式取代了“人事行政”或“人事管理”等词，但不容忽视的是，其相互之间的争论一直在进行。康德立（Condrey）提出了美国公共人事的三个模式[②]：

（1）传统模式。这在人力资源管理的演进与变革中已有叙述，即以韦伯式官僚体制理念型模式为政府组织设计的原则，在人事管理制度上主要表现为：第一，将人事管理权中央集权化，设立一个集权化的人事管理机制，负责公务员的甄选、任用等，并监督各个政府单位的人事运作是否违法，维护整个政府人事单位的专业性与公平性。第二，受20世纪早期科学管理运动的影响，不论是美国联邦政府的人事单位还是各州政府的人事单位，均致力于发掘最佳的人事管理方法，借以在选才、用才、育才和留才方面，能够将政府人事功能与运作推向更有效率且专业化的方向。第三，致力于公务员体系的公正与平等价值的体现。如1972年开始推动《平等就业机会法》（Equal Employment Opportunity Act）。此时，公共行政更显示出“代表性官僚体系”（representative bureaucracy）的理念，认为政府官僚体系公务员的组成，若能反映整体社会的人口组成特征，将更能巩固民主政治的价值，以防止多数族群滥用行政资源或忽视少数弱势族群的利益。

（2）改革模式。1978年，在各种反对力量的汇集之下，美国总统和国会得到足够的支持从而对联邦人事管理作出了重大改变，通过了《文官制度改革法》。这反映了当时改

① 参见吴琼恩等：《公共人力资源管理》，12～18页，31～34页。

② S. Condrey, *Handbook of Human Resource Management in Government*, San Francisco: Jossey-Bass, 1998, pp. 6-7.

革者的观点，即政府人事单位应该舍弃传统模式中的一板一眼的法规捍卫者角色，转而充分回应业务部门实际的管理需求，主张将人事管理权和决策权下放给业务单位的管理阶层，由其自行决定本单位的招募、选任、薪酬与职位分类等人事决策。从 20 世纪 70 年代到美国联邦政府开始推动《政府绩效与结果法案》的 1993 年之前，改革正好体现了“顾客服务取向”和“组织发展及咨询取向”等方面的角色功能转变。当然，对这些改革的全面评估还需要时间。

（3）战略模式。从 1989 年美国里根总统时代的“沃尔克委员会”（the Wolcker Commission）报告到 1993 年克林顿总统时代的“国家绩效评估委员会”报告等历次文官体系改革的报告文件中，可以发现许多改革建议都是围绕在人力资源管理的议题上。例如：强化管理的人事自主权；增进公共人事管理体系的弹性和回应性；促进公共部门的绩效表现；采用私营部门人事管理的技术以及最重要的人力资源管理的运作应该更具有战略的意涵。由此可见，人力资源管理的核心目的就是将战略性人力资源管理的观念与做法落实到公共部门的组织管理上。①

但兴起于 20 世纪 80 年代 OECD 国家的新公共管理运动，推动了一系列国营事业民营化和政府部门财务管理的改革，引起了政府内部管理的变化，包括普遍采用私营部门的管理方法，如分权、赋予管理者个人责任、绩效管理、弹性管理、解除规制等，这不仅带来了组织结构的变化，如扁平化、分散化等，而且改变了政府人事管理的理念和方法。美国的改革方案具体表现在《政府绩效与结果法案》中。克林顿总统上任后，推动了一系列“国家绩效评估”行政改革方案，其主要目标有：联邦公务员人力精减；建设行政成本；进行人事、采购与预算制度方面的改革；授予第一线业务单位主管在人事、采购与预算方面更多的决定权；通过“授权使能”（empowerment）给予基层单位员工更多弹性自主的决策空间；促进联邦公务员体系行政文化的改变，从矜持自满与重视安定保障的文化，转变成勇于创新与授权使能的文化；改善服务质量，使得公共服务的输送能满足人民的需求；改善政府行政程序的效率，例如引进“企业流程改造”（business process reengineering）的技术，提升政府的行政效率与公共服务的生产力。新公共管理模式会给公共部门人力资源管理带来下列变化：（1）将私营部门的管理方式引入政府部门，如实行全面质量管理和目标管理，对公务员进行量化绩效考评，签订短期就业合同，重视物质奖励。（2）从重视工作过程和投入，转向注重结果和产出，对公共组织的工作目标给予测量，并对达到甚至超额完成预期目标的机构及人员实行奖励。（3）重视人力资源开发。培训开发不但被置于管理的核心，而且在法律上得到保障。（4）解除管制，废除大量人事管理方面的法规，或者把执行人事政策交给各个执行部门，放弃通过各种规则来控制过程的管理方法，给管理者更多的裁量权，以迅速作出适合实际情况的决策。（5）实行全面质量管理，改变忽视效果的传统目标管理制度，强调以服务为目标取向，以公众满意程度作为评估绩效的主要标准。（6）实行业绩奖励制度。②

而在张世杰看来，以解除官僚化及推动分权化、民营化和管理者主义为核心内容的新

① 参见吴琼恩等：《公共人力资源管理》，65～69 页。

② 参见金丽萍：《西方新公共管理模式对我国政府人事管理改革的启示》，载《江南论坛》，2003 (4)。

公共管理，对公共部门人力资源管理有较大的影响。当然，这些影响是一种可能性的、趋势性的观察与预测。有一个值得深思的议题是：新公共管理对文官体系的不满批评、逐渐依赖短期聘任人力来承担传统文官的职务，以及政治任命的职务数量逐渐增加，都有可能破坏过去文官体系中的功绩主义、政治中立、专业主义等价值基础。[①] 陈天祥则把这种变化或影响总结为：政治中立原则日渐式微、政府雇佣关系重塑、政府人事管理职能再造、简化人事规则、注重人力资源开发。[②] 所以，在用私营部门人事管理来完善公共部门人事管理的科学性的同时，必须把它嵌入到具体的政治、经济和社会发展背景中进行制度设计，才能创建一个科学与民主、效率与政治兼顾的公共部门人事管理体系。[③] 具体来说，对新公共管理下人力资源管理的发展，应注意如下几点：

1. 人力资源管理实务的创新

新公共管理开启了公共部门人力资源管理的弹性化大门，其强调学习私营企业的管理风格，解除烦琐的人事法规，在聘任和薪酬方面增加弹性空间，以获取优秀人才。其主要假设是公共部门并不缺乏优秀人才，但为何公务员的服务质量与能力一直为人所诟病呢？原因就在于僵化笨拙的客观制度环境让优秀人才裹足不前，不敢加入公务员队伍，即使加入，也无法发挥所长。因此应该：(1) 改变公务员招录制度。逐渐舍弃过去冗长且复杂的聘任程序和笔试制度，改为较弹性的、真正能够招募到特定需求人才的考试制度，如资格审查加面试。(2) 授予下级单位更多的人事与财务自主权，促进人力资源管理有更多的创新的实务表现。例如美国克林顿政府推行的“国家绩效评估”便鼓励联邦政府机构能推动“改革试验方案”(laboratories of reform)，其根据各机构单位的任务需求，量身定做一些小规模的改革方案，为此，有些机构将过去一些烦琐的职位分类系统予以简化，或是通过一些报酬诱因机制鼓励以团队建立为主的工作方式。(3) 委托私营企业或公共法人机构处理有关招募、培训等人力资源管理职能，从而使这些业务更符合每个政府单位的实际需要。

2. 民营化的趋势冲击传统人事管理者的角色

国营事业转换成民营企业时，一方面，有关原来员工身份与权益的改变会成为人事管理单位必须处理的议题。当委托经营时，代表人事管理单位的某些角色功能将会减退，例如烦琐的聘任手续和教育训练等就可以委托民间的签约单位进行。另一方面，若涉及将政府业务委托给民间部门经营时，必须要先评估政府哪些业务或工作可以委托经营，也许人力资源管理单位也要提交成本效益分析，计算出委托经营的效益和可能伴随而来的成本，这意味着人力资源管理单位的评估与规划工作日益重要。但问题在于：(1) 民营化的趋势使得政府人力资源管理更容易暴露在政治因素的阴影之中，例如，在政府业务委托民间办理过程中，存在何种业务可以委托、中标者的资格标准为何的问题，这难免受到利益相关者的关注。(2) 人力资源管理者只是被要求设法做好“成本控制”工作，而不是去调和各界对政府人力资源管理制度所持的各种相互冲突的价值观点。因为，假使许多人力资源政

---

① 参见吴琼恩等：《公共人力资源管理》，74～80页。

② 参见陈天祥：《公共部门人力资源管理及案例教程》，30～38页，北京，中国人民大学出版社，2008。

③ 参见鄞益奋：《新公共管理对公共部门人事管理重构的反思》，载《中国行政管理》，2006 (4)。

策皆以市场竞争的效率观点作为决策标准，那么如何以最经济实惠的方式来实现目标，便成为公务员所遵守的最高指导原则。

3. 高级文官甄补的分权化趋势

在英国开始新公共管理运动之后，其高级文官甄补逐渐出现分权化的趋势，特别是文官部（the Civil Service Department）在 1981 年裁撤之后，有关中央政府文官人员的甄补责任便逐渐授权给各个部委自行处理。例如 1991 年的《枢密院文官命令》（Civil Service Order in Council）规定，第七级以下的文官人员（除了快速晋升制度的文官之外）全部由各个部委自行招募甄补。美国在推动《文官制度改革法》后，便已逐渐将联邦公务员的甄补责任下放给各个联邦政府机构自行处理，特别是有些职位只在某特定联邦机构才有设置。基本上，在 1998 年之前，所有联邦机构公务员的甄补与聘用权都已下放给各机构自行处理。

4. 绩效管理与绩效薪俸

以"结果取向的管理"取代"过程取向的管理"是新公共管理运动的一大特色，而绩效管理与绩效薪俸正好符合结果取向的管理理念。然而，一般而言，英美等国早先主要是在高级文官的层级实施绩效管理与绩效薪俸，虽然目前在各层级逐渐实施，但由于高级文官的绩效管理与绩效薪俸有时会与其聘任契约结合起来操作，因此最受各国重视。例如 SES 就是最早将绩效管理与绩效薪俸应用到高级文官的一套人力资源管理制度。但问题在于，如何在个人绩效与组织绩效之间达成一个清楚且有效的联结，乃是其实施的成功要件之一。然而，从 SES 及其他层级的功绩俸制度（merit pay system）实施状况来看，至今很难达到这个目的。尽管绩效管理与绩效薪俸是推行新公共管理的核心手段，可问题是公共部门很难学习到私营企业的风险承担精神与企业文化，因此，绩效考核的结果对个人与机构都会有不良的影响。如何减少这些负面的疑虑与担心，是值得讨论的问题。

5. 雇佣关系弹性化与聘任契约的运用

新公共管理实践使公务员的终身任期制度可能逐渐被临时短期的聘任契约制度取代，这带来一个问题，即政府机构必须了解其核心能力与非核心能力的区别。一般而言，在中、低阶层的文官系统中，核心能力表现在一些重要的政策规划与执行功能上，而这些最好是由永业化的公务员来承担责任；相对而言，类似文书作业、档案整理、信息设备维护等非核心能力的职务则可以通过委外契约或临时性的人来承担。未来公共部门人力资源将呈现出混合永业化终身制和临时聘用制的弹性化雇佣方式。可值得注意的是，英国、新西兰等国文官系统最高阶层的人力甄补也逐渐依赖聘任契约的运用，特别是新西兰更是完全采取聘任契约作为高级文官主管的雇佣制度。但是否所有国家都能像新西兰那样通过制度完善，来保证功绩主义的实现，避免这种聘任契约中出现过度政治化的问题呢？

14.3 公共部门人力资源管理的未来趋势

20 世纪末以来，组织环境一直在激烈变动，所以，21 世纪人力资源发展的新趋势表现为：(1) 变革管理中重视文化资本。(2) 核心专长导向的人才培育。(3) 组织发展提升组织战斗力。(4) 建构企业大学，累积智慧资本（intellectual capital）。(5) 重视人才训练绩效之考核与改善。(6) 善用学习科技，打破传统教学。(7) 人才培训应转型为绩效顾问。(8) 管理发展与接班人的培育。(9) 国际化人才的培育及运用。(10) 以终生学习来协助员工职业生涯发展。①

从 OECD 国家的公共人力资源管理实践来看，其发展呈现如下变化：(1) 政府组织的管理更具效率与效能。(2) 公共服务的质量有所提升。(3) 促进公务员（尤其是主管）的士气与绩效。(4) 公共部门的工作场所更加以绩效为导向。(5) 各部委与各机关的公共人力资源管理运作更加多样化，而且更有能力支持各机关方案的达成。(6) 各部委与各机关的人员甄补与任用的程序更加简化、有效率，同时更符合各机关用人的需要。(7) 管理者的责任与课责度增加，并促进各级管理者更积极主动地解决问题。(8) 通过效率和效能的提升，同时也增加了公共服务的质量与回应性。②

郭庆松从研究的视角提出，我国公共部门人力资源管理研究的发展趋势主要体现为：深入的理论研究将会不断出现，跨学科联合攻关的局面将会形成，夯实学科基础的研究将成为重点，与企业人力资源管理研究将逐步趋同，跨文化管理研究将被提上日程。③ 孙柏瑛提出了公共部门人力资源管理研究：应凸显作为公共组织战略目标形成与实现的决策伙伴，以及组织变革推动者的角色地位，将人力资源管理决策与组织功能变迁和发展目标一体化；应致力于在战略性管理的框架下，建构系统性、整体性的人力资源管理系统，促进公共部门人力资源管理整体效能的发挥；应精致化地研究公共组织人力资源管理的分类标准，区分政府人力资源队伍结构的特征，以应对选择适应不同人力资源管理体系的管理价值和管理途径。④

而从整体上看，我国人力资源管理的发展趋势主要表现为如下八个方面：一是由随意性大的经验管理走向科学管理——科学化趋势，二是由人治走向法治——制度化趋势，三是由以物为中心走向以人为中心——人性化趋势，四是由封闭式管理走向开放式管理——社会化、国际化趋势，五是由重管理轻开发走向以开发为主导——目标长期化趋势，六是人力资源管理部门由事务性部门走向战略性部门——战略化趋势，七是人力资源管理人员由办事人员走向职能专家——专业化趋势，八是人力资源管理人力资源的激励由薪酬独木桥走向薪酬与文化并行道——激励非物质化趋势。⑤ 周文霞等在界定了人才管理的内涵、分析了人才管理现状的基础上提出：国外已经进入人才管理阶段，在未来的十年，我国也将进入人才管理阶段。⑥ 石伟对我国人力资源管理的未来做出十大趋势预测。一是分与合：人力资源管理模式从战略导向向文化—战略导向迈进。二是先与后：从实践驱动到理论驱动。三是静与动：工作分析从注重静态写实到注重动态的管理。四是远与近：人力资源规

---

① 参见张博尧：《21世纪人力资源发展新趋势》，见学习培训网，2007-06-01。

② 参见吴琼恩等：《公共人力资源管理》，28～31页。

③ 参见郭庆松：《公共部门人力资源管理研究存在的问题和发展趋势》，载《中国行政管理》，2007（5）。

④ 参见孙柏瑛：《我国公共部门人力资源管理十年研究之反思》，见马骏等主编：《反思中国公共行政学：危机与重建》，212～216页，北京，中央编译出版社，2009。

⑤ 参见张德主编：《人力资源开发与管理（第3版）》，40～43页。

⑥ 参见周文霞、王丹君、周丹、封楚宁：《从人力资源管理到人才管理》，载《HR经理人》，2010（6）。

划从近期计划到中长期战略规划。五是人员内与外：人员招募从内生型过渡到外源型。六是高与下：培训与开发从人才导向过渡到全员导向。七是软与硬：绩效管理从注重结果到结果与过程并重。八是纵与横：职业管理从纵向管理向“纵横交错”式管理发展。九是少与多：薪酬、福利的方式、总量由少及多。十是刚与柔：劳动关系、劳动安全与卫生从冲突到双赢。[①]

资料

● 多样化的公共部门人力资源管理途径

表 14—1　　多样化的公共部门人力资源管理途径

管理环节 \ 人力资源形态	核心高级公职人力资源	通用管理公职人力资源	独特技术公职人力资源	公职人力资源
基本职位性质	战略目标设定与管理决策责任	日常事务管理与工作协调	独特技术能力运用于专业技术工作	常规性、例行性的辅助工作事务
工作设计	授权与提供资源，因人设岗	界定工作职责，适度授权	团队建设突出核心技能	明确界定工作职责，清晰的工作范围
招募任用	内部提升交流调配	内部晋升交流调配，部分合同外包	合同外包晋升任用	合同外包
绩效考评	关注对组织战略发展能力的贡献	关注工作绩效和关键工作行为	关注技术能力和技术发展潜质，关注团队发展	关注工作完成状况
开发培训	以思维、理念创新为中心	以提升工作业绩和工作能力为中心	以提升专业技术创新能力为中心	以提高短期、直接的工作效果为中心
薪酬设计	高薪、年薪	等级薪金或者为绩效付薪	高薪、年薪	绩效薪酬和临时工作付薪

资料来源：孙柏瑛：《我国公共部门人力资源管理十年研究之反思》，见马骏等主编：《反思中国公共行政学：危机与重建》，216～217 页，北京，中央编译出版社，2009。

● 昨日·今日·明日

今日不同于昨日，而明日又将不同于今日，但今天是我们所有的昨天协力作用的结果，明天也将是如此。对于管理学者而言，历史中存在许多教训，而其中最重要的一条就是，把过去作为序幕加以研究。

资料来源：［美］丹尼尔·雷恩：《管理思想的演变》，568 页，北京，中国社会科学出版社，1986。

① 参见石伟：《从“干一行、爱一行”到“爱一行、干一行”——中国人力资源管理未来 10 年的十大趋势》，载《人力资源开发与管理》，2011 (5)。

复习思考题

1. 公共部门人力资源管理环境的挑战主要表现在哪些方面？
2. 公共部门人力资源管理需应对的挑战主要有哪些？
3. 新公共管理下人力资源管理的发展有何特点？
4. 公共部门人力资源管理的未来发展趋势主要是什么？

参考文献

[1] 安鸿章主编. 工作岗位的分析技术与应用. 天津：南开大学出版社，2001

[2] [美] 埃德加·H·施恩. 职业的有效管理. 北京：生活·读书·新知三联书店，1992

[3] [美] 埃德加·H·沙因. 企业文化生存指南. 北京：机械工业出版社，2004

[4] [美] 保罗·C·纳特，罗伯特·W·巴可夫. 公共和第三部门组织的战略管理：领导手册. 北京：中国人民大学出版社，2001

[5] [美] B·盖伊·彼得斯. 政府未来的治理模式. 北京：中国人民大学出版社，2002

[6] [美] 彼得·圣吉. 第五项修炼：学习型组织的艺术与实务. 上海：上海三联书店，2002

[7] 陈国鹏. 心理测验与量表. 上海：上海科学普及出版社，2005

[8] 陈天祥. 公共部门人力资源管理及案例教程. 北京：中国人民大学出版社，2008

[9] 陈振明. 公共管理学原理. 北京：中国人民大学出版社，2003

[10] 陈振明. 公共部门战略管理. 北京：中国人民大学出版社，2004

[11] [美] 大卫·约里克，迈克·洛塞，格里·莱克编. 未来人力资源管理：48 位世界思想领袖谈人力资源管理变革. 北京：机械工业出版社，2003

[12] [美] 戴维·奥斯本，彼德·普拉斯特里克. 摒弃官僚制：政府再造的五项战略. 北京：中国人民大学出版社，2002

[13] [美] 戴维·奥斯本，特德·盖布勒. 改革政府：企业精神如何改革着公营部门. 上海：上海译文出版社，1996

[14] [美] 戴维·沃尔里奇. 人力资源教程. 北京：新华出版社，2000

[15] [美] 丹尼尔·雷恩. 管理思想的演变. 北京：中国社会科学出版社，1997

［16］［美］德斯勒，曾湘泉主编. 人力资源管理（第 10 版）. 北京：中国人民大学出版社，2007

［17］段兴民等. 企业集团人力资本管理研究. 北京：机械工业出版社，2003

［18］方振邦. 绩效管理. 北京：中国人民大学出版社，2003

［19］付亚和主编. 工作分析. 上海：复旦大学出版社，2006

［20］付亚和，许玉林主编. 绩效考核与绩效管理. 北京：电子工业出版社，2011

［21］郭庆松主编. 公共部门人力资源管理研究. 上海：上海人民出版社，2007

［22］［美］亨利·明茨伯格等. 战略历程：纵览战略管理学派. 北京：机械工业出版社，2002

［23］胡月星等. 评价中心与结构化面试. 银川：宁夏人民出版社，2007

［24］黄维德，董临萍编著. 人力资源管理（第 2 版）. 上海：上海社会科学出版社，2005

［25］［美］加里·德斯勒. 人力资源管理（第 6 版）. 北京：中国人民大学出版社，1999

［26］［美］劳伦斯·S·克雷曼. 人力资源管理——获取竞争优势的工具. 北京：机械工业出版社，1999

［27］［美］理查德·L·达夫特. 组织理论与设计精要. 北京：机械工业出版社，1999

［28］李和中. 21 世纪国家公务员制度. 武汉：武汉大学出版社，2006

［29］李建民. 人力资本通论. 上海：上海三联书店，1999

［30］李中斌等. 人力资本理论与实证研究. 北京：华龄出版社，2006

［31］李忠民. 人力资本一个理论框架与其对中国一些问题的解释. 北京：经济科学出版社，1999

［32］梁裕楷，邝少明，陈天祥编著. 中国人事管理. 广州：中山大学出版社，2001

［33］廖泉文. 人力资源管理. 上海：同济大学出版社，1991

［34］廖泉文. 招聘与录用. 北京：中国人民大学出版社，2002

［35］廖泉文主编. 人力资源发展系统. 济南：山东人民出版社，2000

［36］林嘉主编. 社会保险法教程. 北京：法律出版社，2011

［37］林建煌. 战略管理. 北京：中国人民大学出版社，2005

［38］林新奇. 国际人力资源管理. 上海：复旦大学出版社，2005

［39］凌文铨，方俐洛. 心理与行为测量. 北京：机械工业出版社，2004

［40］刘大为. 现代企业人力资源价值计量研究. 北京：中国社会科学出版社，2009

［41］刘俊生. 公共人事管理比较分析. 北京：人民出版社，2001

［42］刘俊生. 公共人事制度. 北京：中国人民大学出版社，2009

［43］刘霞. 制度活力的重构：事业单位人事管理新解. 北京：中国人事出版社，2010

［44］刘晓苏. 事业单位人事制度改革研究. 上海：上海交通大学出版社，2011

［45］刘昕. 薪酬管理（第 2 版）. 北京：中国人民大学出版社，2007

[46]［美］刘易思·艾肯．心理测量与评估．北京：北京师范大学出版社，2006

[47]［美］罗伯特·B·登哈特．公共组织理论（第3版）．北京：中国人民大学出版社，2003

[48]［美］罗纳德·克林格勒，约翰·纳尔班迪．公共部门人力资源管理：系统与战略（第4版）．北京：中国人民大学出版社，2001

[49]［瑞士］马丁·希尔伯．跨国人力资源管理．北京：中央编译出版社，2006

[50]［美］马尔科姆·沃纳，帕特·乔恩特．跨文化管理．北京：机械工业出版社，2004

[51]［美］迈克尔·比尔．管理人力资本．北京：华夏出版社，1998

[52]［美］迈克尔·波特．竞争优势．北京：华夏出版社，1997

[53]［英］迈克尔·普尔，马尔科姆·沃纳．人力资源管理手册．沈阳：辽宁教育出版社，1999

[54] 苗枫林．中国用人史．北京：中华书局，2004

[55]［美］尼古拉斯·亨利．公共行政与公共事务．北京：华夏出版社，2002

[56]［澳］欧文·休斯．公共管理导论（第2版）．北京：中国人民大学出版社，2001

[57] 彭剑锋，饶征．基于能力的人力资源管理．北京：中国人民大学出版社，2003

[58]［美］琼·E·派恩斯．公共和非营利组织的人力资源管理．北京：清华大学出版社，2002

[59] 陆国泰主编．人力资源管理．北京：高等教育出版社，2000

[60] 石金涛主编．现代人力资源开发与管理（第2版）．上海：上海交通大学出版社，2001

[61] 石金涛主编．培训与开发．北京：中国人民大学出版社，2003

[62]［美］史蒂文·海斯，理查德·卡尼．公共人事行政：问题与前景（第4版）．北京：北京大学出版社，2006

[63] 舒放，王克良主编．国家公务员制度教程（修订版）．北京：中国人民大学出版社，2005

[64]［美］斯蒂芬·P·罗宾斯．组织行为学（第7版）．北京：中国人民大学出版社，1997

[65]［美］斯蒂芬·P·罗宾斯．管理学（第4版）．北京：中国人民大学出版社，1997

[66] 孙柏瑛主编．公共部门人力资源开发与管理．北京：中国人民大学出版社，2006

[67] 孙柏瑛，祁光华编著．公共部门人力资源管理（第3版）．北京：中国人民大学出版社，2010

[68] 孙健敏．组织与人力资源管理．北京：华夏出版社，2002

[69] 孙健敏主编．人力资源管理．北京：科学出版社，2009

[70] 谭融．公共部门人力资源管理．天津：天津大学出版社，2003

［71］王继承编著．人事测评技术——建立人力资产采购的质检体系．广州：广东经济出版社，2001

［72］王垒等．实用人事测量．北京：经济科学出版社，1999

［73］王利平．中国人的管理世界——中国式管理的传统与现实．北京：中国人民大学出版社，2010

［74］［美］Wayne F. Cascio．人力资源成本分析（第4版）．北京：清华大学出版社，2007

［75］闻效仪．人力资源管理的历史演变．北京：中国社会科学出版社，2010

［76］吴琼恩等．公共人力资源管理．北京：北京大学出版社，2006

［77］吴志华等．公共部门人力资源管理．上海：复旦大学出版社，2007

［78］吴志华．美国公务员制度的改革与转型．上海：上海交通大学出版社，2006

［79］吴志明，孙健敏，武欣等．人事测评理论与实证研究．北京：机械工业出版社，2009

［80］［美］西奥多·舒尔茨．论人力资本投资．北京：北京经济学院出版社，1992

［81］萧鸣政编著．人员测评理论与方法．北京：中国劳动出版社，1997

［82］谢晋宇，吴国存，李新建编著．企业人力资源开发与管理创新．北京：经济管理出版社，2000

［83］杨河清主编．劳动经济学．北京：中国人民大学出版社，2002

［84］余凯成，程文文，陈维政编著．人力资源管理（第2版）．大连：大连理工大学出版社，2001

［85］曾湘泉主编．薪酬管理（第2版）．北京：中国人民大学出版社，2010

［86］翟校义．当代中国公共人事制度运行现状调查分析．北京：中共中央党校出版社，2010

［87］［美］詹姆斯·W·沃克．人力资源战略．北京：中国人民大学出版社，2001

［88］张成福，党秀云．公共管理学．北京：中国人民大学出版社，2001

［89］张德主编．人力资源开发与管理（第3版）．北京：清华大学出版社，2007

［90］张国初等．人力资源管理定量量度和评价．北京：社会科学文献出版社，2000

［91］张良纬．人力资源管理．台北：双叶书廊，2003

［92］张艳．企业人力资源会计研究．北京：社会科学文献出版社，2008

［93］张羿．中国式管理批判．北京：中国时代经济出版社，2007

［94］张一弛编著．人力资源管理教程．北京：北京大学出版社，1999

［95］赵曼主编．公共部门人力资源管理．北京：清华大学出版社，2005

［96］赵曙明．人力资源管理研究．北京：中国人民大学出版社，2001

［97］赵曙明，冯芷艳，刘洪主编．人力资源管理研究新进展．南京：南京大学出版社，2002

［98］赵曙明．我国管理者职业化胜任素质研究．北京：北京大学出版社，2008

［99］郑日昌．领导素质测评．上海：华东师范大学出版社，2008

［100］周敏凯．比较公务员制度．上海：复旦大学出版社，2006

［101］ L. R. Aiken，*Psychological Testing and Assessment*，9th ed.，Needham Heights，MA：Allyn and Bacon，Inc.，1997

［102］ G. S. Becker，*Human Capital*：*A Theoretical and Empirical Analysis With Special Reference to Education*，The University of Chicago Press，1993

［103］ Peter F. Boxall，John Purcell，*Strategy and Human Resources Management*，New York：Palgrave Macmillan，2003

［104］ Robert Cardy，*Performance Management*：*Concepts*，*Skills and Exercises*，New York：Armonk，2004

［105］ Wayne F. Cascio，*Managing Human Resources*，NY：McGraw Hill，1995

［106］ S. Condrey，*Handbook of Human Resource Management in Government*，San Francisco：Jossey-Bass，1998

［107］ C. P. Hansen，K. A. Conrad，*Handbook of Psychological Assessment in Business*，Westport，New York：Quorum，1991

［108］ R. I. Henderson，*Compensation Management in a Knowledge-Based World*，7th ed.，Prentice-Hall Inc.，1997

［109］ L. M. Lane，J. Wolf，*The Human Resource Crisis in the Public Sector*，New York：Quorum，1990

［110］ C. Mabey，G. Salaman，J. Storey，Strategic Human Resource Management：The Theory of Practice and the Practice of Theory，in Christopher Mabey，Graeme Salaman and John Storey（eds），*Strategic Human Resource Management*：*A Reader*，London：Sage Publications，1998

［111］ National Academy of Public Administration，*Modernizing Classification*：*An Opportunity for Excellence*，Washington，DC：NAPA，1991

［112］ R. S. Schuler，*Managing Human Resource*，5th ed.，St Paul，MN：West Publishing Co.，1995

［113］ E. Jackon Susan，R. S. Schuler，*Managing Human Resource*：*A Partnership Perspective*，South Western College Publishing，2000

人大版公共管理类教材

公共管理类专业教材——学科基础课教材

书名	作者
现代管理学原理（第三版）（“十一五”国家级规划教材）	娄成武　魏淑艳
一般管理学原理（第四版）	张康之　周　军
管理学基础（第三版）	方振邦
管理学教程	方振邦
政治学原理（第三版）	景跃进　张小劲
现代政治学原理（第四版）	石永义　刘玉萼　张　璋
政治学教程	舒　放　刘琼莲
公共管理学（第二版）	陈振明
公共管理学——一种不同于传统行政学的研究途径（第二版）	陈振明
公共管理学（第二版）（“十二五”国家级规划教材）	蔡立辉　王乐夫
公共管理学（精编版）	王乐夫　蔡立辉
公共管理学（第二版）	张康之　郑家昊
公共管理概论（第二版）	朱立言　谢　明
公共管理学概论	曹现强　王佃利
公共管理学导引与案例（第二版）	王丛虎
公共管理案例	中国人民大学公共管理学院
公共政策导论（第五版）（数字教材版）	谢　明
公共政策概论（第二版）	谢　明
公共政策学——政策分析的理论、方法和技术（“十一五”国家级规划教材）	陈振明
公共政策学	杨宏山
政策科学——公共政策分析导论（第二版）	陈振明
公共政策学导引与案例	陈季修
公共政策案例	中国人民大学公共管理学院
公共经济学（第三版）（“十二五”国家级规划教材）	高培勇
公共经济学教程	秦立建
政府经济学（第四版）（“十一五”国家级规划教材）	郭小聪
政府经济学（第四版）	潘明星　韩丽华

公共管理类专业教材——方法课教材

书名	作者
行政学研究方法与应用案例	萧鸣政
管理定量分析：方法与技术（第二版）	刘兰剑　李　玲
公共管理的方法与技术（第二版）	魏　娜
公共管理实用分析方法	汪明生　胡象明

公共管理类专业教材——行政管理、公共事业管理专业教材

书名	作者
行政法学导论	姜晓萍
行政法学	朱新立　唐明良　李春燕
公共部门人力资源管理（第四版）	孙柏瑛　祁凡骅
公共部门人力资源开发与管理（第五版）（“十二五”国家级规划教材）	孙柏瑛　祁凡骅
公共部门人力资源开发与管理（第三版）	孙柏瑛
公共部门人力资源管理（第三版）	滕玉成　于　萍
公共部门人力资源管理	方振邦

书名	作者
公共部门人力资源管理概论	方振邦
公共部门人力资源管理案例	周均旭
公共人事制度	刘俊生
行政管理学（第五版）	郭小聪
公共行政学（第五版）	彭和平
公共行政学	张康之　张乾友
行政学导论（第三版）	齐明山
行政管理学导引与案例	陈季修
管理心理学（第二版）	范逢春
公共组织行为学（第三版）（“十一五”国家级规划教材）	孙　萍　张　平
公共组织学（第三版）	李传军
行政组织学（第二版）	张　昕　李　泉
公共组织理论	陆明远　冯　楠
公共事业管理概论（第三版）	朱仁显
公共事业管理概论（“十一五”国家级规划教材）	娄成武　李　坚
公共组织财务管理（第三版）（“十一五”国家级规划教材）	王为民
国家公务员制度（第四版）（数字教材版）（“十二五”国家级规划教材）	舒　放　王克良
国家公务员制度概论（第二版）	刘碧强　郗永勤
公务员制度概论	李如海
公务员制度导论	孙德超
行政领导学（第三版）	朱立言　李国梁
领导学（第五版）	邱霈恩
领导学	王自亮
领导学：理念、行为与艺术	祁凡骅
领导学	孙　健
现代市政学（第四版）（数字教材版）	王佃利　张莉萍　高　原
市政管理学（第四版）（“十一五”国家级规划教材）	杨宏山
市政学导引与案例（第二版）	李燕凌
社区管理（第三版）	汪大海　魏　娜　郇建立
社区管理原理与案例	魏　娜
电子政务教程（第三版）（“十一五”国家级规划教材）	赵国俊
电子政府与电子政务（第二版）（“十一五”国家级规划教材）	张锐昕
电子政府概论（第二版）	张锐昕
管理信息系统	张维明　黄金才
行政伦理学教程（第三版）（“十二五”国家级规划教材）	张康之　李传军
公共危机管理导论（“十一五”国家级规划教材）	肖鹏军
公共危机管理概论（第二版）	王宏伟
公共危机管理	唐　钧
公共危机与应急管理：原理与案例	王宏伟
行政决策学	许文惠　张成福　孙柏瑛
非营利组织管理	吴东民　等
非营利组织管理（第二版）	康晓光
非营利组织管理导引与案例	崔向华　张　婷
当代中国政府与政治	景跃进　陈明明　肖　滨
当代中国政府与行政（第三版）	魏　娜　吴爱明
当代中国政府（第二版）（“十一五”国家级规划教材）	吴爱明
地方政府学概论（第二版）	方　雷
地方政府管理（第二版）	陈瑞莲　张紧跟
管理秘书实务（第三版）	赵锁龙
行政秘书学	唐　钧
公文写作与处理	赵国俊
机关管理的原理与方法（第三版）	赵国俊　陈幽泓

书名	作者
公共部门绩效管理	方振邦
政府绩效管理	方振邦　葛蕾蕾
政府绩效评估	蔡立辉
公共关系概论（第二版）	邹正方
政府公共关系（第二版）（“十一五”国家级规划教材）	廖为建　张　宁
社会管理	汪大海
社会管理——理论、实践与案例	陈振明
西方行政学理论概要（第二版）（“十一五”国家级规划教材）	丁　煌
公共行政学史	何艳玲
公共行政学经典理论导引与案例	付小均
西方公共管理名著导读	汪大海
管理思想史教程	方振邦　葛蕾蕾
文化管理学（第三版）（“十二五”国家级规划教材）	孙　萍
文化创意产业导论	魏鹏举
卫生事业管理（第二版）（“十一五”国家级规划教材）	李　鲁
教育经济与管理（第二版）（“十一五”国家级规划教材）	娄成武　史万兵
现代公用事业管理	崔运武

公共管理类专业教材——劳动与社会保障专业教材

书名	作者
社会保障概论（第六版）（数字教材版）（教育部推荐教材）	孙光德　董克用
社会保障管理（“十一五”国家级规划教材）	邓大松　刘昌平
劳动经济学（“十一五”国家级规划教材）	董克用　刘　昕
劳动法与社会保障法	黎建飞　李　静
人力资源管理	彭剑锋
社会保险学（第三版）	孙树菡　朱丽敏
社会保障基金管理	李春根
社会保险精算原理与实务	王晓军
社会保障国际比较	仇雨临
国际社会保障制度教程	穆怀中
员工福利概论（第二版）（“十一五”国家级规划教材）	仇雨临
医疗保障	王虎峰

公共管理类专业教材——土地资源管理专业教材

书名	作者
土地经济学（第八版）（“十一五”国家级规划教材）	毕宝德
土地法学（中国人民大学“十三五”规划教材）	严金明
土地法学	王守智　吴春岐
土地科学导论	叶剑平
土地资源管理学	张正峰
国土空间规划学	张占录　张正峰
土地利用规划学	张占录　张正峰
不动产估价（第二版）（“十一五”国家级规划教材）	叶剑平　曲卫东
土地信息系统	曲卫东　韩　琼
地籍管理（第五版）（“十一五”国家级规划教材）	谭　峻　林增杰

公共管理类专业教材——城市管理专业教材

书名	作者
城市管理学（第三版）	杨宏山

书名	作者
城市管理法	王丛虎
城市总体规划原理	郄艳丽　田　莉

公共管理硕士（MPA）教材——核心课教材

书名	作者
全国公共管理硕士（MPA）核心课程教学指导纲要	全国公共管理专业学位研究生教育指导委员会
社会主义建设理论与实践（第三版）	李景治　蒲国良
公共管理英语（修订版）	顾建光
公共管理学（第三版）	张成福　党秀云
公共管理学原理（修订版）	陈振明
公共管理导论	竺乾威　朱春奎　李瑞昌
公共政策分析	陈振明
公共政策分析导论	陈振明
公共政策分析概论（修订版）	谢　明
政治学：基本理论与中国视角	任剑涛
公共部门经济学（第三版）	高培勇　崔　军
公共经济学	唐任伍
行政法学（修订版）	皮纯协　张成福
行政法学概论（第三版）	胡锦光
非营利组织管理概论（修订版）	王　名
非营利组织管理	王　名　王　超
公共管理伦理学（修订版）	张康之
社会研究方法	陈振明
定量分析方法（第三版）	谭跃进
电子政务理论与方法（第五版）	金江军
电子政务	吴爱明　何　滨
公文写作概论	高永贵
信息技术及其应用（第三版）	张维明

公共管理硕士（MPA）教材——专业方向必修课、选修课教材

书名	作者
公务员制度教程（第六版）	舒　放　王克良
比较政府与政治（修订版）	卓　越
当代中国政府与政治（第三版）	吴爱明　朱国斌　林　震
公共部门人力资源管理及案例教程（第三版）	陈天祥
领导学	祁凡骅　刘　颖
领导学教程	常　健
领导理论与实践	邱霈恩
西方公共行政管理理论精要	丁　煌
社会管理概论	唐　钧
公共部门绩效评估（修订版）	卓　越
公共危机管理（修订版）	王宏伟
公共部门危机管理（第三版）	张小明
公共部门战略管理（修订版）	陈振明
城市管理理论与实务	杨宏山
公共冲突管理	常　健
MPA 学位论文写作指南	汪大海

图书在版编目（CIP）数据

公共部门人力资源管理/滕玉成，于萍编著. —3版. —北京：中国人民大学出版社，2012.6
公共管理系列教材
ISBN 978-7-300-15898-3

Ⅰ.①公… Ⅱ.①滕…②于… Ⅲ.①人力资源管理-高等学校-教材 Ⅳ.①D035.2

中国版本图书馆CIP数据核字（2012）第107698号

公共管理系列教材
公共部门人力资源管理（第三版）
滕玉成 于 萍 编著
Gonggongbumen Renliziyuan Guanli

出版发行	中国人民大学出版社		
社　址	北京中关村大街31号	**邮政编码**	100080
电　话	010－62511242（总编室）		010－62511770（质管部）
	010－82501766（邮购部）		010－62514148（门市部）
	010－62515195（发行公司）		010－62515275（盗版举报）
网　址	http://www.crup.com.cn		
经　销	新华书店		
印　刷	北京昌联印刷有限公司	**版　次**	2003年9月第1版
规　格	185 mm×260 mm　16开本		2012年7月第3版
印　张	19 插页1	**印　次**	2021年7月第11次印刷
字　数	420 000	**定　价**	38.00元

教学支持说明

（教学课件）

中国人民大学出版社政治与公共管理出版分社秉承“出教材学术精品，育人文社科英才”的出版宗旨，多年来，出版了大批高质量的公共管理、教育学、政治学、政治理论公共课教材和学术著作。

我们为本教材制作了相应的 PPT 教学课件，任何一位采用本书作为授课教材的教师均可免费获得该课件。为了确保该课件仅为授课教师获得，烦请您填写如下材料，并将相关信息通过 E-mail 发送给我们，我们将在收到相关信息后通过 E-mail 给您发送该课件。欢迎您加入我们的 QQ 群（全国政管教师交流群，群号为 236159213），或登录我社官方网站（www. crup. com. cn），注册并认证成为教师会员，以获得更好的服务。

我们的联系方式：

地址：（100872）北京市中关村大街甲 59 号文化大厦 1202 室
中国人民大学出版社政治与公共管理出版分社
电话：（010）82502724　62514775（传真）
E-mail：ggglcbfs@vip. 163. com
QQ 群：236159213

兹证明＿＿＿＿＿＿大学/学院＿＿＿＿＿院/系＿＿＿＿＿专业＿＿＿＿＿学年第＿＿＿＿＿学期开设的＿＿＿＿＿＿＿课程，采用中国人民大学出版社出版的＿＿＿＿＿＿＿＿＿＿＿＿＿＿＿＿＿＿（书名、作者）作为本课程教材。授课教师为＿＿＿＿＿＿，授课班级共＿＿＿＿个、学生＿＿＿＿人。授课教师需要与本书配套的教学课件。

联 系 人：＿＿＿＿＿＿＿＿＿＿＿＿＿＿

通信地址：＿＿＿＿＿＿＿＿＿＿＿＿＿＿

邮　　编：＿＿＿＿＿＿＿＿＿＿＿＿＿＿

电　　话：＿＿＿＿＿＿＿＿＿＿＿＿＿＿

E-mail：＿＿＿＿＿＿＿＿＿＿＿＿＿＿＿

系/院主任：＿＿＿＿＿＿（签字）

（系/院办公室章）

＿＿＿＿年＿＿＿月＿＿＿日